岩中花树

十六至十八世纪的
江南文人

王阳明 /
黄宗羲 /
万斯同 /
全祖望 /
章学诚 /
张潮

赵柏田
著

北方联合出版传媒（集团）股份有限公司
万卷出版公司

ⓒ 赵柏田 2020

图书在版编目（CIP）数据

岩中花树：十六至十八世纪的江南文人 / 赵柏田著 . 一沈阳：万卷出版公司，2020. 5

ISBN 978-7-5470-5316-4

Ⅰ . ①岩… Ⅱ . ①赵… Ⅲ . ①文人—人物研究—华东地区—明清地区 Ⅳ . ① K825. 4

中国版本图书馆 CIP 数据核字（2020）第 029550 号

出 品 人：刘一秀
出版发行：北方联合出版传媒（集团）股份有限公司
　　　　　万卷出版公司
　　　　　（地址：沈阳市和平区十一纬路25号 邮编：110003）
印 刷 者：辽宁新华印务有限公司
经 销 者：全国新华书店
幅面尺寸：145mm × 210mm
字 　 数：350千字
印 　 张：14.5
出版时间：2020年5月第1版
印刷时间：2020年5月第1次印刷
责任编辑：张洋洋
封面设计：琥珀视觉
责任校对：高 　 辉
ISBN 978-7-5470-5316-4
定 　 价：49.80元

联系电话：024-23284442
传 　 真：024-23284448
E - m a i l：vpc_tougao@163.com
网 　 址：http://www.chinavpc.com

常年法律顾问：李福 版权所有 侵权必究 举报电话：024-23284090
如有印装质量问题，请与印刷厂联系。 联系电话：024-31255233

自序

　　这些文字起自对历史与叙事的双重热情，起自爱与孤独，起自对一种风格的迷恋。这些文字还起自于刻板的公务员生涯中对往事的追忆，这一追忆使我在现世的种种诱引面前转身后撤，决意把二十年前就想做的这件事做成。那时，通过某种古老的方式（比如口耳相传），我知道了我居住的地区、我每天经过的石桥和街巷，也曾经是数百年前生活在这一地区的文人们习见的生活场景，那一喜好精神辩诘的传统还像暗流一样在当代生活的河道下潜滋暗长。我曾努力过，试图描绘出这一精神的河流的走向，却又因年少无知而无力泅渡。西蒙娜·薇依说，一个人到了四十岁，离上帝就越来越近了。当我接近四十岁门槛的时候，我知道了，我有责任描绘出某种生成我血液和禀赋的东西，描绘出那种超越于地理学之上的、飘荡了数百年乃至上千年的一脉精神的幽香，于是我重新走近了这些逝去年代的人和事。

　　一个孩子这样问他父亲：什么是历史？父亲告诉他，我们生活的这个星球上所有发生过的人和事，就是历史，比如说，一只小鸟一天里捉了多少虫子，练习飞翔飞到多远，这就是这只小鸟一天里的历史。从这个意义上说，我现在的写作，也正是为了描摹出天空中那曾经有过的飞鸟的痕迹。只不过在本书中，这个天空是从明代中叶起至清乾隆的三百余年间。

小说以想象取胜，历史以事实资证，伟大的小说中交织着历史形象，而历史又不妨写得如小说一般生动。小说家和历史学家从各自的领地出发向着对方走去，相会于幻想与事实、历史与虚构的中间地带，那便是叙事的国度。事实上每个写作者都是兼具现实关怀和历史意识的。而对历史的书写，在很大程度上是因为我们需要在一种关于过去的叙事中确立自我身份，在时间的流变中找到自身确切的位置。当我写作本书时，常常会感到写作本身所要求的戏剧化与陈述史实之间的冲突。我希望让人物和事件更多地呈现出它们原本应该的样子，但也希望读者读着我的书觉得好看，这之间的两难的确曾让我犹豫，并让我在犹豫中放慢了写作速度。但惠特曼的一句话让我找到了方向，这句话是：只要适当说出事实，则一切罗曼史立即黯然失色。是啊，我现在需要做的，就是"适当说出事实"，即便有多么丰茂的想象力，也需要以事实来激发和唤醒。

本书人物，从王阳明、袁中道、张岱、黄宗羲、张苍水、万斯同到全祖望、章学诚、汪辉祖，大致生活于明中叶至清康、乾时期的三百余年间。这三百余年，是中国历史由衰至乱、而乱而治的充满着剧烈变动的时代。社会的激变给思想学术的生长提供了广阔的天地和无数个可能，也使得以文章学术为业的文人的个人遭际如风中转蓬流转无定，呈现出各个不同的生活面貌和精神肖像。他们是贫瘠时代的山岩中长出的一树树好花——精神之花，也是人格之花。而选取这些人物为个案，试图从时代和生活的铺陈中，呈现出十六至十八世纪江南文人思想、学术的嬗变和各自的精神肖像，从中体察逝去年代文人生命的情意，这也正是作者努力的一个方向。

在这三百余年人物、事件的衍生中，读者会看到一代代江南文人之间精神、思想的传承，他们相互间的认同、质疑、批判、辩驳，他们如何用毕生的热情乃至牺牲世俗意义上的成功与幸福来建立、维护这一精神传统的生长。而另一方面，我们也会看到，他们或以身殉道，或在书籍与学术中消磨终生，或在现实世界的失败中寄情于感官世界的声色，或在人生的中途低徊于内心世界的成长与衰败，又无一不在道德与人性的冲突与纠缠中扮演各自的角色。

近代以降，对中国传统文化、传统知识分子开始有了深刻严峻的反思，其中不乏震聋发聩之论。更有论家对明季文人把有限的光阴消磨在讲说辩论上和乾嘉以后的"为学问而治学问"的学风剖析更深，把这一文化积瘀称作"二毒"。"二毒不去，徒留纸墨宣传。"及至把社会的腐败归结到知识分子，诘问知识分子和大众究竟谁负改良社会的责任，则是责己也深，转移了对根本性的制度的探讨。但正是因为有了这些深切的体认和反思，乃有二十世纪初叶挑战整个旧传统的五四新文化运动的兴起，呼唤起知识分子对现实和人生的关怀。

如果说传统是一面镜子，那么这面镜子是移动的，不管我们行进了多远，总可以在里面照见我们"曾经是"的模样。从这一初始的映象，还可以看见我们"现在是"或"将来是"的模样。所以当我们回头看时，那姿态却应该是前倾的，这样我们才会更清醒地看到，究竟是什么力量，阻止了这些传统文人成为现代意义上的知识分子。

目　录

岩中花树

——王阳明自画像

先生游南镇，一友指岩中花树问曰："天下无心外之物，如此花树，在深山中自开自落，于我心亦何相关？"先生曰："你未看此花时，此花与汝心同归于寂；你来看此花时，则此花颜色一时明白起来，便知此花不在你的心外。"

——《传习录·下》

一个人的一生所构成的图表……是由三条弯弯曲曲的、无限延展的、不断汇聚又不断散开的线组成的，这就是一个人曾以为是的、曾希望是的和曾经是的那种东西。

——玛格丽特·尤瑟纳尔

一　泛海 ｜ 正德四年十一月
贵州龙场驿

> 　　一个流放官员之死——一个京城小吏的苦
> 闷——我的朋友湛若水——我入了锦衣卫监狱——
> 狱中的阅读——泛海——父亲的形象——流放途
> 中——我在树林里发出了一声长啸

（一）

　　那张雨中的脸，到了我生命的临终一刻还会再想起。[①] 一次又一次，想起这张不再在这个世界上存在的脸，想起那脸上的忧伤和阴郁、那种劫数将尽的张皇，我就仿佛看见了未来岁月里自己的脸。这种经验使我坚信，生活在这个世界上，通过一张陌生人的脸，甚至一头牲畜、一棵树，我们都会与过去或未来的自己相遇。

　　南方的山野，一过黄昏，天就暗得飞快，雨天尤甚。是秋天了，

---

① 在贵州的山野间埋葬了几个死于道旁的路人后，王阳明写下了一篇题为《瘗旅文》的作品，本文的叙述即以此为起点。王阳明这样说及他与死者的交往："予从篱落间望见之，阴雨昏黑，欲就问讯北来事，不果。"见《王阳明全集》卷二五。

山道旁已见木叶纷飞，那黄蝴蝶一般的落叶，它们徐缓的落势仿佛对这个世界还充满着无尽的留恋。这僻远之地的驿站，一整天里除了一个商队，再也没有一匹马经过。百无聊赖地听着冷雨敲窗，我不无伤感地想到，又一天就要滑落了，过往的时间就要像落叶一样堆满我们的身后，直至湮灭我们的呼吸。

就在这样一个蛮荒之地的黄昏，那个男子进到了我眼里。准确地说，他们是三个人。透过驿站院子的篱笆，这三个小黑点转过一个山角，顺着驿路慢慢走近了。中间一个年长，走得有些踉跄，边上搀扶着他的两个年齿小些的，看样子是他的仆人或者子侄辈。那男子脸上不加掩饰的悲哀和沉郁一下就击中了我。我还发现他的脸是青色的，只有垂死之人才会有的那种青。

从他们的衣着和神情我一眼就可以断定，他们不是土著，而是来自北方中原一带。万里投荒所为何？就像我三年前从帝国的京城放逐到此一样，这个看上去要比我大上一轮的来自中原的男子（我猜想他是一个级别不会太高的下级官吏）又是遭受了什么不走运的事呢？

这就是我与他——一个我连名字都不知道的放逐官员——的唯一的交往：我透过驿站院子里的篱笆墙望了他一眼，就一眼。我看着他，他也看着我，他的眼是茫然的，空空的，那种没有了生气的空。我那时当然不知道，这是我第一次，也是最后一次看到他，要不然，我怎么着也要把他拉进驿站，让他用温水烫脚洗尘，喝一盅土法烧制的辛辣的苞谷酒祛祛身上的寒气。

作为一个政府驿站的负责人员——我的官职是龙场驿的驿丞——如果他提出下榻在此我是断断没有理由拒绝的，因为我的工作职责就是照料往来的行客，为他们提供服务。但这个可怜的人可能是碍着自己是戴罪之身，竟然在我的注视下走过驿站大门。就在我片刻的犹豫之际，他已经走过驿站，投宿到了对面不远处的一户土著人家。

现在你们已经知道，正是因为我那天的片刻犹豫，没有出门去挽留他，使得这个北来的行客生命中最后一个晚上被迫在一户苗家度过。在这一点上我承认我有着不可推脱的责任。可是……可是即便我留宿了他，我能改变他走向终焉的命运吗？太多的事实已经告诉我们，命若琴弦，生如蝼蚁，我们每个人都不可能预先知道死亡这只独角兽会在何处跳将出来，掳走我们的生命就像摘下树上的一枚叶子。我这么说是在为自己开脱吗？

本来那天晚上我是想去看望那三个中原人的。离京三年，音讯阻隔，北方中原对我来说已如另一个星球一般遥远。有客远来，坐谈帝京旧事风物，在这荒蛮之地也不失为一桩难得的赏心乐事。

吃过晚饭，我都已经穿上了蓑衣，提上了马灯，可是一打开门，肆虐的雨水又让我的脚步在门边滞住了。那雨就像一条条狂暴的鞭子，抽在脸上生疼生疼的。天气实在是太糟糕了。我取消了夜间的造访，却因为牵挂着那三个中原客人，一夜都没有睡好。后半夜，雨声小了下去，山野间的风，却像猫爪子一样不住地在门上抓挠。

我接连做了好几个噩梦，先是梦见姚江边我的老家进了大水，我的父亲抱着一卷书札在雨水中沉浮，大声哭泣。再是梦见我在杭州城外的一处寺院被三个刺客追杀，我顺着山后的小路跑到钱塘江边，刀戟一般的芦苇在我的脸上划出了一道道血口子，夜色中的河流发出巨兽一般的喘息。醒来，雨住风歇，日光已映红了窗纸，驿站的院子里满是断枝败叶。我草草洗漱了一下，就派人去苗家请那三个中原来的客人。不一会儿，去的人回来了，说那三个人一大早就动身上路了。

噩耗在此后接踵而来，好像是为了报复我昨晚的怠慢。快近中午的时候，有人从蜈蚣岭的方向过来，说一位老人死在坡下，边上有两个同行的哀哀地哭。我不由得叹息，唉，肯定是那个放逐的官员死了，可悲啊。

到了傍晚，又有人来说，坡下已经死了两个人了，那人的儿子也死了。我沉默无语，难言的伤悲让我晚饭也难以下咽。到了第二天一早，又有消息传来说，那个仆人也死了！这一下我再也坐不住了，拿起铁铲和畚锸，叫了驿站里的两个年轻人和我一同前往蜈蚣岭。那两个年轻人面有难色，我说，你我同他们还不都是一样的！两人相顾一眼，也跟了在后面。

是的，如果说那天晚上我只是挂念他们，现在则是无边无际的内疚把我湮灭了。我内疚，是因为我对他们并非一无所知。我无法置身事外。如果他们同行的三人中有一人幸存，那么幸存的人对死者就负有责任，可是现在他们都死了，剩下一个与他们最有渊源的也就是我这个北方人了——而这一切，都是源于我在雨中透过篱墙看了他们一眼！设若是在京城，或者中原的随便哪一个省份，我与这个小吏完全有可能是擦肩而过的陌生人，可这是在边远的贵州呀，任何一个来自中原地区的人都与我有着内心认同的亲缘关系。

我承认前面的叙述中有所隐瞒。前天晚上阻止我去与他会面的，除了风雨交加造成的不便，还有某种我说不清的不吉利的气息。这种气息正来自那男子脸上在劫难逃的神色。就在我第一眼看到他时，就隐隐约约预感到了他的死亡。他要死，就走得远远的吧，到别的地方去死，到无法让我知道他的死活的地方去死。这就是我当时隐秘的想法。只是我没有想到，死亡来得那么快，离我那么近，而且，奄忽之间三个人全死了！

他的死让我愤怒，但继之而来，我的内心里涌上一股更为广大的同情与悲悯：孤身一人，在黔三年，天知道我哪天可以重返中原，天知道哪抔黄土又将埋我！吾与尔犹彼也。是的，在这世上，我们都是蝼蚁，是尘埃，是一把虚无！我为这三个死于道旁的中原客悲哀，其实也是在为自己悲哀。雨中那张了无生气的脸又在眼前闪过，我已经预见到了自己会遭受和他们同样的命运。

但是现在这张脸上没有了忧伤，没有了悲哀，也没有了那天雨中的惊惶不定。它变得像一块经受了过多雨水的黄乎乎的石板，没有生机，也没有表情。两只曾经盛满了惊惧与不安的眼眶凹陷下去成了两个小土坑，上面正有几只黑乎乎的马蝇爬来爬去。

下过雨的山土很松软，埋葬三人的土坑一会儿就挖好了。很快，荒野之中就多出了一个小土包。秋阳下，这个散发着新鲜泥土气息的小土包与周围的风物很是和谐，就好像，它一直就在那儿。

我献上一只鸡。我洒上三盅酒。我恭恭敬敬地端上三碗米饭。之后，我开始面对着这荒野之中草率掘成的坟墓滔滔不绝地说话，就像要把前天晚上没有进行的竟夕长谈放到这里来完成。我问他是谁，从哪里来，为什么要到这里做山中之鬼。就像一场礼节性的拜会一样，我同样没有忘记介绍自己：吾龙场驿丞，余姚王守仁也。

没有人能回答我，只有秋风掠过荒草，像是有谁轻轻地叹息。

于是我开始为他编排一部推想的个人历史，包括他所来的地名，他生前的官职。身份是交往的前提，哪怕这身份如今只是来自我的臆测和猜想。我猜想他是为了五斗米的薄俸才来此地。我这样推测他死亡的原因：扳援崖壁，饥渴劳顿，瘴疠侵其外，忧郁攻其中。如此的外困内忧能不死吗？我甚至埋怨他的死让我黯然神伤。我离开父母乡国来此穷乡僻壤已逾三年，之所以能在瘴毒的包围中苟全性命，全在于不敢有一日的消极怠惰。可是现在，他的死亡已经像毒素一样侵入了我的生命内部并威胁到了我以后的生活道路，因为这引出了我长久以来压抑着的焦虑和不安。

我谴责他又安慰他。我安慰他又教训他。我说得口干舌燥又意犹未尽。这情形就像三个多世纪后一个叫布罗茨基的诗人在《挽约翰·邓恩》中借对中世纪一个诗人的安慰说出对自己的安慰。是的，我们都难免一死。是的，在贵州，我是孤独的，死后也难免孤独。如同一个穿过坟场的少年唱着歌为自己壮胆，我也为他大声地歌唱。我唱不知乡关何处的离人之悲：连峰际天兮，飞鸟不通；游子怀乡兮，莫知西东。我还唱另一个世界里的宴饮之乐：餐风饮露无尔饥兮，朝友麋鹿兮暮猿与栖兮。来自北方的死者欢聚在南方的山野，大吃大喝，欢宴悲歌，与麋鹿为友，和猿猴同床，比起人世间令人气沮的狗苟蝇营来，这种结局也不算太坏吧。

按理说，埋葬暴死之人是有仁人之心的人所应该做的，从感情上来说没有必要如此地如丧考妣。但真实的情形正如我已经告诉你们的，我为他悲伤，更是为自己悲伤，我在安慰他，更是在安慰自己。① 我是借着对一个暴死之人的安慰说出了对自己的安慰。

（二）

　　我是三年前流放到这个边疆驿站的。在这之前，我已在帝国的心脏勤勤勉勉地工作了八个年头，辗转于工部、刑部、兵部的多个岗位，长时间地在从六品的官职上打着转。在外人看来，我有个状元出身的父亲——我的父亲王华在成化十七年赐进士第一甲第一人——年纪轻轻又中了举，虽至今还没有得到朝廷的重用，但也算是在仕途上稳扎稳打地前进着，不出意外，若干年后混成个部级高官也不是没有可能，一有机会放出去巡抚一方那就更是威风得可以。

　　但在我们这个时代，文官的仕途起落都是极富戏剧性的。那场将改变我一生命运的牢狱之灾发生在1506年的秋天。

　　自从二十一岁那年杭州乡试中举后，我就无时无刻不梦想着有朝一日步入承天之门。但癸丑年、丙辰年连续两次科考失利带来的耻辱让我不得不怀疑起了自己的智力。绝望的心情就如同等着一壶水烧开，底下的柴薪快燃尽了但那水还是不开。此时正值我陷入幽暗而迷狂的青春期的泥沼，政治上的饥渴与体内过剩的力比多让我在京师和南方小城余姚之间不停地奔波，时而出入佛老向往着长生

---

　　① 在《瘗旅文》的最后，王阳明说到他产生这种同情是因为预见到自己也会遭受同样的命运，他不知道自己是不是还有可能回到中原："与尔皆乡土之离兮！蛮之人言语不相知兮！性命不可期！吾苟死于兹兮，率尔子仆，来从予兮！吾与尔遨以嬉兮，骖紫彪而乘文螭兮，登望故乡而嘘唏兮！吾苟生归兮，尔子尔仆尚尔随兮，无以无侣为悲兮！道旁之冢累累兮，多中土之流离兮，相与呼啸而徘徊兮！"美国汉学家宇文所安的《骷髅》一文可参看："正如林云铭所指出的，在某种程度上这篇文章是王守仁为他自己写的，这个预示着他自己将来命运的吏目，引出了他所有的压抑着的焦虑以及放逐带给他的不幸。"见［美］宇文所安《追忆：中国古典文学中的往事再现》，三联书店2004年版。

之术，时而又梦想着成为李东阳第二，权柄与文名并重天下。

在回到江南小城居住的两年间，流风所及，我也和当地的文学青年们组织了一个诗社，日日诗酒征逐，咏唱相随。但不久我就醒悟到诗歌的功效大抵等同于药与酒，长久地浸淫于文章辞藻之中只会迷失一个人的本性。一个像我这样的有志青年怎么可以把有限的精力浪费到这些无聊的事情上去？好在1499年春天的一次会试中我终于进士及第，差堪让对我越来越灰心的父亲舒了一口气，我也终于可以在他面前挺直脊梁了。

登录进士榜的直接好处就是让我得以有一个合法的政治身份留在京城，而不再是随父寄寓其间的外省青年。我被分配到工部做了一个见习官员，顺便学习官场上的各种规矩。我们的帝国认为，对一个刚进入文官阶层的新科进士来说学习这些规矩很有必要。工部这个富得流油的部门管理着帝国的漕河运输、铁厂织造、屯田铸钱，同科的进士把我谋得这么一个肥缺美差归功于我状元父亲施加的影响。以他们的鼠目寸光怎么可能知道我的志向呢。工部设在东朝房，离我住的长安西街不远，那些日子每天早晨走在上班的路上，我的脚步都是欢欣雀跃的。

急于报效朝廷的我在工部干了没多久就向弘治皇帝递交了一份关于边疆问题的建议书。以我研读历史的心得，"边务"是让历朝皇帝最头痛的事情，因为这不仅显示出皇权的限度，也暴露出帝国内部体制上的一些问题。当然，我这么热切地关注边患，也不无大丈夫建功异域的幻想。在这份六千字的报告中，我从边务不振乃内务腐败所起这一点着手，提出了八条建议，恳请皇帝发给兵部，斟酌施行，"痛革弊源"。《陈言边务疏》递上去后我就开始了等待，但好多个日子过去了还是没有一点回响，就像把一块石头扔进一个黑洞好半天也没有传上来一点声响，你不知道它是到了底还是让黑洞给吞没了。这让我疑心弘治皇帝是不是看到了这份报告，说实话，即便看到了，已不再勤于政事的皇帝有无足够的耐心和体力看完这篇新科进士的六千余字的高论，也实在是个问题。

在工部实习却去关心边疆问题，在同僚和上司的眼里我这是不务正业。我听到的另一个对我的评价是爱出风头，事功思想太急切。我很快就厌倦了在工部做一个浑浑噩噩的小公务员的角色，可是帝国庞大的文官系统就像一座金字塔，我这个塔下的沙子抬头看看它的高度都会头晕。光阴无涯，吾生有涯，这样按部就班地往上挨，怕是挨白了头也到不了多高。以我的才具，我想我最适合的还是去都察院或者科道做一个纪检官员。

在我的颇为理想化的设计中，这是一个能够达到知与行融为一体的官职。本朝典制，言官位卑而权重，自太祖皇帝以来，受都察院御史或六科给事中的弹劾而落马的官员不计其数。本着良心，以语言作武器，做帝国政坛的清洁工，这实在也是一条建立不朽功业的途径。然而一年的见习期结束后，我被分配到刑部担任云南清吏司主事的实职。当然我用不着去云南，只是在北京的刑部分管来自云南的案件。

在京城做一个下级官僚的最大悲哀是由不得你自己做主，总是被支使来支使去应付各种各样临时的差遣。刑部管理着帝国最大的监狱提牢厅，每个月部里都要派一名主事下去当值。到了十月，上级找我谈话，要我下去当班。我明知秋天是决狱的高峰期，这个时候下去最为疲顿劳累，人人都想避开这个档期，但为了给上司一个好印象，还是不得不装出踊跃的样子。一个月下来，我感到这实在是天下至繁、至猥、至重的苦差事。不久，我这枚帝国官场上的小棋子又被派到直隶、淮安等府，会同地方法庭的巡按们审决重囚。

对于官场学这门中国最具实用性的学问，我没有那些死读经书的书生那样天真迂腐，也不像同时代的唐寅、李梦阳那样抱着不切实际的幻想去碰得头破血流，作为一个自小喜读兵书的实用主义者，我深知官场如战场的道理。初涉政坛，虽然做不到如鱼在水，但也不至于困窘到走投无路。我只是受不了这样无所事事地耗着，耗到油尽灯枯的那一天。为了放松一下疲惫的身心，淮北的公事一办完，我就上了九华山去散心。

尽管我不是个以山水为功课的人，但自然的草木枯荣和晨昏之际蒸腾的云霞还是让我大有今是昨非之感。海拔的高度似乎也连带着提升了精神的高度，京师远了，那蝇营狗苟的小官僚的生活愈发显出围城一般的可笑。双峰、莲花峰、列仙峰、云门峰、芙蓉阁……一路走下来，内心里一个声音越来越坚决，那就是回去，回南方去！夜宿九华山巅无相寺的一个晚上，我梦见了苏东坡。苏东坡对我说了一句话后就在佛堂的照壁后消失了。我醒来后才想起这是他的两句诗：小舟从此逝，江海寄余生。

在九华山的几天里我还专程去拜访了一个叫蔡蓬头的道士。道士对我说了让人莫明其妙的两个字：尚未。我避开左右，跟着道士到了后亭，恭恭敬敬施了一礼再请教，他还是那两个字。我再三恳求他是不是能再点拨一二，道士说：我看你虽然前堂后亭执礼甚恭，可总是忘不了一副官相。

回到京城复命，我就上疏请求回家养病，回到了南方的会稽山。

京城寒冷干燥的气候已经在损害我的健康，好几次，我从痰丝中发现了隐隐的血迹。我希望南方湿润的空气会对我越来越严重的肺病有所裨益。

（三）

这段不长不短的病假第二年开春就结束了。回到京城，我还是该干什么就干什么，去刑部上班应卯，与人谈禅说佛，得空读几页《周易》。到了秋天，我去了一趟山东，协同主持了一场选拔举人的乡试。

山东是孔夫子的故里，以区区刑部主事的身份来到圣人故里担任乡试考务工作，这不能不归之于声誉日隆的父亲的影响。我的父亲王华得中状元后先是成为《大明会典》的主要编撰官之一，后来又成为东宫讲读官，在圣主恩宠下升迁到了礼部右侍郎的位置后仍兼日讲官。

我不能不承认这一破例的荣选满足了我积久寂寞的虚荣心，但另一方面，在帝国政坛可以一试身手的兴奋也使我暂时摆脱了逃禅学仙的颓废心境。我才只有三十三岁，怎么可以如此放任！我为生员们出的题目基本上是围绕当下知识分子道德的滑坡和风俗之美恶与天下之治的关系。

我还在策论的范文中这样写道：我们这个时代最大的弊病在于十羊九牧，人浮于事，致使名器太滥，而官员的选拔又不以德能，德能又没有一个标准，一个人做了官，就成了国家机器的化身，但又有谁是为国事而来？只是为了名器罢了，名器一滥，天下人都生必得之心，纷扰自生；纷扰一生，纲纪就不振；纲纪一不振，天下就会大乱。在文章的末尾我为这个时代开出了这样一个药方：当今之务，莫大于整肃纲纪。

我这番洋洋洒洒的话把同僚们吓得不轻，他们一致认为我的胆子也太大了一些，一个低级文官竟敢对朝政如此妄加评议。但我深感惋惜的是我只有这么一个机会主持区区一省的乡试，不能真正走上为国家选拔豪杰才俊的领导岗位。考务既毕，我跑到泰山玩了几日，又去观了东海。海涛拍石的訇然巨响中，我一个人走在海边吟诵着曹孟德的东临碣石以观沧海的伟大诗篇，不由得慨叹一事无成但惊逝水，半生有梦尽作飞烟。想着在庸碌的文牍生涯中消磨的一日日，真个是：我才不救时，匡扶志空大！

主试山东时的放言无忌没有让我蒙受飞来横祸，也没有让我得到荣升骤起的机遇，这一方面说明仁慈的弘治皇帝的开明，另一个让人悲哀的事实则是这个庞大的帝国已经身患沉疴，来自内部的谏言已触动不了它肥软的躯体。

返京不久，我奉调到兵部任主事，官职从六品，穿起了绣有鹭鸶的青袍。在秩级严明的帝国官场体系中，我这只小小的蚂蚁总算是迈出了半步。我任职的武选司，是兵部第一司，掌管武官的选升、袭替、功赏之事，相当于兵部中的吏部，在外人看来，这对我已经是个实至名归的安排。但我不无悲哀地发现，它离我的自我期许不知隔了几重大山。

这就是十六世纪的最初几个年头我在京城官场里所过的庸庸碌碌、疲惫不堪的生活，不出意外的话，我丝毫不怀疑我会像一头转磨的驴子一样在中央六部慢腾腾地转上一圈，并随着年齿的增长像蚂蚁爬树一样获得缓慢的升迁，最终在老境到来之际熬成一个侍郎或者尚书，然后体面地退休回家，做个写写老干部体诗歌的致仕乡绅。但设若真的到了那一天，我还会是我吗？我想我自己都不会接受未来岁月里那样平庸的一张脸。

冗长、刻板、无聊的小公务员的生活已经在损害我的健康。痰中的血迹不再让我心惊，因为出现的次数太多了。好在还有朋友，不然这世界真要像月球一样荒芜了。1505 年夏与湛若水 ① 的相识是我一生中的一件大事，这一事件对我心智成长的作用要到好多年以后才会彰显出来。若水是广东增城人，这个品行高洁的年轻人无意功名仕途，立志要做当代颜回，拜了南方大儒陈白沙为师，在老家闭门读书好多年，后来拗不过他母亲，才不得不到南京国子监入学，并在这一年春天的会试中擢为第二，选为庶吉士。据说主考官看了他的卷子后就说，这个人一定是陈白沙的学生。一见若水我就大起契悦之心。

我对别人说，我到北京二三十年，从来没有见过这样的人物。我这话并非一味的溢美。我可谓阅人多矣，当时的名公巨卿如李西涯（东阳），文学名家如前七子等，都不能引起我由衷的敬佩，因为在我看来，他们只是招摇一时的明星而非至人。而若水的学问唯求"自得"，却是真正体现了圣人之学的典范，这样的人不引以为知己天下谁是知己？

---

① 湛若水（1466—1560），字元明，号甘泉，广东增城人，师从名儒陈白沙。明弘治十八年进士，历官南京吏、礼、兵部尚书，长期在南京、扬州、番禺、增城、南海等地讲学，著有《心性图说》与《圣学格物通》。《王阳明全集·年谱一》："十有八年乙丑……然师友之道久废，咸目以为立异好名，惟甘泉湛先生若水时为翰林院庶吉士，一见定交，共以倡明圣学为事。"

　　我相信若水也一定和我有着相同的感受，因为从别人的口里，我也听到他这样说我：若水泛观于四方，未见此人。公务之余，我们时相过从，诗歌唱和，切磋学术，并在一场场面红耳赤的争论中加深了解、促进友谊。多年以后——那时我已离开了这个让我欲爱欲恨的世界——我的这位好作警句的朋友用这么几句话概括了我的思想历程："初溺于任侠之习；再溺于骑射之习；三溺于辞章之习；四溺于神仙之习；五溺于佛氏之习。"① 然而一场突然降临的牢狱之灾中止了我们的友谊，也终结了我在北京并不太如意的政治生涯，并最终把我逐出了这个让我欲爱欲恨的都市。从我十三岁那年随父第一次旅居京华，已经过去了二十多个年头，二十多年里，我习惯了这座城的胡同与青砖灰瓦，习惯了它春天到来时扑面的黄沙与马车驶过时迷眼的尘土，习惯了落尽叶的槐树间爽净的天空和人民的语调，从没想到有一天会离它而去，并且，是以这样一种屈辱的方式离它而去。

（四）

　　这桩彻底改变了我生命河道的事件发生在 1506 年的秋天。

　　之前一年的五月仲夏，也就是我结识湛若水之前，仁慈宽厚的弘治皇帝把太子托付给几个亲信的顾命大臣后在乾清宫撒手西去，随之结束了大明十七朝历史中最为承平的一个时代。

　　这位死去的皇帝称不上是个有作为的英主，却是个难得的好人，同时也是个优秀的倾听者和道家仙术的崇信者，一个恪守儒家之道

---

① 《阳明先生墓志铭》，《王阳明全集》卷三八《世德纪》。

的本分的好丈夫（有充分的证据表明他是本朝开国以来，甚至中国历史上唯一一位做到了一夫一妻制的皇帝）。皇帝的耳根软，总免不了有人在他边上像苍蝇一样嗡嗡，那些有抱负的官员或油滑的官痞，用他们真真假假的情感、虚虚实实的方式，没完没了地要求他温习经典倡举文明，向他灌输各种他们认为最有效的观念。谁都看出来了，这是风险最小的鸣放时期。以较小的风险，获取最大化的"名器"的利益，历来就是太过聪明的文官们谁也不肯放过的机会。因此几乎可以这样断言，本朝开国以来，包括以后，再也不会有像他那样仁慈、那样有耐心听取批评意见的皇帝了。

接下来即位的正德皇帝朱厚照却是个不折不扣的顽主加流氓。是的，一个流氓——尽管他是"今上"，我还是要鼓起勇气说出这一点——顾命大臣们没有按照先帝的遗愿把他教育成一个"好人"，宵小之徒却轻而易举地把这个十五岁的少年造就成了一个淫欲之徒，一个合法的流氓。

据说，他从不在乾清宫过夜，他经常下榻的"豹房"是一个类似淫窟的所在，无数倡优、乐工、喇嘛、术士和种种奇模怪样的人簇拥着他。他还喜欢乔装打扮，偷偷潜出皇城，带着内侍和校尉们，趁着夜色在京城大街上快马驰骋，想喝酒了，或者想找女人快活了，就随便找个大户人家闯进去。

新帝一登基，经筵、日讲都停了，只是在内苑里和内侍们大玩鹰、犬、狐、兔，对于大臣的批评意见，他的处理方法也与乃父大相径庭，干脆就是罢黜了事，辖制住你的舌头。不到一年，就把前朝的旧臣几乎全罢免了。甩开了这些老厌物，这个年轻的皇帝就让斗大字不识几筐的宦官刘瑾带着一伙内官直接办事。

岁在丙寅的 1506 年注定是个多事之秋，一次次异常的天象怎么看都不是个好兆头：先是年初云南连日地震；再是山东莱州自九月起接连地震四十五次；一场大雨中震怒的雷霆击坏了皇宫正殿鸱吻及太庙脊兽，还摧折烧毁了禁门房柱和天坛的一些树木；地动天鸣，五星侵犯，星斗昼见，白虹贯日……迭现的群灾是上天在向着人间示警，然而这些凶年的征兆并没有让年轻的皇帝惕然醒悟，相反，他越发地放任内侍和各地镇守太监蚕食朝政，让东厂和西厂的锦衣卫们刮起一阵阵白色恐怖的风潮。或许换一个角度，从皇帝的角度来看，不是朝政烂了，而是文官们都烂了，他要借太监们的手来一次大换血。

在这场权力争夺中，由于皇帝的屁股坐歪了，文官集团从一开始就处在了劣势。为了自保，他们反击了，言官们开始交章弹劾太监。他们请大文学家李梦阳执笔起草了弹劾刘瑾等人的奏章。漂亮犀利的文笔刺激得皇上也"惊泣不食"，他曾短暂地犹豫过要不要把为首的八个太监（号称"八党"）送到留都南京避避风头。然而大臣们斩草务尽的狠劲儿又刺激得他把这八只红了眼睛的老虎放了出来。当大学士们集体辞职的奏疏一递上去，皇帝连虚假的客套挽留一下都没有。顾命大臣之一的刘健跑到祖庙以头抢地号啕大哭，为未能把正德教育成个"好人"而深感对不起九泉之下的先帝。

文官集团自然不肯善罢甘休，他们退而求其次的策略是请留刘健、谢迁等倒台的内阁。谋诛八党时，是北京的言官首先发难，这次请留阁臣的声势则由南京的言官来扛大旗。南京六科给事中几乎都站了出来，连章奏留刘、谢。让我在这里恭敬地记下这些以身饲虎的英雄的名字，他们是戴铣、李光翰、徐蕃、牧相、任惠、徐暹。

刘瑾对这些不识时务的反对党的处置一律"廷杖除名",即逮到京城的帝阙下,脱下裤子,打三十军棍,然后开除公职,贬为百姓。有个别官员或上疏乞救,或抗议,都遭受到同样的屈辱。

前面说过,刚做京城小吏时我曾经希望自己成为一个刚正不阿的言官,尽管我一直无缘得遂,但对这一职业我始终保持着足够的敬意。这一盲目的好感使我不知天高地厚地向皇帝递交了一份奏折,想救下这批南京的言官。我自以为这封奏折写得立论公允,语调委婉而平静。我对皇上说:戴铣等人想必是触犯了皇上,但他们以言为责,其言也善,说错了皇上也该包涵,以开忠谏之路。现在却特派锦衣卫把他们押解赴京,群臣皆以为不当而无人敢言,怕受相同的处罚而增加皇上的过错。这样下去,如果再有关乎国家危疑不合祖宗体统的事情,皇上还能从哪里听到好的谏议?①

看来我真是太自作多情了。我这般苦情陈辞,只是为了不让皇帝背着怒绝民意的恶名在独裁者的道路上越走越远,但一个区区小吏的善心建议,在今上听来不是心怀叵测就是一只蚂蚁的呻吟。那个带着黑色幽默色彩的结局几乎从一开始就注定了——我和包括尚书韩文、林瀚,都御史张敷华,郎中李梦阳在内的其他五十三名不听话的文官一起被刘瑾先生列为奸党,在金水桥畔召开的公判大会上榜示朝堂,打了四十大板屁股,随后被关进了"诏狱"——即皇帝委托太监们直接掌管的锦衣卫监狱。

---

① 《王阳明全集·年谱一》:"武宗正德元年丙寅……先生首抗疏救之,其言:'君仁臣直。铣等以言为责,其言如善,自宜嘉纳;如其未善,亦宜包容,以开忠说之路。乃今赫然下令,远事拘囚,在陛下不过少示惩创,非有意怒绝之也。下民无知,妄生疑惧,臣切惜之!自是而后,虽有上关宗社危疑不制之事,陛下孰以而闻之?陛下聪明超绝,苟念及此,宁不寒心?伏愿追收前旨,使铣等仍旧供职,扩大公无我之仁,明改过不吝之勇;圣德昭布,远迩人民胥悦,岂不休哉!'"

　　入狱是在十一月，天气还有些暖意。很快就到了十二月，从西伯利亚而来的寒风连着送来了几场大雪。冻雪，与天上的彤云，把天地箍得如同一个严严实实的大桶。当世人都在这个大桶里死去了一般酣睡，没有什么比清醒的滋味更让人痛苦的了。外面传来狱卒走在冰结的雪地上的脚步声，从小窗吹进的风带着冬夜特有的清冽。越是强迫自己入睡，越是觉得黑夜无边无际漫无尽头。窒如穴处，无秋无冬？岂无白日？瘑痝永叹！

　　本以为弘治时代以来宽松的政治气氛能让我有所作为，却没想到落得个身陷囹圄的下场。天哪，我才只有三十五岁啊！如果说有后悔，倒不是后悔上了这道该死的奏折，而是我几年前回到南方会稽山后根本就不该再来自投网罾。如今看来，在会稽山的林荫道上散步，在澄静如练的余姚江中放舟，这些寻常的居家生活也成了遥不可及的梦想。看来我是过于轻信这个时代了，不，我是迷于心魔了。

　　幽禁的日子把时间抻成了一根长绳，也成倍地放大了我的孤独。我思念高墙外的亲人，更因知道他们的牵挂而心乱如麻。然而打断我愁思的只有那只忽而窜上床忽而隐匿不见的狡猾的老鼠。在幽室中，我度过了一生中最为黑暗的 1506 年。大年夜，听着京城里或远或近的毫无心肝的炸响爆竹声，对着铁窗外冻得瑟缩起身子的几点毛绒绒的星光，我在彷徨涕沾裳之余，也勉强打起精神滋长出逝者不可及、来者犹可望的自勉式的朦胧希望。

　　历来知道我心性的家人，在送来食物和衣服的同时还送来了我常读的《周易》，困厄之中的阅读带给我平常日子里不曾有过的体验。我深深感到这本上古的典籍里包含着一个伟大的玄机，要破译出这个秘密，就要像纳博科夫说的那样用脊柱骨去读它。

处分在新年过完后终于下达了：我被流放到贵州修文县龙场驿当一名驿丞。虽然不在意料之外，但龙场这两个字，对我来说不啻是火星一般遥远。难道这个陌生的地方就是我的终焉之地吗？贵州地处帝国南疆，历来乃蛮荒瘴疠之地，只有犯了重罪的官员才会发配到这个地方，我当然清醒地知道，把我流放到这个鬼地方，实际上也就是间接宣判了我的死刑，只是，要让我死得慢一些而已。

出狱后我被允许回家和家人见面，并做些出发前必要的准备。父亲已在我入狱的时候被调去南京，名义是平调，实则是贬谪。家里也是四顾萧然。好在还有湛若水和汪抑之、崔子钟这些朋友过来，一起借着酒劲骂骂时政，并在感伤的气氛中写下一些充满了离愁别恨的句子相互安慰。我们甚至指酒为誓，约定在我放还以后一起隐居到衡山，共同研习不朽的《周易》。

二十世纪的一位传记作家在一篇散文中把流放出城的我比作战国时代伟大的屈原，除了那种时代积习导致的矫情文风让我不堪忍受，那段文字对我当时失望中夹杂着愤怒的复杂心情的摹写大抵是确凿的：

> 1507年的春天，明朝的一个京官被逐出了北京城。他就是王阳明。由于冒言直谏触犯了权贵，此去他将远赴万里之外，贵州中部一个叫龙场的地方，"荣恩降受"驿丞这个小官职。
>
> 初春的北京城，尚是黄沙扑面，王阳明回望京城的繁华，看见了巍峨的宫墙上空一大朵一大朵急急南驰的浮云，他的眼前同时闪过了去郢的屈子和仓皇出长安的杜子美，一股莫名的

悲怆由心而生。远在天涯的贵州龙场，难道就是自己的终老之地吗？对不可知命运的惊惧，让他觉得已经过去的三十六年的生命恍若一梦。朋友们赶来相送，都是宦游的士子，长亭短亭，也只有以诗句赠酬，含蓄地互相安慰。王阳明这样对他们说：你们请回吧，难道你们没有看到，这些诗句只能让我更加伤心，更加忧愁？ [1]

往南走了十多天，投宿在运河边的一个小镇的晚上，我与我的朋友们又在梦中重逢了。醒来后，我重新回忆起了那个在衡山结庐、共同研究《周易》的约言。来日未卜生死未明，现在听着运河的涛声想起那个天真的誓约，我才明白朋友们的一番良苦用心，这冰雪一般高洁的友情不由得让我双眼发潮。

（五）

夏天，我到了杭州。这是一年中最盛大的季节，江南的田野上，到处是草盛麦黄，虫鸣喈喈，自然的物征兆示着生命在严冬的沉寂后必将复苏。大自然是治疗精神痛苦的一剂良药，更兼这里与故土会稽余姚相去不远，我冰冻多日的心宇终于出现了一丝暖意。

我决定在这里养好折磨了我冬春两个季节的肺病再南行不迟。然而随着时日的推移，我心中的不安反倒沉重起来，漫步南屏，林间的幽禽似乎也在向我做着警示；静坐城外胜果寺山房，夜深时分松间的阴影也让我兀然心惊。不吉利的消息终于传来，有两个从京

---

[1] 赵柏田《荒芜赣黔路》，载《随笔》杂志 1997 年第 5 期。

城出发就跟定我的锦衣卫已经尾随而来，伺机要把我暗杀于流放途中。

惊悚之余，我幡然醒悟：这三十年的气力都用错了地方。自己连性命都不保了，却还对朝廷抱着这样那样的希望，这真是命运同自己开的残酷的玩笑。

我接下来的境遇经由冯梦龙、查继佐等后世文人的极力渲染和夸大，已经成了一则惊心动魂的传奇故事。在这些假语村言里，我被两个锦衣卫杀手追赶到江边，无以脱身，就脱下鞋子摆在河岸，把一顶斗笠漂在水上，布置了一个自杀的伪现场。故事里的我骗过这两个愚蠢的杀手后，暗中登上了一艘商船，向舟山进发。故事还说，戏做得太真了，不仅骗过了锦衣卫，连我的家人都信以为真，跑到钱塘江中四处淘索尸体，还在江边哭吊了一场。①这些小说家言都有一个明显的漏洞，并不处身同一时代的这些人好像商量好了似的要在典型环境中突出我这个典型人物的典型形象。其实锦衣卫岂是那么好骗的。钱塘江水深浪大，要看清所谓的那个现场，他们就要走得很近，而一旦走近了，他们就可以轻易地发现事情的真相。但如果站在高岸呢，他们又根本看不到什么。

不管怎么说，杭州是无论如何待不下去了。我使钱在江边搭乘上了一艘商船。后来的事情你们都已经知道了，阴差阳错的，那艘从钱塘江出海的商船并没有到达舟山。不知是不是转了风向的缘故，天一亮，我们才发现这船竟漂流到了福建的中部沿海。那个晚上在海上与飓风作斗争的可怕经历，使我在弃舟登岸藏身武夷山的一个

---

① 冯梦龙的《皇明大儒王阳明先生出身靖乱录》对此有颇为戏剧化的描述。此文附录于《传习录》，中国文联出版公司 1995 年版。

野寺后还心有余悸，而风平浪静后那种梦幻般的宁静又几让我疑心已经身处极乐世界。惊魂甫定，我向庙里的住持要了一支笔，在那个野寺的墙壁上题了一首叫《泛海》的小诗：险夷原不滞胸中，何异浮云过太空？夜静海涛三万里，月明飞锡下天风。[①]

现在回头看去，这几句性急之作尽管不无矫情，但在某种程度上还是还原了那个海上之夜的情景：夜月明净，风涛万里，一叶孤舟忽而抛上浪尖，忽而跌入深谷，而随时都可能到来的死神就拍打着它黑色的翅膀在我们的头顶盘旋着，迟疑着到底是不是要落下来。以后的日子里，一遇险境我就会想起那个难忘的海上之夜，想起挽着缆绳时一个个迎头扑来的巨浪。是的，"泛海"，自从我离开京城，我就把它看作了我颠沛生涯的一个隐喻。

我在武夷山盘桓了几日，然后北上鄱阳湖。当我离开鄱阳湖赶往南京的时候，京城里正在流传着我在钱塘江投水又在福建上岸的神话。这话也传进了我的朋友湛若水的耳朵里。若水听到这些传言，淡淡一笑，说，这么荒诞不经的传说你们也信吗？这是我的朋友在佯狂避世呢。作为一个出生于南方的经验主义者，我的朋友认为凡事亲历实证过了才好相信是不是真的，他这样告诉他们：虽然初春天气江南沿海刮的都是东南风，但当寒流袭来时风向北转把船吹到福建也不是没有可能。多年以后，我和若水在滁州相会连床夜话时，他还把这事作为笑话向我提起。

我去南京是去看望我的父亲的。数月不见，父亲又老了几分。看着他又添几缕白发的鬓角，我不由得心生愧疚。少时顽劣，现在又身遭此祸，我可从没有让他省心过啊。说起不久前我入狱时家人

---

① 《泛海》，录自《王阳明全集》卷一九，外集一《赋·骚·诗》。

的牵念，这几乎是生死之变后的重逢更是让人感怀唏嘘。

父亲告诉我，我刚下狱时，刘瑾好几次传话给他，只要他做出修好的表示，去刘宅走动走动，不仅我可以免去牢狱之灾，我们父子还可以一起得到升迁。但他几乎没有犹豫就拒绝了。他说起这件事时轻描淡写，但我亲耳听他说起时还是感到震惊。父亲的形象在我眼前一下子高大了起来。

说话时我几乎没有停止过咳嗽。父亲盯着我焦黄的脸，说：你的肺病愈发厉害了，以你现在的病况，去贵州这样的边地做个小吏肯定是去送命。照父亲的意见，处分已经下达，风头也已过了，小小一个六品主事反正也没人盯着，倒不如从容一点，养好了病再到流放地去。

这样我便又折回到了杭州，在胜果寺凉爽宜人的松树林里度完了整个六月，感觉病好了一些又回到了越地老家。这个夏天让我无比欣慰的是我正式收了三个学生，他们是余姚的徐爱、山阴的蔡希颜和朱守忠。他们坚持要举行一个声势浩大的拜师仪式，认为不举行这个仪式就不能算是我名正言顺的学生，我居京时就跟着我问学的妹夫徐爱尤其坚持要这么做。于是在向我行了隆重的拜师礼后他们成为我一生中长长的师生链中的第一环。

不久，这三个刚被发展的同志就被地方府学荐为乡贡生，要到北京去了。我告诉他们，到了北京就去找我的朋友湛若水，就像跟着我一样跟着湛老师学习。弟子们唯唯应诺，说老师你送点什么话给我们吧。于是我写了《别三子序》，告诉他们只有潜心向学的人才能刚柔并济——深潜刚克，高明柔克。我生平第一次摆出导师的架势对着他们说：三子识之！

现在诸事已毕，我只得向万里之外的流放地缓慢开拔。我在地图上画出了我将要西行的路线：从姚江坐船，抵达钱塘江，然后经广信、分宜、宜春、萍乡，入湖南境内，过长沙，涉汀江，下洞庭，溯沅水，再经沅陵、辰溪，最后从贵州玉屏西行进入修文县界……尽管我们这个帝国的行政效率极为低下，但按照事不过年的惯例，我这个流放者还是必须在年关前向戍所报到，开始我新的工作。

途中总有一些相识或者不相识的地方官员请我喝酒。尽管我不是一个高阳之徒，但酒精的力量还是可以缓释旅途的困苦寂寞。经过广信①时，我得到了当地蒋太守的热情款待，他特地赶来和我在舟中对着江风明月喝酒夜话。这一颇具古君子之风的举动感动得我差点掉下泪来。我向他打听居住在此地的我的老师娄谅的近况，为自己一介犯臣不能亲谒拜访而心生惆怅。

随着旅程一日日的延伸，一想起家乡的物事我的眼睛就会变得潮润。深秋的一个晚上，我投宿在萍乡的武云观。那天晚上的月亮特别的大，特别的亮，它皎洁的光照使我又恍若置身于美丽的鉴湖之滨。还有一个夜晚，我在醴陵道中遭遇了一场可怕的大雨，投宿在泗州寺，听着窗外的风雨读了一夜的《周易》来保持内心的平静。

京师的繁华和江南的绮丽富庶，已成为遥不可追的往事；期待朝廷的恩泽，也只是一个梦想。一个犯臣只有收拾心性好好赶路。洞庭、沅水是一千七百多年之前楚国的逐臣屈原行吟、安息之地，我这个流放犯没有必要轻易去模仿他，一是觉得自己还不够资格，白死不说，还要惹得天下人笑话。二来呢，我是想看看，在这无路可走的时候前面还有什么在等着我，就像后来的史家说的，"在一无

① 今江西上饶。

所有中返本追问生命的真正意义"。而这种追问，正如你们知道的，在我还是一个孩子的时候就已经开始了。我隐约意识到，万里投荒，这种追问或许会有一个答案。

看来我在学术上的声名因着传奇性的政治遭遇早已远播到了湘楚一带。当我刚进长沙城，听到消息的当地年轻学者不顾我鞍马劳顿就赶来要和我切磋学问。我这样告诉他们，宋学的根基就在你们湖南，伟大的朱熹和周濂溪在此间留下了良好的学风，作为士人，你们这样做正是在继承这一宝贵的"圣脉"。

怀着对前辈学人的尊崇之心，一个雨后新晴的天气里，我在几个当地年轻学者的陪同下登上了岳麓山。山色苍翠，空气清新而甘冽，曾经闻名天下的岳麓书院已呈破败之相，但我还是为能一睹当年朱熹讲学的遗迹感到不虚此行。那天，长沙的赵太守也闻讯赶来，陪着我在山上喝酒，直到城里已是万家灯火我们才相扶着踉跄下山。

当我离开长沙城继续西行时，这位有着浓郁书生气的太守和手下王推官又把我热心地送上了船。临行前，我赞扬了赵太守在地方文化和教育上所做的卓有成效的工作，同时也坦率地告诉他，这块斯文重地已大非昔日可比，在这样一个鱼目混珠的年头，一个有良知的知识分子也只能从自身做起，努力去守住道德的底线，才不至于随波逐流。

饥饿，盗贼，泥泞，沅水上的触礁翻船，道路塌方，风雨险道，深泥陷马……不过，比之吊诡的政治来，大自然还算是仁慈的。它没有把我这具多病的躯体断送在半路就是一个明证。

1508 年 3 月的一天，一匹羸弱的老马驮着我踏上了荒草剪径的黔西路。尽管比预计的日期晚了好些天，我还是赶到了。这还不值得庆幸吗？当我从万山丛壑中出来，踏上被过往的马队践踏了千百次的通往龙场驿站的大路，我看见一对白鸟正从远处林中掠出，轻灵的鸣叫像是对远方客人的欢迎。把诗歌历来看作是烈药加毒酒的我，此时也禁不住想做一个诗人了。鸳花夹道惊春老——这一路上我是不是走得太慢了，唉，这一个春天也要老了。

我很快被告知，已经等待了我很久的，是驿站里的二十三匹马，二十三副铺陈，和一个年老的当地小吏……

这就是我来到这个荒凉之地的大致经历。或许我的回忆太过粗疏了些，但那些应该记下的，我想都已经在这里了。世上的事情就是这样玄妙，有些地方，有些人，尽管你们之间相隔关山万重，尽管之前你从来没有留意过，但他们都似乎是命定地要和你发生联系。说实话，在 1506 年之前，贵州——修文县——龙场驿，对我来说都像另一个星球一样遥远，即便我有着再出众的想象力，也不可能预料到我生命的河道会在这里陡然打转，向着一个陌生的，同时也是更广阔的世界奔流。

（六）

那些天，可能是中了蛊毒水土不服之故，我的几个随从都病倒了。倒是我这个老病号成了他们的护理。我跑前跑后，为他们折薪，取水，煮稀粥，还为他们讲笑话，唱家乡的小曲儿解闷。他们很过意不去。我说，你们跟着我一路西来，吃了那么多苦，在这举目无亲的地方，你们不就是我的亲人、我的兄弟吗。

不久，在当地土著的帮助下，我们搭起了寄身的草庵，还在荒山上垦荒自种。我对稼穑之劳倾注的热情，比之瓦尔登湖边的那个美国佬梭罗可能还要更多一分真诚，而少了一分作秀的心情。当我写下"倦枕竹下石，醒望松间月"这样古典美好的句子时，内心里甚至还会有一种不该有的闲适与出尘之想。

尽管如此，隐忍苟活中还是不时有难耐的伤感像雨天的旧伤复发。万里奔波，我怎么可能是来做一个隐士的呢。虽然生命中平凡的物事里也有小小的喜悦与欢娱，但那都是隐忍中的自宽与自慰。莫名的伤恸还似影子一样跟定了我。"游子望乡国，泪下心如揣"，那是西山采蕨的感触；"烟竹暖无家，忧思坐长望"，那是寒夜枯坐的心情；元宵之夜，雨雪霏霏，遥想江南及帝京的盛景，又是一份愁情："故国今夕是元宵，独向蛮村坐寂寥。"

那些日子，越来越折磨我的一个问题是：圣人处此，更有何道？

事实上，这个颇具道德倾向的问题也是中国历代文人普遍关心的问题，那就是：一个人所可能有的最高成就是什么？应该怎么样去达到它？

我日夜冥思，形神俱废，想求得一个真解。混沌无序中，似乎什么都想明白了，一阵风过，又什么也没有了。

到了初夏，我终于做出了一个让人吃惊的决定。我躺进一只石棺，让人盖上棺盖，并嘱咐他们，没有我的许可，千万不要来打扰我。随从以为我终于支持不下去了要自杀，急得大哭。我告诉他们，事情到了这一步，所谓的得失荣辱我还有什么看不开的呢，至于生死，我还没有完全看开，不会这样轻易去死的。他们要我承诺，否则不盖石棺。我沉吟了一下，说，好吧，我承诺。

……我感到我的生命正从一个切口飞出去。它就像一只白鸟，飞入了包围着它的黑。我把这个生命的切口撕得更大些，却没有一点痛的感觉。那么浓稠的黑，没有边界，也没有一个中心，仿佛世界的永夜。我不知道要往哪儿飞。黑的重量让时间弯曲了。

万物寝息，景象寂寥，这人消物尽的世界是开始还是结束？我感到黑正从那个切口进来，一点点地灌满我的躯体，就像一块海绵吸收着越来越多的水分。当我完全被黑浸透，会不会就像一块滚石，向着这无底的深渊坠落？在无边的黑暗中出现了一点亮光，那是那只白鸟重又飞临。它落在我的手掌，轻触微温，如同一颗小小的心脏。

时间似乎停滞了，又似乎拉着太阳的八骏日行八万里。当我用力顶起盖子从石棺里呼跃而起，才发现是天地静寂的午夜时分。我听见我的一声长啸，久久地盘旋在林子上空，又被山壁反弹回我的耳朵。这声长啸惊飞了山鸟，也把在林子里席地而睡陪着我的人都惊醒了。他们全都围了过来，又笑又跳，全然没有听到我喃喃的低语：误会了，整个儿都误会了。

是的，误会了。以前从外物努力去寻求天理，这种由外及内的路子是整个儿都颠倒了，才会做出对着竹子傻想七天七夜的蠢事来。从今往后，就把这颠倒了的路子再重新颠倒过来吧，不是以眼睛为镜子去照竹子，而是以心为本体，下功夫擦亮心镜。

他悟了，他在瞬间把握了永恒，那是因为他没有停止过对怎样做人、怎样判别是非问题的思考，这些思考的积累，终于在某一个夜晚如江河决堤，溢满了他的内心。这一切的到来，

　　或许就因为他身处与文明隔绝的龙场之野，远离王权中心，使他成了一个无所羁绊的政治边缘人，穷荒无书，又使他跳出了旧有的文化屏障。①

　　那个曾经以矫情的语气摹写我出城时的情状的二十世纪作家的这番话，意在说明龙场的那个传奇性的晚上的出现并非空穴来风。伟大的西塞罗教导我们说，所谓全部的哲学，就是学死。我想他这样说的意思就是一个人学会了如何面对死亡，才能更好地在尘世间生活。

　　在这段难忘的经历里，我从生死的边界经过，伸出脑袋对着那个世界张望了一眼，又把头缩了回来。就像并排有两个房间，我没有蓦然踏进另一个房间，是因为我爱着此间的悲欣、此间的繁华与荒芜。

　　这是不是很像一部落俗老套的成长小说，一个寻宝故事？一个青年四处寻找传说中的圣杯，然后，在恶龙的火焰和地狱的边缘他终于找到了它。

　　本来，我以为我已经有了足够的坚毅去抵挡这世界所有的洪水。我是坚强的，至少到目前为止是这样。可是，可是这个不吉利的秋天又让我对支持着我的信念发生了怀疑。这一切，都是因为那三个突然闯入此间的中原客，因为那张已经埋入地底下的爬满雨水的脸。它明白无误地告诉我，你和我，我们都是脆弱的，一口气，一处创口，都会让我们从这个世界上滚蛋。

---

① 赵柏田《荒芜赣黔路》，载《随笔》杂志 1997 年第 5 期。

二 **至圣** ｜ 嘉靖元年三月
浙江绍兴

不愿意出世的孩子——祖父的竹园——万物
微语——母亲的病——运河——我想象我是一个侠
客——居庸关长城——一个奇怪的梦——我的婚
礼——诸氏——娄一斋先生和他的女儿——父亲的
墓地——青年学者钱德洪——讲讲战争的事吧——
献俘，或我们每个人都是俘虏

（一）

我曾经是一个不愿意出生的孩子，在母亲肚子里足足待了十四
个月才来到这世上。我祖母说，我还在母亲肚子里的时候，有一天
晚上她梦见一大片五彩的祥云落在我们家屋顶。于是我一睁开眼睛
来到这个世界就有了王云这个名字。我到了五岁还不会开口说话，
急坏了我母亲。她断定我是在她肚子里藏得太久把脑子捂坏了。

这个我出生的江南小城以一条穿城而过的河流为界分成南北两
片，那时我们租住在北城龙泉山东北麓一户莫姓人家的一栋两层楼

房里。院子很大，在我没出生时，祖父就在被他称作"竹轩"的南园种了好多竹子。这样，我对这世界的第一个记忆，就是风拂动竹林发出下雨一般的沙沙的声响，阳光透过竹叶在我的脸上、身上投下一个个漾动的光斑。如果是晚上，风穿过竹竿，蓝布绒一般的天空，缀着的星星特别大，特别明亮，就好像爬上这片竹海就可以摘到似的。我抬头看天，天空像一口井一样平静而渊深。没有风，可是竹竿摇晃得越来越厉害了，这使我相信，一定有一群看不见的仙人正踩着竹梢在天空中跳着舞。

多年以后我还记得祖父握着一卷书在竹林里摇头晃脑诵读的模样。祖父握书的一只手拢在胸前，另一只手背在身后，诵读到得意处，那只手就移到前面来，轻轻地捻动着胸前漂亮的胡须。我不知道他在念些什么，但我喜欢他迎着风读出一个个句子时那种抑扬顿挫的调子，喜欢他那张被平静和喜悦笼罩着的舒展的脸。

家人一发现我不在了，准能在竹园里找到我。他们不明白这个沉默的孩子大半日猫在竹林子里做什么。我只是喜欢坐在竹园里。我看蚂蚁爬，看各种各样的昆虫飞来又飞去。我听着竹叶沙沙，如同微语。如果下过雨，我会看着竹尖上的一滴雨水，长久地，迟疑地挂着，最终落下来。我的耳朵会分辨出那滴雨划破空气，又砸进松软的地里的钝钝的声响。尽管这竹园是那么的小，它却让我相信，万物都在微语，整个世界都在微语。

五岁之前，祖母和母亲带着我走遍了小城周围方圆数十里大大小小的寺院。她们在菩萨面前磕头，许愿，忏悔前世的罪孽，祈愿我早日学会开口说话。母亲是多么希望她的儿子发出让她欣喜的音节啊。她看着街坊别人家的孩子奔跑、呼喊，那眼神都是羡慕的。

我还被一个个请到家里来的江湖郎中摸骨、搭脉，伸出舌头让他们察看舌苔。这些人大多都是有名无实的骗子。他们一走，母亲就要照着他们开出的方子，让我吃各种苦不堪言的中药。

只有祖父对这一套女人的做法不以为然。我不愿吃药，祖母满园子追赶我。每当这时候祖父就会叫起来：你看，你看，他听我念书时的眼神是那样活泛，他什么都明白着呢。

一天，一个打扮得奇形怪状的游方和尚在我家门口走来走去。我们一群孩子好奇地围着他看。这个化外之人摸了摸我的后脑骨后，向我稽首拜了一拜。这个举动把正好出门来的母亲搞蒙了。和尚说：此人将杀人无算，终成圣人。母亲急得眼泪都出来了。大师您这不是笑话我们吗，我这孩子都五岁了还不会说话。和尚说，不是不说，是未到时候。母亲催问，你快说，有什么法子让他早日开口？

和尚说，好个孩儿，可惜道破，王云王云，云即说话，这孩子的名字没取好，给他改个名吧。

祖母把和尚的话说与祖父听。祖父说，这个云又不是和尚说的那个意思，你也知道，是媳妇分娩的前夜你梦见一朵祥云落到我们家，才取的这名字。但宁信其有不信其无，他还是为我改名守仁。

据说我开口说话的确是在那个游方和尚来过我们家后。我不知道这两件事之间有没有因果。要说没因果，世间万物都是因，也都是果，京城的蝴蝶拍拍翅膀，我们这个南方的小县城都会下一场大雨呢。但我还是情愿把这看作是一种巧合，而不是上天注定的安排。直到十六岁那年，我在京城，一个老道士给我说了另一番话，我才为可以看得见的一个人未来的生活面貌悚然心惊起来。

那时，距我父亲考中状元已经过去好多年了，我随做了京官的父亲也到了京城。因为祖父和父亲都认为京城的教育环境要比小地方好得多。那天，我和几个同学在长安街上走，一个道士追上来说非要给我看相，他说他相人无数，我这种相貌可谓是至为难得。我记住了他的这番话：

当你的胡子长到衣服领子上时，你就入了圣境；胡子长到心口窝时，你就结圣胎了；胡子长到肚脐时，你就圣果圆满了。

可是我的胡子才是唇上乌软的一小绺儿，要到他说的长到衣服领子上和心口窝该是什么时候呢？我问他什么是圣果圆满，圣果圆满是不是就是死了？

道士说，是，也不是。

我说，那我宁愿不要成圣人，我只要活着，活着，多好啊。

我的家族遗传给我一双细长的双眼和成年后异常飘逸的一缕长须。我从祖父那里继承了落拓不羁的天性和敏捷的才智，并从他那里接受了最初的文学熏陶。我的祖父王天叙[①]虽然没有中过什么功名，到死都只是个乡村塾师，但这并不妨碍他以民间精英的身份快乐而逍遥地生活在这个世界上。越到晚年，他变得越没有脾气，与人交往亲切而蔼然，但他的随和里隐藏着的偶尔一现的刚毅，总让人觉得，他的尊严是不可冒犯的。

打小喜欢蹦蹦跳跳、性情活泼好动的我，多亏了祖父开放式的教育，天性才没有受到压抑和斫伤。但他们不会想到，这一纵容的后果是发展了我尚武的倾向。

我十岁前的很大一部分记忆，是祖父和他的弟子们在一起。这是他干了一辈子的工作，然而他似乎总能从中找到乐趣。

---

① 王天叙，号竹轩，有《竹轩稿》《江湖杂稿》行于世。

　　我还记得童年时夏天的那些晚上，月亮很大，很白，一家人围坐在一起吃过了晚饭，祖父的弟子们就陆续来了。祖父像举行重大的仪式一样先恭恭敬敬地点上一支烟，当熏笼里细细袅袅的一缕香烟开始飘散，祖父的琴声就响了。弹完了琴，他就对着墙壁或者那些崇拜地望着他的弟子们大声朗诵自己新写的诗歌，然后让他们一起来唱和。这种在二十世纪被人称作情境教育的授课方式对我后来的讲学生涯起到了重要的影响。

　　我的母亲郑氏是一个多病且严厉的妇人。记忆中她脸上的笑容像冬日的阳光一样稀有，这使她虽然年岁不大却挂上了一脸不该有的苦相。或许因为我是长子，她认为这样的严厉非常必要。她对我的冷落和对弟妹们的放任溺爱让我委屈，更让我懂得了要处逆心顺，调整好心态。

　　我十岁那年，一心苦读的父亲考中了状元，去京师就任翰林院修撰一职，不久也把我带到了北京。

　　以我自己的意愿，是不愿离开南方去遥远的京城的。父亲到京城是去实现他的人生目标，而我早早地结束快乐无忧的童年生活去京城，还不是去演出他为我写好的人生剧本！可是有谁会在乎一个十岁孩子的想法呢，再说祖父也巴不得早一日进京接受他的状元儿子的供养，于是我开始了平生第一次的远游。渡过了家门口的曹娥江和钱塘江，然后又过长江。在运河上，我看见一只一只连在一起的大木船排着队北上，祖父告诉我，这就是帝国的漕运，船里装的都是南方的大米，运河就像血管一样，把这些给养送到帝国的心脏。

　　随着北方的荒凉景色扑面而来，我美好的童年时代就像一株水芹一样被咔嚓一声剪断了。从此以后直到二十几岁，我的精神世界的一大部分就受着父亲的直接控制。他想尽办法创造一个像巨茧一般的世界，试图让我长久地居住在里面。

在我看来，他代表了一种权力压抑、理性主义、洁身自好的生活观的奇妙混合。一开始，我是按他的设计按部就班地在演这出戏，不敢稍有逾矩，但到后来我越来越无法忍受，离他一厢情愿的设计也越来越远，最后正如你们所知道的，我干脆撇开了他这个设计好的人生剧本自己重写了一部。这两出戏里的两条路，到底哪个更好些呢？

没多久，塾师跑来向父亲告状，说我不肯用心读书，总是偷偷跑出去疯闹，带着一群孩子玩布阵打仗的游戏。一天，我正举着一面自制的令旗对着我的将士们挥来挥去左旋右旋，被父亲看到了。他生气地叫了起来，我们家历来是书香门第，你这舞刀弄枪的算什么！

我不知哪来的勇气，反问他，读书有什么用呢？父亲说，读书就可以做大官，比如我，不读书，难道这状元是从天上掉下来的吗？我问他，你中了状元，子子孙孙还会是状元吗？父亲说，状元当然是不能世袭的，只能到我一代，你如果也想中，从今天开始就要好好读书。听到这里我笑了起来，原来只有一代啊，那也没什么稀罕的。听了这话，父亲大怒，扑过来，举起颤抖的手掌，好半天终于没有落下来。

我讨厌北京的这个家。这是意气风发的翰林院王编修的家，不是我的家。我想念多雨的南方。想念老家的竹园和姚江水的腥甜湿润的气息。

我向往着做一个英雄，秘密地在京城四周寻找当年旧战场的遗迹。我想象我是一个侠客，踏雪无痕，飞檐走壁，千里不留痕。我想让自己长生不死。我有别人不知道的梦想。我经常让人头痛。我好高骛远，经常仰视天空，却又总是避不开脚下的一个矮凳而摔得脸青鼻肿。这就是十三岁那年的我。[①] 这一期间我做出的一件壮举是一个人跑到了京城北面的长城，登上了居庸关。当我站在京城北向之咽喉的烽火台上看着飞翔在湛蓝天空的雁阵，强烈的阳光刺得我两眼不由自主地蓄满了泪水。谁也不知道这眼泪是为什么而流，就像没人知道一个少年的梦想。自下关而上关，远远地俯视京城，我伸出一只手掌就可以覆盖住它。这真的让我感到心事浩茫起来。

我骑着一匹小马逶迤而上，在一条狭隘的山道上，当几个鞑靼人骑着马迎面过来，我就像把风车当作魔鬼的唐吉诃德一样打马向他们冲去。鞑靼人看着我哈哈大笑，他们还以为对面这个小屁孩儿控制不了疯跑的马呢。在他们放肆的笑声中我勒住了马，对着他们放声大骂，可是他们没有一个人听懂我骂了些什么。

从居庸关回来后的一个晚上，我做了一个奇怪的梦。我梦见了西汉时征讨交趾苗乱的一代名将马援。将军坐在马上，大风吹动他的战袍猎猎作响，在他的背后，飘扬的战旗和喧动的人马如山如河。梦中的我还去参拜了为纪念他而建造的伏波将军庙。当我告诉父亲这个奇怪的梦并流露出想在这个梦想指引下走另一条人生道路的想法时，遭到了父亲预料之中的嘲笑。他像感冒塞住了鼻子一样闷闷

---

① 关于王阳明的早年生活，钱穆有这样一段论述："阳明是一个多方面有趣味的人，在他的内心，充满着一种不可言喻的热烈的追求，毫不放松地往前赶着。他像有一种不可抑遏的自我扩展的理想，憧憬在他的内心深处，隐隐地驱策他奋发努力。他似乎是精力过剩，而一时没找到发泄的出路。他一方极执着，一方又极跳动，遂以形成他早年期的生活。"见钱穆《王守仁》，民国二十二年《百科小丛书》。

地哼了几哼，说，可笑，真是可笑之至。

这样到了1488年春天。有一天，父亲对我说，十六岁见官打屁股，你今年十七了，也老大不小了，应该成个家了。他让我去江西南昌迎娶我未来的妻子——他的朋友诸介庵的女儿。我这才知道在这个世界上我已经有一个未婚妻了，尽管我与她素未谋面，也不知道她长什么模样，但她命定要和我生活在一起。

于是我便到了南昌，去见了我的官居江西布政司参议的岳父。可是到了大婚的前一日，我才见到即将成为我妻子的诸氏。说是见到，其实也只是隔了一大片人头远远地望了一眼，连模样也没有看个分明。她好像也知道了我在看她，忽闪着眼睛低下头去。尽管是仓促的一眼，已足以使妻子两个字从一团虚无的气流中幻化出来并成为一个具象的人形。这已经是破例了，在我们的时代，多少青年男女在上床前的几分钟才第一眼看到对方长的是一张什么样的脸。

我像一个木偶一样在婚礼上被人牵来牵去。我看着周围一张张喜气洋洋的脸，可那喜气都是与我不相干的。我看着眼前这个已经成为我妻子的蒙着红盖头的女人，心里却浮上一种陌生而奇怪的茫然的情绪。渐渐地，这种情绪转换为一种对即将展开的婚姻生活、对不可知的来日的恐惧。我就像一个游魂一样，自己也不知道什么时候离开了热闹的人群，来到了城外一个叫铁柱宫的道观。

在我的学生以后为我写的传记中，我被描述成一个新婚之夜也不肯放弃学习的有志青年，与道士趺坐一榻彻夜探讨摄生之道而不知东方之既白。他们不知道——或者知道了也避免说出——我是因为恐惧……

是的，恐惧，对即将到来的新生活的茫然无措让我做出了连自己也没有想到的事情。那天晚上我的离奇失踪肯定让岳父一家子都不得安宁，并让他老人家在宾客面前大扫脸面。他之所以没有发作，想来也只是碍于我的父亲是他最亲密的朋友，并且是一个前途无量的状元。甚至也可能早有人在暗底下猜测，新郎对男女之事如此淡漠是不是因为他的身体有某种难以启齿的病症，或者就是个性无能者。

那天清晨，当惺忪着睡眼的我被他们从铁柱宫找回，我才知道一整个晚上诸府上下都没有睡觉。因为担心我这个新郎已遭土匪绑架，他们甚至已经通知了驻军部队。这个清晨，面对着同样一夜无眠的诸氏脸上的两行泪痕，我不由深深谴责起了自己的自私，并暗暗发誓要一辈子都对她好。几天后，客人散去，在洞房里我又为她单独举行了一次婚礼。一个天地阴阳交合的秘密的婚礼。像所有无师自通的男人一样，我在快乐夹杂着痛楚的巅峰完成了生命的一次洗礼。

看来是我的赌咒发誓起了作用，我最初的婚姻生活和谐而美满。到了第二年冬天，岳父终于同意我们小夫妻俩返回家乡。年前来南昌，我还是孤身一人，现在却是携妇返乡。听着船头激起的哗哗的水声，我的心里贮满了一种新奇的情感。我变得如此的温柔，自己也始料未及，这种温暖的情愫使得进到我眼里的世界也变得崭新。船过上饶，听说著名的理学大师娄一斋就住在这里，我就带着妻子一同去拜访了他。①据说，长久的静坐已经使娄一斋有了神奇的力量，他的眼睛可以穿透古今，看到常人看不到的东西。二十多年前的英

---

① 《王阳明全集·年谱一》："是年先生始慕圣学。先生以诸夫人归，舟至广信，谒娄一斋谅，语宋儒格物之学，谓圣人必可学而至，遂深契之。"

宗天顺七年，他还是个有为青年的时候，赴京参加会试，到了杭州，却又突然返回。人们问他为什么，他说，倒不是怕落第，而是此行会有灾祸。果然，这一年的会试贡院起了火，烧伤烧死了好多进京的举子。

这一传说使我在未见娄先生时把他想象成了一个三国时孔明一样潇洒出尘的人物，却没想到他是那样的平易近人。娄先生在他的书房里热情地接待了我，并以自身的求道经验告诉我圣人必可学而至这一道理。他挥着手大声说：只要去做，就一定能做到！他激动的样子就好像有无数人在下面听他布道。他豪迈的语气和跳荡的思维处处显示出他的自信，显示出他是一个生活中的浪漫主义者。这让年轻的我感到非常地投缘。

在娄先生家里，我们还见到了他美丽的女儿。她一头乌黑的长发给我们留下了深刻的印象。娄先生以自豪的口气告诉我们，在他的亲手调教下，他这个能诗善画的女儿已经是个远近闻名的才女，她还有一手秘不示人的绝技，能用这长发作笔，蘸了墨在宣纸上写漂亮的大字。

多年以后，娄先生的这位宝贝女儿嫁进南昌的宁王府，成了朱宸濠的一名王妃。后来在1519年的叛乱中，她投水自尽了。这一灾难性的事件也给她的家门带来了不幸。一斋先生虽已在几年前去世，但他的子侄多被逮捕，门人星散，他这一宗算是完了。

我一直想不明白的是，如果娄先生真的有揣知过去未来的本事，他怎么没有算到这样一个结果呢？

祖父又老了许多。他在京城住了没多久，因为不习惯北方的气候和饮食早就回到南方和祖母做伴去了。母亲已在五年前去世，我这次返乡的吃住安排都是两位老人家带着一个老仆安排的。按照父亲的意思，是要我带着新妇好好在余姚老家住一阵子，练练八股文，准备参加秋天在省城举行的乡试。我感到高兴的是终于可以不必天天面对王翰林那张严肃的脸了。听着祖父抚琴吟诗，时间好像开始回流。可是这样快乐的日子没过多久，第二年，祖父死了。

只剩下祖母一人的宅院愈显空旷。一榻一椅，总让我们想到祖父的音容笑貌。而婚后生活也很快失去了先前的吸引力。在长久的阅读过后，我常常默对着天空的一朵浮云脑子里却空空如也。前面说过，祖父喜欢竹子，"竹轩"里到处都是。我总觉得这一竿竿迎风摆动的绿竹里藏着世界的一个秘密，可当我想说出它时又总是找不到合适的语言。这情形就像陶靖节先生看着天空有鸟飞过时曾经说过的"此中有真意，欲辩已忘言"。在世界浩瀚的海洋上，语言有时真是无力泅渡的。

回到北京，父亲的官署里也有很多竹子。有一次，我和一位姓钱的朋友从早到晚默默地面对着竹子，竭力想透过竹子的形象认识到内在的更为根本的东西，因为伟大的朱熹说过，一草一木皆含至理，一个人只要读足够多的书就会明白这个理。我就像后来的海因里希·伯尔一样相信，"谁有眼睛，去看，他就会看到"。我认为，一个人有着良好的视力就可以穿透表象直接抵达事物的核心，他的所见，也就不应该只是在光学范围内。

三天后，我的朋友支持不住了，不得不中途退出。七天后，我也出现了幻觉，并伴有间隙性发作的恶心。我大病了一场。如果我内心的镜子还没有擦亮，它怎么可以照见这个世界？看来意志力也不能让我走得更远。二十一岁那年的这场病，向我宣告了从外部去

认识这个世界是一条死胡同。^①

（二）

昨天，我又去了父亲的墓地。他在梦中告诉我说他冷，他还说两脚都泡在了水里。到了墓地我才发现，是前些日子的一场春雪融化的水流没有得到及时的疏浚，致使墓基的背阴一面有了渗漏。我和下人们一起清除了淤泥和杂草，又往墓顶培了些新土。做完了这一切，我又在山上陪着父亲坐了一会儿。

我看着山下的这座城。三月干冷的北风刺得我眼里发酸。我奇怪我的心情是如此平静，对丧父几乎没有一丝的悲伤。我是从什么时候起变得如此的冷酷与……绝情？十三岁那年，我在京城闻听母亲的死讯时曾是多么的悲伤与绝望。死亡在距我两千公里的地方发生，但因为它是落在我的亲人身上，所以它也是发生在我心里，母亲的死让我第一次体会到生与死之间不过是薄薄的一张纸，发现这一点我是那么的恐惧。

如今，亲人的死再也不会让我有如此沉痛的悲哀了。在我现在看来，死与生，都是生活的馈赠，它是一件必然要到来的事物，就像一个终究要来的朋友。我甚至开始慢慢地相信，它还是一种解脱，

---

① 在门下弟子记述的《传习录》中，阳明这般自述格竹子的经过："众人只说格物要依晦翁，何曾把他的说去用？我着实曾用来。初年与钱友同论做圣贤，要格天下之物，如今安得这等大的力量？因指亭前竹子，令去格看。钱子早夜去穷格竹子的道理，竭其心思，至于三日，便致劳神成疾。当初说他这是精力不足，某因自去穷格。早夜不得其理，到七日，亦以劳思致疾。遂相与叹圣贤是做不得的，无他大力量去格物了。及在夷中三年，颇见得此意思，乃知天下之物本无可格者。其格物之功，只在身心上做，决然以圣人为人人可到，便自有担当了。这里意思，却要说与诸公知道。"见《传习录（下）》，《王阳明全集》卷三《语录三》。

一个让你得大自在的契机。

父亲是在上个月的一场寒潮袭来的时候去世的。在这之前，他已经在老家无聊而又寂寞地度过了十余年退休官员的生活。多年以前，他仿效祖父爱竹之高节为自己取号竹轩公的做法，为自己取了个海日翁的号（因我们老家在城中龙泉山脚下，也有人称他龙山公）。少年得志的父亲希望自己的前程能像日出东海一般灿烂，随着年华逝去，他不无悲哀地发现他这轮太阳要不了多久就要日沉西海了。

去年九月，我忙完江西的军务向新皇帝请假回老家祭扫先祖陵墓时，从父亲的言语和气色发现他将不久于人世。在这个世界上，亲人们已一个接一个地离开了我，不能将他们生养死葬让我一想起来就心痛不已。

那次回余姚老家，经不住钱德洪一班人的说项，我在城内龙泉寺的中天阁举行了几场讲会。同时还为书院立了一个制度，那就是每月以朔（初一）、望（十五）、二十三为期，聚会讲论。还写了一个学规《中天阁勉诸生》[1]亲书于壁上，告诫他们不要一曝十寒，要坚持月月讲、日日讲。

在城东穴湖祖父的坟上大哭一场后回到城里，我又去看了埋有我的胞衣的老宅，竹叶萧然，故院依旧，想到早逝的母亲和我未及送葬的祖母，此情此境又让我眼里发潮。面对生命的烛火行将熄灭的父亲，那时我已经暗暗决定陪他走完人生的最后几步。

堪可安慰他的是，在他死之前的最后两个月，为了表彰我在平

---

[1] 《中天阁勉诸生序》："虽有天下易生之物，一日暴之，十日寒之，未有能生者也。承诸君子不鄙，每予来归，咸集于此，以问学为事，甚盛事也。然不能旬日之留，而旬日之间又不过三四会。一别之后，辄复离群索居，不相见者动经年岁。然则岂惟十日之寒而已乎？"

定宁王叛乱中的功绩，刚继位的嘉靖皇帝晋封我为新建伯，还有光禄大夫柱国、南京兵部尚书、参赞机务等荣誉职务，岁支禄米一千石，三代并妻一体追封。这一消息如同一剂强劲的补药让病恹恹的父亲陡地精神焕发，他从床上跳起来布置迎接官差的种种细节，并向前来造访道贺的故旧亲友们一次次地讲述我在江西战场上的英雄业绩。

为了让一生向往鉴湖山水的父亲能够在生前实现迁居府城的梦想，我在绍兴城内的光相坊购置了一块地，决定在那儿建造我的伯府第。一批优秀的园林设计师和江南最好的工匠在那儿日以继夜地赶造着新府第，可是，日薄西山的父亲终于没能熬到搬进新居的那一天。

作为对父亲生前意愿的补偿，我把他安葬在了绍兴城南离兰亭不远的洪溪。多年以前他就看中了这块地。此地山明水秀，宁静得如同一个世外桃源。多年以后我还在想，父亲执意不在百年之后躺在祖父母的身侧而要与治水的英雄大禹为邻，是不是与他生前在政治上过分的压抑有关。他终于在死后实现长居鉴湖的梦想了。

按照帝国官场的不成文规矩，我将要在这里为他丁忧守制三年，然后视实际情形起复原职或有所升迁。孟子说，年四十不动心，我已经五十有二了，人到了这个年纪，如同一根火柴梗燃烧到了一大半，在继续燃烧还是熄灭的犹豫中，我感到无限的疲倦像铅一样灌满了全身。三年后的事又有谁能知道呢？按我的内心意愿，在此青山绿水间做个村夫野老，惯看春风秋月，倒也不是一桩坏事。

我当然不至于像布拉格那个犹太商人的儿子一样把父亲看作地狱，并写下一封长信告诉他我憎恨您我确实憎恨您。我十一岁那年就被父亲带到京师，并在他的严厉监护下接受百善孝为先的传统教育。一般说来，这种教育同时还夹杂着塾师的戒尺和家长的棍棒。

父亲坚持认为，这样的教育对我本人对我们的国家都是很有必要的。我即便对他不满，也是秘密的，隐忍不发的。特别是在我十三岁那年公开宣称读书无用论被他狠狠地剋了一顿之后，这种反抗情绪就只能如地火一般潜行于日常生活的表层之下。

即便如此，父亲看着我的眼神也总是充满了狐疑和不信任。他像看管一个犯人一样敦促我每日的功课，在他为我制定的作息表上，除了睡眠和用餐，其他时间里我都是一架背诵和炮制八股文的机器。他担心的是我脑子里总有那么多的奇思异想。他担心那些奇思异想总有一天会把他的儿子引上邪恶之路。他天真地以为只要把我的时间像蛋糕一样一块一块切好，那些妖魔就不会闯进我的大脑。

二十一岁那年在家乡的中举，我得以跻身上流社会的最末一个阶层，这一资本使我在面对父亲严厉的眼神时感到腰板似乎挺了一些了，但谁让我的父亲是状元呢，我这点毫末之光在他的眼里简直是不堪一提。再加上中举之后连续两届京城会试我都名落孙山，这使我面对这个状元父亲真是自惭形秽。尽管我在外面吹大话说，风物长宜放眼量，落第又算得了什么呢，但我在他面前的一点可怜的自尊心怕真的要消磨殆尽了。

最不堪的是他那些朋友还要真真假假地开我玩笑。他的一个叫李西涯的朋友奚落我说，你今年考不上没关系，下一次肯定要中个状元了，你还是赶紧提前写一篇状元赋吧。在这样的时刻，我知道父亲的心情比我更为糟糕。

一直到我中了进士并留在京城刑部工作，父亲对我的脸色才稍有缓解。但长年父权的高压已在我和他之间产生了无形的阴影。我一直无法轻松地面对他，他似乎也不习惯以一种平等的眼光来重新安排我们相互的位置。我开始刻意回避他，以部里工作繁重为由尽量减少在家的时间。很多时候，我们就像一对路人，像两个不得不同居一室的房客，即使有交谈，也是简短而客气。

正德元年那场命定的牢狱之灾结束了我们之间的僵持状态。当我出狱后从弟妹们口里知道他曾经那么牵念狱中的我，并常常梦中惊起呼喊我的小名，坐在书房里默默垂泪，我感到一股难舍的亲情像初春解冻的河水一样泛滥开来。

流放途中，我乘坐的商船侥幸没有在大风中覆灭，从福建上岸我秘密折回南京看望了他。那时我才知道他是因为拒绝刘瑾的拉拢才被弄出京城到南京当这个闲官。我为断送了父亲的政治前程心感内疚，但他对我没有半句的埋怨。他还以一种乐观的语气向我预言，刘瑾的末日不会太远了。

我平生第一次面对面地和父亲坐着。那两把并排放着的椅子，给了我一种平等的感觉。我意识到，在父亲的眼里，我已经真正迈入成年人的阶段了。看着他日渐憔悴的脸色，我忽地想到了一句话：多年父子成兄弟。经历了劫难之后的父子，在这短暂的宁静中心平气和地坐在一起交流各自对政治和学术的看法，我真的颇为大不敬地想到，他多像是我的一位兄长。

就从那时起，我对他曾有过的所有的不满和愤懑都已冰释了。或者说，我已经理解并原谅了他对我施加的父权的黑暗与重压。我原谅了他的斥骂，原谅了他那地主对长工一般的严厉。我甚至原谅了他在母亲死后不久又娶一个新妇并带到京城的行为——曾经，他的这一被我视作无情的举动在我幼小的心灵里刻下了深深的划痕。

那个姓赵的女人，我的后母，她对我的虐待换来的小小的报复，是我把一只长尾巴的黑色怪鸟放进了她的被窝……我甚至敢于同父亲开一些不伤大雅的玩笑了。我提到一件在家乡久为流传的事，说他六岁那年在河边捡到了一袋金币一直等着失主前来，我问他这件事是不是真的。父亲笑笑，说，你以为金币有那么好捡的吗？深知流言在这个时代的力量的我们不约而同地大笑起来。

卓有远见的父亲早就预料到将会有一场叛乱。他在邻县上虞买了几间房，以作将来逃难时用。当江西叛乱的消息传来时，家人担心宁王派人来捣乱，劝父亲出去避避风头，父亲说，要是我年轻几岁，早就和儿子一起上阵杀敌去了，现在我们就准备保卫我们的家园吧。

不久，一个虚假的消息说我已在江西为国捐躯，有人劝父亲赶紧逃命要紧。父亲说，我买那几间房是为老母做准备的，现在老母已经不在，儿子若有什么不测，我又怎能逃乎天地之间！这就是我坚强刚毅的父亲！

在我的努力下，江西全境终于得以肃清，不久就发生了正德皇帝南巡的事。被群小包围的皇帝对我起了猜疑之心。当时危疑汹汹，旦夕不可测，更有一帮当地小人跑来我家作乱，登记财产牲畜，搞得就像即将要抄家似的。家人都惊恐万分，多亏父亲的镇定才使全家有了主心轴，他告诫家人要慎言语慎出入，并要相信时间终会做出公正的评判。

当帝国朝廷对我的迟迟到来的敕封诏命送达的那天，正逢父亲七十七岁的生日。

这一天上门前来贺喜的亲朋好友络绎不绝，我也忙得不可开交。热闹场中，我却发现唯有做了寿翁的父亲闷闷不乐。我问他是不是身体有什么不舒服。父亲说，我要给你泼点冷水了。我说我有什么地方做得不对父亲尽管说。父亲说，现在我身上穿着皇帝亲赐的蟒服玉带，人人都说这是人生至荣，但一到晚上，解衣就寝，依旧还是一身穷骨头，哪有增添什么，所以啊，荣辱原不在人，只是人常常会迷失在荣辱中。

他问我今天这事祸兮福兮？我说，当然是喜事。父亲却说出了他的担心：当初你在南昌领兵打仗的时候，人家都以为你死了你却没有死，人家都以为你平不了叛乱你却平了，那两年祸机四伏我们都走过来了，现在我们父子相见一堂，这当然是天大的喜事，但你要知道，兴盛是衰落的开始，幸福里包藏着祸胎，当你们都感到这是巨大的荣耀的时候，我却有着隐隐的不安。

被巨大的喜悦冲昏了头的我当时还暗暗讥笑父亲成了惊弓之鸟，现在想来，这祸福相依、盈虚变化的一番话里正包含着天地间的一个理，这个理，因为来自父亲的亲身体察显得弥足珍贵，它时时提醒我凡事都要心存敬畏。

一切终将消逝！年轻的一天天变老，活着的一个个死去，死去的亲人一天天远离我们。尽管我知道流转是生的本相，但回首往事，那一次次的死生之戚，险夷之变，聚散之情，可悲、可愕、可扼腕而流涕者，何可胜道？父亲啊，世事真是如此的悲戚吗？

（三）

三月干燥的大风跑过屋顶，风中扬起的沙粒在头顶的屋瓦上滚过如同一群小鸟的啄击。它们带来了童年时在庭院里仰望一小块湛蓝的天空的回忆，流放途中在荒凉的路边客栈忍着蚊蚋的叮咬等待天明的回忆，还有在京城郊外的山地上策马奔跑的回忆……

这些回忆的碎片如同一场泥石流迅速填满了父亲去世后的一大片空白日子，并使我终于有了机会去重新审视父子、君臣、师生等各种各样我与这个世界的关系。

按帝国官制，官员在亲人亡故后都要在家丁忧三年，这种强制性的休假相当于政治上的间隙性休克，它对那些处于上升期或执掌权柄的官员来说可说是一记闷棍，于是他们找出各种各样的理由要求夺情留任，但帝国庞大的官僚机器缺少了谁还不是照样运转，那些铤而走险的人除了背个道德堕落的恶名接受纪检部门一次次的审查又得到了什么呢？还不如我这个天生的政治边缘人趁这大块的自由时间好好梳理一下因为繁忙的政务而荒芜日久的心田，落得个清心自在。

去年秋天我到余姚时，一个年轻人跑来见我，见面后的第一句话就是：我就出生在你出生的那幢楼里。我一下就喜欢上了这个叫钱德洪的年轻人。[①]那时他已经是小城里有一定声誉的青年学者了。他这样对我说，这一巧合让他相信，在我们之间一定存在着某种可以说是注定了的因缘，多年以来他一直在家乡默默地关注着我天南地北的行踪，并希望着有朝一日能够列入我的门墙，亲聆我的教诲。

---

① 钱德洪曾在《瑞云楼记》中写道："瑞云楼者，吾师阳明先生降辰之地也，楼居余姚龙山之北麓，海日公微时，尝僦诸莫氏以居……及先生贵，乡人指其楼曰瑞云楼。他日，公既得第，先子复僦诸莫氏居焉。弘治丙辰，某亦生于此楼，及某登进士，楼遂属诸先子。"见《光绪余姚县志·古迹》卷十四，光绪二十五年刻本。记中所说"公既得第"，当指王阳明于弘治五年（1492）二十一岁那年中举一事。王阳明中举之后，瑞云楼即被退还给原主人莫氏，后由莫氏再出租给钱氏，所以"弘治丙辰"（弘治九年，即1496），钱德洪亦出生于瑞云楼。

　　当钱德洪带着一批和他同样好学的年轻人要求集体拜我为师时，还发生过一个小小的波折——家乡的一些老人还记得我小时候的淘气事，他们阻止钱这么做。

　　一开春我就忙碌起来。得知我休长假的消息，一大批以前的学生和前来与我讨论学问的同志就从江左江右相约赶来。他们操着各地不同的方言，在城内拥来挤去，其人头攒动的盛况只有市集和香会时才可比拟。城内客栈的床位有限，他们把大大小小的寺院都住满了。距离我家近一些的天妃寺和光相寺，更是数十人挤在一个屋子里，到了晚上睡不下，他们就轮换着躺一会儿。更有一些人不得不住到了城郊的南镇、禹穴、阳明洞一带。他们虚心好学的精神常常让我想到年轻时的自己。

　　看来时代并不如我们所想象的那样只有一个表情，它就像一面硬币，豪奢浮华的背面，是许多个世代以来绵延不绝的对知识的尊崇和向往。因为人太多了，每次开讲我只好上大课，前后左右环坐而听者，常常数百人。遇到好天气好心情，我还带着一些亲近的学生出去宴游，随时随地指点良知。

　　但是来听讲的人实在太多了，有一些来了好久，临到要送别了，我还记不住他们的名字。我只好这样安慰他们：尽管分别了，你们还是不会走出我的视野，因为我们还在同一个世界里，只要你们和我有着相同的志向，彼此记不记得面貌有什么大的关系呢？

　　给我们讲讲战争的事吧。我刚回到家乡时，在不同的时间和场合，总有一些人这样向我要求。他们还拿着各种各样荒诞不经的传说来我这里印证，希望得到一个满意的解答。

生活在和平年代的人，总喜欢咀嚼离乱急难中的人和事以作庸常生活中的谈资，这也是人之常情。可是，关于那场已经平息多年的叛乱，关于我在靖乱中建立的军功和随之遭受的毫无道理的猜忌和耻辱，我真的已经不想再去触动。

南昌之役后，我失去了跟随我多年的心爱学生冀元亨①。他是我派到宁王府以讲学的名义去刺探情报的。没想到日后被一群宵小之徒诬蔑为通匪，在刑部的大狱里吃尽了苦头。在以后的日子里，为了洗刷掉冀元亨蒙受的不白之冤同时也是我背着的莫须有黑锅，我动用各种关系通过各种渠道，进行了坚持不懈的努力。终于可以无罪开释了，他的身体却早已被折磨得不成样子，出狱后五日就死了。

我总觉得对不起他，对不起他的妻儿。如果时光可以倒流，不管当初他如何坚持要去南昌我是坚决不会让他去冒险的。

据说冀元亨下狱后，皂隶去抄他的家，他的妻子李氏和两个女儿一点惧色也没有。李氏说，我丈夫平生尊师乐善，怎么会做出通匪这样的事来？他们要她出狱，李氏说，你们不把我丈夫还给我，我回去做什么？她一个妇道人家后来能够进入挤满大人物、大事件的《明史》，凭的不是节烈和坚贞是什么？"吾夫之学，不出闺门袵席间。"她这句话，曾经让多少人心生惭愧啊。

1519年南昌的那场动乱，相信很多人早就看出了征兆，但他们就是不说。或许本朝历史上那场著名的宫廷之变还让他们记忆犹新。眼下这场即将爆发的皇室之乱鹿死谁手还没个定数，而所谓的历史又从来是强者王败者寇，焉知宁王不会是又一个朱棣？

①　冀元亨（1482－1521），字惟乾，湖广常德府武陵县（今湖南省常德市）人，举乡试，其学以务实不欺为尚，而谨于一念。

封地在南昌的宁王朱宸濠是太祖皇帝第十七子朱权的玄孙，算起来皇帝还是他的侄子辈，他私蓄兵马经营多年，这样的可能性不能说没有。于是当朱宸濠以过生日举行酒宴为名向南昌城内的大小官员广发请帖时，几乎没有一个人敢说不去。可以预料的是，就在那天的鸿门宴上，宁王假称太后懿旨举起了叛旗，并胁迫所有参加酒宴的官员服从。江西巡抚孙燧和副史许逵因拒绝当场被杀。

现在，这些历来太过聪明的文官们终于尝到了苦酒，他们不得不在刀箭下做出一个选择。而选择的余地几乎是没有的，除非他愿意拿自己的性命开玩笑。庭阶上未干的反抗者的血迹让他们不得不在反状上颤抖着手写下自己的名字。

得知这一消息时，我正在赣南前往福州的途中。我去福州是去调查一桩未遂的兵乱事件，更是为了能有个由头不去南昌，因为我早就预感到这里已经成了一个阴谋之城。

一切就像十四年前在钱塘江边那场危险经历的翻版，我脱掉官服，潜入渔船，躲开宁王派来追捕的人马，星夜往吉安府赶。我的夫人诸氏带着嗣子正宪正随我在军中，正当我犹豫不决之际，一向温静如玉的夫人突然说出了一番让我吃惊的话，她拿着一把剑对我大喊：你快去呀，不要为我们母子担扰！如果有什么危险，我们会照顾好自己的！

那一夜南风很急，船几乎没法前进，我在舱中暗暗祈求上天，如果上天垂怜苍生，准许我以绵薄之力去阻止这件事，那就刮北风吧。本来我可以掉头南去不管这件事，因为已经明确下达给我的任务是调防福建，并没有让我来对付宁王。但出于忠诚我还是火速向皇帝报告了此间发生的变故，并按捺不住激愤地对他说，您在位十四年，屡经变难，民心骚动，还巡游不已，当今想夺权的岂止一个宁王！"伏望皇上痛自克责，易辙改弦。罢出奸谀，以回天下豪杰之心；绝迹巡游，以杜天下奸雄之望；则太平尚有可图，群臣不胜幸甚。"①信使一走，我就后悔了。看来我再吃几遍流放的苦头还是改不了这多言的毛病。然而出乎我意料的是，几天后，内阁和外廷的大臣们在左顺门召开的御前紧急会议上商讨对策时，那帮大人先生们居然好半天无人言语，没人敢给王爷的举动定性质。可能他们还在固执地认为，这是王室内部的矛盾，是家事，外廷臣子是不必也不宜过度关心的。最后还是兵部尚书王琼打破冷场，鲜明地表明他的态度：这是一起意在颠覆帝国的重大的恶性反叛事件。

几年来，在帝国庞大的机床上我就像一把扳手或者螺丝刀一样被移来移去。这里的螺帽松了去拧拧紧，那边的轴承快磨断了去上点油。自从三年前的九月我在王琼的特别推荐下出任都察院右佥都御史一职，巡抚江西南安、赣州，福建汀州、漳州，广东南雄、韶州、惠州、潮州各府及湖广郴州等地，急于报效朝廷的冲动总是让我惊惶感动又不知所措。在崎岖的官场小道上缓慢而憋气的升迁实在是把我闷坏了。

接下来的几年，我也真的做得像一把让主人称手的好工具，在江西省南部和福建省、广东省北部的山地间接连铲平了好几处让人一想起来就头痛不已的兵乱和民乱。现在，铲除南昌这颗毒瘤这桩棘手的活儿又落到了我的头上。出于对尚书王琼知遇之恩的报偿，更是为了这个多病的帝国，我只有当仁不让，硬着头皮接受了这个任务。

---

① 《王阳明全集·年谱二》。

用后来王琼的话来说，当初派我去福建勘定兵乱是虚，因为光是那点小事没有必要劳动我这样的大才，而在南昌叛乱时一举拿下宁王才是他的真正意图。当然这只是他事后的聪明话，为的是显出他的棋高一着。而当时实际的情形是，他也只有拿我这个过河卒子去碰碰运气了。

就在此时我得到了祖母病危的消息，我请求先回家省亲，这一回圣旨倒是来得很快："着督兵讨贼兼巡抚江西地方，所奏省亲事情，待贼平之日来说。"

我一生中最为紧张忙乱的一个月就这样开始了。二十多年前，这个热爱兵法的业余边疆问题研究者，苦于报国无门，只好在餐桌上用果核布阵来打发无聊，现在朝廷终于给了他一个机会让他来报效了。

可是各处的勤王部队不可能这么快抵达，江西省的行政系统又已瘫痪，我只得从赣南所属的各府县调集驻军，并在吉安知府的帮助下招募人马，这样总算有了两万余名士兵，有好多还是从未打过仗的当地农民。这个数字，与宁王麾下的十八万兵马比起来可差得太多了。但也顾不得那么多了，我带着这两万多人火速开到了临江府的樟树镇。我对下僚们说：朱宸濠如果出上策，带着这十八万兵马直捣京师，那国家就危险了；如果他出中策杀向南京，那大江南北也要被他糟蹋；如果他出下策，盘踞在南昌老巢，事情就好办多了。

蓄谋多年的朱宸濠当然不至于蠢到老老实实待在南昌按兵不动。他的意图是沿长江直下龙盘虎踞的南京，而后划江而治再图中原。作为一个亲王，他当然不会不知道本朝开国之初一个儒生向太祖皇帝的建议：金陵占帝王之都，龙蟠虎踞，限以长江之险，若取而有之，据形胜出兵，以临四方，则何向不胜？

我第一步先耍了个花招，派出各路哨军散布攻打南昌的流言，拖延他出兵东下的时间。当宁王发现上了一个小小的当，他已浪费了宝贵的半个月时间。以后他会发现，正是这个小当把他送进了死胡同。醒悟过来的宁王亲率主力东下，穿过鄱阳湖，包围了安庆。当有人建议我领兵去解安庆之围时，我援引战国时的围魏救赵之策告诉他们，现在的南昌几乎成了一座空城，我们现在去攻打南昌，宸濠必定回救，这样安庆之围自解，我军又可以逸待劳，打他个措手不及。

战事果然朝着我预料的方向发展。一番苦战，我军拿下南昌，接着又下南康、九江两城，让叛军失去了根基。现在大战在即，我的内心倒平静了下来，也有了心情在军务之暇与一直跟着我的几个学生讨论学术问题。回援的宁王部队与我军在赣江东岸的黄家渡相遇，激战一场，宁王败退樵舍。这时他做出了一个愚蠢的决定，把战船用铁索相连构成一座水上方阵来与我军抗衡。我便像三国时的周郎火烧曹阿瞒一样，用火攻把他给一锅端了。

被士兵押过来的王爷满脸烟灰，就像一条快要被烤焦了的鱼。他见了我的第一句话是，谁坐天下那是我老朱家的家事，你姓王的又何必如此费心！但接下来他又可怜巴巴地乞求说，他现在什么都不想要了，只是想做一个普通庶民平平安安地度过余生。我对他说，有国法在。

王爷的脸上流露出了痛苦夹杂着后悔的神色：我悔不听娄妃的劝，才落得今天的下场。他说，王先生，我有一个请求，我的娄妃投水死了，请你好好安葬她，她真的是一个好女人。①

于是我又见到了那个曾经见过一面的女人，我的老师娄一斋的女儿。她一头乌黑的长发现在湿漉漉地四散了开来，上面缠绕着一大团一大团的水草。她的面容灿若桃花。抿得紧紧的唇又是那么的苍白。她还是那么的美，十多年过去了，可是时间穿过她却似乎没有留下什么痕迹。士兵们用钩子拉她上来时划破了手臂，伤口上还汩汩地冒着鲜血。这个爱惜自己容貌和身体的女人，怕死后受到污辱，将身上的衣服全用细密的针脚紧紧地缝着，显见得她早就计划好了用这种方式来终结自己的生命。我命人以王妃的规格将她安葬。

战后的湖面如同落幕后的剧院一样狼藉，满是燃烧的船板、桅杆和衣物，湖面上飘荡着硝烟味与血腥味混合在一起的死亡的气息，此时此刻，即便我不是一个佛教徒，也陡生罪孽深重之感。难道所谓的功勋就建立在无数的骨殖、人头和血腥之上吗？我不由得深深叹喟，功勋，这朵摇曳生姿的恶之花，多少人借它之名播下了罪恶的种子。

窃国者诛，兔尽弓藏，如果事情这样收场也算是个不坏的结局。然而皇帝坐不住了。在禁中宫宛的豹房里厌倦了奇技淫巧的皇帝忽然心血来潮想要巡游南方了。一帮内侍和亲信的武官拟定了皇帝御驾亲征的方案。不知是出于什么样的病态心理，我们的皇帝还自封为"奉天征讨威武大将军镇国公"。他穿上厚重的甲胄，乘坐六匹马拉的战车，带着扈从的亲军祭告太庙后，被上万京军簇拥着兴兴头

---

① 关于娄妃的投水自尽及厚葬事见《王阳明全集·年谱二》："濠就擒，乘马入，望见远近街衢行伍整肃，笑曰：'此我家事，何劳费心如此！'一见先生，辄诧曰：'娄妃，贤妃也。自始事至今，苦谏未纳，适投水死，望遣葬之。'比使往，果得尸，盖周身皆纸绳内结，极易辨。娄为谅女，有家学，故处变能自全。"

头地上路了。

也幸亏皇帝正在兴头上，一些企图谏止皇上亲征的大臣只是被打了屁股，并在丹墀之下罚跪五日。只有一个叫张英的臣子不自量力，试图在皇帝面前自杀以阻止南狩，他被赏予六十军棍后不幸地死去了。作为先头部队，副将军许泰和提督军务太监张忠提了数千人马溯江先往南昌而来。当我发出的捷报送达皇帝跟前时，他带领着这支打秋风的队伍刚好开到良乡。这封来得太过不识时务的捷报引得皇帝老大的不高兴。既然前线已经大捷，天宇肃清，他还急巴巴地赶去干什么呢？

但没有一个人告诉这个贪玩的大男孩——他都快三十了，怎么还老是长不大——应该得胜回朝了。谁都知道皇帝的御驾亲征是一出闹剧，但就是没有一个人愿意说破。皇上爱玩，把江山都押上去玩一把也是他的事，谁敢违拂圣意搞得皇帝不开心呢？而且从理论上说，只有把皇上逗乐了哄开心了才有大家的好果子吃。为了把这出戏唱得更大些，皇帝身边的亲信们甚至想出了一个荒唐的主意来，让我把已经俘虏的亲王重新放回到鄱阳湖中，然后乖乖地等着皇帝去捉拿，以显天威浩荡。

只有把俘获的亲王献出去才能阻止这一荒唐的游戏。可是朱大将军的钧旨已下，我还怎么向朝廷献俘呢？我怎么也没有想到大捷之后的朱宸濠竟然成了一只烫手的山芋。但为了江西的百姓避免在经历了那么大的祸乱后再受惊扰，我还是只得硬着头皮向朝廷献俘。

我押着俘获的亲王前脚刚离开南昌，张忠、江彬、许泰派来索要俘虏的人就到了。他们以威武大将军檄命令我在广信待命。我故作不明白，说，威武大将军算什么玩意儿？我奉皇上圣命以右副都御史身份巡抚赣南，论官秩也不比这个大将军低，凭什么要我听他的！

迟则生变，我亲自押着朱宸濠连夜过了玉山、草萍驿，向着杭州进发。按照我与提督赞画机密军务的太监张永的秘密约定，他在杭州等着我。张忠、许泰的人一路追到广信，眼看追不上，就转而向皇帝诬陷，说我开始是与宁王一伙的，因为事情败露才把他擒获。后来我才知道他们为什么要千方百计阻挠我向皇帝献俘，他们才是一伙的，宁王早就用巨金贿赂把他们策反为政变的内应了。这真是贼喊捉贼。

我对张太监说，江西的百姓经历了那么大的祸乱，又赶上罕见的旱灾，还要供奉军饷，已经困苦至极，如果这个时候再有大军入境，必然承受不住，跑到山上去当土匪，他们过去助宸濠还是胁从，要是现在再为穷迫所激，到时就真的很难收场了。

张永听了我这番话深以为然。他也说出了他的苦衷，现在皇帝被一群小人包围，如果顺着皇上的意，多少还可以挽回一些，如果惹恼了他，只能激发群小的过激行为，也无救于天下苍生。后来多亏这个有着正义感的太监到了南京向皇帝说我好话，不然，我怕是真的要和我亲手捕获的亲王装在同一辆囚车里了。

后来我听说，俘虏们解到南京后，皇帝还是玩了一出猫捉老鼠的把戏小小地满足了自己一把。他命令把俘虏们放出囚车，解去桎梏，自己披上鲜亮的战甲，煞有介事地指挥三军，擂鼓呐喊，又把他们重新抓获了一遍。听到这一消息，我真不知是该哭还是该笑。

交出了俘虏，我长舒了一口气。下一步怎么办？我打听到皇帝的部队已开到了扬州，决定只身前往，恳请游玩了一路的皇帝回驾。

但此时让我巡抚江西的命令下达了，军情紧急，我不得不疾驰南昌。

此时的南昌城已乱作一团，张忠、许泰因我没有把俘获的亲王交给他们，憋了一肚子气，就挑动京军扰乱地方，向地方部队寻衅冲突。将士们问我怎么办？我说，他们要什么，就给什么，谁也不准与他们正面冲突，违令者杀无赦！

京军们不再为乱地方，张忠、许泰不死心，还要来找碴儿。一天，他们把我请去军营，说要和我比射箭。他们以为我一个文弱书生，动动嘴皮子可以，骑马射箭就要趴下了。他们是成心要看我笑话，却不知道少年时代我就是个皮猴子，拿枪使棒最为拿手。我缓缓张弓，三发三中，围观着的京军们全都啧啧有声，拍手叫好。

两人问我，听说宁王富甲天下，你攻下南昌城后，把那些金银财宝转移到什么地方去了？

我说，据我所知，宁王的财宝大多送去贿赂京师要人了，可笑的是他还要把这些人约为内应呢！

转眼到了冬至，此地民间习俗，这一日要祭祀祖宗和亡灵。战事刚过，城中又添不少新丧，一时哭声震野，北军将士离家久了，听着这样的悲音无不泣下思归。张忠、许泰不得已班师回京。

送走了这两个瘟神，我一口气松下来，只觉得四肢发软，心口堵得慌。于是我去了杭州，在净慈寺住下养病。我的身体需要静静调养，我纷乱如麻的大脑也要好好梳理。让我想不通的是好不容易出大力平了叛乱，却要被泼上一身的脏水。我感觉从来没有这么灰心过。

（四）

杭州乃吴越王钱氏建都之地，人文蕴藉，文采风流，不少朋友曾经对我说，到年老了，在西湖边求田问舍了此残生，可说是身为文人的最后一个梦想了。此间的山水、古刹，空气中若有若无的桂花香，使我对这个城市保持着持久的好感。

一天，我去虎跑寺游玩，兴尽将返，看到寺里的一间禅室紧关着门，忽然起了好奇心，问这间禅室是做什么用的。陪同的主持说，有个僧人已经在里面坐关三年了，终日闭目静坐，不说一句话，也不睁开眼看一看周围，真是个怪人。

我推开门，等适应了里面的黑暗，我看到了那个坐得像一块石头的和尚。他兀自闭着眼，不顾不问，好像天要塌下来也与他没有关系。我猛喝一声："你这个和尚！终日口巴巴说什么？终日眼睁睁看什么？"

和尚惊了一下，站起来向我施了一礼，说："小僧在这里不言不视已经有三年了，你却问我口巴巴说什么、终日眼睁睁看什么，此话又从何说起呢？"

我问："你是哪儿人？离家多少年了？"

和尚答："我是河南人，离家有十多年了。"

我问："家中亲属还有什么人吗？"

和尚答："就一个老母亲，也不知道如今是死是活。"

我问："还想念吗？"

和尚说："不能不想啊。"

我说："你既然不能不想，虽然终日不说，心里却一直在说，虽然终日不睁开眼睛看看四周，心里也已经看见了。"

和尚猛地合拢双掌，向我重重施了一礼，说："檀越真是妙言惊人，还望开示。"

我说："人生于世，想念父母乃是天性，怎么能够断灭。你说不能不想，那是你的真性发现，俗话说得好，爹娘便是灵山佛，不敬爹娘敬何人，你既然已经发现了，还被这思念苦苦折磨着，那就不如听从心里发出的指令，做起来，又何必终日呆坐在这里，徒乱心曲？"

没等我把话说完，和尚咧嘴大哭起来："檀越说得对啊，我明天一早就回家，去看望我老娘。"

他从蒲团上跃起身子就要去准备行囊，一边还在用衣袖胡乱擦着泪，一边脸上已在笑着了。

第二天，我又去虎跑寺。寺僧告诉我，那和尚五更天的时候就挑着行囊回老家去了。

尽管我一记猛喝喝醒了这个痴和尚，但有谁伸出他万能的手，拨开遮着我前面道路的雾障呢？

到了第二年正月，我听说皇帝在南京逛青楼、看大戏玩得不亦乐乎，决定去南京亲见皇上为自己剖白洗冤，并劝他返回大内。在安徽芜湖，我受到了在家赋闲的大学士杨一清的阻拦。这个帝国官场中的铁腕人物怕自己的位置受到威胁，也加入到了排挤我的力量当中。我一气之下便上了九华山。其实我登上这佛教圣山还有一个目的，是向皇帝暗示我不是那种脑后生有反骨的人，而只是个学道之人。①

不久我又去了庐山。在庐山开先寺的读书台刻了一个石碑：七月辛亥，臣守仁以列郡之兵复南昌，宸濠擒。当此时天子亲统六师临讨，遂俘宸濠以归。在这里我玩了一个小小的文字游戏，我把天子带领他的打秋风的队伍出发的时间提前了，这也只是把一切的功劳归于英明的圣上。我这般地苦心孤诣，又有谁知道呢。

黑暗中坐在江边，听着水波拍岸声，想着自己一身蒙谤，连想见皇帝一面也难于登天，我是死的心思都有了。我对学生们说，现在要是有个地方容我背着老父逃跑，我就一去不返了。

皇上是不会知道了。他在南狩游乐途中乐极生悲，在临清一个叫清江浦的地方，喝醉了坐在一只小船上独自钓鱼，不小心船翻落水淹了个半死，寒气入骨，他那具被酒色淘空了的身子早就支撑不住了。他预支光了所有的快乐，回到京城两个月后就驾崩了。武宗晏驾，因为没有儿子，太后和一干大臣只得让他的堂弟朱厚熜继了皇位。世宗登极，即改元嘉靖。

当即位的新帝因为我平叛的战功宣旨召我进京时，我就像一只警觉的猎犬听到主人的指令一般向着京师疾驰而去。皇帝的圣旨是这样说的：尔昔能剿平乱贼，安静地方，朝廷新政之初，特兹召用，敕至，尔可驰驿来京，毋或稽迟。

然而，惯于玩弄政治手腕的大学士杨一清再一次把我阻在了宫阙之外。他早就把我看作了官场上潜伏的一个对手，担心我一入阁就会挤占他的位置，于是千方百计要把我打压下去。杨大学士指使

---

① 《明史·王守仁传》："守仁乃入九华山，日晏坐僧寺。帝觇知之，曰：'王守仁学道人，闻召即至，何谓反？'"

言官上书制造舆论，以国丧期间费用开支浩繁不宜行宴赏为由使嘉靖皇帝的这一道圣旨成了一张废纸。

一次次政治热望的扑空使我反省，真个是人人有个圆圈在。如果说朱宸濠是我的俘虏，我难道不是自己的功名、欲望等等之类的俘虏吗？形为心之役，看来我们每个人都是自己内心里的隐阴面的俘虏。东家老翁防虎患，虎夜入室衔其头，西家儿童不识虎，执策驱虎如驱牛。傻子因噎废食，蠢夫怕淹死先投了水。人生应该知天达命、磊落潇洒，如此这般整日价生活在忧谗避毁当中，跟坐监狱有什么两样呢？

当我想明白了这一点，就给新皇帝写了《乞归省疏》请求提前退休。我说，近两年来，我流年不顺，祖母死了，老父也多次病危，我连续四次上疏请归都没有获得批准，再加权奸谗疾，一次次恶意中伤，我不知道哪天会突然祸从天降，现在天启神圣，您承续大统，我就把这些真实想法说出来，欺君者不忠，忘父者不孝，所以我冒罪请求回去。

我不管皇帝会不会批准、什么时候批准了。我的心已经不在那片我曾经向往不已的宫阙庙堂之间了。我即刻准备行装。我已经看到了一个自由人在故乡在未来岁月里的生活景象：夏天在微风的吹拂中去鉴湖赏荷，冬天则去欣赏姚江的雪景，在春日微醺的和风中，带着装满食物的提篮，带着酒具，和学生们去城外进行一次富有田园意味的郊游……

三 夜宴 | 嘉靖五年十二月
浙江绍兴

怀着神圣的道德感走向床榻——关于才女，关于平庸的女子——我儿子的故事——在大兴隆寺与黄绾第一次见面——王司封：天下最多言之人——京城学术小团体——徐爱的梦与死——在滁州的山林大声歌唱——十六世纪的南京——弟子们——夜宴

（一）

三十余年来，我在妇人诸氏身上浪费的精液足以浮起好几艘大船，但她至死也没有给我留下一个子嗣。这对一个男人来说实在是最大的失败。在婚姻的最初几个年头，好奇心还可以让我们彼此探索对方的身体，并在这探索中享受性的乐趣。但随着年齿徒增，诸氏平坦的腹部越来越成为对我孜孜不倦耕耘的一个嘲笑。不知从哪天起，天色一暗我就变得焦躁不安。有了一个延续香火的明确指向的房事变得索然无味，并越来越成为一桩让我疲惫不堪的苦差。

一个又一个夜晚，我怀着一个丈夫神圣的道德使命感走向床榻。

我走向裹在沉重的棉被下诸氏白瓷一般的身体，如同走向一个深不见底的陷阱。可是不管我们如何在房事前虔诚跪拜，她又如何在事后小心翼翼地控制着不让身体侧转以免前功尽弃，她的肚子还是没有鼓起来。问题当然可能出在她身上，也可能出在我身上。但在我们的时代，一般来说只能算是女人方面出了问题。

如果不是因为她不争气的肚子，诸氏真的是一个很适合我的妻子。这么说的意思并不是诸氏有多么的优秀，相反，出生于官宦之家的诸氏只是一个平常的女子，一个从外貌到内心都平常到你不会多看一眼的女子。但对于我这样一个可以说是纯粹的精神生活者来说，如果要你在一个所谓的才女和一个平庸的女子之间做个选择，我还是倾向于后者。这有两方面的原因。一是我对物质生活所求无多，眩目的声色只会迷人心志，而平庸的女子则让人感到心里头踏实。二是我对自己智力上一惯的自信使我对女人的才情与智慧向来抱一种怀疑的态度。不错，这个世界是有聪明的女人与愚蠢的女人，但以一个女人的机巧与聪明，是无论如何不能抵达男人高原一般的内心的。我的女人诸氏简直就是为了我在高蹈的心灵世界之外所需要的一种世俗生活而生的。

比如，精神是光，世俗是黑暗，光可以利剑一般劈开黑暗，但没有黑暗也就没有光，如同没有黑夜也就没有了白昼。又比如，荷叶承载着一滴水珠，世俗生活也是这般承载着我们的思想，如果没有了肥大的荷叶在底下托着，那还有什么水珠呢？

好了，不说这些，接着来说我的女人。诸氏害怕这个世界上所有非比寻常的东西。她怕黑暗，怕雷声和大雨，怕做梦。但她异常地热爱这世上所有看得见摸得着的一切。她热爱的东西肯定要远远超过让她害怕的，这么说她几乎是一个快乐的现实主义者。是的，她真的是一个透明的女人。她爱漂亮的衣服与可口的美食，她爱女红，她爱窗外的梧桐和树上聒噪的鸟雀。我喜欢她的这种浅，喜欢她这种几乎可以说得上是毫无心肝的快乐。这也是我那么多年来不管朋友和学生一次次的好心劝告一直没有抛下她另娶外室的原因。说实话，在我长年的宦游生活中，这样的机会不是没有。一个人在婚姻生活中是否忠诚，跟他的修养、禀赋、抱负有关。如果我是生活在风流绮丽的三吴之地的唐寅之流的才子，不说大话，我的私生子们早就一大群了。

请不要把我下面的这些话看作是对死去了的诸氏的无尽溢美。诚然她已长眠地下，再也不会瞪圆着惊慌失措的眼睛问我："这是真的吗？""我在你眼里真的是这样一个人吗？"但我还是要让说出的话忠于事实，因为一个人说出的话都将被记取，无论对生者还是死者。这个恪守妇道的女人，作为老王家的媳妇，她孝顺，勤快，身上没有那种官宦人家小姐的臭脾气。这么多年她一直在老家侍候老人，过着几乎是修女一般的生活，从来没有搞出什么飞短流长来，也没有听她抱怨过什么。

在我们这个时代，江南一带闺阁小姐和闲得无事的少妇们聚在一起结社吟诗已经蔚然成风，但诸氏从来没有追逐时尚去参加这种文艺沙龙，她也没有什么闺中女友。——如果有一天醒来忽然发现我的女人变成了一个女诗人，那才是一件可怕的事呢。

让我一想起来就愧疚不已的是，做了我的妻子她几乎一直都在担惊受怕中。这一方面是因为江湖凶险，怕我在外面有什么闪失，另一方面，因为不能生育，她觉得有愧于我，有愧于这个家。每次我回到老家短暂居住，一般都是因为受了排挤打击心情恶劣，那时候我的脸色就完全成了笼罩着诸氏的气候。她看着我的眼神都是小心而恭顺，甚至不无讨好的意味。有时又是羞怯的，看着我时脸上的雀斑都红了起来，忽而又低下头去，让你感觉到她那种小心翼翼压抑着不流露出来的热情。

亲爱的妇人诸氏，现在我一想起你来就想起你站在老家厢房外的廊檐下看见我满脸风尘归来时的欢欣无比的神情，想起我们一起坐着船从江西回家，你在流水中照着自己青春的容颜。时光易逝，年华渐老，我还会想起你的脸上如同乌云一般越来越厚重的忧伤。是的，忧伤。当红红的烛光如同一汪水在你眼中摇动，我会看到这忧伤从你的脸上一点点地滴落。

在我四十四岁那年，眼看着诸氏生育无望，由父亲做主，把堂弟守信的儿子正宪过继到了我的门下。[1]那一年正宪八岁，长得虎头虎脑，我很喜欢，诸氏也喜欢。我没有想到的是，这一举动日后会在我的嫡子和嗣子之间埋下冲突的种子，在我死后引发一场为了争夺爵位继承权的诉讼，并最终导致家族内部分裂，我的儿子一系在十六世纪中叶从山阴搬回我的出生地余姚小城。[2]

好了，那片将在以后的日子里出现的云翳现在还远在天边，华灯已掌，盛筵在即，远近前来贺喜的客人也都已到齐，且让我们满

---

[1] 《王阳明全集·年谱一》："十年乙亥，先生四十四岁……立再从子正宪为后。正宪字仲肃，季叔易直先生衮之孙，西林守信之第五子也。先生年四十四，与诸弟守俭、守文、守章俱未举子，故龙山公为先生择守信子正宪立之，时年八龄。"

[2] 王阳明去世两年后，原已世袭锦衣卫百户的嗣子王正宪想趁王正亿年幼分居析户，《王阳明全集·年谱附录一》载："胤子正亿方四龄，与继子正宪离帷审逐，荡析厥居。"至隆庆元年，朝廷对王家重行封赏恤典，王正亿以嫡长亲男的身份准袭伯爵，此时他已返居余姚。王正宪一系、王阳明的二弟守文一系则留居绍兴。

饮眼前杯中的甘浆，为我的新生儿子祝福吧。如果诸氏泉下有知，她知道我的第二个妻子张氏为我生下了一个儿子，使我得遂延续香火的宏愿，我相信，她也会含着酸楚的笑容为我高兴的。

今年我已五十有四了，这个儿子来得太晚了些，但无法抑制的喜悦，还是让我在这天晚上的百日宴上比平常多喝了几杯甘醇的绍兴纯酿米酒。在我看来，这是比几年前朝廷给我加官进秩更为振奋的事。这是因为，前者只能满足一个人的虚荣心和追逐功名的欲望，而年过半百之后终于到来的这个儿子，得以让我完成了一个人的道德使命。当然我还没有说出的一层意思是，它还煽动起了一个男人在这个年纪愈来愈消歇下去的雄风。

宴会始终在喜气洋洋的气氛中进行，几个朋友和学生甚至借着酒劲打趣起了我是老树发新芽。他们勉励我再接再厉，争取再生几个出来。此言甚合吾意，我红着脸大言不惭：还见吾家第几郎？意思是说，那你们就等着瞧吧。那天我儿子的百日宴真的办得挺不错的，除了坐在角落里我的十八岁的嗣子正宪沉郁的脸色在我心里滑过一丝阴影，并为日后如何安排他们两个的位置有过片刻的焦心，其他的一切真的都很好。

宴会的高潮是两个九十多岁高龄的缙绅代表送上祝福的贺诗，并以吉祥的话预言我的儿子将有一个美好无比的前程。我在答谢诗中谦虚了一番，告诉这些耆旧们，犬子能把我们王家的一脉书香延续下来就算不错了。

像天下所有望子成龙的父亲一样，我希望我的儿子能够得到天赋的智慧，也就是那些年我一直在说的良知。这也是我把他的小名取为聪的原因。按照王氏家谱排行，他是正字辈，就叫他正聪吧。[①]

（二）

在充满了创造性冲动和激情的岁月之后，随之而来的是无边的宁静和宁静中对自我的反思。正如瓦莱里所说，人们以书写自己的欲望开始，以写回忆录告终。我在这里写下我个人的历史，尤其是我内心的、个性成长的历史，从这个意义上，可以把这几年来我的这份断断续续的回顾性叙事称作我的自传，或者一幅不算太走形的自画像。甚至，在这里我也不再重要，心是这个传记的主角。是的，这是一个关于心的故事，关于心的成长、觉悟，最终走向衰竭的故事。

现在就要进入我一生中的两个关键词：冲突，心。冲突是起于我生命中现实与梦想这一最基本的分裂。现实与梦想之间的距离愈大，冲突愈甚。当这一冲突紧张到不可调和、不能承受的地步，就转而诉诸内心，并试着从另一条由内及外的道路去抵达这个梦想。在这里，心是抚慰，心是减压器，心是动力机。它是道，也是器，用禅宗公案话语来说，它既是天空中的月亮，也是指向月亮的那根手指。

当我在 1510 年春天离开贵州的时候，我已经隐约看见了这另一条道路。它正从远方的天空垂下，如同花园里一架秘密的梯子。我知道，站在梯子下面，我只是一个在世俗的泥潭里打滚的人，而一

---

① 《王阳明全集·年谱三》："先生初命名正聪，后七年壬辰，外舅黄绾因时相避讳，更今名。"

旦我登上它，我就有可能成为一个神。所以我一定得登上那架梯子。临行前，我对赶来送行的学生们说：

我要去找一个人了。

他们问我找谁。

我这样告诉他们：王守仁。

这次离开贵州，我沿着三年前进黔的路重走了一次，但心情已全然不同于三年前的凄惶。沿途看到从前的学生冀元亨、蒋信、刘观时等一个个都学问大进，让我十分欣慰。

三月，我坐船顺沅水东下，经溆浦大江口、辰溪，到达辰州府治所在地沅陵。结束流放生涯的我将在辰州府下辖的庐陵县出任知县一职。县衙在府城南门，出南门稍东就是赣江，江中心的白鹭洲上有个号称江南四大书院之一的鹭洲书院。我喜欢这里出尘般的宁静，把它作为给学生们讲会的一个场所，教他们一些静坐调息的基本功。公务和讲学之余，在赣江边散步成了我每日的功课。我现在已经开始学着体会花开花落和水声流逝间所包含的生命的情意。

我只做了半年庐陵知县，一个偶然的机会使我在这年秋天就奉调到了南京，任南京刑部四川清吏司主事，从七品官职重新升到了流放前的从六品。用官场上的话来说，我这么些年是白混了，但今日之我已非昨日之我，我觉得还是有收获的，我的收获就是在贵州山地蔽天的雾障中磨炼出了一双锐利的眼睛。这双眼睛可以让我看到常人所看不到的东西。

这年十一月，我进京入觐例行公事，住在大兴隆寺。一天，一个叫储柴墟的老朋友带了一个年轻人前来拜访。这个长相英武的年轻人自我介绍叫黄绾①，后军都督府都事。

　　他向我倾诉了多年来遍读古代典籍却又找不到一个方向的苦恼，这就像你要穿过一个树林到一个客栈去投宿，可是太多的岔路总是搞得你心神不宁，不知该走哪一条。他还告诉我他的志向是让蒙上了种种曲解和误会的伟大的古代思想在今天发扬光大。

　　十一月的京城天寒地冻，大风中的雪粒子把屋瓦打得铮铮作响，这个年轻人的一番话却让我感觉整个屋子都暖和了起来。我按捺着激动说，这个志向很好啊，可是这一脉的学问断绝得太久了，你准备怎么来用功呢？黄绾老老实实告诉我，只是粗略地有这个志向罢了，还不知道怎么去用功呢。

　　我说，人怕的就是没有志向，有了志向，做起来，就会成就自己。我告诉黄绾，有一条简捷的道路可以通向你所说的那个目标，那就是做减法，人活在缠蔽中，所谓的减法就是去蔽，把树林中的一条条岔路砍掉，把屋子里多余的东西搬掉，这样，我们的心，就成了一个空空的房间，可以让阳光进来，所以，人心在这里是一个关键，一个让天地万物得以呈现意义的关键。

　　分手时，我对这个年轻人说，做起来，就能成，你要相信人可以凭着意志和内在的修炼成为你想成为的人。

　　过了几天，我带了黄绾去翰林院见老朋友湛若水。三个男人心智的真诚碰撞，使得那个下午在我的一生中成了最为美好的时辰之

---

　　①　黄绾（1477—1551），字宗贤，一作叔贤，号石龙，又号久庵，黄岩县洞黄（今温岭市岙环镇照谷村）人。明正德五年（1510），经友人引荐，结识王守仁，订终生共学之盟。早年深受朱学影响。从学王守仁后，转而对王学笃信不疑。为维护其"知行合一"说，与人反复论辩，得王守仁器重，称其为"吾党之良，莫有及者"。王守仁去世后，始对王学产生怀疑。官至南京礼部右侍郎、礼部尚书兼翰林学士。著有《思古堂笔记》《明道编》《石龙集》等。

一。在湛若水的寓所里，一场长谈过后，我们疲惫而又满足。我们郑重发誓，要在这人生的学术道路上携手并进，要让友谊贯穿我们的一生。我在京城的公事本来早已办完，只是为了多一些时光和他们在一起，我才一再推迟返回南京的时间表。然而随着时日的推移，我再也没有理由赖在北京不走了。可能是为了掩盖分手在即的伤感，聚在一起的时候我们三个人总是拼命说话，好像要把所有话都抢在分别之前说完，尽管一阵虚张声势的热闹过后常常是让人更为窒息的沉默。

他们一再地拖延我南归的时间，找出各种各样的理由让我在京城再多住几天。后来我才知道他们在瞒着我为把我留在京城暗地里活动。我知道若水尽管在京城官场上一向口碑很好，但他生性疏阔不太热衷政治，黄绾呢，豪爽任侠，又在都督府做事，能与上面说得上话，我承认他有能量，但毕竟过于年轻了一些。仅凭这两人的活动打点，要把我这样一个没有政治背景的人留在京城谈何容易。我不知道他们找了多少官员，送出了多少银子。让我吃惊而又感动的是，事情到最后还真让他们办成了。他们找到了吏部尚书杨一清，并最后说动了他。于是连我自己也不敢相信，第二年的正月一过，我就在北京吏部正式上班了。

尽管我还只是吏部验封司的一个小吏，但毕竟是到了京城。这里是我政治生活的起点，我最好的朋友也在这里。他们打趣地叫我王司封，时间一长，我也惯了，有时开开玩笑也自称起司封王某。对官衔的这一浑不当回事的自我解嘲里，正好见出我们是一群别有怀抱的人。我们一不加入哪一个党派，二不依附于哪一方势力，既然提拔无望，除了学术还有什么好让我们寄托的呢？

我在吏部是个闲差，若水在翰林院就更不用说了，日子都要淡出鸟来。三个人里只有黄绾算是在正经做事，但也忙不到哪里去。每天下班后，或者公休日，反正只要有时间我们就相聚讲论。为了能早晚切磋，有段时间我们还住在了一起。悠游山水是我们三人的共同爱好，只可惜偌大的北京几乎没个好去处，于是我们只好一而再地上香山去消磨时日。

谁也不会想到我与黄绾会成为儿女亲家——那是我死去多年后的事，我的儿子遭受乡里宵小之辈的欺凌，闹得日子都过不下去了，刚升任南京礼部侍郎的黄绾把自己的小女儿嫁给了他，并给他改名正亿——我们持续多年的友谊会结出这样一个果实是我始料未及的。①

日子一久，一些有抱负而又对时局有所不满的低级文官也加入了进来，我们这个文人小团体像个雪球一样慢慢滚大了，沙龙讲会的规模也越来越大。尽管在我们这个时代里，讲学已经成为一股流行风气，但这是在京城呀，是在官场呀，我们这样痴迷于这种事，还是被主流社会目为异类，受到嘲笑和奚落。他们笑话我是天下最多言之人，就是若水这样超然淡泊的人，也被讥作一个话痨。

我对若水说，我们是不是真的太多言了呢。若水沉吟了片刻，反问我怎么看世人对我们的评论。我说，别以为我不想沉默，我也讨厌多言。因为一个人话一多，必定气浮，志轻，气浮的人热衷于外在的炫耀，志轻的人容易自满松心。所谓言日茂而行日荒，这言

---

① 黄绾把女儿嫁给王正亿事见于《明儒学案·浙中王门学案·尚书黄久庵先生绾》："以女妻阳明之子正亿，携之金陵，销其外侮。"见黄宗羲《明儒学案》卷十三。在黄绾撰写的《阳明先生行状》中也有这样的记载："予以女许公之子，盖悯其孤而抚之。"见《王文成公全书·世德记》卷三十七，明隆庆刻本。可见黄绾是出于对正亿的同情而许婚的。

与行之间的关系我们当然都懂，但你睁眼看看这个时代，那些所谓务实的人，不过是在务名罢了。这就是学术不明的缘故，在这个时候，看样子我们也只好做聒噪的乌鸦了。

圈子里有个叫梁仲用的朋友，一向以征服世界为己任，在官场上也混得不错，有一天忽然跑来对我说，他觉得自己太躁进，还没征服自己就想着去征服世界，真是太荒唐了。他反省以往的言行，觉得自己太爱发言，给自己取了一个默斋的号，为的是警诫自己每次说话前先把舌头在嘴里盘上三遍。

我语带讥诮地对他说，你向一个天下最多言之人问沉默之道，真是笑话，我哪里知道什么沉默之道呢。如果沉默让你感到充实，你当然可以闭口不言，但你焉知沉默里也包含着四种危险。梁问是哪四种。我说，如果你疑而不知问，蔽而不知辨，只是自己哄自己地傻闷着，那是种愚蠢的沉默；如果你用不说话讨好别人，那就是狡猾的沉默；如果你怕人家看清你的底细，故作高深掩盖自己的无知无能，那是捉弄人的沉默；如果深知内情，装糊涂，布置陷阱，默售其奸，那就是默之贼了。听了我这番话，梁仲用惊出了一身冷汗，再也不敢提他那个默斋的号了。

那些加入我们这个小团体的人其实不无投机的成分，他们好多人顶着向我请教学术的幌子，其实是想得到一个人生艺术或者官场艺术的卡耐基式的指南。另一个朋友王纯甫到南京当学道，与上上下下的关系都搞得相当紧张，问我怎么办。我告诉他，你感觉紧张，这说明你像要出炉的金子一样，正在经受最后的冶炼。这正是变化气质的要紧关头，平时要发怒的现在不能发怒，平时惊慌失措的现在也不要惊恐不安。"能有得力处，亦便是用力处。"天下事虽万变，我们的反应不外乎喜怒哀乐这四种心态，练出好的心态是我们学习的总目的，为政的艺术也在其中。

王纯甫收到信，琢磨了好长时间，回了封看上去辞句非常谦虚、实则很自以为是的信。我觉得，这个爱钻牛角尖的家伙回信里缺少最基本的诚意，本想不睬他了，但一想他自以为的聪明处，正是他的糊涂处，我怎好撒手悬崖？于是在下一封信中告诉他：心外无物，心外无事，心外无理，心外无义，心外无善。我不知道王大人是否真的懂了。不明白，那就好好揣摩去吧。

第二年秋天，湛若水奉朝廷之命出使安南。黄绾呢，因为得着一个休长假的机会，也去雁荡山、天台山之间结茅修行去了。分手之际，我们约定日后还是要聚在一起。黄绾说，他此行是先探探路，为我们去打前站，如果真找到了好地方，就再来邀请我们一起去快活逍遥。

黄绾的这番话让我欢喜得流了泪。尽管那只不过是一张充饥的画饼，但在苍茫的人世间这难道不是一点难得的安慰？真知我者，黄小弟也。世艰变倏忽，人命非可常。斯文天未坠，别短会日长。若水啊，黄绾啊，我们就等着一起拂衣还旧山的一天吧。

北京真冷。没有了朋友的北京更冷。不管我们对未来有着怎样的梦想，我知道，我们在京城里的这个学术小团体算是散伙了。

（三）

地理是我记忆的核心。地理——一次次的离去、一次次的抵达，思乡、怀旧及旅途中归属感的疑问——是我记忆的核心。我生活过的每个地方，不管是小城余姚、北京、南京，还是贵州省的修文县、江西省的庐陵和南昌，都是一张复杂、密织的网，是我成长并获得自我身份和自我意识的重要部分。

在每个地方，我都结交了一批同道和朋友，相与探讨学问。随着我的年齿徒增，他们恭敬而信任地把我称作老师，但我一次次地告诉他们，每个有着向善之心的人，他的老师都在他的心里。但他们总是把包含着我的所有思想的核心的这句话看作一个有着崇高的道德声望的人的自谦之词。

我自己也不记得这一生中到底收了多少个学生，这些记名或者不记名的弟子们，像一粒粒火种把我的思想带到他们各自所在的地区，这些地区主要是江右的江西省、江左的南京和我的故乡浙中，还包括我以前的流放地贵州省。更有一些长时间随侍左右的和联系紧密的学生，把我的言行记录下来广为印发。这些学生资质不一，性情各异，他们唯一的共同点是以钻研、探讨、传播我所开创的新学术为己任。

在漫长的岁月里，共同的追求使我们声息相通。即使有一些以后再也没有见面，也像我曾经告诉他们的一样，他们也永远在我的视野里。他们中的一些，或因用力过度，或为困窘的现实所迫，已经英年早逝，离开了这个世界。想起这些已经长眠在泥土下的面孔我不禁黯然神伤。最让我伤心不已的，是1518年我巡抚赣南平定匪乱时，在军中收到我的妹夫，也是我最优秀的学生之一徐爱[①]的死讯。

---

① 徐爱（1487—1518），字曰仁，号横山，浙江余姚人，王阳明的妹夫，也是他第一位学生。正德三年进士，工部郎中。

现在我还经常想起他，想起他单薄的身子和可以称得上俊白的脸。徐爱的身子真的太单薄了，这样柔弱无力的身体穿着宽大的衣服，你真会担心他一不小心就被大风刮走。与他的瘦弱不相称的，则是他睿智的大脑和一颗赤诚火烫的心。以身与心的冲突作着思想的疆场的他，几乎天生就是一个精神生活者。

当初考虑小妹婚姻大事的时候，有两个人选，一个是徐爱，还有一个也姓徐，是他远房的一个叔叔。父亲在这两个人选上有过短暂的犹豫，最后还是为小妹选择了徐爱。因为父亲觉得大徐为人过于浮浪，好吹牛皮，不像是个过长久日子的，担心小妹嫁过去吃苦。而眼前的这个小徐，虽然身子骨弱了些，但为人忠恳，骨格清奇，一看就是个读书种子，前途或未可限量。父亲一生识人无数，但他无论如何也不会预料到他的女婿会是个薄寿之人。

徐爱是我最早的几个学生之一。早在二十年前我居京师时，他就不时地从家乡跑来向我请教求学中碰到的疑难问题。1507 年赴戍途中，我曾在老家短暂居留，就在那个时候，他和同乡的蔡宗兖、朱节三人向我行了拜师礼，正式成了我的学生。可惜那个时候相处的时间不长，我要继续向着流放地西行，他们呢，作为地方府学推荐的学生要上京城参加会考。

第二年我在龙场的时候，收到了徐爱从家乡寄来的信，他沮丧地告诉我，考场失利了。我即刻去信安慰他，落榜不能落志，以后的路还长，要沉住气，打起精神，在道德和学问的道路上孜孜不倦，以求大成。同时还向他建议，龙场地处偏僻，穷荒无书，尽管物质上艰苦些，却少了些外在的羁绊，如果他能舍得离开娇妻和年迈的双亲，此地倒也是个静心读书的好所在。信发出后我也没有抱太多的希望，黔越之间，相距何止千里，即便徐爱真的想来，以他的身子骨也是吃不消这一路劳顿的。

我没有想到的是，几个月后的一天，徐爱突然出现在我的眼前。他憨憨地笑着走进驿站的时候，我还没有认出他，以为是哪个过路的商人。他低低地叫了我一声，向我顽皮地眨了眨眼。一瞬间我如梦似幻。爱！爱！我大叫着站起身。我的动作如此猛烈，以致打翻了面前的茶碗。

1512 年冬天，我离开居住了两年的京城，重回南京转升太仆寺少卿一职。关于这一职位在这里稍多说两句。太仆在古代是掌马政之官，本朝的太仆寺是从三品的衙门，主要职责是给国家养马，地点在南京北面的滁州。马者，国之武备也。在冷兵器时代，马匹的多少与强壮与否是一个国家国防战斗力的标志之一，但让我去做这样一个侍弄马匹的官，真是一个黑色幽默。

调令下达没几日，我接到了徐爱的来信，得知他将从祁州知州任上调升为南京工部员外郎，于是我们相约一同南下。先回余姚老家，看望我的父亲也就是他的老丈人，然后他上南京履新，我则去滁州养我的马。父亲已在我调到北京吏部任职的那一年退休，寂寞的老人把他没有实现的政治抱负全都寄托在了我们身上，对我们期望甚殷。

因为去南京是做闲官，不用急巴巴地赶路，我建议坐运河的船南下。我选择坐船的另一个原因是担心徐爱身体不好，怕他吃不消一路的车马颠簸。坐着船慢悠悠地走，既惬意，又没有外界俗务的打扰，正可以从容相对坐而论道。我的建议得到了徐爱的赞同，他高兴地说，这么多年宦海沉浮，我的心都像长满杂草的菜园子了，能够在船上朝夕相处一路向您讨教，这真是太好了！①

自从三十年前跟着祖父第一次坐运河的船北上，我不知道已经有多少次在这条帝国著名的水道上航行了。我已经熟悉了它每一处的转折，它的气息。我就像了解一个朋友一样熟悉它的脾性。不知为什么，一靠近它，我躁厉的内心就会变得平静，变得温柔。很多个夜晚，船在黑暗的水面上平滑地前进，我会有一种错觉，就好像它正带着我回到时间的初始，回到我出生之前的幽暗国度。

这次和徐爱同船南归，这条像掌纹一样熟悉的河流忽然变得陌生起来。水是新的，风是新的，每天清晨傍着船舷从东方冉冉升起的太阳也是新的。运河如同一条银亮的带子匝着平原宽大的腹部，而在朝阳的映照下，面前的河水却如一床翻着红浪的被子。这个比喻是不是太不雅驯了？但如此欢愉的心情降临在我心上真是少有。究其原因，一是自然中饱含的生命的情意触动了我，我的心以前一直是执着于一念向内收缩，现在它舒张了开来；二是徐爱是一个不错的谈伴，那时他身上已经出现了成为一个长于内省的思想家的苗头，在交谈中我们相互启发和点拨，搬开了压在心里的石头。

我们的话题是从儒学的经典《大学》开始的，然后转入了关于心灵空间的讨论。

徐爱说，您讲只求之于本心就可以达到至善境界，恐怕不能穷尽天下之理。我还是坚持原来的观点：心即理也，天下哪里有心外之事，心外之理？徐爱说，还是有许多理的，比如说对长辈的孝顺，对君王的忠诚，对朋友的信义，对百姓的仁慈，等等，这一切你怎

---

① 徐爱在《传习录》首卷的自叙中这样提到舟中论学对他内心的冲击："爱因旧说汩没，始闻先生之教，实是骇愕不已"，"其后思之既久，不觉手舞足蹈"。

么可以假装看不到呢？

我对徐爱说，这种错误说法流行已经很久了，一两句话点不醒你。且按你说的往下说：如事父不成，去父上求个孝的理；事君不成，去君上求个忠的理；交友治民不成，去友上民上求个信和仁的理——其实都在这一个心上。心即理也。此心无私欲的遮蔽，即是天理，不须外头添一分。以此纯乎天理之心，运用在对待老人上便是孝，用在君上便是忠，用于朋友和百姓便是信和仁。

徐爱说，你这么说我好像有些明白、开窍了，但旧说缠于胸中，一时难以脱尽，譬如孝敬老人，其中许多细节还要讲究吗？

我说，怎么不讲究？当然要讲究的，只要有个头脑，便自然在冬冷夏热之际要为老人去求个冬温夏凉的道理。这都是那诚孝的心发出来的条件。有此心才有这条件发出来。然后我给他找了一个比方，好比树木，这诚孝的心便是爱的力量的根，许多条件便是枝叶，需先有根才有枝叶，不是先寻了枝叶再去种根。①

在船上几乎天天有这样的辩论，我们都迷上了水上的功课。我总觉得，在我们的对话中，总会有一种从心到心如同火花一样的东西在活泼泼地跳动。一天傍晚，辩论结束，我们站在船头看着暮色渐渐升起。徐爱手舞足蹈着说，要是这条船永远开不到尽头该有多好啊。我笑他痴，却也止不住对着江面微笑起来。

这当然不可能是一条没有终点的航线，一个月后，船到钱塘，我们从陆路赶回了余姚老家。见过祖母、父亲，我就想与徐爱一道上天台山去找黄绾，因为家人的反对，我们也不好坚持，便没走成。我给黄绾写了封信，告诉他我已回越，约他前来山阴相见。信发出

____
① 参见《王阳明全集》卷一《语录一》，上海古籍出版社1992年，第2—3页。

后我便开始了漫长的等待。

但等到麦子黄熟的五月，不知黄绾是没有收到信还是什么事绊住了，他还是没来。这让我很不爽。身边尽管有几个学生，资质也算可以，但渲染世习太深，我总觉得难与深言，无法和他们讨论一些精微的问题。徐爱说，这般干等着也不是办法，不如去附近走走，也好让山水洗涤一下俗肠。

于是三五人做伴便出发了。先去邻县上虞，看了古城，也去东山看了晋太傅谢安隐居的村子，然后来到梁弄，在我的一个学生家中住过一晚后进入了林深草密的四明山。去一个叫柿林的小村的山崖看了宋徽宗的瘦金体的字，又去看了道教第九洞天白水宫的瀑布。登杖锡，至雪窦山，又上了千丈岩，在烟涛微茫中远望李白曾经梦游过的天姥山。

本来我还想在山中再盘桓几日，但适逢干旱季节，对着龟裂的田地和农人灰扑扑的脸上无奈的神色，沿途民生的艰难使我再也没有了刚出门时的好心情。于是潦潦草草从奉化下山，转道宁波回来，以余姚城为圆心画了一个不大不小的圆圈。等我们到家，黄绾的信已经到了几日了。我即刻回信告诉他，此行虽然没有大的发明，每人总算是有些小收获吧，最为遗憾的，是你老弟没有和我们一起同行啊。

因只是在家门口逍遥，打发赴任前的无聊，这次短暂的出游当时也没觉得有甚可记之处，然而现在想来，那是我和徐爱相处最长，也是最亲密无间的一段时光。虽然日后在南京我们还要碰面，但再也没有这般轻松自得的心情了。就像我在四明山白水宫写的一首诗中说的那样，"野性从来山水僻，直躬更觉世道难"。世道难啊。

现在回想起来，徐爱就是在这次短途旅行中告诉了我那个不祥的梦。那天投宿在四明山中的一个小村，不知怎的话题转到了生死上面。徐爱说，看样子这一生我是活不长久的。我问他为什么这么说，他说他很早以前就做过一个梦，梦里他在衡山旅游，一个老和尚抚着他的背说，你与颜回同德。过了一会儿，又说，也与颜回同寿。徐爱说，颜回只活到三十二岁呀，难道我也只能活到这个岁数吗？半夜醒来每每想起这个梦，我的背总是汗涔涔的。

记得当时我是这样安慰他的，这只是个梦而已，你也别太敏感了。徐爱说，如果真的让老和尚给说中了，那也是无可奈何的事，现在我只想着能够早日退休，找一个安静的地方坐下来，专门修证先生的学说，如果真能这样，我也没有遗憾了，朝有所闻，夕可死矣。当时说这话时徐爱的脸是那么白，跳动的烛光下，那张脸真的白得像一张纸。

那天徐爱还劝我，天下学术的沦亡不明，已经好几百年了，现在我们有幸探到了它的踪迹，如果不把它紧紧抓住，终无所成，那不是最痛心的事情吗？我希望先生能够早日回归阳明之麓，向天下好学的人们讲述心学之道，既诚己身又教后人。我对他说，其实这也是我的志向，看着吧，这一天为期不远了。

在我四十五岁那年，兵部尚书王琼的一纸荐书结束了我在南京郁闷不爽的日子，我从鸿胪寺的一个普通文官一跃而成为都察院佥都御史、剿匪平乱的赣南巡抚。说实话，接到这一出乎意料的任命我是有过片刻的犹豫的。

长年屈沉下僚的经历已让我对建功立业不太抱什么奢望，驰骋于思想的疆场已是我那个时期真正的兴趣所在。当吏部任命我巡抚赣南的咨文下达时，我找了个理由跑到杭州、山阴，还不想去接这差使。徐爱劝我说，这样不好，现在外面物议方驰，先生还是就任走一遭吧，您若是放心不下这里的一帮学生，我与几个朋友先支撑着，等着先生办完了事回来。

于是我便在年底动了身，于1517年正月十六日到达赣州，正式开府。不久我就收到了徐爱的来信，他告诉我他已经辞了职，在南京城外买了几间房子一块地，和几个同学一起等待着我平定暴乱后去过躬耕垄上的快活日子。收到这封让人高兴的信，我禁不住打趣道，新地收获少，那么收税也少，咱们还可以再学学钓鱼，可是现在不行，现在我必须向千山万壑夜发奇兵了。记挂着他的病，在军务之余我还发出了好几封信，询问他的身体状况，并嘱他安心静养。

当我在江西、广东、福建三省交界的山地接到徐爱的死讯，一下就想起了他曾经告诉过我的那个梦。①他今年三十二岁，他真的如同梦中预言的一样与颜回同寿了，我不由得放声大哭：如今，就是我回到阳明之麓，又有谁与我同志！自我率军入赣，学生们已经星散离析，我说话，还有谁听？我倡议，还有谁响应？我有疑惑，还有谁和我一起思考？呜呼，徐爱一死，我的人生还有什么乐趣！我已经无所长进，而徐爱的境界不可限量啊。天丧我！就让我死算了，又何必丧知我最深、信我最笃的学生！

连续两天，因为伤心过度，我竟至哽噎不能食。部下将士和随军的几个学生来劝，我都把他们轰走了。在这万山丛壑中，我的天

---

① 前文及这里说到的预示着徐爱早死的那个梦，最早见于《王阳明全集·年谱一》"十有三年戊寅，先生四十七岁"条下："是年爱卒，先生哭之恸，爱及门独先，闻道亦早。尝游南岳，梦一瞿昙抚其背曰：'尔与颜子同德，亦与颜子同寿。'自南京兵部郎中告病归，与陆澄谋耕雪上之田以俟师。年才三十一。先生每语辄伤之。"

空变得昏暗无比，只有徐爱才是这无边的黑暗中的一点亮光。木来我还想着，万一我出师未捷身先死了，还可以有徐爱来实现我的遗志，没想到现在事情倒了个向，要我替他活着了。当我想到四明山中的那个夜晚徐爱劝我的一番话，我才强抑着悲伤，勉强进食。

我已经想好了，这个冬天一定要结束兵戈，在明年夏天之前，回到故乡，或者山阴的阳明洞。九十高龄的祖母已经数次病危，父亲的身体也一直不太好，我不能不回去。如果学生们还愿意跟从我，那我就继续讲学，即使举世不以我为然，我也要坚持志向，等待百世之后有理解我的人出来。我相信，如果徐爱在天有灵，一定会保佑我纠正我的昏聩，改变我的懒惰，使我们的事业最终得以实现。

（四）

一个半世纪前的一个夏天，一个雄心勃勃的年轻将领占领了长江北岸一个叫滁的县城，他选择了这个地方观望着蒙古人的政权如开春以后的雪水一般迅速瓦解。这就是我在1513年秋天到来的滁州。那个年轻将领就是太祖皇帝朱元璋。

关于这座小城，他曾以一个战略家的口吻如此说道：滁，山城也，舟楫不通，商贾不集，地无形胜可据，不足据也。离太祖皇帝说这番话已经过去了一百五十多年，当我在这年十月到来时，滁县还是原来的老样子。正是交通的闭塞，使得滁州如同一块未被世人染指的美玉躺在山水深处。

从正德七年十二月接到调令，到次年十月二十二日到任，我拖了有十来个月。我这样磨磨蹭蹭，一方面是帝国缓慢的行政效率允许这样做，另一方面，也是最主要的，是我对这一新职位一点也提不起精神。督马政？让我从京城跑到这里来做个牧马人，这不是开玩笑吗？

这个季节在真正的北方，应该是下雪了吧。然而在这北方偏南、南方偏北的山地里，却是一年中最好的季节。天是那么蓝，蓝得那么深邃。水落石凸，叶子黄也是黄得那么好看。被欧阳修和韦应物咏叹过的滁州山水多少消解了我的落寞心情，何况得知我来到此间的消息后一下子从四面八方赶来那么多的学生。

我带着他们去游琅琊山，登醉翁亭，玩酿泉之水。每逢月夜，上百名学生手拉着手一起上山，环绕着龙潭席地而坐，饮酒赋诗，振衣起舞，彻夜欢歌，月影之下歌声震动山谷。孔夫子曾经梦想着在沂水沐着春风洗澡在舞雩台上高歌，不想我在滁州的山水胜境中无意得之。

有人对我这样的讲学方式颇不以为然，但我有自己的想法。如果说读书可以启智，习礼可以整肃威仪，那么大声的歌唱正可以激发起一个人的意志。你呼啸、舞蹈，大声歌唱，正可以把平日里幽抑结滞在胸中的意气宣泄出来，让心成为一个空空的房间，让新思想和新知识进来。所以我这样对他们说，如果你高兴，那就唱吧、跳吧，如果你不开心，那么，也请你唱吧、跳吧。

一天，我带着几个学生拔官署周围的杂草。学生薛侃①拿着一把草过来问我："天地之间为什么善难培育，恶难除去？"

我告诉他："像你这样看善恶，是从躯壳起念，肯定是误解。"

---

① 薛侃（1486—1545），字尚谦，号中离，广东揭阳人。世称"中离先生"。曾师从王阳明，第一个将王学在岭南传播。著有《中离集》。

薛侃不理解。我继续点拨说："天地生意，花草一般，何曾有善恶之分？你要看花，便以花为善，以草为恶；如果要用草，便以草为善了。这些所谓的善恶，都是因你的好恶而生，所以是错误的。"

薛侃追问："那就没有善恶了？世间万物都是无善无恶的了？"

我喜欢他的这一拧劲。我这样告诉他："无善无恶者理之静，有善有恶者气之动。不动于气，即无善无恶，这就是最大的善了。"

薛侃还是不服气："这么说来，草不是恶的东西，那又拔除它干什么？"

我笑了："草若有碍，何妨去掉？"

在我居留滁州的六个月中，这样的辩诘与争论几乎每天都在进行着。有时发生在学生们中间，我是裁判。有时则发生在我和某个学生之间，其他人或附和，或参与。说实话，这样的话题是永远不可能有个终结的，可是我与我的学生们乐此不疲。在一往一复的语言运动中，我的心时常像一张弓紧绷着。这样我的生活才不至于松懈萎顿，内心里也不至于像官衙前的那块空地总是长满杂草。

这一期间最大的一场争论发生在我与最要好的朋友湛若水之间。那时已经是第二年的春天了，若水出访安南的任务完成，在回京城复命的途中特意来滁州住了几天。在外人看来，我与若水都喜欢谈性谈禅，称得上沆瀣一气，但事实上我们也是和而不同，在北京的时候我们就一直在争论着。

这次在群山环抱的滁州小城见面，离上次在京城分手已一年有余，执手相看，真如梦寐。可是在接风洗尘的晚宴上，管束不住的舌头又让我们吵开了。

这次我们争论的焦点是宗教和学术有没有一个中心。我认为没有一个中心，即使有也要去尽力消弭它。若水认为有，所有学术的中心就是经典的儒学。直至要送他北上了，我们的争论还是没有了结。若水握着我的手说，真是快意啊！不知以后还有没有这样的机会与你彻夜长谈？

如同河流转过了一个个险滩，生活在此时以前所未有的加速度向前奔涌。在滁州只过了六个月，一纸调令把我调回了南都，出任南京鸿胪寺卿一职。鸿胪寺掌管礼仪，相当于后来的礼宾司，因南京是留都，我的官衔是正四品，也可能是从四品。尽管还是个没多少实际权力的闲曹散官，但毕竟成了正卿，勉强称得上是帝国高级文官，算是资位稍崇了，我对这次升迁还是满意的。这从我赴任的速度就可以看出来。从北京吏部就任太仆寺少卿，我用了十个月时间才到任，这次调任鸿胪寺，我只用了四天就赶到南京了。

滁州的学生们把我送到长江边上，还留恋不去。我站在船上大声对他们说，老师送你们一首诗吧，听了这首诗你们就都回去。我至今还记得这首诗的前半部分："滁之水，入江流，江潮日复来滁州。相思若潮水，来往何时休？空相思，亦何益？"然后我告诉他们，如果你们想念我，那就好好做各人的功课，只要你们做个有心人，就会随时随地都有所发现。

如果你在宦途上没有太大的野心，希望有名位俸禄又不必像朝中那样钩心斗角，那就请你到十六世纪的南京来。很多人就是这样认为的，南京的簪缨之荣要远胜于北京的实际权力。当然，这样一种官场环境是与一种低调的入仕方式和奢华淫逸的生活方式结合在一起的。

十五世纪二十年代，伟大的永乐皇帝把首都北迁后，为表示对这东南财赋之地的重视，这里还保留着相应的一套行政机构，但政治中心既然搬到了遥远的北方，这里所有与北京相对应的政治系统也都成了摆设，来这里做官基本上都是尸位素餐，因循岁月。以太祖皇帝的严峻性格和朝廷的严肃风气，尚没有熄灭这个城市居民寻欢作乐的兴致，一个多世纪后的今天，享乐主义的风气愈演愈烈更为炽盛了。如果你有大把的钱，这里的酒楼歌馆勾栏瓦子足以让你流连忘返。但在我看来，这个城市如此炽盛的享乐主义风气在政治上是有腐蚀性的，在道德上也足以让一个良家少年万金销尽后秽名远扬。

饱食终日无所事事的文官们和学者们开始把多余的精力放到讲会上。他们怀着真真假假的救世目的，聚集各方同志，举行一场场大大小小的宣讲活动，倡导一种新思想和新的生命观，一时听者如潮。在以后的数十年里，南京成了中国南方新思想的根据地，就像历史学家黄宗羲在两个多世纪后总结明代学术史时所说：南都旧有讲学之会，万历二十年前后，名公毕集，会讲尤盛。（黄宗羲《明儒学案》）

这是多么豪奢的一场场语言盛宴啊。因为讲会开始不久，还是个新鲜事物，不像后来有固定的讲舍，所以城内外的寺庙、树林、旷野，到处都成了布道和争鸣的场所。帝国的饱学之士或一个个自以为才高八斗的半吊子学者占据了一个个讲坛，用一种体验式的语言来表达自以为玄妙的思想，用口舌的快感抵消现实生活的困顿。这些讲会一般是围绕儒学经典里的某个命题，由一人作主题报告，听讲的学者们也可反驳和相互辩诘。一时口沫纷飞，天花乱坠，听讲的人或哭或笑，或大汗淋漓，这座享乐之城俨然成了一座思想之城。

然而我很快就厌倦了这些聒噪背后的苍白。到南京才半年，正逢京察大考，我连述职报告都没写就提出了回家养病。因为没获批准，我才不得不继续留在南京。

徐爱现在已经是我很好的助手了。[①] 这个沉浸在无限的内心体验中的年轻人，跟古时的颜回一样沉静深邃，成了我的学说的一个活样板。更为难能可贵的是，他虽做着兵部郎中，却丝毫不以外在的事功为意，几乎把全部的时间和精力放到了组织同门师兄弟的学习上。他的心简直是一块无瑕的水晶做成的。这一点令我快慰，也令我羞愧。因为这颗水晶做成的心，也照出了我身上扫帚扫不到的角落的灰尘。徐爱就是拿镜子打比方这样对学弟们说的：我们的心就是一面镜子，有的明亮，有的浑浊，从前的学术，就像以镜照物，只在照上用功，不知镜子一片浑浊，怎么能照？我们老师的学术，是先打磨这面内心的镜子，在磨上用功，然后再去照亮这个世界。

有这么一个弟子我可是省心多了。从各地聚拢过来的学生我都让他去打点了，自己基本上不怎么管事。在南京的这三年，成了我一生中最逍遥的日子，除了养病、养心，让心体更纯粹、明澈，再就是写信。我迷上了写信，真称得上疯狂两字！从少年时代起，任何一件事只要我想做了，我就会倾注全部的热情，这禀性还是一点没改变。如果一天不读到远方来信，或者不写点什么，我就会变得说不出的烦躁。这些信件像候鸟一样，顺着帝国的蛛网般密布的驿

[①] 《王阳明全集·年谱一》"（九年甲戌）五月，至南京"条下，记述了徐爱帮助乃师讲学一事："自徐爱来南都，同志日亲，黄宗明、薛侃、马明衡、陆澄、季本、许相卿、王激、诸偁、林达、张寰、唐俞贤、饶文璧、刘观时、郑骝、周积、郭庆、栾惠、刘晓、何鳌、陈杰、杨杓、白说、彭一之、朱篪辈，同聚师门，日夕渍砺不懈。"

道飞向四面八方，当它们飞回时，又带来了各地的消息。

有这样一个信使的故事，说的是一个国王出发去巡视他的疆域，他带了七个信使，每到一站，就派遣一位信使返回京城报信，再把京城的消息带给他。开始的时候，他以为只消几个星期就可以到达王国的边境，但实际情况并非如此，王国的疆土无垠地伸展着，尽管他马不停蹄地赶路，似乎也永远走不到尽头。随着离京城越来越远，信使往返的路途也越来越远。渐渐地，一个信使的到来和另一个信使出发之间出现间断，而且间断的时间也越来越长。长时间的等待中，他终于明白，当第七位信使从京城返回到他的身边的时候，或许那时他已经死了。而这试图探索世界的边界的计划，又是那么的愚蠢……

如果我也有那么多个信使的话，这二十多年来他们的踪迹就会像一张蛛网覆盖住帝国南部广袤的土地，从沿海的浙江越过江西、湖南直至贵州和广西。他们从我曾经驻留的一个个地方奔向我的家乡，奔向我的学生和朋友们居住的一个个城市乃至遥远的京师。再把他们的询问、祝愿、思念次第送到我的手上。这一封封信，带着途中的尘土和雨水的痕迹，穿过河流、山川和树林，它们是我感知世界的触觉，也是这让人欲爱欲恨的世界需要我的一个明证。

只有徐爱知道我是因为孤独。是啊，孤独，它就像荒草一样不可抑止地生长。说来不信，我在热闹的南京城，竟会感到从未有过的孤独。

（五）

世界如此荒凉，只能培养一颗冷漠的心。在如此贫乏的时代，在如此贫瘠的山岩上，我却开出了一树好花。这不是意志的力量又是什么呢？很久以前，我曾这样向贵州的学生们解释心的作用：心，是天地间一轮光明的月亮，有了它的照耀，世界才会变得亮堂。当时正走在山道上，我指着路边山岩上一株葳蕤的树，向他们打了这样一个比方——我喜欢用浅近的比方来说道理——比如这岩中花树，你没有看到它时，它与你同归于寂，但当你一见它，这世界便会分明起来。由此可以知道，这花与树本来就在你的心中，世界本就在心中，除了心，还有什么呢？ ①

可惜不知是我在贵州的学生太过愚顽，还是我讲得太过深奥，听了这话，他们面面相觑，就好像我在说的是他们所不懂的另一个星球的语言。

倒是一个六十八岁的老人，对我的这个比喻一下子就领会了。这再一次证明对新思想的领会是没有年龄界限的。只要有心，你就会得到。老人姓董，自称是个民间诗人，从海宁来会稽游玩山水，在中天阁听了我的一次讲座后，就不走了，非要拜我为师。我那年五十三岁，因他年长我十五岁，开始不敢收他。他不容我拒绝，说回家一趟料理一下马上就来受教。

两个月后的一天，天下着大雪，他来了。戴着一顶竹笠，用拐杖挑着被铺和书卷，为了防雪天路滑，布鞋外面还套了一双草鞋。

---

① 参见《传习录下》，《王阳明全集》卷三《语录三》。

我握住他的手说，老先生这么大年纪了，何必搞得这么辛苦呢？他说，以前我一直在忧悯中过日子，苦于找不到一条路脱离苦海，今天我找到了老师，怎么可以离开您重回樊笼中去呢？

一次听讲，他提的一个问题让底下哄堂大笑。他说他帮弟弟贩粮食，赔了老本，连累了许多人，问这是不是自己不老实之过。我告诉他，认识到不老实正是致良知的结果，否则，"却恐所谓老实者，正是老实不好也"。我称赞他是赤子依然混沌心。我这样对嬉笑成一团的学生们说，一个年近七十的人，因听到了一直想听而听不到的声音就真诚地当学生，这才是真正的大勇。在这样的大勇面前，我们都应感到羞愧。

绍兴知府南大吉①来找我忏悔，说自己一身的错误，不知从何处用功。我说，过去这面镜子还没有开光，可以藏污纳垢，现在镜子亮了，就是落下一粒细小的灰尘也会很醒目。我断言他的思想已经发展到了一个关键的时机，此时千万不可松劲。

南大吉生性豪犷，对官场那一套或潜或显的规则不怎么上心，一次考察时被同僚揪住了小辫子，但他每次给我来信从来不提那一套，只是请教如何陶冶道德。在一次讲会中我让学生们传阅了他的信，并告诉他们：昭明灵觉，圆融洞澈，廓然与太虚同体。太虚之中，何物不有……

学生中有个叫杨茂的聋哑人，与他交流只能通过笔谈。一次我问他："你口不能言是非，耳不能听是非，你心中能知是非吗？"

杨茂写道："知是非。"

---

① 南大吉（1487—1541），字元善，号瑞泉，渭南（今陕西渭南市）人。武宗正德六年（1511）进士。世宗嘉靖二年以部郎出知绍兴。

我说："大凡人只是此心。此心若能存天理，是个圣贤的心，口虽不能言，耳虽不能听，也是个不能言不能听的圣贤。此心若不存天理，是个禽兽的心，口虽能言，耳虽能听，也只是个能言能听的禽兽。"

杨茂拍拍自己胸口又指指天。我明白他的意思是此心可对青天。我又说："你如今于父母，但尽你心的孝；于兄长，但尽你心的敬；于乡党乡里宗族亲戚，但尽你心的谦和恭顺。见人怠慢，不要嗔怪；见人财利，不要贪图，但在里面行你那是的心，莫行你那非的心。纵使外面人说你是非，都不须听。你口不能言是非，耳不能听是非，省了多少闲是非。凡说是非，听是非，便生是非生烦恼，你比别人省了多少闲是非闲烦恼，你定比别人快活自在许多。"

最后我告诉他："我如今教你但终日行你的心，不消口里说；但终日听你的心，不消耳里听。"

王畿① 是我的同乡。我归越讲学时，二十岁的王畿是山阴城里一个有名的赌徒。我很喜欢这个少年身上的任侠气概，想约他见面。可是他一口就拒绝了。

后来我用六博的投壶游戏把他吸引了过来。他感到很奇怪，一个教书的也会赌？我的学生告诉他，这你就不知道了吧，自从我们投入老师门下，天天都赌，而且赌的花样也多，好不快活。我与他下了一局象棋，并让他输光了所有的钱，于是他就跟着我受业了。虽然他年纪不大，但天资聪颖，很快就成了我门下最有悟性的弟子

---

① 王畿（1498—1583），字汝中，号龙溪，山阴（今浙江绍兴）人。为王阳明最赏识的弟子之一。曾协助王阳明指导后学，有"教授师"之称。官至南京兵部主事、进郎中，因其学术思想为当时首辅夏言所恶而被黜，后来往江、浙、闽讲学四十余年，其著述和谈话，后人收辑为《王龙溪先生全集》二十二卷。

之一。多年后他会试中了进士，却突然南返致力于讲授教学。

成年后的王畿越来越像一个使徒。他这样告诉我他对未来的设想：一生中的前四十年用于成长，修习自己的思想，后四十年再致力于讲会。最近几年里，在我的弟子中他的声誉呈直线上升趋势，我已经听到有人在这样说他：满腔热情，缠绵固结，生生死死而不能自已。

后来成长为一个学派领袖人物的王艮①，他奇特的经历在当时就成了一个传奇。他出生于扬子江北岸的泰州城，本名王银，自幼家境贫寒，只得去海边做了一个煮盐的苦工。据说他曾经从菜市场上的一缸泥鳅黄鳝中得到过启示：人活在这个世界上，就像鳅鳝同存于一缸，他要做那纵横自在、快乐无比的"鳅"，就要翻江倒海，让精神从懵懂中得以苏醒。后来他做了一个奇怪的梦。在梦里天快要塌下来了，地上的人奔走呼号，像蚂蚁一样乱窜，他举起双臂把天托住了，并把乱了次序的星辰重新排列整齐。梦醒后的王艮大汗淋漓，他觉得这个梦向他暗示了什么。他郑重地记下了做那个梦的时间：正德六年间，体仁三月半。

从此他就决定在这个梦的暗示的指引下生活。于是泰州城里的市民们看到了这样可笑的一幕，这个从前的煮盐工人穿着式样古怪的自制古装（据说具体式样来自上古时代的典籍《礼经》），峨冠博带，手执笏板，像一个戏子一样，旁若无人地在大街上踱来踱去。

1520年春天，这个冒牌的古学士跑到赣州。他成为我的学生是

① 王艮（1483—1541），字汝止，号心斋，泰州安丰场（今江苏东台安丰）人。学者称其为"心斋先生"，是王阳明的重要弟子之一。灶籍出身，做过小商贩，布衣终身，所创泰州学派，主张"百姓日用即道"，是我国思想史上有着早期启蒙色彩的学派，有其门人收辑的《王心斋全集》传世。

颇具戏剧性的一幕。他穿戴起那套标志性的古衣冠，手执象牙笏，来到巡抚衙门。当我出门迎接时，他乜斜着眼看了我一眼，就直上大堂，一点也不谦让地坐在上位。

我拼命抑制着才没让自己笑出来。我问他："你戴的是什么帽子？"

"有虞氏冠。"

"穿的是什么衣服？"

"老莱子服。"

我问他，你为什么穿这种怪兮兮的古代服装呢。他说，你不知道老莱子吗？他可是古代有名的大孝子，我穿他这种式样的服装，就是为了表示我对父母的孝心。

我问："你的孝，能够贯穿昼夜吗？"

他翻了一下眼白，好像怪我多此一问："当然能。"

我笑了："那么，白天你穿上这套怪装时是孝的，到了晚上，当你脱下衣服睡觉，就是不孝了，你的孝怎么能够贯穿昼夜呢？"

他这下慌了，急忙辩解："我的孝是在心上，怎么会在衣服上呢。"

我说："既然你的孝是在你心上，不在衣服上，那为什么要把衣服穿得这么古怪呢？可见你还是执于皮相了。按照致良知的观点来看，人的一切都应该是本真性情的自然流露，所谓行不掩言，有必要搞得大街上的人都像看猴子一样看你吗？"

我注意到，整个谈话的过程中，他以一种不易察觉的动作把座位一点点地往下移。他似乎为刚进门时的妄自托大感到了懊恼，但又不好意思明白地说出来。等到听了这话，他一言不语，恭恭敬敬地把我请到上座，自己在一侧坐下。想想又不妥，垂手站到我面前，说要让我收下他这个学生。我看这个狂人，倒也天真可爱，就答应了他。没想到第二天一早他又跑来了，说回去后思前想后一夜都没有睡好，觉得我说的良知也满是漏洞，现在后悔了，不想做我的学生了。

我告诉他，不轻信盲从是对的。我希望他能说说哪些漏洞。王艮说："你说良知是人的本性的流露，我问你，如果人要作假，不肯把内心里的东西亮出来，那又怎么办呢？"

我说，比如你昨天刚拜我为师，今天又不想做我学生了，这就是你的真性情的自然流露。人的性情是靠培养的，要达到潇洒磊落、适然自得的境界，那更需要有强大的意志力量。诚然这个世界是为物蒙蔽的，但我们还是要凭借意志的力量从中超拔。有了这种力量，你就自由了，你要深入到物的内部或者飞翔于物的世界上空，也都不是不可能了。

王艮一直都以为我是因为他的狂才收他做学生，在同学面前时有狂态流露。我把他找来，告诉他狂仅仅是率真的一种表现，是外在的、皮相的东西，如果你只是满足于狂放而不注意约束自己，你到死也只能是个狂人。王艮听我说这话，汗都出来了，他说，老师你就看我行动吧。

我说，你既然做了我的学生，你的心中应该拔除一些金银的成分，增加一些道德的成分，这样吧，我把你名字银字的偏旁去掉，变成艮，艮者，强大、坚实、牢固之意也，你以后要自强不息坚固不拔才好。

有一次他出游回来，我问他一路看到了什么。他说：我看见满街都是圣人。我笑了：你看满街是圣人，满街人倒看你是个大圣人呢。

我对学生们说，以前我擒获了朱宸濠，心都没有动一下，今天为了这个人，我是心动不已啊。

当王艮自以为明白了我说的日常皆道后，有一天他对我说，老师您的学问是天下千年才得一显的绝学，怎么可以有人不知道呢？他打定主意要做我的思想宣传先遣队，周游各地，代我向天下人布道去了。

有一天他问我春秋时孔子周游列国的车是什么式样的，是牛车还是马车，车轴和车把以多大直径为好，我不知道他的脑袋里又有了什么古怪想法，笑而不答。没几天，他就自己买了一辆车，按照古代的式样重新改装，说是叫什么蒲轮车，还是古代朝廷招聘隐居的有德之士专用的车呢。

他坐着这辆车一路招招摇摇跑到了京师。他这副怪模样，可把那些在京的同门吓得不轻，他们唯恐这个疯子做出什么事来，一个劲地催着他离开。后来我听京城的学生说，这个疯子还要向皇帝递交什么奏文——他还真什么都干得出来！——幸亏让他们及早发现拦下了，那辆让他出足了风头的式样古怪的蒲轮车也被藏了起来。

尽管后来他给我带来了数不清的麻烦，使得京城一班大佬对我的思想"痛加裁抑"，但在当时，他这一不怕出丑的行为好歹是让他大大地露了一把脸。唉，这个人总是那么喜欢作秀。意志太高，行事太奇，或许这就是他的性情吧。

他从京城归来不久，就想来看我，被我拒绝了。这个人天王老子都不放在眼里的心态和离奇的行事方式，总有一天会把自己都搭进去的，如果不好好调教说不定哪天就会闹出乱子来。

但就在我拒绝见他的第三天，我送客出门时，就见他长跪在道旁谢罪。我故作不见，头也不回地进门去了，他竟随后膝行着追至庭院，嘶哑着嗓子喊："仲尼不为已甚者！"我知道，这句来自《孟子》的话是他憋在肚子里好久了想对我说的，他是怪我对他太苛责、太不宽厚了。唉，这个人啊，那么多学生里也只有他敢这样说我。我叹了口气，还是把他扶起来了。①

那时候我已经预见到，我的思想会因这个人风行天下，也会因这个人一点点地失去本来的面目。②

我交出江西的军务刚回老家时，因为过度的伤痛，再加上各种诽谤的刺激，致使心力交瘁，终于加剧了这么多年一直鬼魅一样附在我身上的肺病。我写了个揭帖，说自己鄙劣无所知识，且在忧病奄奄中，故有人登门一律不见。③但面对从四面八方赶来的那一张张热诚的面孔，我很快就自己打破了这个戒律。

我告诉我的弟子们，只要你内心里有一点真诚，你就可以不必靠儒学的那些大道理来大胆生活，只要你相信真诚并让它时刻充满你的内心，你就一定会得到良知带给你的快乐和宁静。"决然以圣人为人人可到，便自有担当了。"长久和他们相处，我已经学会了因势

---

① 有关王艮的事迹，可参看《明儒学案·王心斋传》(中华书局 1985 年版)、《王心斋全集》卷首年谱等。

② 黄宗羲《明儒学案·泰州学案》序："阳明先生之学，有泰州、龙溪而风行天下，亦因泰州、龙溪而渐失其传。"

③ 《王阳明全集·年谱三》"嘉靖元年壬午，先生五十一岁"条下："先生卧病，远方同志日至，乃揭帖于壁曰：某鄙劣无所知识，且在忧病奄奄中，故凡四方同志之辱临者，皆不敢相见；或不得已而相见，亦不敢有所论说，各请归而求诸孔、孟之训可矣。夫孔、孟之训，昭如日月，凡支离决裂，似是而非者，皆异说也。有志于圣人之学者，外孔、孟之训而他求，是舍日月之明，而希光于萤爝之微也，不亦谬乎？"

利导因材成就，狂者就从狂处成就他，狷者就从狷处成就他。我就像个好的花工一样勤劳地侍弄着我的花园，并从中得到无穷的乐趣。

学生邹守益①要回江西去，送走他后，好多个日子眼前还是他的音容笑貌。一天夜里，我与别的学生在延寿寺秉烛夜坐，一想起来还怅惘若失，说："江涛烟柳，故人倏在百里外矣。"我这样伤感让陪坐的几个弟子感到奇怪。他们不知道，他们每一个都让我牵心。

过了父亲的守丧期，嘉靖三年的中秋节，我在绍兴城内天泉桥的碧霞池上举行了一场盛大的宴会，款待我的来自全国各地的一百余名学生。酒喝得半酣，歌咏声起，人们都敞开了性子，有的投壶，有的击鼓，有的泛舟，还有的亦哭亦笑，涕泪满面。此情此景让我想起了著名的《论语·侍坐章》，想起了我在这个世界上已经度过再也不会回来的岁月，一时悲欣交集，嗒然失言。

是不是过度的兴奋和过度的悲伤都会让语言失去功效？既然命运里注定要出现的那片阴云现在还远在天边，那就喝吧，喝。我对身边的几个人说，要记住，人只能活一次啊。只有一次。你们要守住自性，莫辜负这只有一次的人生，千万别学那些汉学家、理学家，只做支离破碎的死学问，一辈子说糊涂话，一辈子做糊涂事。

"铿然舍瑟春风里，点也虽狂得我情。"我对着月亮，用越地土腔的调子咏唱起那个希望在春风中游泳唱歌的曾点。

我的歌声激起那一夜更大的一轮狂欢。

---

① 邹守益（1491—1562），字谦之，号东廓，安福人，正德六年会魁，南京国子监祭酒，谥文庄。

四　明心 ｜ 嘉靖七年十一月
江西青龙铺

风雪梅关——一个谁也不愿接的球——最后一
场讲演——背后捅来的刀子——梦见一块滚石——
我永远也等不来信使了——所有的疾病只不过是变
相的爱——此心光明，亦复何言

（一）

阴云低垂，远山失色。天与山交接的边缘处，如缕的轻霭被大
风吹散，山体裸露出稀薄的皱褶。我从昏睡中醒来，勉力从竹躺椅
上支起身子，问两个抬着我的军士此地是何处。

王大用从后面策马过来，告诉我前面就是梅岭了。我还想跟他
说些什么，一阵北风呛得我没命地咳嗽起来，身子在竹躺椅上蜷成
了一团。咳咳咳，咳咳，咳咳咳，咳咳咳咳咳咳咳咳咳咳咳，咳
咳咳咳咳，咳咳咳咳咳，咳咳咳咳咳，咳咳咳咳咳。我觉得我的身
子咳得就像一只快要翻转过来的口袋。我还觉得我的内脏全部吐出
来了，肺、肝、胃、胆囊、心脏，红红绿绿地滚了一地。

我大口地喘息着，就好像有谁暂时把堵在我喉咙口的一块大石头挪开了。我刚才的脸色一定很骇人，因为在我没命地咳嗽的时候，军士们全都像施了定身法一样站住不动了。王大用跳下马，走过来替我披紧松开了的床单。透过一层泪膜，我看着他的脸越移越近。他好像知道我要说些什么，凑近我的耳朵，小声说，先生请放心，您的寿材我一路都带着呢。

山脚下，驿路两边是一大片水田。那一洼洼破碎的镜子里，映照出的也是天边的阴云。收割过后的大地干干净净，中间夹杂着几处枯黄，就像一块块掉了毛的狗皮。偶尔有鹭鸶被人声惊起，一两片羽毛打着旋儿落下来。

从广西南宁至广州、韶关，就这么不紧不慢地走着，不管是水路还是陆路，都是日行五十里。不敢走得太慢，是因为我预感到身体快不行了，怕这把老骨头真的扔在了路上。也不敢走得太快，一是病体受不了剧烈的颠簸，但更主要的是十月初我打给皇帝的病休报告还没有批下来，我希望能够在广州、韶关一带等到皇帝准许我返乡的命令。

在长长的《乞恩暂容回籍就医养病疏》中，我向皇帝详述了必须回去就医的原因。八年前，我在南赣剿匪时就中了炎毒，咳嗽不止，回乡将养的几年里，稍微好了些，但一遇炎热还是会发作。这次来广西平息边地民众的群体性事件，本来是带着一个医生的，但医生早已不服水土，得病回老家了。军中事务繁忙，炎毒更甚，又得不到及时的医治，遂遍体肿毒，昼夜咳嗽不止。脚上长疮，无法直立行走。在南宁又添了水泄，吃不下饭，每天只能喝几勺粥，稍多就呕吐肚泻不止。更要命的是折磨我多年的肺病越来越厉害了，常常透不过气来。我对皇帝说，我这番请求回乡养病也是大不得已，再说仰仗圣威，广西的匪乱已经平息，您就发发慈悲，可怜可怜我这濒危老人吧，让我残喘幸存，再鞠躬尽瘁——"臣不胜恳切哀求之至！"①

一场南下的寒潮加剧了哮喘，蔓延到全身的肿毒又迟迟不退。我的身体一日不如一日，可批文却迟迟不来。后来我才知道，我这篇写得涕零交加的乞骸骨奏折根本没有送到皇帝跟前，它在漫长的公务运行的某个程序上被人扣压了。皇帝跟前的红人、马屁精、无耻小人桂萼出于不可告人的目的，把我的手本"留中"不发。当我得知这个消息时，眼前就浮现出了桂尚书那张专门算计人的脸上阴侧侧的微笑：你不等朝廷准假就径奔老家，我偏匿而不发，坐成你个擅离职守之罪。事已至此我也想明白了，随你们怎么去搞吧，我就是死也要死到老家去。

广东布政使王大用是我的学生，离开广州前，我对他说，你知道三国时孔明出岐山前托姜维的故事吗？王大用怔了怔，说先生多虑了，事情还不至于坏到这地步吧。我说，我已经预感到此行凶多吉少，你就按我说的去准备吧，有一件事我要托付给你，如果我在途中死了，你一定要把我的灵柩护送回我的老家山阴。王大用含泪答应了，他找来了城中最好的木匠，为我打制棺材，并亲自带着亲兵日夜监工。

在大庾岭下时，天就飘起了雪花，顺着驿道进山愈深，雪下得愈加大了。大团大团的雪花如同扯碎了的被絮，铺天盖地地落下。

---

① 《王阳明全集·年谱三》"七年戊子，十月"条下："先生以疾剧，上疏请告……疏入，未报。"

我看着雪自北向南落下，雪自西向东落下。草尖和矮树上很快积了薄薄一层。

路是黑的。草、树是白的。我看着雪后面铅色的天空和黑黑的山脊。雪开始落下是斜着的。风把它们的身子吹斜了。雪下大了，是缓缓的，直直的，落下。细小的雪比大片的雪落势要快。细雪，雨夹雪，看着它们时间是这样走动的：嘀嗒，嘀嗒，嘀嗒。大片的雪落下来把时钟的脚步滞住了，它走动的声音变得缓慢：嘀—嗒，嘀—嗒，嘀——嗒。越来越慢。慢。慢下来。慢。更慢。睡眠一样的慢。我坐在竹躺椅上，感觉一整个世界都在落下。

我对王大用说，常言道，岭南瘴气重，岭北寒气侵，雪花不过梅岭关，今年怎么岭南也下起了这么大的雪？

王大用说，我在广东这么多年，岭南下这么大的雪也是第一回见到。

到了梅关城楼，地上已积雪盈寸。士兵们生起了火，一边围着火堆跺脚，哈气，一边诅咒这鬼天气。裹尸布一般的天幕下，山线已看不分明，但我知道，山的那一边就是江西省地界了。

我强撑着下了轿，看着这座石头小城的城堞上"梅关"两个大字，不由一阵晕眩。多亏站在一边的王大用眼疾手快一把拽住，我才没有摔倒。一瞬间我的内心产生了一种永眠的预感。那是世界万物的静止，就如这眼前的冰雪世界，那是生与死都失去意义之日和一切都变成虚无的时代的来临。这种我刚刚体会到的一切皆空的感觉犹如一个将要出世的婴儿在我体内躁动。我长叹了一声。

王大用提议在梅关宿过一晚再走，一来，兵士们累了让他们歇歇脚；二来呢，岭北的雪更大，路也更不好走。但我是一分钟也不想在路上耽搁了，催着他赶紧动身。

漫天的大风雪中，一行人马又出发了。见我的脸色愈发青紫，王大用把他的一件大衣披到了我身上。我把目光投向那黄昏降临前的半明半暗中，看到的是无数像灰尘一样悬浮着的往事。冰凉的雪片落到我脸上，落进我眼里，才把我从这幻觉中召回。我怕一睡过去就不会再醒来，强打着精神不断地说话，好驱走不停地想要附到我身上来的睡魔。可是，他们都把我的话当作了一个高烧病人的呓语。

我大声对王大用说，请你不要用这样的眼神看着我，我现在很清醒，可以说是从未有过的清醒。人生不过是一场充满了喧哗与骚动的白痴的盛宴。人生是坐在一辆马车里向前飞奔，有人的座位是向前的，时刻关注着即将到来的未来；有人的座位是朝后的，注视着逐渐远去的过去。看来，从今往后，我的座位只能是朝后的了，我再也看不到前面的路了。

王大用听我说着这话，脸上的神色先是惊愕，继而悲伤。我说得那么软弱，就像换了一个人。他都不知道该说什么话来安慰我。

他不知道我说这话时已经看见了死神的影子——死神，那是无数白色包围着的一张白色的脸，没有五官，也没有表情——它正在前面的关隘等着我。

（二）

在把我弃置六年后，帝国朝廷终于又想到把我从陈旧的工具箱里找出来使上一使了。嘉靖六年，时为 1527 年 9 月，朝廷命令我以南京兵部尚书兼左都御史的身份领兵出征广西，去平息思恩州和田州一带爆发的动乱。①

　　三年前，我父丧丁忧期满，那时就有不少朋友和学生举荐我，盼望我能够重新出来工作，我也多次表达过这种意向。但那些荐举和呼吁全都石沉大海了。这次去广西，依然是靠那几个朋友和学生走通了后门。在他们看来，西南有事，正好为赋闲多年的老师重新找一个工作，而对朝廷大员们来说，也正需要有人去填这个窟窿，于是他们乐得做顺水人情，把这个谁也不愿意接的球转踢给了我。

　　广西思田一带的动乱由来已久。改土归流是本朝处理民族事务的一项基本国策，但在广西推行的时候遇到了很大挫折。流官出现后，反而矛盾日起，无休宁之日。嘉靖四年，田州府下属的土司岑猛作乱，想脱离朝廷的控制，朝廷派两广都御史姚镆出兵征讨。用了一年多时间，姚镆攻杀岑猛，田州改设流官，看起来事情已经平息，但不久余渣泛起，再加上思恩州也起来反叛，更使事态恶化了。姚镆再纠集四省兵力征讨，费了好大劲儿也没扑灭。

　　在这个问题上，我认为姚镆明显是处置失当，把事情做得过头了。"劫之以势而威益亵，笼之以诈而术愈穷。"你把土官都杀了，改土为流，实在是埋下了一颗祸患的种子。

　　不管出于好心还是歹意，这个球现在是传到我跟前了，是接还是不接？1527年的夏天在犹豫中过去了。我承认对于事功还是有兴趣，就像老了的男人只要有机会还是会追逐漂亮的女人。老死牖下不是我的心志。再说我五十六岁，也不算太老。

---

　　① "嘉靖六年，思恩、田州土酋卢苏、王受反。总督姚镆不能定，乃诏守仁以原官兼左都御史，总督两广兼巡抚。"《明史·王守仁传》，中华书局1974年版。

但恕我不敬，朝廷的无信无义我也是领受过多次了。六年前我领兵去江西平叛，跟着我的将士班师后，除了吉安知府伍文定得到升迁，其他的不仅得不到封赏，还被审查来审查去，连我自己也被泼了一身的脏水。往事历历，至今想来还让人齿寒不已。

我蛰居山阴期间，朝廷爆发了一场纷纷扰扰的大礼议之争。即位没几年的嘉靖皇帝朱厚熜（众所周知，他是本朝继成祖之后以藩王身份旁支入主的又一位帝王），为了维护他皇权继承的合法性，要把他的生父兴献王朱祐杬尊为睿献帝，为他修纂一本子虚乌有的实录，并在湖北钟祥建造气势恢宏的显陵。一些持反对意见的人则认为，他应该尊传位给他的武宗的父亲弘治皇帝为皇考，而不应该追尊私亲乱了朝廷纲纪。

这一沸沸扬扬的政治事件波及了整个朝野，廷臣分成"议礼派"与"护礼派"争论不休，历时达三年之久。当然最后的赢家是皇帝，他所有的意愿都实现了。那些反对派成员不是被打了屁股，就是遭到了流放。

现在把持权柄的首辅杨一清和新进吏部尚书、大学士桂萼都是这场争斗中的大赢家。有他们在上面待着，看来就算我做出了惊世业绩，也仍然不会有好果子吃。尤其是那个桂萼，是个不折不扣的火箭式干部，原来只不过是个小小的南京刑部主事，因为拍马功夫一等，新近才蹿到高位，此人的喜怒无常、心胸狭隘，我在南京时就有所耳闻。

让我犹豫不决的还有两个牵挂，一是讲学到了现在，也算是初步走上了轨道，此时中断，难免发生不测的变化。再一个让我放心不下的就是妻子张氏和才三岁的儿子。小家伙虽说已三岁虚龄，实则刚满周岁。张氏因是继室，在王家也立足未稳。把他们抛下只身远赴西南，我还真是不舍。

思虑再三，我向朝廷上了一封谢绝书，奏称自己这几年身体一直不好，痰疾增剧，若是半路死了，那可就坏了国家大事。而且我认为广西土官之间的仇杀，不像土匪啸聚时刻都在涂炭生灵，相对而言容易调停。朝廷不妨让处置此事的姚镆全权负责，再给他一些时间，徐缓图之。如果姚御史实在不行，我还向朝廷推荐了两个我认为有能力处理此事的官员。

到了九月，圣旨下，撤掉了姚镆所有职务，命他居家思过。又命我以南京兵部尚书兼左都御史衔总督两广及江西、湖广军务，同时给以处置事变的全权，也就是说，该剿该抚，该设流官还是土官，都让我随宜定夺。最后还有一句，不得推辞。

这一下给逼得没了退路。九月初八，我在几个贴身弟子的陪同下离开山阴，向着钱塘进发。一路上我的心情都轻松不起来。我是担心像姚镆一样断翅折翼无功而返吗？不是，因为广西的边患在我看来只要措施得当是不难平息的。那么我是牵挂我的家人，我的弟子们吗？应该说我都已经做好了安排。我委托了我最信任的几个朋友和弟子，请他们代为照顾我的妻儿。临行前，我还为此间的弟子们写了一篇名为《客座私祝》①的学规，提醒弟子们远离狂躁惰慢之徒，禁止赌博饮酒，并欢迎天下道德高尚之士来此讲学论道。那还

---

① 《客座私祝》："但愿温恭直谅之友，来此讲学论道，示以孝友谦和之行，德业相劝，过失相规，以教训子弟，使毋陷于非僻；不愿狂躁惰慢之徒，来此博弈饮酒，长傲饰非，导以骄奢淫荡之事，诱以贪财黩货之谋，冥顽无耻，扇惑鼓动，以益我子弟之不肖。呜呼！由前之说，是谓良士；由后之说，是为凶人；子弟苟远良士而近凶人，是谓逆子。戒之戒之！嘉靖丁亥八月，将有两广之行，书此以戒我子弟，并以告夫士友之辱临于斯者，请一览教之。"《王阳明全集》卷二十四，外集六《说·杂著》。

有什么让我不安呢?

在杭州等待开拔的闲暇里,我登上了城南的天真山。我很喜欢山上的奇岩古洞,有种不事雕琢的天真,就是那些老树、枯藤、溪流,看着也是好的。我对随同登临的王畿和钱德洪说,此山左抱西湖,前临胥海,正是我心目中的福地。两人点头称是,说他们这就回去准备在山上建立一座书院。送我到富阳县分别的时候,他们又说,老师,等您回来,我们这书院就造起来啦,到时您的讲席就要移到西湖边上来啦。

这几年,有关我入阁的吁请在朝中越来越强烈,对朋友和弟子们的好意我当然心领,但他们这样做的实际后果等于是把我放到火上烤。他们越是提议,怕我入阁分权的大佬们对我的打压越是厉害(要不是这样,我也不会在丁忧期满后还被雪藏那么久了)。

我曾经在给黄绾和方献之的信中,婉转地请他们不要再举荐我了,但我的这些话被他们当作了一个品行高洁之士的自谦,一有机会举荐得更加起劲了。为了打消大佬们的顾虑,也便于到了广西后开展工作,我在途中给当朝宰辅杨一清写了封信。我告诉杨大学士,我此次事毕,若病好了,你就让我当个散官吧,譬如去国子监做做教学和研究工作,我就感激不尽了。

这当然不是真心话。但除此以外我又有什么法子让他们放松对我的钳制呢?在给黄绾的一封信中,我吐露了我的忧虑:几年前参与平宁王的湖、浙及南京的有功者均已升赏,唯独出力最多的江西将士,至今还勘察未已,有的废业倾家,有的身死牢狱。他们已失意八年了,但我现在刚接手军务,又不能替他们公开说话,一说就成了向朝廷要挟,奈何,奈何!我还这样对黄绾说,这次西南边陲的叛乱，在我看来只不过小小的疮疥之疾，"而群僚百官各怀谗嫉之心，此则腹心之祸，大可忧者"。

一路都有相识和不相识的弟子前来迎候，这与二十年前发配龙场时的形只影单实在不可同日而语。船到广信，有好多弟子沿途来见，我只得告诉他们，眼下军务在身，不及一一相见，等办完了广西的军务我们师生再来好好相聚。有个叫徐樾的年轻人，从贵溪到余干追了我十几里地，船行得慢，他也跑得慢，船行得快，他也跑得快。

我看天都快黑了他还不肯歇步，只得让他上了船。我一眼就看出来此人练习打坐已有些功底，只是未到火候。我让他举示一下心中的意境。他一口气说出好多，都不大对头。我指着船工刚刚点亮的蜡烛，对他说，光，是无处不在的，譬如说这根蜡烛，你不要以为光只在烛上。我指指船里被烛光照亮的角落，对他说，你看，这里是光，那里也是光，你再看看船外的水波，那被映得钢炉一样发红的，不也是光吗？他听到这里笑了起来，越笑越大声。我也看着他笑。

在南浦，以及当年我主持修建的新溪驿，我受到了当地父老壶浆相迎的高规格礼遇。这实在让我惭愧。到了吉安，在简陋的螺川驿站，我给早就等候着我的三百多个士子作了一场学术报告。我当时一点也没有预感到这是我的最后一场讲演。

我站在简易搭就的讲台上，看着下面挨挨挤挤的人头，胸中涌起一种久违了的冲动。我这样对他们说——同时也是自省：上古时代的尧舜是生知安行的圣人，还兢兢业业，我们只有困勉的资质，却悠悠荡荡，坐享生知安行的成功，岂不误己误人。这场讲演最后归结到了一个人的日常生活，也就是我平常说的日用皆道上去：功夫只是简易真切，愈真切，愈简易；愈简易，愈真切。

当我走下讲台，才觉得站久了的双脚像灌了铅一样沉重，大脑也呈现出兴奋过后短暂的空白。每次激情过后总是这样。我以为只要注意休息就会很快度过这段不应期。然而，接下来的几天里，不知是路上劳累还是水土不服，或许两者兼而有之吧，疲乏感还是没有消失。更要命的是脚上还长了疮，随行的医生给敷了几次药，也没控制住伤口溃烂。他自己反而病倒了，不得不中途回去了。

（三）

梧州在汉代叫苍梧州，属交趾郡。这里虽是荒蛮之地，却是帝国的西南屏障。再加多民族杂居，历来是块敏感地带。

十一月下旬，我到梧州开府，即向朝廷报告我的下步计划。那就是以抚为主，去掉流官，保留土官，因为"流官之无益，断可识矣"。考虑到这里与交趾国接壤，我认为应该安抚深山绝谷中的瑶族土著，借其兵力而为中土之屏障，如若把他们全杀了，改土为流，则实在无异于自撤藩篱，滋成边境大患。

可是桂萼这个政治暴发户却好大喜功，竟然命令我镇压瑶族，再攻打交趾。我在给朋友方献之的信中说："然欲杀数千无罪之人，以求成一将之功，仁者之所不忍也。"

到了第二年初春，我带着当初姚镆调来的两万多湖南兵向田州进发时，岑猛余部卢苏、王受很害怕，我便派人去劝降。为了打消他们的疑虑，我又遣散官军以示诚意，再度敦促他们率众归命南宁城下，分屯四营，发给他们归顺牌，等候正式受降。

正月二十六日那天，卢苏、王受身穿囚衣，让手下人绑缚着来到总督军门，求我免他们一死。

我对两人说，我既然允许你们投降，岂能言而无信，但你们拥兵负险，骚扰地方多年，一点不责罚又何以泄军民之愤？于是把他们各打了一百板子后，解开缚着的绳索。

我说，免去你们的死罪，是朝廷的仁义，打你们的屁股，是我执法者的理义，你们自己掂量吧。两人流着泪跪在地上，说有你这番话，以后再也不敢生异心了。

他们的手下，一万七千多人纷纷欢呼雀跃着，表示要立功赎罪。

我对他们说，我之所以招抚你们，就是为了给大家一条活路，怎么忍心再把你们投到刀兵战场？你们逃窜那么久了，赶快回家去过太平日子吧。

对于八寨和断藤峡的土匪，我就没有这样心慈手软了。这伙匪徒聚众数万，凭借天险，控制着交趾以南、云贵东部、浔阳和府江之间一大块狭长的地带。天顺年间，都御史韩雍领兵二十万进剿断藤峡，也是无功而返。本朝的军事力量主要布防于西北，因此他们没有受到过真正的军事打击，气焰可说是嚣张无比。不对他们施以铁腕手段何以显帝国威仪？

思田事件解决后，这帮土匪看我忙着兴书院、办教育，就放松了警惕。这正是我希望看到的。到了七月，投诚过来的思田土著部队向石门天险发动夜间偷袭成功，大队官兵攀木缘崖仰攻之，一路掩杀过去，经几日激战，连破数巢，斩获匪众三千余人，一举将八寨踏平了。

兵士们不堪忍受此地湿热的气候，部队里已出现了瘟疫，再说我自己的身体也支撑不住了。于是我下令班师。这时我已不能骑马，是让将士们抬着回到南宁城的。

我一面勒石纪功，一面向朝廷上奏战捷，同时上了《处置八寨断藤峡以图永安疏》。

为了边境的长治久安，我建议改建城堡，把田州划开，别立一州，以岑猛次子岑邦相为吏目，在旧田州置十九巡检司，让卢苏、王受分别负责，都归流官知府管辖。

我不知道皇帝收到战报时的心情如何，从事态的发展来看，他当时的心情用且喜且忧来形容是丝毫不为过的。喜的是终于盼来了好消息，忧的是这姓王的是不是在吹牛？不折一矢，不杀一人，全活了数万生灵，一举荡平为害一个多世纪的巨寇，这是真的吗？这里面有没有猫腻？他不会在冒领军功吧？

我出发时的预感应验了——其实我早就想到会是这样。这简直是几年前平息江西宸濠叛乱后遭遇的又一个拙劣的翻版。杨一清不阴不阳地说，这个人好穿古人服装、戴古人的帽子。至于我的军功，就让这貌似轻松的一句道德贬责盖过了。

大学士桂萼因为我没有听从他杀掉土官、攻打交趾的建议，更出于一个无耻之尤的阴暗心理，向皇帝上奏说："王守仁这个人为人怪诞，不懂规矩，他的什么心学，就是自以为是。这次让他征讨思田，他偏一意主抚；没让他打八寨、断藤峡，他偏劳师动众地去打，这简直是目无王法。这是典型的征抚失宜，处置不当。"甚至我提出的移卫设所、改建城堡的方案，也成了我的一大罪状。

公道自在人心。大学士霍韬则在给皇帝的上疏中说：王守仁的前任，调三省兵若干万，梧州军门支出军费若干万，从广东布政司支用银米若干万，伤亡土兵上万，才换得田州五十日的安宁。而王守仁不费斗米，不折一卒，就平定了思田，还拔除了八寨、断藤峡这样的积年老巢。算算这笔账，这场战役，王守仁为朝廷省了数十万的人力、银米。

黄绾的上疏言辞更为激烈："臣以为忠如守仁，有功如守仁，一屈于江西，讨平叛藩，忌者诬以初同贼谋，又诬其辇载金帛。当时大臣杨廷和等饰成其事，至今未白。若再屈于两广，恐怕劳臣灰心，将士解体。以后再有边患民变，谁还肯为国家出力，为陛下办事？"

上奏了关于如何处置八寨的意见后，我就卧床不起了。无休止的咳嗽把我的整个脸都挤压得变了形。腿上疮伤的溃烂一日甚于一日，肿亮的皮肤手指一摁下去就是一个凹印。有时我都觉得如果哪一口气喘不过来，我就要死了。但意志力还是让我像一根快要被蚀空了的胡杨树一样兀自强撑着，不倒下去。

我变得不爱说话，也没有力气说话，比之以前在讲坛上的滔滔不绝简直像是换了一个人。我有时整天不语，感觉万物灰暗一片，对什么都提不起兴致。后来我才知道，这种明显的消沉正是结核病人走向衰竭的典型症候。

我的身体竟然衰弱到了如此地步！两个月后，皇帝的私人代表奉加盖了玉玺的奖状来到广西，肯定了我在短时间内罢兵息民的战绩，并赏赐银两五十。我硬撑着从床上爬起来，遥望北方宫阙谢主隆恩，一番折腾再加上过于激动，我居然晕了过去（典型的热晕）。等我醒来，使节已经离去。

皇帝的嘉奖如同一针强劲的兴奋剂让我彻夜无眠——我觉得我

的身体内部如同火焰在燃烧，在连夜写下又让八百里加急送去的谢恩疏里，我一连用了感泣、战觫、惶恐等几个词来表达我对这一赏赐的感激之情。"臣不胜刻心镂骨、感激恋慕之至！"并表示："惟誓此生鞠躬尽瘁，竭犬马之劳，以图报称而已。"最后我为自己病得不能奔走廷阙一睹天颜，感到说不出的遗憾。

这一嘉奖其实更像是一个象征性的行为，而不是出于真心，因为除了可笑的五十两白银，后面连一点实质性的支持都没有。有关对将士们的封赏，还在兵部讨论来讨论去，我的一系列关于边疆问题的建议，还在户部、礼部等各个部门间踢来踢去扯皮。我这么说并不是对皇帝有什么不满，皇帝是好的，皇帝永远是对的。我的最大的敌人就是那一班台阁重臣。病中静卧使我的目光变得锐利，我的视线穿过千里万里，已经看到他们霍霍地磨着刀子准备在背后给我狠狠的一刀。

愈益加重的病情使我再也不想在这里待下去了。是的，我感到了恐惧。死亡，那是一把无形的刀子，它寒光闪闪，一次次地刺穿我的梦境。对它的恐惧使我迫不及待地想赶回老家去。

我强扶病体，给皇帝写了长长的《乞恩暂容回籍就医养病疏》，从我在越蛰伏六年，想进京一睹天颜遭谗言中伤说起，再次重申这次在两广征讨招抚得当，都体现了皇上的恩威。我说，此地再无烦苛搜刻的弊端，不会再生民乱，我再不走就来不及了。

信发出后，我坐船顺着漓江东下，日行五十里。按照我对帝国行政效率的估计，以我这样的前进速度，应该在两广境内就能够收到皇帝的批复。

一日午间，船过了一个宽大的河滩泊了下来，我问此地是何处，船工说是伏波山，山上还有一个庙，是专为纪念西汉时的伏波将军马援而建的。我勉力登上了那座小山，当我在庙里面对着将军威武的塑像时，突然想起了四十多年前的一个梦。

那是我十五岁那年，从嘉峪关长城回到京城后做的一个梦。我就是在那次北游后，决定按照这个梦境的指引像这个西汉名将一样建功立业，走出一条自己的路。眼前的一切，几乎是四十年前那个梦境的重现。时间好像在走了一个大轮回后又让脚步重叠，一时我心里袭过一片阴影，这是不是预示着我的大限之期到了？

接下来的途程，我在船上发热，谵语，时而大汗淋漓，时而又冷得紧缩成一团。我梦见被人追赶，梦见像一块滚石从高处坠落。我在梦中大声抗辩，争论不休，有时还破口大骂。但当我像一个虚脱的潜水者一样从梦境中浮起来，那些话一句都记不起来了。

在我清醒的时候，我想得最多的是我年幼的儿子。离家快一年了，那小命根子也不知怎样了。一想起如果哪一天我不在了，小小年纪的他就要独自面对凶险万状的人生，我心里就隐隐作痛。我给嗣子正宪写了封信，询问学业和家中的近况。意图是让他端正心态，不要激起家族矛盾。想想还是不妥当，又写信让亲信的学生去主持分家，每年两人轮流着照看我儿子，直到他成年，"诸叔侄不得参扰"。

后来事实证明我这一决定是有先见之明的，如果不这样做，他们孤儿寡母早就不知让人挤到哪里去了。

有时我也在船上提笔作书，回答学生们的一些疑难问题。这期间最让我欣慰的，是我在舟中收到了钱德洪、王畿的来信。他们告诉我，自从我离开后，余姚中天阁的讲会一直都在坚持进行，绍兴书院的同志也在他们的振作接引、熏陶切磋下功课日进。这封信愈发使我归心似箭，我回信说，我已经在往回赶的路上，离见面的一天不远了，"吾道之昌，真有火燃泉涌之机矣，喜幸当何如哉！"同时也不放过调侃他们一下：讲院门前的杂草怕有一丈深了吧？

当我意识到我的目光是最后一次抚摸这片渐渐远去的山水，一方面我心怀感伤，另一方面，我的视觉变得分外的敏锐起来。在我临终的眼里看来，生活中的一切仿佛有了一种神秘的新意义，一切都引起我的注意。我用有点儿惊奇的眼睛看着我重新看到的世界。我的脸上常常挂着天真的笑。这种微笑改变了我严峻的面容，使嘴角上强硬的皱纹变得柔和。这使得船上的兵士们也都误以为我的病在好起来。

不死在家里，也会死在路上，当我接受了这一事实，我开始把每一步履看作是与世界的道别，并力图把这死亡之旅行走得从容些，再从容些。路过广东增城时，我到湛若水的老家去探访了一番，并在他家的墙壁上题写了一首诗，诗中写到了我与这座城市的因缘（我的五世祖就死在这里），写到了我们伟大的友谊如同一条看不见的通道把我们紧紧系连在一起。老友远在京师，以后能不能再见着也是个未知。

我在他的旧居前流连再三，写下一首诗："我闻甘泉居，近连菊坡麓。十年劳梦思，今来快心目。"落落千百载，人生知音几希，这也算是对我们几十年友谊的一个纪念吧。

在广东增城，我还到五世祖王纲的庙里去祭祀了一场。本朝开国之初，我的五世祖王纲被刘伯温荐为兵部郎中，擢广东参议，在平苗乱时战死此地，朝廷却待之甚薄，后来他的一个儿子用羊皮裹尸背回老家，发誓再也不为朝廷卖命。

想到历史总是惊人地重复着，我感同身受，不由得涔涔泪下。只是当时我还不知道，我请求回家养病的奏疏根本就没有送到皇帝手中。我的等待从一开始就是虚妄的，我永远也等不来信使，等不来我想要的那封信了。

（四）

年轻时我的脸色是发绿的，这可能是营养不良，生活缺少规律，又过于劳心的缘故。一激动，脸就发红，甚至变得苍白。到了中年以后，一种蓝的色素渐渐沉淀了下来，脸色就逐渐发青了。我那时还不知道，这都是肺结核病的症候。①

我把身体看作是贮藏心镜的宝匣，可是在结核杆菌们的眼里，我的躯体只不过是淋巴细胞和一大堆肌肉、关节、体液的组织，是它们赖以寄生的巢穴。在我生活的那个年代，这个世界上还没有发明出链霉素和卡介苗接种，我只能听任它们蚕一样啃噬我的肺叶。

当我还是京城里的一个文艺青年、文坛名流前七子的拥趸者的时候，对诗词歌赋等文学作品的彻夜研读已经在损害我的健康。寒冷的气候、糟糕的食物和恶劣的医疗条件加快了这一损害的速度。只是那时我尚不自知罢了。偶尔发作的咳嗽和血痰也被我轻描淡写地视作是北方干冷的气候所导致，没有引起足够的重视。

1508 年春，当我来到贵州龙场驿的流放地时，除了热毒引发的

---

① 在嘉靖七年十月的一封上疏中，王阳明提到了这一病症的由来："臣自往年承乏南、赣，为炎毒所中，遂患咳痢之疾。"

关节疼痛和皮肤溃烂，已经出现了如下症状：逐渐消瘦，疲乏，咳嗽，潮热发烧，时而食欲不振，时而又胃口大开。更要命的是咳嗽，当它袭来时，我会觉得像有一只鬼手紧紧地卡住了我的咽喉。我几乎要用尽全身的力量才能冲开咽喉的堵物，可是等我缓过气来能够正常呼吸了，又一轮的猛咳开始了。但那时医生们也说不出我的病灶在哪里，而只是笼统地叫作中了蛊毒。

现在我当然已经知道，是无休止的热情销蚀空了我的身体。一次次的发烧，从病理上讲是结核杆菌在向我示警和示威，但在心理原因上，未始不是心智的燃烧引发了身体内部的燃烧。

几十年的运思、讲学，一场场疲惫不堪的论辩和悲欣交集的领悟，消耗着我的体能，并像催化剂一样催生着结核杆菌以十倍百倍的速度滋长。要是我沉浸在佛道的世界里不出来就好了，我就不会有那么多的激情——政治的激情，道德的激情，还有爱的激情——我也不会被那么多的激情消耗成一具纸糊的空壳。托马斯·曼怎么说来着？疾病的症状不是别的，而是爱的力量变相的体现，所有的疾病只不过是变相的爱。

有一种观点认为，肺结核病是一种湿病，是因为身体变得潮湿，肺里进了湿气，要把它弄干，就必须远离那些低热潮湿的地区。但纵观我的一生，三十在贵州山地，四十在江西南部，而今年过五十，又来这毒瘴丛生的广西边境。天乎？命乎？在这些往空气里一攮就是一大把水汽的地方，就是你要把一件衣服拧干，也要费上好大的劲，何况一具疲惫不堪的身体？

我在任职南京的时候，有个官员告诉我一个治疗结核病的良方。他建议我多蓄妻妾，多过性生活。他认为这种病是起于过度的压抑，而适度的性生活则有助于结核病人的康复。以我的社会地位和经济收入，在这座整日香风吹拂的享乐主义的城市里要做到这一点不算太难，但要我冒道德上的堕落换来身体的康复，我觉得这是典型的本末倒置。你把宝匣造得富丽堂皇，可是你的心镜却找不到了。

是颠簸流离又光怪陆离的生活滋生了肺结核病，还是这种病使我的生命获得了常人所没有的光亮与色泽？关于这一点我一直没有想明白。或许，这就是一种使死亡与生命如此奇特地结合在一起的疾病？1917 年，卡夫卡在给朋友的信中谈到这种病（七年后他死于这种病）："逐渐认识到结核病……它并不是一种特别的病，或者不是一种应该享有一个特殊名称的病，而不过是强劲的死亡细菌。"是的，它实际上就是一种强劲的死亡细菌，已经侵入我的骨髓，至此任何药石于它已无能为力。

对于这最终要掠夺走我的生命的病，我现在唯一感到欣慰的是，它只是发生在肺部，而不是别的部位。按照我对身体器官等级的认识，肺部是位于身体上半部的、精神化的部位，除了要命的气闷、哮喘、热晕、疲乏（有时是甲亢病人一般的亢奋），它不会再有其他让人更羞耻的症候。它起码可以让我在临近死亡的时候不失一个人应有的体面。

（五）

傍晚时分，我乘坐的木船沿着赣江上游的章水启锭东下。两岸的景致渐渐昏暗起来。黄昏降临了。黄昏不是从天上盖下来的，它就像一棵树，从河面向上生长，顷刻间就笼罩了四野。两岸远近的村落也次第亮起了昏黄的灯火。

风雪中翻越大庾岭可把我累得不轻。士兵们抬着我从陡峻的驿道下来，进入江西南安府地界。我在此地的两个学生南安推官周积和赣州兵备道张思聪闻讯早在大雪中迎候了多时。这时我已冻得脸色青紫，身子颤抖得厉害，见了他们几乎说不出话来。到官署烤了会儿火，才缓过劲儿来。

我问他们近来进学如何，两人见我这般虚弱，简略地回答了一番，便询问起我的病情。我苦笑着对他们说，病势危急，所未死者，只是一口元气强撑着罢了。他们要我在南安静心将养几日，待病情稳定些再启程不迟。我想拒绝，却连站起来的力气也没有了，只得依他们住了下来。

尽管周积为我找来了南安府最好的医生，我的身体还是一点没有起色。昏睡中，我听见王大用对张思聪说，上好的材，就差裱糊了。张说，你放心，我一定用锡纸里外都裱糊了。

两天后，他们为我找的木船已准备妥当。我告诉他们，还是让我上路吧。我一刻也不想耽搁了。

含泪把我搀上船后，周积就一直守着我。我此时已抑制不住我的伤感，船启动时，我对他说："平生学问方才见得数分，未能与吾党同志共成之，为可恨耳！"周积慌忙安慰我说，明年春天他还要请我到南安来讲学呢。

船沿着水面无声划行。四野静极，雪落河中的沙沙声也听得很分明。船桨击水的哗哗声更显出夜的沉寂。我不知在船上昏昏沉沉睡了多久。一小时？一夜？还是有一百年了？时间好像在这广阔无垠的原野上滞住了，每一分，每一秒，都变得无限的长，长得足以让我把这变幻莫测、不如人意的一生中已经度过的岁月想了一遍又一遍。

黑暗中河水的湿润气息裹住了我，让我觉得，船好像正载着我向着初始的混沌，向着母亲温暖的子宫回归。

我睁开眼，船没有动。船已经在我不知不觉间泊在了一个河湾。天亮了，雪也止了，除了一湾河水是琥珀色的深碧，整个世界变得像童话一般洁白。

我觉得脑门如同启开了一条缝，世界清冽的气息一下子灌满了我。呼吸也不那么困难了。我变得通体清盈，好像一阵轻微的风就可以把我吹走。

我问，这是什么地方？

周积一整夜都合衣守在我床边，见我开口，他欣慰地说，这里是大庾县的青龙铺码头，船离开梅关已经走了五十多里了。

我说，我要去了。

他好像是没听清，一愣神，泪珠就缓缓地滚落下来。他顾不得拭去，把耳朵凑近我，急忙说，先生先生，你还有什么话要说吗？

一瞬间，无数的词语奔突到了喉咙口，如同拥挤的兽群要通过一道窄门：皇帝。朝廷。家族。儿子。书信。马。山阴。朋友。同僚。讲学。但我只来得及用最后的力气对他笑一笑，说出这八个字：此心光明，亦复何言？

我已经说了一辈子的话，够了，让辛劳了一生的舌头休息吧。谁也不要打扰它。我死之后，也许将洪水滔天，也许会万世承平，也与我没有关系了。

我真的，已无话可说。

附录一　书信录

一　**致徐爱** ｜ 正德四年
发自贵州龙场驿

北行仓率，不及细话。别后日听捷音，继得乡录，知秋战未利。吾子年方英妙，此亦未足深憾，惟宜修德积学，以求大成。寻常一第，固非仆之所望也。家君舍众论而择子，所以择子者，实有在于众论之外，子宜勉之！勿谓隐微可欺而有放心，勿谓聪明可恃而有怠志；养心莫善于义理，为学莫要于精专；毋为习俗所移，毋为物诱所引；求古圣贤而师法之，切莫以斯言为迂阔也。

昔在张时敏先生时，令叔在学，聪明盖一时，然而竟无所成者，荡心害之也。去高明而就污下，念虑之间，顾岂不易哉！斯诚往事之鉴，虽吾子质美而淳，万无是事，然亦不可以不慎也。意欲吾子来此读书，恐未能遂离侍下，且未敢言此，俟后便再议。所不避其切切，为吾子言者，幸加熟念，其亲爱之情，自有不能已也。

1507年，王阳明赴谪贵州途中，曾在老家余姚短暂逗留。徐爱就是在那个时候和其他两个当地青年学者一起成了王阳明正式的学生。不久，徐爱作为地方府学推荐的乡贡生上北京会考，王阳明也重新踏上赴西南之路。

这封信是王阳明到达流放地后，得知徐爱考场失利的消息后专为安慰他而写。"吾子年方英妙，此亦未足深憾，惟宜修德积学，以求大成。"这里他举了一个徐的叔父的例子。徐的这个叔父有着一个公认的聪明脑袋，当时王华甚至动过心要把女儿嫁给他。但此人性情浮浪，终于没什么出息。王老师以此作反面例子告诫学生：勿谓聪明可恃而有怠志——聪明是靠不住的！学问之功全在"精要"，养心之道则在"善于义理"，不为文化所蒙蔽，不为物质世界所诱引。

王阳明在这里委婉地建议落榜的弟子来贵州，自不无为弟子的学业计，但更多的是出于他在这穷荒无书之地的孤独。他太孤独了，尽管他学着做一个农夫，学着随和地和人们相处，但在内心几乎没有一个人可以和他对话。贵州浙江，两地相距迢遥，再说他也知道徐爱是一个孝子，所以，他只能以这样的句式表达自己的想法——"意欲……，恐……"让他吃惊的是，几个月后，徐爱竟然真的来了。真个是"其亲爱之情，自有不能已也"。

致黄绾 | 正德八年九月
发自浙江余姚

　　使至，知近来有如许忙，想亦因是大有得力处也。仆到家，即欲与日仁成雁荡之约，宗族亲友相牵绊，时刻弗能自由。五月终，决意往；值烈暑，阻者益众且坚，复不果。时与日仁稍寻傍近诸小山，其东南林壑最胜绝处，与数友相期，侯宗贤一至即往。又月余，日仁凭限过甚，乃翁督促，势不可复待。乃从上虞人四明，观白水，寻龙溪之源，登杖锡，至于雪窦，上千丈岩以望天姥、华顶，若可睹焉。欲遂从奉化取道至赤城，适彼中多旱，山田尽龟裂，道傍人家傍徨望雨，意惨然不乐，遂从宁波买舟还余姚。往返亦半月余，相从诸友亦微有所得，然无大发明。其最所歉然，宗贤不同兹行耳！

　　归又半月，日仁行去，使来时已十余日。思往时在京，每恨不得还故山，往返当益易，乃今益难。自后精神意气当日不逮前，不知回视今日，又何如也！念之可叹可惧！留居之说，竟成虚约。亲友以日仁既往，催促日至，滁阳之行，难更迟迟，亦不能出是月。闻彼中山水颇佳胜，事亦闲散。宗贤有惜阴之念，明春之期，亦既后矣。此间同往者，后辈中亦三四人，习气已深，虽有美质，亦消化渐尽。此事正如淘沙，会有见金时，但目下未可必得耳。

正德七年十二月，王阳明离开京城，转任南京太仆寺少卿一职。因是赴任闲曹散官，本就打不起精神，就没有急巴巴去上任，而是借省亲的机会在老家盘桓了大半个年头，一直拖到第二年的十月才去滁州上任。这封信他是在老家余姚写给黄绾的。

当其时也，京城学术小团体"铁三角"中的湛若水出使安南，黄绾在雁荡。友朋寥落，寂寞像老家屋后的荒草一样湮灭了他。

他是与妹婿徐爱一同南归的。徐爱将要到南京工部任新职，于是两人同坐运河的船回来。他在信里告诉黄绾，到家后就急着要拉徐爱一道上雁荡山来看望老朋友的，但被宗族亲友的一大摊事缠住了，到了五月末，酷暑难耐，此事只好搁了起来。他还告诉黄绾，一直在等他来了后同游"东南林壑最胜绝处"。只是他等不下去了，因为徐爱去南京上任的时间快到了。于是有了一次为期半个月的短途旅行。信中说到的这条旅行线路是：由上虞入四明山，至道教第九洞天之称的白水冲，登杖锡，至雪窦山，从奉化取道赤城，从宁波买舟西归。虽然有所收获，但终归没有大的发现。至为遗憾的，就是你黄绾没有和我们同行！

信中还对此间的几个学生流露出了不满，"习气已深，虽有美质，亦消化渐尽"。黄绾信来时，徐爱已离开余姚去南京，走了有十来日了，此时他的心境，想来更为寥落。转眼已至十月，再赖着不去滁州上任也没个理由了，这个月底之前是一定要动身了。明年春天到滁州来看我吧——他又一次向黄绾发出邀请——"闻彼中山水颇佳胜，事亦闲散"。有好山水，有闲散日子，老师召你，你来不来？

到了滁州后，他又给黄绾写信，此间乐，山水清远，胜事闲旷，

"故人不忘久要，果能乘兴一来耶？"

三 **致父亲** | 正德十四年七月
发自江西吉安

寓吉安男王守仁百拜书上父亲大人膝下：

江省之变，昨遣来隆归报，大略想已如此。时宁王尚留省城，未敢远出，盖虑男之捣其虚，蹑其后也……已发兵至丰城诸处分布，相机而动。所虑京师遥远，一时题奏无由即达。命将出师，缓不及事，为可忧尔。男之欲归已非一日，急急图此已两年，今竟陷身于难。人臣之义至此，岂复容苟逃幸脱！惟俟命师之至，然后敢申前恳。俟事势稍定，然后敢决意驰归尔。伏望大人陪万保爱，诸弟必能勉尽孝养，旦暮切勿以不孝男为念。天苟悯男一念血诚，得全首领，归拜膝下，当必有日矣。因闻巡检便，草此。临书慌愦，不知所云。七月初二日。

这是王阳明在江西吉安得知宁濠之变起兵征讨前写给父亲王华的一封信。信中简要谈及江西军情，和陷身事中的忧虑。但，"人臣之义至此，岂复容苟逃幸脱！"这一豪言壮语肯定感动了致仕在家的前南京史部尚书王华。

据钱德洪记述，江西兵变的消息传到余姚时，有人劝王父移家避仇，王华说："吾儿以孤旅急君上之难，吾为国旧臣，顾先去以为民望耶！"遂与有司定守城之策，而自密为之防。

四　与钱德洪、王汝中 ｜ 嘉靖七年十月 发自广西

> 德洪、汝中书来，见近日工夫之有进，足为喜慰！而余姚、绍兴诸同志，又能相聚会讲切，奋发兴起，日勤不懈。吾道之昌，真有火然泉达之机矣。喜幸当何如哉！喜幸当何如哉！此间地方悉已平靖，只因二三大贼巢，为两省盗贼之根株渊薮，积为民患者，心亦不忍不为一除剪，又复迟留二三月。今亦了事矣，旬月间便当就归途也。守俭、守文二弟，近承夹持启迪，想亦渐有所进。正宪尤极懒惰，若不痛加针砭，其病未易能去。父子兄弟之间，情既迫切，责善反难，其任乃在师友之间。想平日骨肉道义之爱，当不俟于多嘱也。书院规制，近闻颇加修葺，是亦可喜。寄去银二十两，稍助工费。墙垣之未坚完及一应合整备者，酌量为之。余情面话不久。

疾病驱使着王阳明迫不及待地赶往老家。从 1527 年 9 月以南京兵部尚书兼左都御史衔出征广西思田，时间已过去一年有余。眼下地方上的事已经平息，他的病情也越来越重了。

不久前，他刚向皇帝上疏请告："臣自往年承乏南、赣，遂患咳痢之疾。岁益滋甚。其后退休林野，稍就医药，而疾亦终不能止。

自去岁入广，炎毒益甚。力疾从事，竣事而出，遂尔不能复兴。"他坦露苦衷，"竭忠报国，臣之素志也"，眼下病势一日危于一日，为苟全以图后报，"此臣之所以大不得已也"。他告诉皇帝，眼下我已舆至南宁，移卧舟次，缓慢东归，将在广州与韶关之间等待您准予我回家养病的消息。

离家已一年有余，家事扰心，书院的讲会也让他牵挂。不久前他曾这般问钱德洪和王汝中：讲院前的杂草也怕有一丈高了吧？语虽调侃，忧心自见。当钱、王两人回信告诉他讲会一直在坚持不懈，尽管病疴已沉，他还是要高兴得跳起来：吾道之昌，真有火然泉达之机矣。

虽然已委托魏廷豹代为照拂家中一应事体，他还是不放心，在前一封信中询问，"九、十弟与正宪辈，不审早晚能来亲近否？"并嘱钱、王两人"相与夹持之"。事实上让他忧心的还是新妇张氏与才满周岁的儿子在这个大家庭中如何立足，族人和嗣子王正宪会怎样对待他们娘儿俩。因为他已经觉察到，正宪"尤极懒惰，若不痛加针砭，其病未易能去"。他也感到了置身其间的两难，"父子兄弟之间，情既迫切，责善反难"，但因着骨肉道义之爱，也只好喋喋不休了。

王阳明的信件向来很少提及银钱往来，这封信是个例外。书院做了修葺，他随信附上银二十两，也是做个挂名的书院山长的意思吧。本以为相见渐可期，留着话见了面再说，作此信时，他当然不会想到，死亡就在前面的一个叫青龙铺的地方等着他。

五 致何廷仁 | 嘉靖七年十一月 发自广东

区区病势日狼狈,自至广城,又增水泻,日夜数行,不得止,今遂两足不能坐立。须稍定,即逾岭而东矣。诸友皆不必相候。果有山阴之兴,即须早鼓钱塘之舵,得与德洪、汝中辈一会聚,彼此当必有益。区区养病本去已三月,旬日后必得旨,亦遂发舟而东。纵未能遂归田之愿,亦必得一还阳明,与诸友一面而别,且后会又有可期也。千万勿复迟疑,徒耽误日月。总及随舟而行,沿途官吏送迎请谒,断亦不能有须臾之暇,宜悉此意。书至,即拨冗。德洪、汝中辈亦可促之早为北上之图。伏枕潦草。

这封书信绝笔,写于离开广州即将翻越大庾岭前夕,此时离王阳明生命的终点已不过数日。但他还在幻想着永远也不可能到来的皇帝的圣旨。

阴历十一月,算来阳历已是新年的元月。严寒的气候是肺病患者的天敌,再加水泻,迟迟不退的肿毒,"病势日狼狈",他都不能坐立了。信的最后透露,这封信是卧在病榻上伏着枕仓促写就。

他已经预感到来日无多,敦促收信人,"果有山阴之兴,即须早鼓钱塘之舵,得与德洪、汝中辈一会聚,彼此当必有益","千万勿复迟疑，徒耽误日月"。

至于信中说到的归田之愿和回到绍兴的阳明洞后的一些想法，就像他过了大庾岭后与南安推官周积所说，无非是一口元气强撑着罢了。

六 **致王正宪**（节录） ｜ 嘉靖六年九月—七年十一月发自岭南

……十一月初七，始过梅岭……今日已度三水，去梧州已不远，再四五日可到矣。途中皆平安，只是咳嗽尚未全愈，然亦不为大患。书到，可即告祖母汝诸叔知之，皆不必挂念。家中凡百皆只依我戒谕而行。魏廷豹、钱德洪、王汝中当不负所托，汝宜亲近敬信，如就芝兰可也。廿二叔忠信好学，携汝读书，必能切励。汝不审近日亦有少进益否？聪儿迩来眠食如何？凡百只宜谨听魏廷豹指教，不可轻信奶婆之类，至嘱至嘱！一应租税账目，自宜上紧，须不俟我丁宁。我今国事在身，岂复能记念家事，汝辈自宜体悉勉励，方是佳子弟尔。十一月望。

即日舟已过严滩，足疮尚未愈，然亦渐轻减矣。家中事凡百与魏廷豹相计议而行。读书敦行，是所至嘱。内外之防，须严门禁。一应宾客来往，及诸童仆出入，悉依所留告示，不得少有更改。四官尤要戒饮博，专心理家事。保一谨实可托，不得听人哄诱，有所改动。我至前途，更有书报也。

　　舟过临江……灯下草此报汝知之。沿途皆平安，咳嗽尚未已，然亦不大作。广中事颇急，只得连夜速进，南赣亦不能久留矣。汝在家中，凡宜从戒谕而行。读书执礼，日进高明，乃吾之望。魏廷豹此时想在家，家众悉宜遵廷豹教训，汝宜躬率身先之。书至，汝即可报祖母诸叔。况我沿途平安，凡百想能体悉我意，铃束下人谨守礼法，皆不俟吾喋喋也。廷豹、德洪、汝中及诸同志亲友，皆可致此意。

　　近两得汝书，知家中大小平安。且汝自言能守吾训戒，不敢违越，果如所言，吾无忧矣……守悌叔书来，云汝欲出应试。但汝本领未备，恐成虚愿。汝近来学业所进吾不知，汝自量度而行，吾不阻汝，亦不强汝也。德洪、汝中及诸直谅高明，凡肯勉汝以德义，规汝以过失者，汝宜时时亲就。汝若能如鱼之于水，不能须臾而离，则不及人不为忧矣。吾平生讲学，只是"致良知"三字。仁，人心也；良知之诚爱恻怛处，便是仁，无诚爱恻怛之心，亦无良知可致矣。汝于此处，宜加猛省。家中凡事不暇一一细及，汝果能敬守训戒，吾亦不必一一细及也。余姚诸叔父昆弟皆以吾言告之。……

　　我今已至平南县，此去田州渐近。田州之事，我承姚公之后，或者可以因人成事。但他处事务似此者尚多，恐一置身其间，一时未易解脱耳。汝在家凡百务宜守我戒谕，学做好人。

德洪、汝中辈须时时亲近，请教求益。聪儿已托魏廷豹时常
一看。廷豹忠信君子，当能不负所托。但家众或有桀惊不肯遵
奉其约束者，汝须相与痛加惩治。我归来日，断不轻恕。汝可
早晚常以此意戒饬之？廿二弟近来砥砺如何？守度近来修省如
何？保一近来管事如何？保三近来改过如何？王祥等早晚照管
如何？王祯不远出否？此等事，我方有国事在身，安能分念及
此？琐琐家务，汝等自宜体我之意，谨守礼法，不致累我怀抱
乃可耳。

近因地方事已平靖，遂动思归之怀，念及家事，乃有许多
不满人意处。守度奢淫如旧，非但不当重托，兼亦自取败坏，
戒之戒之！尚期速改可也。保一勤劳，亦有可取。只是见小欲
速，想福分浅薄之故，但能改创亦可。保三长恶不悛，断已难
留，须急急遣回余姚，别求生理；有容留者，即是同恶相济之
人，宜并逐之。来贵奸惰略无改悔，终须逐出。来隆、来价不
知近来干辨何如？须痛自改省，但看同辈中有能真心替我管事
者，我亦何尝不知。添福、添定、王三等辈，只是终日营营，
不知为谁经理，试自思之！添保尚不改过，归来仍须痛治。只
有书童一人实心为家，不顾毁誉利害，真可爱念。使我家有十
个书童，我事皆有托矣。来琐亦老实可托，只是太执鳌，又听
妇言，不长进。王祥、王祯务要替我尽心管事，但有阙失，皆
汝二人之罪。俱要拱听魏先生教戒，不听者责之。

……八月廿七日南宁起程，九月初七日已抵广城，病势今

亦渐平复，但咳嗽终未能脱体耳。养病本北上已二月余，不久当得报。即逾岭东下，则抵家渐可计日矣。书至即可上白祖母知之。近闻汝从汝诸叔诸兄皆在杭城就试。科第之事，吾岂敢必于汝，得汝立志向上，则亦有足喜也。汝叔汝兄今年利钝如何？想旬月后此间可以得报，其时吾亦可以发舟矣。因山阴林掌教归便，冗冗中写此与汝知之。

我至广城已逾半月，因咳嗽兼水泻，未免再将息旬月，候养病疏命下，即发舟归矣。家事亦不暇言，只要戒饬家人，大小俱要谦谨小心，余姚八弟等事近日不知如何耳？在京有进本者，议论甚传播，徒取快谗贼之口，此何等时节，而可如此！兄弟子侄中不肯略体息，正所谓操戈入室，助仇为寇者也，可恨可痛！兼因谢姨夫回，便草草报平安。书至，即可奉白老奶奶及汝叔辈知之。钱德洪、王汝中及书院诸同志皆可上覆，德洪、汝中亦须上紧进京，不宜太迟滞。

王阳明四十四岁那年，眼看诸氏生育无望，由父亲做主，把堂弟守信八岁的儿子正宪过继为嗣子。1527年王阳明起征思田时，儿子正聪（后改名为正亿）冲龄二岁，正宪二十岁。他把家政托于魏廷豹，把正宪的教育托于钱德洪与王汝中。从他军旅倥偬之时沿途所寄的这些音问来看，可谓字画遒劲，训戒明切。

自1527年9月去广西，至1528年11月病死于归乡途中，王阳明的家书一直没有断过。家书名义上的收信人是嗣子正宪，但王阳明一直是把家族成员，甚至几个亲近的学生作为信件隐含的读者的。

之所以选择正宪，一是他需要一个传声筒报平安、传消息，表达他对族中事务的看法，从族内成员的亲疏和年龄来看，也只有正宪是合适的。二是他看到此子生性"尤极懒惰"，必须时刻敲打，"若不痛加针砭，其病未易能去"（致钱德洪、王汝中信）。但就像他说的，父子之间，情既急迫，责善反难，所以从这些信件来看，他也只能耐着性子，好语抚慰。

初到江西，过梅岭，过严滩，过临江，过平南县……几乎是一地一信，如此频繁的书报平安在王阳明是少有的。"汝不审近日亦有少进益否？聪儿迩来眠食如何？""廿二弟近来砥砺如何？守度近来修省如何？保一近来管事如何？保三近来改过如何？王祥等早晚照管如何？王祯不远出否？"他放心不下的事实在太多了。这些家书中除了偶尔提及军务，最牵念不去的还是族中事务、家人近况、孩子的教育问题。当然，信中还提到了越来越困扰他的咳嗽、足疮、水泻这些病症……

信中很大部分是关于嗣子的学业和应试。正德十六年十月，王阳明以江西军功封新建伯，三代并妻一体追封，是年十四岁的王正宪荫袭锦衣卫百户。嘉靖五年，王阳明与继室张氏的儿子正聪（后改名王正亿）出生后，正宪辞去了荫袭，想要以科试求得一条出路。王阳明是从堂弟守悌的来信得知正宪欲要外出应试的消息的。他坦率地告诉嗣子，虽然你的学业进展如何我不知道，但"汝本领未备，恐成虚愿"。

他在这封信中表明了自己对此事的态度："汝自量度而行，吾不阻汝，亦不强汝也。"不久，他听到正宪跟从诸叔诸兄在杭州就试的消息，再次告诉他，科第之事我对你没有什么强求，只要你立志向上，我就高兴不尽了。

他希望正宪时时亲近钱德洪、王汝中这些"直谅高明"的师长辈，"如鱼之于水，不能须臾而离"，于有无"诚爱"之心处猛醒。因为"诚爱恻怛之心即是致良知"。这样的话实在不会是空穴来风，正宪的性情与为人，他在遥远的南天之外也兀自放心不下。所以，如何读书、如何应对宾客、如何与家人相处，"一应租税账目""凡百家事及大小童仆"，他也都放心不下，要他依定下的规制而行，"凡百只宜谨听魏廷豹指教，不可轻信奶婆之类，至嘱至嘱！"

死去原知万事空！后来的情势已经不是王阳明所能左右的了。

两年后，嘉靖九年十月，王阳明尸骨未寒，年已二十二岁的正宪要求自开门户，与张氏、正聪闹起了分居析产纠纷。这一年正聪（王正亿）四岁。到了嘉靖十一年，王阳明的学生方献之署吏部，分派王臣（字公弼）任浙江佥事分巡浙东，插手经纪王氏家务纷争，这一萧墙之争才稍作平息。而此时的王家，因朝廷停封停恤，已只能算普通布衣之家。

为躲避外侮内衅，第二年秋，在王阳明的一班旧日学生安排下，王正聪投奔了升任南京吏部侍郎的黄绾。黄绾收留了先师之子，出于对老友之子的垂怜，日后又把自己的一个女儿嫁给了他。同时，诸门生商定："正聪年幼，家事立亲人管理，每年轮取同志二人兼同扶助，诸叔侄不得参挠。为兄者务以总家爱弟为心，以副恩育付托之重，为弟者务以嗣宗爱兄为心，以尽继志述事之美，为旁亲者亦愿公心扶植孤寡，以为家门之光。"

到了1567年（隆庆元年），因大学士徐阶率群臣争奏王阳明之功，朝廷对王家再行封赏恤典，已改名为王正亿的正聪准袭"伯爵"。

这一年王正亿四十一岁，此前他这一系已搬回了余姚居住。正宪一系仍留山阴。

多年后，王正亿子王承勋继承爵位。至崇祯初年，王氏后人又发生了拖延十余年不得决的争袭伯爵事件。此案经宁波、绍兴、台州三府推官会同审理，其经过由曾任宁波府推官的李清写入了《三垣笔记》。兹择其要者征引如下，这是一出欲望驱使下的人性劣根大展示，也可视作变化年代中一个曾经显赫的家族走向式微的原始档案：

> 新建伯王文成守仁（弘治己未，余姚人）卒，子正亿嗣，正亿有二子，嫡承勋，庶承恩。及卒，承勋嗣，承勋嫡妻无出，唯妾沙氏有三子：长先进，次先达，季先道。先道以早殇无后，先进生一子业昌，先达生二子：业弘，业盛。

> 先进子业昌夭，请于弟先达，欲继其长子业弘，以待袭爵。时先达妻章氏悍，与伯嫂不相睦，厉声曰："何继为？阿伯无子，袭爵应自我夫耳。由夫及子，爵安往？"先进怒且自伤，改立今王司马业浩（万历癸丑，山阴人）亲弟业洵为嗣。业洵者，守仁父华（成化辛丑状元，余姚人）后也。于是承勋室宇资财并承袭祭田数百顷皆为业洵所有。

> 已，业浩为业洵谋，谓己非文成后，例不应袭，袭者终是先达耳。袭爵必索产，遂群谤先达为乞养，而另推承恩子名先通者嗣。不过谓非其爵而爵，则感出意外，自有产不同耳。由是先达与先通争袭，数十年不决。及奉旨下抚按勘，乃予司李宁波时也，同绍李郑瑜（崇祯辛未，番禺人）与台李张化原会审。时先达亡，唯子业弘与先通对质，予问曰："何以前后两子

皆真，而中子独赝？又何以无后之两子皆真，而有后之中子独赝？且何以沙氏既有子兼有孙，乃预知两子一孙或绝或殇，而中抱一乞养？"先通无以应，不过曰："承勋曾具疏，万历时指先达为赝，今留中耳。"予曰："留中疏曾有据乎？"先通曰："禁地森严，一字不漏，遍简自见。"予曰："若简而有，则业弘父赝，爵合归尔。若简而无，则汝言诞，爵合归业弘。"于是先通、业弘皆叩首承服，然实无从简也。讯毕，化原举首指天谓："先通之承服，天道乎！"瑜亦叹曰："业弘实不赝，但奈予乡公祖何？"郑广东人，时业浩方总督郑乡，故云。

及予入刑垣，事尤未决，拟俱疏稿，以伸公议，业弘不知，托叶姓者至寓，求予一言，且谓袭爵后当割二岁俸为寿。予作色曰："若如此，不独愧文成，且上欺君父，当立焚稿耳。"迟一月方上，旋奉旨速核，时简承勋留中疏不得，然诸公侯皆为贿动，遂群倡去疑存信之说，以先通嗣。业弘持疏入禁地，举刀抹颈，且云："以留中一疏有无定两家真赝，有原问官刑科李清可问。"疏闻，下狱拟罪，竟不问予也。先通袭爵仅四年，京城破，为闯贼所杀，业弘反免。

在李清记述的"争爵"这场大戏中，我们看到了妇人心计，看到了兄弟成仇，王氏子孙为争一个爵位打得不可开交，谎言、贿赂、自杀抹脖子全使上了，天下熙熙，功名汹汹，事实的情形就像他们九泉之下的祖先王阳明所说：每个人都是欲望的俘虏。

这一事件的大致经过李清已经叙述得很清楚了，由于王业浩的暗中谋划，使王先通意外得嗣爵，而王业弘大受诬屈。但世事更迭有如白云苍狗，又有谁能笑到最后呢，接下来的乱世中，王先通因身有爵名反而遭祸，误了卿卿性命，在北京齐化门下被大顺军诛杀。王业弘因在狱中，反而捡得一命，后获释，清顺治年间还有人看见过他。

据地方志记述，到了南明弘光朝，王先通的儿子王业泰（字士和）衰服赴难，赶往南京。他刚到杭州，清军已渡过钱塘江南下，王业泰被俘，执送营中，授其爵。王业泰拒绝了，泣道："世受国恩，义不改节，得死报君父于地下足矣。"据说他最后死在杭州。

附录二　向内的把握与重建

感谢尤瑟纳尔和史景迁。在他们的书之后，我写下了王阳明。

他们一个写了古罗马皇帝哈德良的回忆录，一个写了中国清朝初年的皇帝康熙的一生。我写的，是五百年前的明朝中叶，一个哲学家的自画像。

关于明朝，我们知道那是一个皇帝血腥而又变态、文人心性被普遍扭曲的时代。我们还知道，那是一个盛行焚香、品茗、营造、戏曲和房中术的享乐主义之风炽盛的年代。在一首叫《芳香的年代》的小诗里，我曾这样描述那个时代浸染着精致的文人趣味的市井生活：

把铜镜擦亮，掸去花瓣上的尘土
往浴缸里撒上沉香屑

每天早起，坐在园子里沏一壶好茶
读几封旧信件，一本花道指南手册

日影西斜，煮鱼温酒
提上透气的提篮来到郊外的桃林

拉开可以移动的炉子
摆上食物和器皿

桃花大雨一样落下
树木汗毛一样竖起

但这个"自画像"里作为背景展开的明朝生活并不腥风血雨，
也不奢靡淫荡。相反，它是清峻的、坚硬的，散发着初冬的空气一
般甘冽的气息，如同一块思想者的福地。这当然是我在书写中赋予
那个年代的一种秩序，但也未始不可以看作历史丰富性的一个解读。

1995 年前后，我就尝试以各种不同的形式去写它。我写下了
一个老人为了死在老家匆忙从外地返回的片段，还有一些关于孤独
和掂量死亡的片段。起始的句子就决定了这是一个失败之作："距今
489 年前，亦即 1507 年春天，明朝的一个京官被逐出了北京城，他
就是王阳明。"这样一个僵死的陈述句式，像乡土史教材一样煞有介
事拿腔拿调，让故事一开始就缺失了推动力停滞不前。不久我就放
弃了它。这份对一个叫王阳明的人的命运的探究，即便我在九十年
代中期勉强写出了，我想也会被处理成一个有一定长度的随笔，而
在更早的八十年代，我想我会毫不犹豫把它写成一首长诗。

以后的好多年里，我几乎忘记了曾经想写的这个人，那些片段
的草稿也被我有意识地丢弃了。我甚至羞于承认我曾经想写他，想
写这样一个故事。我不希望在公众的眼里被贴上地区主义的标签。
我更愿意去挖掘潜藏在地域性之下的普遍的人性，在我看来这一普

遍的人性的吸引力要远远大于地域性。

一直到 2005 年。2005 年的春天我开始阅读史景迁的中国研究系列。书是上海的一家出版社出的，全是白皮本，纸质粗糙，翻译质量也参差不齐。一个月出一本，像是试探市场风向，又像是十足的吊人胃口。但这样正好赶上我的阅读速度，于是读完一本便往书店找。从《王氏之死》到《皇帝与秀才》再到《曹寅与康熙》，一直到我看完《中国皇帝——康熙自画像》，我对自己说，以后再也不买这老头的书了。这一方面是这个"失败的小说家"（钱锺书曾这般戏谑他）的那一套把戏我已不稀奇，更重要的，是我重新捡起了十年前搁置的那个计划。

我开始做一些必要的准备工作——某种意义上那是一个历史学者做的工作——反复阅读这个人的全集，他和帝国官员、文人的通信集，以及他的弟子们的记述（主要是《传习录》)，并在上面做了许多只有我懂的记号。

我努力让自己以十六世纪的眼光、心灵和感觉去阅读这些十六世纪的稿本：它们藏在这个城市著名的藏书楼"天一阁"和我家乡的文献馆里。而这些年里我经历过的一些事，也丰富了我的感受，和对这个人更深的认识。长达十年的搁置此时也显出了意义：它让我学会了更精确地计算五百年前的哲学家和今天的我之间的距离。我很快就认同了以前一直不屑的尤瑟纳尔的一个观点：有一些题材，在年过四十之前，不要贸然去写。

从年谱世系表到生平考证，从往来信件到那个时代的文学风气和社会生活的隐秘角落，当我决定重新整理历史学家从前做过的事，我发现了最容易忽略的文学意义——他出生并度过人生初年的院子，他做的奇怪的梦，他对政治和女人的认识，他和朋友们的交往。正是这些细节坚定了我把它们搭建成一个大厦的构想。

这个十六世纪以来最伟大的哲学家、仕途不如意的官员、二流诗人、道德典范和坚定的行动主义者，他其实和我们一样，渴望友谊，希望不朽，爱吃祖母做的甜食，也同我们一样，梦想，思考，用没有恶意的嘲讽语气与朋友说话，衰老，并死亡。

这使我慢慢体会到，历史小说——如果有这样一种文学样式的话——并不只是小说家用他那个时代的方法去诠释过去年代的人和事，它更重要的责任，乃在于把握，甚至创造一个内部的世界。

在我的创作履历中，这种重述历史的热情其实从改写"雪夜访戴"的《一个雪夜的遭遇》和关于徐渭传奇一生的《明朝故事》就开始了，只是那时的方式是解构，现在是从内部去整理，去重建。无疑，解构是容易的，重建更见难度。

于是我像尤瑟纳尔所说的那样，一只脚踏进旁征博引中，一只脚踏进了"妖术"之中——这种"妖术"就在于设想自己的思想和情感渗进了十六世纪这个伟大的哲学家的内心深处。

这一工作缓慢而扎实推进的几个月中，我给自己规定的一项功课，是到了夜晚最安静的时分让自己假想置身于那个时代，并写下一些幻想性的片段：一些词语，一些细微的动作，一些性的遐想和到过的场景的描述。这些片段大多丢弃了，也有一些像织物一样织进了文本。这个作品因此有了我期许中的某种黑夜的气质。

就像凭着墙上有限的几个点可以挂起一幅挂毯一样，在主人公并不太长的一生中，我也选取了几个点让他叙说往事，结构起他一生的编年史。在这个故事中，这些时间的点分别是：正德四年（1509）、嘉靖元年（1522）、嘉靖五年（1526）、嘉靖七年（1528）。一方面我要小心谨慎，尊重事实，另一方面，我要让我的主人公在我安排的范式中说话。我让他絮絮不休地说话，说他的父亲，说他的妻子与儿子，说他的军功与学术，说他的忧郁，说他自以为是的意志力的胜利，或许历史上的王阳明并不是这般饶舌，但这个故事安排的"秩序"要求他这么做。

当我写下第一个句子："那张雨中的脸，到了我生命的临终一刻还会再想起……"它的不疾不徐的流动，让我相信我为这个故事找到了一种南方植物般葳蕤的语言，它们蓬勃、恣肆、潮湿，随着一个人生命的河道蔓延。

1507年赴谪途中颠簸于风涛，是王阳明蹭蹬一生的一个隐喻。"泛海"一章即写他在困厄中超脱生死一念，迎来人生中一次重要的觉悟。

第二章"至圣"，时间跨度最长，从出生写至江西平叛，写他如何经由"黑窣窣"的心灵暗夜，经由事上磨炼，去达至生命的圆满，描述的是思想与精神变迁的过程。

第三章的"夜宴"本事，王阳明大宴门人于天泉桥之碧霞池畔，发生于他退居乡里时的嘉靖三年（1524）中秋之夕。这一中秋夜的聚欢歌唱里，传达出的是不为天地牢笼所缚的狂者精神，故这一章的重点是讲良知如何如同一棵树的萌芽和长大，在一场场心智的碰撞中成长。浮生蝼蚁终寻常，有知音契悦，砥砺己心，方为思者乐趣。

末章"明心"，实为一个肺结核病人的临终呓语，他一生以"心"应事应物，直至鞠躬尽瘁，死而乃已。在这一章里，读者会看到一个伟大的灵魂，始于狂，成于圣，终止于垂老的寂寞。与冯梦龙等前人笔下诡诈、多智、勇猛的王阳明不同，这里描述的，乃是一个内省的、细腻的、行将就木时候的老人的形象，带着生命的苍凉，和燃烧至最后一息的激情。

附录的"书信录"，依序抄录自王阳明写给弟子、友人、家人的信函，直溯阳明本人遗言，具体而微地反映出他内心的翻腾与纠葛，正可作为前四章的延伸和解释来读。

正如史实已经告诉我们的，我们的主人公出生并成长于江南的一个小城，除了年少时的求学和初涉官场的最初几年是在北方，他一生中大部分的年头都是在潮湿、闷热的中国南方度过：南京、绍兴，江西省的南昌、赣州、吉安，乃至更远的贵州省和广西省。"世界如此荒凉，只能培养一颗寂寞的心。在如此贫乏的时代，在如此贫瘠的山岩上，我却开出了一树好花。"当我借由《传习录》中的一则本事，让这个十六世纪的哲学家这般开口说话，事实上是在进入一场叙事的冒险。前行途中我时时感到，历史与文学的这块中间地带是如此广漠，又是如此荒凉贫瘠。回视这本小书的写作，既是与陈腐的历史观念的较量，也是与自身意志力的较量。当我走过幽长的叙事隧道迎来前面的光亮，也是对主人公"致良知"的一次自我体证吧。

钱穆在 1931 年出版的《王守仁》里说，阳明之学，虽简易直捷，还从深细曲折处来。他说立志，说诚意，说易简，说真切，说事上磨炼，说知行合一，他说的一切，要把他一生的经历来下注释。在钱穆看来，王阳明是一个有多方面趣味的人，内心充满着一种不可言喻的热烈追求，从冷静的洗伐，转换到恳切的慕恋，他狂放地奔逐，又彻悟地舍弃，既沉溺，又跳脱，既狂放，又执着，只是不肯安于卑近。是以，他的良知，不是现成的东西，也不是平易简单的把戏，更不是空疏无着落的一句话，事上磨炼，是着精神处。写作中，想到钱穆此语，总是心有戚戚焉。

取名为《岩中花树》，是出自《传习录》中记载的一则有名公案：王阳明与友人游南镇，一友人指着岩中花树问："天下无心外之物，如此花树，在深山中，自开自落，于我心亦何相关？"王如此答道："尔未看此花时，此花与尔心同归于寂。尔来看此花时，则此花颜色，一时明白起来。便知此花，不在尔的心外。"

自一年中最盛大的季节夏天起笔写这个故事，到完稿，天道已近立秋。短短的几个月间，季候的渐变竟也暗合了主人公从绚烂归于死寂的生命轨迹。2006 年初春，一个大雪天，我在温州收到了北京一家刊物将在长篇增刊里发表这部文稿的消息。但或许出于市场因素的考虑，那家刊物最终还是放弃了。让我高兴的是稿子给《山花》杂志后不久，何锐先生就做出了发表它的决定。自从 1997 年何锐先生在他主编的《山花》杂志"三叶草"栏目刊登我的短篇小说《站在屋顶上吹风》和迄今唯一一组公开发表的诗《习作：近景与远景》，到此已过去了十年。十年，对一个作家写成他一直想写的作品来说，说长，也不长。

首发此作的何锐先生已于 2019 年 3 月仙逝。他是我见过的最真诚、最不市侩的"文学狂人"。自上个世纪 90 年代中期以来，地处西南的《山花》进入文学主场域，成为新生代作家的重要发声地，实赖先生和一班青年编辑之功。现今，狂人已逝，这世界生生死死，方生方死，值此书稿由万卷付梓，特以为记。

感官世界

——晚明士人的物质生活

把功名忘了，我们饮酒去，我们喝茶去
沐着香，我们把器官磨砺得纤细而敏感
——《南风与睡眠》

一 芳香的年代

　　那是一个芳香的年代，空气中总是飘荡着一丝丝若有若无让人心醉神迷的香气。那些上流社会的男男女女似乎一生下来就生活在了香云缭绕中。他们头发上散发着香味，衣服上挂着香囊，洗澡的浴缸里掺着香料，读书时手边也放着个香烟袅袅的熏笼或长柄香炉。在这个有着古老的焚香传统的国度里，焚香一度被看作是秉受来自上天的意志的途径之一。在神圣肃穆的朝廷政治生活中，皇帝焚香接受神谕，象征着一种贯穿天人之际的、活生生的、超自然的智慧。当这沁人心脾的香气随风散入十六到十八世纪缙绅阶层的世俗生活，并成为一种社会性的潮流，弥漫了从禅房经堂到青楼歌馆的所有空间，香料——这种以沉香为主要成分，再配以乳香、檀香、丁香、麝香、甲香提炼而成的奢侈的物品——被看作是一种能赋予生活以超凡脱俗意义的神奇物品也就不足为奇了。那个时代的人们普遍认为，它能升华和净化污俗不堪的生活，并使一个人的感官所能享受的美感得以最大限度的扩展。如果你生活在那个年代，看到街衢上有人鼻翼翕动，请不要感到奇怪，因为很有可能他正在努力辨认空气中那鬼魅般游荡着的一缕缕香魂。

　　顺治八年正月初二，江苏如皋名士冒襄[①]美丽的妻子董小宛因过劳瘵死，一代名媛香消玉殒。小宛归冒襄前，已是秦淮河上享有盛名的绝色佳丽，冒氏初见她时的"面晕浅春，缬眼流视，香姿玉色，神韵天然，懒慢不交一语"（《影梅庵忆语》），可为一证。她的猝然去世，一时引发了富有想象力的江南士人种种猜测，一种最为离奇的说法是小宛并非病死，而是被多尔衮的部下掳掠北上，入了宫，后来又成了清世祖的宠妃董鄂氏。在这个故事中，冒襄——这个世上最为倒霉的丈夫——两个月后自扬州回到如皋，才得知这一灾难性的消息。四十岁的他陡失爱妻，数度北上寻访，甚至托关系找进了宫廷，得到的回答是不能放还。家门蒙羞，困窘的冒家开始只好假托小宛得了一种奇怪的病不能见面礼客。后来看看重圆无望，又实在瞒不下去，只好对外正式宣布小宛病死了。近人高阳更是使出他惯有的"以诗证史"法，有《董小宛入清宫始末诗证》对此言之凿凿。但这一小说家言，经孟森等史家考证，已被斥为"倒乱史事，殊伤道德"[②]。

　　悲伤的冒襄写下了二千四百余言的痛切祭文《影梅庵忆语》长歌当哭，文章的广泛散发，使得一代红颜"名姬董白"香消玉殒成了大江南北无人不晓的公共性事件。文坛名流作诗哀惋者有之，曲笔质疑者有之。《影》文更使一时洛阳纸贵。随着《影》文广发天下，冒襄回忆他与董小宛闺房之乐时的"品香""品茗"几节文字，不知

安慰了多少酷好风雅之士的寒夜长梦。据冒襄自述，他和董小宛都是香品和名茶的热切爱好者，两人常常"静坐香阁，细品名香"。小宛善饮，自从嫁归冒襄，见夫君酒量不胜蕉叶却嗜茶如命，于是也好上了茶道，尤其喜饮一种叫"岕茶"的名茶。而为了品香，他们多方购求各种香材，再自行加工炼制。于今天上人间，银汉迢遥，这段炼香品香的日子，成了他刻骨铭心的记忆："忆年来共恋此味此境，恒打晓钟尚未着枕，与姬细想闺怨，有斜倚董篮，拨尽寒炉之苦，我两人如在蕊珠众香深处。今人与香气俱散矣。安得返魂一粒，起于幽房扃室中也。"

二　舌头的传奇

　　张岱①早就想动身去一趟南京了。这个自称"茶淫橘虐"的生活美学鉴赏大师，向来目高于顶，自认吃喝玩乐方面的品位无人能匹，但对当下江南士林中名声日隆的品茶专家闵汶水却是仰慕已久。闵汶水在文艺圈能有今日之崇高地位，引得名士大佬纷纷与之订交，是因为他有着出色的知味能力，他发达而敏锐的舌蕾细胞在他生活的时代几乎成了一个传奇，据说他可以分辨出五十种名茶的产地、成色和十多种泉水滋味。如此发达的感官能力构筑起的一个幽深精微的世界，在一个以风雅为尚的时代里怎不让人神往？大概三年前的一个春天，闵汶水带着新茶和一整套的茶具从南京跑到山阴找张岱喝茶，不凑巧的是张岱正好外出了。那次没能和闵大师喝上茶，以后的日子里让张岱一想起来就懊恼不已。

　　在桃叶渡的闵家，初见这个传说中的人物还是让张岱感到了吃

----

　　① 张岱（1597—1679？），晚明小品文的集大成者。字宗子，又字石公，号陶庵，又号会稽外史、蝶庵、六休居士，山阴（今浙江绍兴）人。出身世宦人家，素喜游历，通晓音乐戏剧，交游广泛。南明时，曾被授以职方主事之职，不久即辞去，托病不出。后避居浙江剡溪山中，布衣疏食，笔耕不辍，著有纪传体明史《石匮书》及《陶庵梦忆》《西湖梦寻》等多部文集。

惊，十七世纪尚欠发达的资讯使他一直以为闵汶水是一个喜好茶道的少年书生，却没想到是个比他还要老的清瘦的老头。看来想象和事实永远存在着距离。开始见面是在一种别扭的气氛中，这个瘦老头连起码的客气一下都没有，不问名姓，也不问他所从何来，他给张岱的感觉是一只容易受惊的野鹿，敏感，多疑，不好接近，甚至还有些微的敌意。张岱还想说些什么，他竟找了个借口说他的手杖忘在外面要取回来就走开了，丢下尴尴尬尬的客人，走也不是，留也不是。张岱的叙述在这里出现了一个短暂的空白，虽然他没有告诉我们一个人留在闵家的客厅里是如何的坐立不安，但大致的情状我们还是可以想见。闵老头故作的冷淡和清高反倒让他固执起来。今天难道就这样一无所获地回去吗？他为自己这近乎无赖的行径感到了好笑。

闵老头出去找手杖找了大半夜，回来看到客人还没走，也有些吃惊，斜着眼睛看着他说，你还在啊，留在这里还有什么事吗？张岱不失时机地拍了他一下，久闻闵先生精于茶道，今天我就是来借你的剩茶一解渴思了。这话像一剂春药立马让闵老头兴奋了起来，他亲自起身烧炉子煮茶，动作快捷麻利得如同急风骤雨，一点也不像七十岁的老人。茶一会儿就煮好了，闵汶水把客人引到另一间装饰典雅的房里，明净的桌子上，有名的荆溪产的茶壶和成窑、宣窑制的瓷瓯琳琅满目地摆了十几套。随后，宾主双方在亲切友好的气氛中进行了一场知识考辩式的对话，并在对话中促进了相互了解并进一步增进了感情。这是一场知味能力和感官灵敏度的较量，五花八门的茶具和香茗就是他们捉对儿厮杀的疆域，当笼罩着话语的硝烟味散去，他们都为了解了对方而欣喜不已。张岱最后不无得意地向我们宣称，经过这场对话，他和闵汶水的友谊得到了提炼和升华，"遂相好如生平欢"——就像结交了一辈子的老朋友一样亲密无间了。

著名的《陶庵梦忆》的作者在这里把这场对话铺排得如同一出正在进行中的戏剧台词，同时在紧要处也不忘狠狠地抬举自己一把。如果不是真有闵汶水这个人，我们倒要怀疑这是不是张岱为标榜自己感官能力编排的一出双簧戏了——

张：这茶是什么地方产的？

闵：是阆苑茶。

张：[又喝一口] 不要骗我，这茶是采用阆苑茶的制作方法，但味道不像。

闵：[偷笑] 嘿嘿，客人知道是哪里出产的？

张：[再喝一口] 很像是罗岕茶？

闵：[吐舌] 奇妙啊，奇妙！

张：用的什么水？

闵：惠泉水。

张：别骗人了，惠泉到这里千里之遥，难道水一点不会受震荡，还能这样新鲜醇厚吗？

闵：不敢再骗你了，实话告诉你吧，我家取水，必定要等到惠山人静的时候，在晚上淘干水井，洗刷多次，到黎明时分，涓涓细流积满水井，用大瓮装满，下面铺好花岗石，等到有了顺风再开船，这样水不会晃动，水性也不会变热，所以与其他的泉水比起来特别的不同。

闵：[沏茶。倒茶] 客人尝尝这茶。

张：香味浓烈扑鼻，味道很厚，是春茶啊，前面喝的，一定是秋茶了。

闵：[大笑]我年已七十，精通茶道也有五十年了，从没见过对茶道鉴赏如此高妙的客人，莫非阁下就是山阴的张宗子先生？

张：[大笑]哈，哈，哈。①

酷好茶道的人们往往会在清淡飘逸的茶香与孤芳自赏的清流间建立起某种内在的关联，张岱在这里以传奇性的笔调描述的饮茶过程的种种细节，不无相互标榜的意味，而透过这些细节，我们会看到他运用感觉器官营造了一个有别于世俗世界的精微、典雅的传奇世界。在这个世界里，一个人凭着他感官的触觉就能在人群中找到他的同类，如同上面这个故事里所说，张岱与闵汶水因为相互佩服对方的舌头而相互慕名，直至最终订交。由此我们不难窥见晚明感官文化发达之一斑。

在这里，一个人的感官能力发达与否成了他能不能进入这一传奇世界的关键。生活于十七世纪中叶的一个叫孙枝蔚的小品文作家批评了名士的形式化倾向和这种倾向带来的浮泛虚假的风气。所谓"时之名士所谓贫而必焚香必啜茗，必置玩好，必交游尽贵也"②，一个人不管穷到了什么地步，品茶（仰仗味觉能力）、焚香（仰仗嗅觉能力）、玩古这几样文人雅士标志性的癖好却是万万不可丢下的，即

---

① 此节对话据张岱《陶庵梦忆》卷三《闵老子茶》改写。

② 孙枝蔚《溉堂文集》卷三，上海古籍出版社1979年版。孙枝蔚在这里以一种反讽的语调讥刺名士的形式化。

使你感官鲁钝不具备这方面的能力，你也得学会虚张声势，以证明你是个真正的风雅人士。袁中郎^①在苏州吴县做县令时讲过一个麻城名士的故事。

山西麻城的朋友丘长孺来无锡玩，带回去三十坛著名的惠山泉水。他自己先回家，让仆人们随后把水挑回去。仆人们嫌水重，半路上都倒进了江里，快到家了才汲了附近的泉水灌上。丘还以为这水金贵着呢，第二日就遍邀城中名士来家品尝惠泉水。名士们围坐在书房中，一个个脸上十分欣喜，打开水壶拿来瓷碗，盛上少量泉水，争相议论一番，然后开始非常隆重地饮水。"觑玩经时，始细嚼咽下，喉中汩汩有声，乃相视而叹曰：美哉水也，非长孺高兴，吾辈此生何缘得饮此水？"^②临走了还流露出恋恋不舍的样子。你几乎可以看见他们一个个拿腔拿调煞有介事的可笑模样：把鼻子凑近杯子，用力地嗅着，咂巴咂巴再慢慢咽下，喉咙里发出呼噜呼噜的声响，脸上挂着愚蠢而快乐的笑容。本来这事也就这样过去了，不巧的是半个月后，仆人们在一次争吵中互相揭短把换水的事全给抖搂了出来。愤怒的丘长孺把他们都赶走了。不知道那些躬逢其会的名士们听到这消息又会是一副什么样的表情。

袁中郎叙述这个闹剧式的品泉雅会时，肯定是拼命地忍着笑的——那可真是黑暗中的笑声。品泉这种味觉活动在这里看起来更像是虚张声势的一个仪式，一个文人之间互相标榜、认同的社会性

---

① 袁宏道（1568—1610），字中郎，又字无学，号石公，荆州公安（今属湖北）人。后世有《袁宏道文集》，与其兄弟袁宗道、袁中道并称"公安三袁"。

② 见袁宏道《识张幼于惠泉诗后》，《袁宏道集笺校》卷四，钱伯城笺校，上海古籍出版社1981年版。袁宏道在这篇文章中记述了一帮自命不凡的假名士聚在一起品赏泉水的趣事。

动作。名士们煞有介事的刻意张扬活脱显出了他们的虚假与造作。然而这些好事者饮假惠泉而细咽长叹的造作之态，谁说又不是时代积习所致。在风雅相尚的时代氛围下，感官能力已经成为了一个符号，一个认同或者区分的文化标记。不管你是否具有真正的品味能力，为了证明自己属于文雅境界，证明自己是上层人士中的一员，每个人都在自觉和不自觉地参与着这种感官的表演。

相比这些故作姿态的名士，中郎之弟袁小修①就要显得旷达得多也可爱得多。袁小修也曾大老远地从无锡把两坛泉水带回公安老家，怕搞混了，他还事先特意用红笺纸写上泉名贴在两坛泉水上作为标记。一个月后回到家，笺纸和字迹都磨灭了，二哥中郎问：哪一坛是惠泉水？哪一坛是中泠泉水？小修辨认不出，尝了味道还是辨认不出，于是两人相顾大笑。

---

① 袁中道（1570—1626），字小修。荆州公安人，"公安派"领袖之一，袁宗道、袁宏道胞弟。著有《珂雪斋集》《游居柿录》等。

三　一本叫《长物志》的书

　　文震亨①是画家文徵明的曾孙，出生于艺术世家的他写过一本叫《长物志》的奇特的书。在这本书中他以一种闲散的笔调讲述了一种美学生活的经营和操作法则。这本被官方评论家不屑地称为"所论皆闲适游戏之事""大抵皆琐细不足录"的志书，共计十二卷，其类目分别为：室庐、花木、水石、禽鱼、书画、几榻、器具杂品之属、位置、衣饰、舟车、蔬果、香茗等。细加考量，这些物的种类包括植物、动物、矿物，在用途上则可以细分为艺品、食物、饰物、器物等。在这本书里，这些林林总总的物被一种奇怪的分类方式罗列在了一起。之所以说奇怪，是因为从生活的层面来看，它们大体上并非日常必需之物，器物不是作为生产之用，食物也不是果腹必需的粮食。这些物，在一开始归类时就没有放置在日常生活的范畴中，所以它们被称作"长（zhàng）物"——多余的物，或者说奢侈的物。

　　如果读过福柯的《知识考古学》，我们会发现，物的这种奇特的

---

　　①　文震亨（1585—1645），字启美，长洲（今江苏苏州）人，明熹宗天启六年选为贡生，任中书舍人。家富藏书，长于诗文绘画，善园林设计，著有《长物志》十二卷，并著有《香草诗选》《仪老园记》《金门录》《文生小草》等。近年有学者从明代物质文化的角度深入探讨文震亨的《长物志》。

排列方式构成了一种知识谱系，一种从社会公共空间退居到生活私密空间的新颖的知识。文震亨用"长物"经营起来的这个世界，大致由这些方面组成：空间规划、器物赏玩、景物观赏、食物（零食）品尝、美观装饰。它不是汲汲于利益增值的，而是观赏把玩的。聚集起这些物，也不是为着现实生计的经营，而是超越于现实蝇营狗苟之上的一种美学生活的经营。这个世俗世界之外的"文雅境界"就像一件华美的袍子，密实的针脚下缝着的全是两个字：无用。难怪庙堂之士一说起它总是隐含不屑与讥诮之意。

说是无用，但一个时代的文人却要借此建立起他们全部的精神生活。

就说房屋居室布置这样的小事，在文震亨看来却不外是一个"小世界"的营建，足可以投射情感寄寓性命。这个十八世纪的室内装潢家以一个艺术家特有的细致和耐心指出，不管是堂屋、亭台还是私房秘室，布置都是繁简不同、寒暑各异的，即使是图书碑帖、鼎彝之类的古玩，也必须安排得妥帖了才会显出它们各自的价值来。他对坐几、坐具、椅榻屏架的摆放设计到花瓶、香炉和挂画位置的选择，无一不显出他对细节的沉溺和酷好，而这一切设计都可以归结到感官的愉悦上来：把这些"长物"纳入个人的感官世界中，触摸之，赏玩之，渗透之，并以此承载这些"长物"的主人的情感和意趣。

关于坐几——

坐几形状要自然，摆放要靠左边向东，不能挨近窗户，以免风吹日晒。坐几上放一块旧砚台、一个笔筒、一副笔架、一个贮砚水的水盂、一块雕成山状的砚台就可以了。砚台要放在左边，这样墨汁的反光就不会直射眼睛，在灯光下更是如此。几上还要放置书籍一部，镇纸石一块。坐几要经常擦，使它光可照人才好。

关于坐具——

湘妃竹榻和禅椅都可以。冬天铺上用古色古香的锦缎制成的褥子，当然有虎皮更好。

关于香炉——

在书房的几案上放一张四方的日本式的大台几，上面放一座香炉，一个大香盒，一个小香盒，一个瓶。大香盒里面放生熟香料，小香盒里面放沉香、香饼。不可用二脚香炉。不可把瓶与香盒相对排列。夏天应用瓷炉，冬天应用铜炉。

关于花瓶——

客厅放的瓶要大，书房放的瓶要小。瓶以铜瓦为贵，以金银为贱。不可有环，不能成对。春冬季用铜瓶，夏季用瓷瓶。瓶中插花要瘦巧，杂乱是不好的。若插一枝，要挑选枝干奇特古朴的。若插二枝，应该高下和谐。插花不能关着窗户焚香，花被烟熏就枯萎了。

关于椅榻屏架——

只须放四把椅子一张坐榻，其他像古须弥座、短榻、矮几、壁几这些东西不妨多放些。不能靠墙平排放几把椅子。屏风只须放一架。书架和橱可以并列，用来放些图书古玩，但也不可太杂，搞得像书铺一般。

关于挂画——

挂画的位置要高，而且只要挂一幅，如果挂在两边墙上，或左右对称，那就说不出的俗气了。长幅画可以挂在高的墙壁上，桌上放些形状奇特的石头，或应时的鲜花盆景之类，但不要放朱红漆架等物。客厅适宜挂大幅的横披，书房宜挂小幅的花鸟或者风景，像单条扇观、斗方挂屏之类的，就不是太好。

关于卧室——

卧榻后面最好留出半间房大的空间，用来放置熏笼、衣架、梳洗用具、箱柜衣橱和书籍灯烛之类。榻前一只小茶几，二只小方凳，一张小橱，用来放香药和玩器。最好在墙上打一个洞，里面放一张壁床，朋友来了好连床夜话。

关于亭榭——

因为不能遮挡风雨，不能放置太考究的器具，用一些方正粗大、古朴自然的旧漆器就可以了。露天的座位宜用平整低矮的太湖石。

关于敞室——

漫长的夏天，住在敞室里，把窗户全部卸掉，这样就可以看到屋前的竹林和屋后的梧桐。敞屋中间放置一张木几，两边放没有屏风的长榻各一张。北窗下放一张湘妃竹榻，边上的茶几上放一块大砚台，一个青绿色的水盆，再放一两盆剑兰在边上。如果有奇峰古树、清泉白石这样的盆景也是好的。四面竹帘低垂，谁说这不是一个清凉世界呢？①

———

① 见文震亨《长物志》（清同治十三年刊本）。关于房屋居室布置的这一节据此改写。

如同进入一个陌生的房间，看着这些陈设和布置我们已经大致明白了房间主人过着的是一种什么样的生活。他是优雅的，怠惰的。他疏于日常营生的手指白皙而修长，他的脑子和精子都有着足够的空闲。屋子的主人或许有时会惊诧于自己这般的颓废，但感官与长物交会营造的优雅情境已让他欲罢不能，长久以来他就是这般的颓废着并陶醉于这种生活的芳香和糜烂气息。

把生命的重心从世俗的蝇营狗苟中退出，另外建立一个让"性灵"（他们发明了一个多好的词啊）张扬的空间，所谓"闲隐"的意义正在于此。现在我们已经知道，这个新的生命活动空间以钟鼎、古玩、书籍、园林、砚、琴、花木、茶酒之类非实用性的物为基础，或者说，是以这些物为感官的延伸、情感的寄寓、生命投注的承载体。当对这些"长物"的赏玩与诵读庄骚、吟诗长啸、饮酒博弈、看书论道一起成为文人雅士们向往的日常生活情状，极力宣扬这种生活模式的《长物志》与《闲情偶寄》《遵生八笺》成为一时之著也就不奇怪了。

从这些十七到十八世纪风行的畅销读物中看明清文人的生活，真是些会享受的人！高度累积的物质文明使旧有的有钱人家、新进的暴发户和贫寒的书生都在享受着前所未有的富足，并在室内设计、世俗消遣和装饰艺术品上追逐着一茬又一茬的时尚。你看他们饮酒、喝茶、沐香，把器官磨砺得纤细而敏感。和妓女交好，躺在不存在的园林里做梦，一人搂一个小姐谈哲学。要不就是做一个小小的闲官，喝一点暖胃的小酒，发点小牢骚，生一场小病，做几篇小品文。三日一小聚，五日一大宴，你方请罢我复请。再不济也要弄只装满酒和书的船，东漂西荡随水流转。尽管三年一度的上京赶考像间歇性发作的癫痫总让人手足无措，但有了这些小小的乐趣生命总算有了个寄寓的所在，飞扬着不肯安分的荷尔蒙也差堪有了着落。

一种生活形态，究其实质就是人与物的一种关系：人如何攫取物，如何使用、支配物。当文震亨们以这些非实用意义的物（"长物"）构建着一种审美化的文人生活，他们的感官——眼、耳、口、鼻、身、意以及与之相对应的视觉、听觉、味觉、嗅觉、触觉——已经被充分调动起来并参与到这种生活的营造中去。不管他们创造了一种如何绮丽的文化，感官世界背后生命的畸变却总是让读史者嗟叹不已。生命的情感有大小，生命的能量与气象有大小，对一朵花、一棵树的关怀总不能与对人的生命的关怀相比，但是，要是热衷于"长物"的他们甘堕小道，就是安于这一花一世界的"小"呢。

四 纸上园林

二十四岁时，戴名世^①为自己建构了一座想象中的园林——意园。这座纸上园林包括：山数峰，田数顷，水一溪，瀑十丈，树千章，竹万个，主人携书千卷，童子一人，琴一张，酒一瓮……^②在青年戴名世的想象中，这个心造的乌托邦世界是一个没有小径的园子，主人不知道怎样出来，外人也不知道如何进入。他居住在园中，读书、饮酒、操琴、观景，与自然浑为一体，不知时世更迭，也不知身在何处、我为何人，真个是怡然若仙。

由于经济上的原因，戴名世未能让这座想象中的园林很快落实于现实生活中，只是让它一日日在脑海中扩展版图。二十余年后（康熙三十五年），他居住在秦淮河边，那个心底里久埋的念头又蠢蠢欲动起来，他试图在南京城西北边山上买地、构屋、种树，过一种林和靖^③式种梅养鹤的生活。但这一计划同样因为经济上的拮据而搁浅

---

① 戴名世（1653—1713），清代文学家。字田有，一字褐夫，号药身，又号忧庵。安徽桐城人。因家居桐城南山，后世遂称"南山先生"，也称"潜虚先生"。

② 《意园记》，见《戴名世集》卷十四，王树民编校，中华书局1986年版。此文写于康熙十五年，是年戴名世二十四岁。

③ 林和靖，名逋，谥号和靖先生。宋代钱塘人，安君复。隐居西湖孤山，二十年不入城市，种梅养鹤自娱，故有"梅妻鹤子"之称。

了。他解嘲说："城西种树之计，非二三百金不克办，旅泊萧然，且无以为归计，又安能为此？是则区区之志而不克遂，又且为意园之续也。"①回想少年时满怀济世之志，欲尽庇天下之人，人到中年，不仅不能养数口之家，连种树自养也做不到，他想自己这一生真是个大败局。

半世奔波，所近五旬，却还"无数亩之田可以托其身"，让戴名世一想起来就"为之慨然而泣下"。当他累积了一定资金，第一件事就是在朋友赵良治的帮助下买了南山冈田五十亩和几间屋子，"田在腴瘠之间，岁收稻若干，屋多新筑，颇宏敞，屋前后长松不可胜计"。地是肥沃的还是贫瘠的倒在其次，重要的是结束了居无定所的飘蓬一样的日子，并有了投资田产带来的一份稳定的收入来供他营建一种更高意义上的生活。果然他又做起了园林梦，说屋前有块空地，想凿为池塘，养几尾鱼，种上莲花，再在池边种上几十棵垂柳。设想中的池塘东面还有一块空地，他计划种上几千株竹子，那一大片松树下面再筑一个亭子，这样，坐在亭子里就可以看到远山像屏风一样列在眼前了。他甚至想好了把这亭命名为"数峰亭"。只是这样凿池、构亭、种竹一番折腾下来，花费也要"不下数十金"，以他的经济能力也不是一下就可以办到的。他只得把这个计划暂且搁置起来，等待手头宽裕些的时候再来完成。

这个经营生活闲雅空间的念头伴随着他走到了生命的绝境，1711 年，因《南山集》引发的康熙朝第二起文字狱把翰林院编修戴名世送上凌迟处死的刑场时，这座他惦念了一生的想象的园林还是像影子一样虚无缥缈。现在我们只能凭着有限的文字揣想这个萦绕

---

① 《种树说》，见《戴名世集》，王树民编校，中华书局 1986 年版。

166

了他一生的梦想了：

> 意园者，无是园也，意之如此云耳。山数峰，田数顷，水
> 一溪，瀑十丈，树千章，竹万个。主人携书千卷，童子一人，
> 琴一张，酒一瓮，其园无径，主人不知出，人不知入……其童
> 子伐薪，采薇，捕鱼，主人以半日读书，以半日看花，弹琴饮
> 酒，听鸟声、松声、水声，观太空，粲然而笑，怡然而睡，明
> 日亦如之。岁几更欤，代几变欤，不知也。避世者欤，避地者
> 欤，不知也。①

像戴名世这样一生恋恋于纸上园林不忘个人空间的经营，其实
也是那个时代文人的常态。如果说山阴才子徐渭②在获致胡宗宪所赠
稿酬后，马上用以购置住宅是典型的文人做派，像钱谦益③这样的
文坛领袖在与柳如是定情后，为即将到来的新生活的精心布置就说
得上奢华了。那座名为"绛云"的藏娇楼，"房珑窈窕，绮疏青琐"，
里面充塞着晋唐宋元以来的法书、名画，官、哥、定州、宣城之瓷，
端溪、灵壁、大理之石，宣德之铜和数万卷的宋刻元版。如此的考
究奢靡、如此风流文雅的生活形态实在超出戴名世这般困于现实生

---

① 《意园记》，见《戴名世集》卷十四，中华书局 1986 年版。

② 徐渭（1521—1593），山阴（今浙江绍兴）人，初字文清，改字文长，号天池、
青藤道士，别署田水月。明代著名戏曲家，主要剧作有《四声猿》《歌代啸》等，有《徐
文长三集》行世。

③ 钱谦益（1582—1664），江苏常熟人，字受之，号牧斋，晚号蒙叟，东涧老人。
清初诗坛的盟主之一，东南一带奉为"文宗"。明万历进士，授翰林院编修，弘光时官礼
部尚书，迎会马士英、阮大铖，拥立福王。清兵南下，授内秘书院学士兼礼部右侍郎，
旋即称病返里。晚年息影居家，筑绛云楼以藏书检校著述。著作有《初学集》《有学集》《投
笔集》《国初群雄事略》《列朝诗集》《内典文藏》等。

计不得尽舒襟袍的读书人的想象了。

我们所知道的还有出色的香艳诗歌作者吴伟业[1]，自崇祯十四年丢下南京国子监司业的职位回到太仓，一边四处出击冶游狎妓，一边开始规划并着手兴建一个随时可以用来抚慰心灵的"肥遁"之所——梅村别墅（他的别号梅村也正是始于此时）。他买下了万历朝吏部郎中王士祺的贲园，请来了老朋友、著名的园艺大师张南垣来重新规划设计。长得又黑又矮的张大师性情滑稽幽默，是一个东方朔式的人物，凭借出色的造园技艺独步江南五十余年，传说长年的造园生涯已让他通晓土木性情。造园之时，他常常高坐一室之中，一边与客谈笑，一边指挥役夫施工。按照他的布置，山木花石的位置一放而就，就像按着图纸施工的一般。山尚未堆成，他已经考虑好了如何放置轩榭亭台，轩榭亭台尚未建成，他已经考虑好了其中的摆设了。

吴伟业在为他写的传记中说，张大师建造的园林，就是一花一竹，也是疏密横斜妙得俯仰，一几一榻，不事雕琢，无不合乎自然之道。他为吴伟业设计构筑的"梅村别墅"，占地约有百亩，错落于山陂河池之间，园外长垣缭绕，园内清水萦纡，山石起伏，乔木蓊郁，荇藻交横。园中胜景据记载有乐志堂、梅花庵、交芦庵、娇雪楼、旧学庵、桤亭、苍溪亭等。从开始兴建到最后一项工程鹿樵溪舍完工的顺治十四年，吴伟业把将近十八年的时光都抛掷在了这个园林里。山水，声色，园林，这带给了吴伟业现世里的种种享受，

---

[1] 吴伟业（1609—1672），字骏公，号梅村，江苏太仓人。明清间著名诗人，尤长于七言歌行，后人称之为"梅村体"，与钱谦益、龚鼎孳并称"江左三大家"。著有《梅村集》《梅村家藏稿》《绥寇纪略》《春秋地理志》等。

168

谁说不是一帖精神的清凉剂呢？对他来说，这是他一生中最重要的作品，比《圆圆曲》和所有"梅村体"诗歌加起来都要重要得多的作品。到了晚年，他还在以沾沾自喜的口气向儿子夸耀："吾生平无长物，惟经营贲园，约费万金。"

袁中郎为宦时在给父亲的家书中曾很低调地说：田地住宅尤其不必买，将来不做官退休回家了，只要讨得白门一亩空闲的土地，茅屋三间，儿的心愿也就满足了。①而当他终于厌倦了官场辞职退隐时，马上倾囊盖起了"砚北楼"与"卷雪楼"。他的弟弟袁小修则在二十余岁时就预购了杜园以为日后退隐之计。中郎辞官定居沙市后，小修又随之在附近购置了"金粟园"以实践其美其名曰息交绝游的隐居生活。

凡此种种对于空间的营建和期盼，究其目的不外是逃逸世俗世界，建立起别一种的文雅世界，而有一个自己的园子，这是另类人生的起点与依据，也是新生活的内涵。一本出版于十七世纪中叶的叫《云间据目钞》的笔记上说："土木之事，在在有之，而吾松独盛。予年十五年，避倭入城，城多荆榛草莽。迄今四十年来，士宦富民，竞为兴作。朱门华屋，峻宇雕墙，下逮桥梁禅观牌坊，悉甲他郡。"兴起于嘉靖末年的江南私家园林之风，到了万历以后，终于从吴中地区扩展到了江浙一带并在短短的几年里蔓延至全国。

在晚明曲家兼藏书家祁彪佳②的《越中园亭记》中，越中士人都有修筑亭园的嗜好，整个越中成了一座大花园。"越中，众香国也"，

---

① 见《家报》，《袁宏道集笺校》卷五，钱伯城笺校，上海古籍出版社1981年版。
② 祁彪佳（1602—1645），字虎子，一字幼文，又字弘吉，号世培，自号寓山居士。山阴（今浙江绍兴）人。晚明曲家、藏书家，著有《远山堂曲品》《祁忠敏公日记》等。

祁彪佳这话当没有夸大虚饰的成分。《越中园亭记》收录江南园亭二百七十六座，有名者计有祁氏本人的寓园，他的从兄祁豸佳^①的柯园，张岱的不二斋，吕天成祖父吕本的樗木园，陈汝元的水锯山房，孙如法的柳城、孙庄，等等。比之吴地园林堆石为山、凿地为池的精巧别致，祁彪佳记述中的越地亭园更注重与自然山水融为一体，蕴含峦岫，吞纳烟云，更见大气。《越中亭园记》记柯园："丰于取景，虚堂小阁，皆若隐现于云涛雪浪中。"又记天镜园："出南门里许为兰荡，水天一碧，游人乘小艇过之，得天镜园。园之胜以水，而不尽于水也。远山入座，奇石当门，为堂为亭，不台为沼，每转一境界，辄自有丘壑，斗胜簇奇。游人往往迷所入。"^②小品文作家张岱在《陶庵梦忆》中说，他曾经在天镜园小住一段时间，对那里茂密的竹林、高大的槐树构成的层层叠叠的绿留下了深刻印象。空气是那么明净，那翠色几乎要沾到你身上来，每天早晨打开窗，捧起一本书来读，似乎每一个字都成了绿色的了。^③

　　祁彪佳在1635年开始构建"寓园"，历时一年半才告完成。据说他亲自设计并参与修建，每天早出晚归，无论冬夏，都要搞得一身臭汗。遇到路穷径险无法架构处，就冥思苦想，连晚上做的梦都与园林有关。祁彪佳在给朋友的信中说，为了修这个园子，把家产都耗尽了（"囊中如洗"），身体也搞坏了（"病而愈，愈而复病"），

---

　　① 祁豸佳，字止祥，号雪瓢。山阴人。工诗文，善书事。天启举人，官吏部司务，明亡后不仕。张岱《陶庵梦忆》卷四《祁止祥癖》云："人无癖不可与交，以其无深情也；人无疵不可与交，以其无真气也。余友祁止祥，有书画癖，有蹴鞠癖，有鼓钹癖，有鬼戏癖，有梨园癖。"

　　② 见《越中园亭记》，《祁彪佳集》卷八，上海古籍出版社1960年版。

　　③ "幽窗开卷，字俱碧鲜"，见张岱《天镜园》，《陶庵梦忆·西湖梦寻》。

尽管自嘲"此开园之癫癖也",但这样高雅的"癖"还是让他沾沾自喜。[①] 当他陪同着一拨又一拨慕名而来的客人参观园中的踏香堤、让鸥池、柳陌、妙赏亭、芙蓉渡这些得意之处,或者一个人在这个琉璃世界里吟诵起老杜"四更山吐月,残夜水明楼",不消说是很有成就感的,一年半载的劳顿也就烟消云散,并有了一种万物皆备于我、世界尽在掌握的幻觉。

---

① 《祁彪佳集·寓山注》。

五 袁氏兄弟

　　享乐主义者袁中郎[1]在给朋友的一封信中罗列了人活世上的五件快活事，谓之"真乐"。他不讳言这些赏心乐事乃是感官享受的愉悦和欲望的满足：看遍世上的美色，听遍世上的乐曲，享尽世上鲜美的衣食；堂前排列着盛满食物的大鼎，堂后演唱着美妙的歌曲，宾客满席，男女混杂，香烛熏天，珠翠弃地；以千金买一只船，船上配备乐队一班，歌伎侍妾数人，游客帮闲数人，浮家泛宅，浑然不知老之将至……[2]

　　岁月如花，乐何可言，在袁中郎看来，人生有了这些快活事中的一两件，活着就可以无愧，死也可以不朽了。临到末了，家产田地全都败光，狼狈窘迫得要跑到歌楼妓院托钵乞讨、在救济院里和孤独老人分食的地步，还恬不知耻地往来于乡亲之间，这才是快活到了极致。

　　荡尽家产、到妓院讨饭、到孤老院分食……这些世人看来放纵

---

　　① 袁宏道（1568—1610），字中郎，又字无学，号石公。湖广公安（今属湖北）人。后世有《袁宏道文集》，与他的兄弟并称"公安三袁"。

　　② 见《龚惟长先生》，《袁宏道集笺校》卷五，钱伯城笺校，上海古籍出版社1981年版。

172

欲望的恶报也成了人生之一大快活，这大概可说是袁中郎备受官场俗务烦扰之苦的激愤之词。似乎那个时代的人们都喜欢用一种极度夸张的语气来强调他们对现有价值的离弃。他就是故意要这么说，好像不这么说就显示不出决绝来。事实上，袁中郎一生纵然颇多声色犬马之乐，却也断断没有走到倾家荡产的地步。所以他说这样的狠话的背后是践踏世俗性社会价值的快感在起作用。"五乐"云云，确是泄愤之言，却也未始不可以看作是他高扬欲望的旗帜的严肃的人生观之表达。

　　看来袁中郎是决意做这个感官世界的旗手了。他在吴县县令的任上慨叹做这一七品小官的痛苦说："吴令甚苦我，苦瘦苦忙，苦膝欲穿，腰欲断，顶欲落，嗟乎！中郎一行作令，文雅都尽，人苦令耶，抑令苦人耶？"① 在那时写给姐夫的一封信里还直截了当地说：人生三十岁，怎么可以袋里没有余钱，囤里没有剩粮，居住没有高大的房屋，到口没有肥酒大肉呢，要这样的话，还不把人羞死！② 甚至写给父亲的家书也是这样一副浑不吝的口气：这几天与各位舅父大人相聚谈论佛事，是特别快乐的事情，"有一分，乐一分，有一钱，乐一钱"，没有必要预先为以后的幸福考虑。儿在这里安守本分过日子，也是自己受用，若有一点儿要还债，要养家，要买讲究服饰的念头，哪里还能够如此洒脱？家里的几亩地，留给妻子儿女过日子，我不管他们，他们也管不到我，人生事如此而已矣，多忧复何为哉！③

①　袁宏道，《袁中郎尺牍》，收于《袁中郎全集》。
②　《毛太初》："人生三十岁，何可使囊中无余钱，囤无余米，居住无高堂广厦，到口无肥酒大肉也，可羞也。"见《袁宏道集笺校》卷五。
③　见《家报》，《袁宏道集笺校》卷五。

"顺情遂性"的人生态度就这样把生命整个地推入一个纯粹的游戏情境里去。在袁中郎看来，社会已经令人欣慰地形成了一种追求"趣"的风尚，但是这种对趣的追求仅仅是在书画古董的赏玩辨析或烧香煮茶之类的生活形式上，这是皮相的，也是低级的。他进而指出，文雅生活不仅仅是空间性的，更是时间性的，最高层次的趣应该是一种完全出乎自然的"童趣"。他设想一种完全没有目的性的人生境界——一个儿童时代一般透明的"纯真"世界的最终到来。

在这里袁中郎暗示他的时间观，就是让时间回复到时间本身，"不图将来，不追既往"。这种未经社会化、儿童式的时间观下，时间只是用来消耗，用来赏玩，没有任何生产性或经营性的功利意义。袁中郎理想中的世界，就是这么一个时间像废弃的衣服和鞋子一样乱扔的大婴房。他还写下了一首小诗作为自己的座右铭，如果换成今天的语气，这首小诗是这样的：

> 愤怒是使你丧生的猛虎
>
> 欲望是让你堕落的深渊
>
> 功名是让你受煎熬的沸水
>
> 苦思是折磨你的铁砧
>
> 你不知道躲避，怎么能免受祸害？ [1]

居官京城期间，袁中郎写下了一部专论瓶花供养和插花艺术的

---

[1] 袁宏道《座右铭》："怒是尔猛虎，欲是尔深渊，功名是尔沸汤，勤思是尔砺锻。尔一不避，焉能尔免？"见《晚明小品精粹》，第40页，马美信编选，复旦大学出版社1997年版。

174

著作《瓶史》。这本将在数百年后流传到东瀛并引发一场花道艺术革命的小书在当时却饱受学问之士的讥屑。身受官场羁绊之苦的袁中郎在这本书里流露了对另一种闲雅生活的向往。卑微的官职拖累让他欲亲近山水花竹而不得，乃转而求诸于瓶中之花，以瓶花来替代自然山水。所以瓶花在这里由简单的生活饰品转化成了一种隐喻，承载起了一种有别于奔竞世俗名利的生命意境。袁中郎在这本花道指南手册里以一种鉴赏家的语气不厌其烦地谈到盛花的器物、花架、水与土的关系、每天清洁花瓣的必要性等问题，当然，他更希望这本小书不仅是一本实用操作手册，更是他心史的记录。

万历二十八年，袁中郎以国子监助教补礼部仪制司主事，没几个月就请假回家了。万历三十三年，他的顶头上司、礼部主事吴用先写信给他，劝他复出。袁宏道回信说，自己之所以犹豫不出，并不是不爱富贵，而是实在太懒散。他还说，别人若从生计出发，劝他做官免受饥寒之苦，这样的话他还能听得进去，但如果以建功立业这等大帽子来扣他，那他就非常之反感了。[1] 因为在他看来，一个人的进与退，都是水到渠成自然而然的事，居朝市而念山林，或者居山林而念朝市，两等心肠，都是一般的牵缠，一般的俗气。退职后，他这样向小弟袁小修慨叹，为宦不及闲隐："及入宦途，簿书鞅掌，应酬柴棘，南北间关，形瘁心劳。"[2] 看来他真的退回到那个婴房一般的世界里去了。

根据人与现实的关系，袁中郎把世间人分成四种：不把现实放

---

① "若云趁此色力，勉就勋业，俟功成之后，渐谋绿野、香山故事，须先与讲明始得，弟不作此痴想也。"见《答吴本如仪部》，《袁宏道集笺校》卷四十三。

② 见袁中道《砚北楼记》，《珂雪斋集》卷十四。

在眼里的玩世者，超脱现实的出世者，调和现实的谐世者，从现实
中追求享乐的适世者。①袁中郎说他最喜欢的是第四种人——适世者。
这种人，"于业不擅一能，于世不堪一务"，是天下最无关紧要的人。
他们做和尚，戒行不够，做儒生，嘴里从不讲儒家经典，也不做什
么仁义谦让这种事。熟悉袁中郎的人肯定把这看作了他的自我写照：
做官不像官，务农不亲躬，隐居不安寂寞，出仕又嫌烦琐，为儒不
读圣贤，信佛六根不净，修真又不忘好色，这不是夫子自道是什么？
在《人日自笑》里袁中郎就是这样得意扬扬地宣称自己的：

> 是官不垂绅，是农不秉耒，是儒不吾伊，是隐不蒿莱。是
> 贵著荷芰，是贱宛冠佩，是静非杜门，是讲非教诲，是释长鬓
> 须，是仙拥眉黛……②

说到袁小修，眼前就浮现出一条船。这条从《游居柿录》中游
来的江南木制楼船有一个正式名字叫"泛凫"。小修把这条寄托性命
的船取作这个名字是想仿效伟大的《楚辞》作者屈原，"泛泛若水波
之凫，与波上下，偷以全吾躯"③。万历三十七年春天，两次会试落第
将近不惑之年的诗人袁小修驾着这艘收拾得风雅别致的楼船从家乡
公安县沙头启程，顺长江而下，正式开始了他筹划了一年之久的吴

---

① 见《徐汉明》，《袁宏道集笺校》卷五。
② 见《晚明小品精粹》，马美信编选，复旦大学出版社1997年版。
③ 这一命名看似逍遥，实是发泄着他不得志的怨气。"泛泛偷生，屈生非不知其
乐，但宗国受难忍之辱，旁观抑郁，自不容苟延。予幸生太平之世，少未立朝，不与人
家国事，偷以全躯，正其事也。"《游居柿录》卷二，第34页，刘如溪、谢蔚点评，青岛
出版社2005年版。

越之行。

　　这是袁小修的第五次江南之行。前四次出游，基本上都是在考试落第之后出来散心解乏。说来难以置信，才三十九岁的小修已经有了八进考场的非凡经历。为考取举人的学位他参加过六次乡试，从二十岁考到三十五岁耗时十五年，为了取得更高一级的进士的学位也已经有了两次失败的记录。现在，船已解缆离岸，诗人袁小修要用吴越精致的山水洗涤"俗肠"了。[①] 甫离尘世的牢笼返归自然，他觉得自己像黄昏掠过河面的水鸟一样自由无羁。心情一好，自然手痒难忍，袁小修在舟中铺开日记，以《东游记》为题兴致盎然地记录起了沿途风光和经历。

　　上溯二十个年头，二十岁的小修对科举应该说还有很高的期待，但他那时已经开始谋划另一条人生途径了。是出仕还是退隐？他曾认真地考虑过这一问题，并在京城预购了一处房产"杜园"作为退路。他认为，现在这年纪，"心躁志锐"，未来人生的方向是显是隐尚不分明，但中年一过，生命的情势自然会像棋局一样分明起来，到时这个园子自然就可以派上用场了。

　　此后的近二十年间，袁小修一面在科举的路途上继续蹭蹬前行，一面又不断地对为了功名奔走如牛马的人生产生质疑，退隐的念头不时在脑海中盘旋翻腾。在北京探望大哥伯修时，他发现大哥虽居高位，生活却劳累不堪。而当他看到北京官员的奔劳时，更不禁自省："家有产业可以糊口"，却"舍水石花鸟之乐，而奔走烟霾沙尘之乡"，实在是把人生的手段与目的颠倒了。

---

　　① 小修这样解释旅行对他的诱惑："一者，名山胜水，可以涤浣俗肠，二者，吴越间多精舍，可以安坐读书。"见《游居柿录》卷一。

一次次的考场铩羽，一次次自尊心的饱受打击，小修不禁感叹：人为什么削尖了脑袋要往官场钻呢？当官真有那么好吗？（"人生果何利于官，而必为之乎？"）他已经从实际的操作层面规划起了退隐后闲雅生活的种种可能性：

> 仆有膻粥之田，可取租四百余石，以其半赡城中妻孥，以其半为村中及舟中资粮。岁有银租近百金，以十分之二付城中妻孥作蔬具，以强半给予游玩度支。又沙市有一宅，社友苏直指曾诺以直，若得此，再治田数百亩，仆于穷人中，亦足以豪。支派既定，但饭来张口，有若神鸦，何俟仆仆更求人乎！①

袁氏家族自曾祖起已是当地的豪族，袁小修有经济实力设计这样一个士绅的现实生活构图：以一定的田产租金来作日常开支，在此基础上过着不劳而获的悠闲日子。同时我们也可以看到小修在支付家人日常所需之外，尚有余裕来供应自己的"游玩度支"，也就是说，除了可以不虑衣食、无求于人之外，他还可以有充分的空间发展休闲娱乐生活。这般有钱有闲的生活，自然不是像戴名世那样的没有恒产的寒士可比的。如果小修愿意，生活的经营自可以展开另一番不同的面貌。也即是说，小修已拥有足够的生活资本去经营另一种生活形态，一种充满着声色犬马的感官生活了。

科考入仕既成极为强势的主流价值观，博得功名的念头已像附骨之疽一样深入了袁小修这样的读书人的心灵深处，并一步一步地毒害着他的生活。虽深知仕不如隐，但他也无法断然拒绝仕途，正

---

① 见《珂雪斋集》卷十四，钱伯城点校，上海古籍出版社1989年版。

如我们看到的，购买杜园后，小修一直在科举的途中屡战屡败，屡败屡战。万历三十八年，再度应考失败后，小修向中郎表白：今弟年亦四十余，升沉之事，已大可见，将从此隐矣。话虽如此，可他隐得了吗？

但在万历三十七年的春天，小修完全有理由把饱受打击的生活信心交付给这条向着吴越山水一路逶迤而去的楼船。本来他已经借了他舅舅的一条船，准备了足够一年之需的粮食，但临到出行，考虑到这只船太小不宜远行，他还是另行购置了一只宽敞坚固的船。他已经决意去过一种"煮鱼温酒，倚醉豪歌"的生活，从船上的布置我们也可以想见他那种闲放出尘的心态：船舱一壁挂着新购的沈石田①的画，另一壁则是他喜欢的黄太史慎行的草书；苏合香在香笼里缭绕；船上矮几，摊开着他新写的字，边上的石砚里酽酽的墨汁散发着好闻的香气；一伸手就可以拿到他喜欢的书。② 在这些"长物"的包围中，小修对着江水也对着自己发誓："我拼此生住舟中，舟中即家。他不可必得，清闲二字更少我不得也。"③

小修此行的计划，是经汉阳、黄石矶、繁昌、芜湖抵达金陵，然后游过镇江金山后再沿运河前往浙江。一路走走停停，到得南京已是五月仲夏。"泛凫"从上清河过江东门入城时，南京城刚下过一场大雨，雨后的山色更加苍翠浓郁，几欲沾衣。正是端午赛船时节，俊美的少年们驾着五色的龙舟在河上飞渡，箫鼓声、歌笑声震天地，在桃叶渡口上下五六里间，男男女女结伴观看赛船，水边楼阁

---

① 沈石田，明代画家沈周，字启南，号石田，长洲（今江苏吴县）人。"明四家"之一。

② 有关舱内的书画及布置，见《游居柿录》卷二。

③ 见《游居柿录》卷三。

鳞次栉比，刺绣的门帘卷起一半，阁中妇女佩戴的珠翠头饰隐隐闪现，装饰华丽的游船载着酒在河中漂荡，连水波也被映射成了丹砂般的红色。①公安名士袁小修的造访南京成了一个重大的文化事件，于是有了"词客三十余人大会秦淮水阁"盛会。这一天恰逢小修的生日，朋友在妓院里备下酒席为他祝寿，一路看去，歌声似雏莺婉转，脂粉似赤霞一片，啊呀呀，那些个狐狸精般的女人，个个能诗善画，妙解风情，懂得芙蓉养纸、柳絮裁诗，怎不让袁才子蠢蠢欲动呢？

　　此情此景让袁小修似乎回到了秦淮河畔纵情声色的少年时代。早年的粉黛之癖致使血亏气虚让小修不得不有所收敛，但一回到风月场中面对如此撩人的场面，如雷开蛰户，春萌草色，他早就不能自控了。尽管他一次次检讨自己的酒色之癖，"败我之德，伤我之生，害我之学道者，万万必出于酒无疑"，"常居城市，终日醺醺，既醉之后，淫念随作，水竭火炎，岂能久居于世哉！"②但骨子里还是以为，情欲出自人之天性，是无法铲除干净的，"刚骨腻情，亦名人之常态"③。所谓刚骨，自然是指与世俗格格不入，腻情者，情欲多多是也。小修自认是骨刚情腻之人，所以不能断绝丝竹粉黛之好。可千里泛舟，难道就为追逐情色而来？晚上跟跄着回舟，可能欢宴时过分的血气浮动，吐出的痰里竟有了丝丝血痕，看着秦淮河里半轮妩媚的月亮，不免一番忏悔自责。世间的种种繁华快活，那可都是"刀尖上的蜂蜜"呀，一经沾着，虽暂时可口，哪一天毒性发作，弄

　　① 万历三十七年五月小修游南京城及下文生日宴会的记述，见《东游记·二十二》，《珂雪斋集》卷十三。

　　② 见《游居柿录》卷三。

　　③ 见《东游记·二十二》，《珂雪斋集》卷十三。

180

得个裂肠破肚，怎生是好？①

七月初，在镇江游过金山寺，友人陶望龄②去世的消息终止了小修计划中的吴越之行。因为在小修的设想中，这次吴越之行在很大程度上就是为了去绍兴拜访这位品行高洁的当代颜回，与他把酒言欢参证学问。③心灰意冷之下，他掉转船头重回南京。接下来，当"泛凫"在返程途中将到丹徒县时，小修做出了一个让我们目瞪口呆的决定，他打发"泛凫"回公安老家，自己从陆路北上，准备去北京参加明年春天的一场会试。他的态度在这里转了一百八十度的大弯，坦然承认自己连年奔走场屋却还是"名根未断"，种种的享受不过是"锋刀上蜜，甘露毒药"，说不上有多少快活。④接下来我们看到的是让人啼笑皆非的一幕：没有了主人的"泛凫"一路向西独自回楚，而我们的小修先生则在秋风中由京口渡江，经真州（仪征），过扬州、高邮，渡过黄河，一路向北陆行进入帝国的心脏。两个月后，他将出现在北京西山一处僻静的地方，闭关三月，精心准备八股制义，用他的话说是"为入试资粮"了。袁氏兄弟，一个以瓶花寄托安慰对自然的念想，一个欲以吴越精致的山水洗涤"俗肠"，却是一样的心累。

故事的结局几乎在我们的预料中，诗人袁小修在来年春天的这次会试中再度落第了。不仅这一次他功名未就，再过三年，他还是

① 见《游居柿录》卷三。

② 陶望龄，字周望，号石篑，会稽（今浙江绍兴）人，公安派作家之一，有《歇庵集》。

③ "得陶石篑先生讣音，感叹泣下者久之。此当今一颜子耳，心和骨劲，学道真切。我之发舟，大半为先生来，庶几以学问相参证，而讵意陨折，伤哉！伤哉！"见《游居柿录》卷三。

④ 见《游居柿录》卷三。

没有撞开那道为他而设的门。而不幸的事件将要在他的身上接二连三地发生：先是他视为精神导师的二兄袁中郎因血疾去世，再是两年后老父的死，再是落在自己身上顽固不化的病。事情要在他守孝三年后参加第四次会试的万历四十四年才会出现转机，在第十次科考中，名满天下近廿载的公安名士袁小修终于取得了他梦寐以求的进士资格，并得以外放就任徽州府学教授这一闲职。而这一切，他的父亲和两位兄长是看不到了。被折腾得死去活来的袁小修不由得感慨："得了头巾帻足矣。"①

事实上，当载着小修一路东来的"泛凫"在万历三十七年的秋天掉棹西去，这一篇网状铺展着的关于明清文人感官世界行旅的文字也该到了终结的时候。正如我们看到的，当感官的磨砺和发达到了极致，生命离颓败就不远了，一种文化也已走到了崩盘的边缘。而性灵诗人袁小修给本文画上的这个句号，则让我们看到了这些酷好风雅之士更为完整的内心图景：他们的半边身体享受着此间的声色，另半边，则像一张紧绷的弓，时刻等待着来自高处庙堂的感召。

---

① 见《游居柿录》卷十一。

六 崇祯二年中秋夜的那出戏

1629年10月2日，是为崇祯二年中秋翌日，张岱带着他庞大的家庭戏班，自杭州沿京杭运河，行经长江南岸北固山。此行他是前往山东兖州，为在鲁王府供职的父亲祝五十大寿。两年前，他的父亲张耀芳，这个屡试不中的老童生终于以副榜贡谒选，以"右长史"之衔，在山东鲁王府做了个小官。

深夜时分，船过金山脚下，从船舷一侧望去，金山寺大殿的飞檐虽在山树掩映之下，却也翼然可见。此时月光愈加皎洁，照在露气凝重的水面上，江涛吞吐，气象更是万千。镇江西北的金山一带，正是南宋名将韩世忠力抗金人南侵，鏖战八日将金人逐退过江的地方。一念至此，张岱心中忽地冒出一个孩子气的想法，他命令船改变方向，驶向金山寺。

越地风俗，向来把十六作月半，月圆之夜，正好经行此地，去金山寺去过这个中秋之夜，岂非天意？于是一行人趁着夜色，停舟系缆，施施然穿过龙王堂，进入大殿。一路但见林间漏下的月光落在地上，疏疏如残雪一般。张岱特意关照随身小仆，把灯笼、道具、服饰全都搬上岸来。

不一会儿，漆静一片的大殿被挂在柱子上的灯笼撕出了几片亮光。锣、鼓、铙、钹，次第响了起来，渐如急风骤雨。幢幢的灯影中，那粉墨登台的人，皆拖了长长的影子，这情景真是诡异莫名。被鼓乐声惊醒的僧人们从寮房跑出来，他们循着声响的方向来到大殿，眼前的一幕不由得让他们目瞪口呆：只见一群伶人正在庄严的佛像中间咿咿哦哦地唱着韩蕲王金山及长江大战的戏剧，一个三十出头的男子则神色怡然，坐在大殿前厅独自看戏。

多年以后，张岱在《陶庵梦忆》中回忆起繁华靡丽年代里自己一手炮制的这场中秋"金山夜戏"，还是掩不住一脸得色："一寺人皆起看。有老僧以手背搽眼翳，翕然张口，呵欠与笑嚏俱至。徐定睛，视为何许人，何事何时至，皆不敢问。"

想来僧人们是被这场没头没脑的戏搞得如坠雾中了。等到演出结束，已是天将破晓，这群人把乐器道具包裹起来，回到他们来时的船上，当他们解缆过江，鼓起风帆驶离金山寺时，僧人们还是默默地伫立在山脚下，从他们惊愕、好奇的神情来看，就好像还在纠结于这群人到底是人、是怪还是鬼。

这只是自称"纨绔子弟"的张岱平生无数放诞事之一。他此番北上，虽是去为父祝寿，但他却最看不得父亲对功名的热望。沉埋于帖括制艺几十年，一次次考场折戟沉沙，坏了一双眼睛，落下一身病痛，真是何苦来哉。所以他自己撞过一两回南墙之后再也不应那个劳什子试了。没有功名、公职算得了什么？那都是附骨坏疽呀。梨园、鼓吹、古董、花鸟、华灯、烟火、精舍、优伶、园林、歌童、茶寮，这物质世界里的种种，哪一样不比做官风雅有趣得多。四十岁前的张岱，就这样周旋于读书、享乐之两端，满足于技艺和趣味为他带来的新名声：茶道高手、业余琴师、鉴赏家、旅行家、著名戏剧赞助人……

为了安慰张耀芳的一次次落第，从1616年开始，张家在女主人的张罗下开始大兴土木，造楼船，采买歌童演戏，园亭、娱戏不能慰藉一颗沉浸于功名的心，倒是让张岱一出世就落在了一个浮华世家里，练出了鉴赏家的眼和耳，传说张家戏班子只要张岱在坐，伶人们就格外卖力，谁也不敢打马虎——"焉敢草草"。就在兖州之行的前一年，张岱听到魏忠贤倒台的消息，改编的一出传奇《冰山记》在绍兴城隍庙演出，观者竟达万人。三十岁的青年艺术家竟已有如此气场！

除了金山寺中秋夜戏，张岱还描述过苏州虎丘的中秋夜，"土著流寓、士夫眷属、女声乐伎、曲中名妓戏婆、民间少妇好女、崽子娈童及游冶恶少、清客帮闲、傒童走空之辈"，全都出来赏月，月亮刚露半边脸，就铺开了百十处鼓吹，大吹大擂，"动地翻天，雷轰鼎沸，呼叫不闻"，这十丈红尘的喧嚣，他也能看出个好。但既为艺术家，就算他最为陶醉之时，也还保有着一份自觉，也就是说，他看月，更看人。在《陶庵梦忆》的另一个著名的篇什中，他把西湖边的赏月之人分成五类，也真是后人说的你在桥上看风景、看风景的人在窗前看你了。你道是哪五类？

——"名为看月而实不见月者"，伪风雅派；

——"身在月下实不看月者"，狎游派；

——"看月而欲人看其看月者"，装B派；

——"月亦看，看月者亦看，不看月者亦看，而实无心一看者"，短衫派；

——"看月而人不见其看月之态，亦不作意看月者"，故作优雅的唯美派，或曰装酷派。

1629年秋天的这次兖州之行，除了在当地上演经修改的《冰山记》，张岱还跑到曲阜谒孔庙，进香泰山，看起来兴兴头头，却也并不十分愉快。父亲在鲁王府的尴尬处境让他难过。鲁王好神仙之术，张耀芳以道家引导之术才得以立足，看着父亲胸怀济世之志，一生襟抱未开，只能在虚无的长生术中求得内心的解脱，张岱只觉尘世的悲哀与无奈。四年后的1633年，张耀芳去世，张岱在一篇纪念文章中说："先子少年不事生计，而晚好神仙……先子暮年，身无长物。则是先子如邯郸梦醒，繁华富丽，过眼皆空。"

他为父亲感到惋惜的是，当年母亲试图用现世世界里的种种来点化痴迷于功名之途的父亲，都没有让他迷途知返。他感谢母亲，让他往另一个方向上去实现自己的人生。

但现实就像1629年中秋的那场金山寺夜戏，演戏的，看戏的，都是在戏中，待到曲终处，繁华摇落终成空，十五年后，亦即1644年的那场巨变后，他苦心经营的一整个世界摧毁了，他只能像剧终之后那些沉默的僧人，目送一个时代渐行渐远，不知苟活于世的"是人、是怪、是鬼"了。

七 一个享乐主义者的早年生活

看哪，一个享乐主义者的早晨
——喝酒，唱戏文，吹着西风吃蟹
对着一张施工图纸
布置园中的石头和水流

从长江北岸冲积平原上的如皋城，一路向西，就到达大运河西岸的繁华城市扬州。在这里弃马登舟，坐上那种张着白帆、黑色舱盖的乌篷船，溯水南下，横渡长江，就是南岸的重要城市镇江。接下来的旅程，无锡、常州、苏州至南太湖的湖州，都是十七世纪中国最为富庶的地区，旅行者无疑会在氤氲的烟火气息中获得极大的愉悦。船到杭州，那条贯通中国南方和北方的水道上的旅程结束了，随之转入的却是风烟俱净的富春江。那次第展开去的山水长卷，怎能不让旅行者心神为之一振？

1634年秋天，李渔第一次从江苏如皋回祖籍地浙江婺州府兰溪县，走的就是这一条旅行线路。"渔虽浙籍，生于雉皋"，他回原籍，是准备参加下一年秋天在金华府举行的府试。处于浙中丘陵地带上的兰溪，是婺州府下面的一个县。这一年，这个药材商人的儿子二十四岁。

府试的成功使他获得了"生员"的资格，这意味着他的儒生地位得到了政府的承认。但在四年后省城杭州的乡试中，自居八股文高手的李渔落榜了，他那一套"临去秋波那一转"式的作文法并没有打动考官们。他像一个精明的商人一样计算了年龄和功名之间的距离，无奈而又解嘲地写道："问年华几许，正满三旬。昨岁未离双十，便余九，还算青春。叹今日，虽难称老，少亦难云。"为了纪念消逝的青春，他出版了平生第一部诗集，为此他卖掉了琴、砚台和心爱的宝剑。

三年后的 1642 年，李渔准备再度赴省城应考。这一年，明帝国派驻山海关负责对满族人作战的最高指挥官洪承畴的降清，使得帝国东北部大门完全洞开。地方上的骚乱更是愈演愈烈，李渔深切体会到了国家的严重危机和个人的不安全感。虽然在母亲的坚持下他又一次踏上了前往省城之路，但在半路上得知即将发生一次动乱的消息，他就收拾行李打道回府了。回乡不久，他母亲就去世了。很久以后的一个晚上，他看见母亲走进卧室，温和地责备他耽于嬉戏荒废了功课，他醒来才意识到这是一个梦。

三十二岁的李渔搬到了府城婺州，此时，外面的世界正发生着巨变。时局就像一幅色彩凌乱、变幻不定的后期印象派绘画，帝国在内乱外患下正面临全面崩盘。就在李渔移居婺州的第二年，一场由当地人许都领导的起义在邻县东阳爆发。他以前总以为杜甫那些记述战乱和苦难的诗作是在夸大其词，现在终于体会到了什么叫毁灭和蹂躏。一个多月后，婺州解围，生活似乎又回到了正常。但实际上这座城市的灾难才刚刚开始，接下来南明溃军和清军的洗劫使它几乎遭受灭顶之灾。接二连三的动乱中，李渔失去了他生命中最为珍贵的东西：房子、朋友、书籍和手稿。

在经过了一段时间东躲西藏的徘徊观望之后，李渔带着他的家人从栖身的山林中走了出来。回到兰溪夏李村，他所做的两件事，一是剃发。"晓起初闻茉莉香，指拈几朵缀芬芳。遍寻无复簪花处，一笑揉残委道旁。"再是建造一座名为"伊山别业"的宅院。他亲手设计了全部建筑的图纸并亲自组织施工，据他自称，别业内有燕又堂、停舸、宛转桥、宛在亭、踏响廊、打果轩、迁径、蟾影口、来泉灶等景观。又造亭一座，名且停亭。他开始了向着一个享乐主义者的转型：喝酒，唱戏文，吹着西风吃蟹，对着一张施工图纸布置园中的石头和水流……

别业成后，他开始了自己说的"识字农"的生涯。耕读之余，写些诗文，不再为名利奔忙，"名乎利乎，道路奔波休碌碌，来者往者，溪山清净且停停"。他已经想好了用这种轻松愉快的方式度过他的余生。还不到四十岁他给自己取了一个新的别号"笠翁"。迁入新居，已届新春，窗外盛放的油菜花带给他真正的春天的感受。后来在《闲情偶寄》里，他说，当你走进油菜花地这个金色的海洋时，就会体会到什么是真正的自由和解放。

"窗临水曲琴书润，人读花间字句香"，这就是三十八岁的李渔为自己安排的未来生活图景。他后来回忆在伊山别业三年的生活，简直是"享列仙之福"："追忆明朝失政以后，大清革命之先，予绝意浮名，不干寸禄，山居避乱，反以无事为荣"，一到夏天，不去访客，也没有客至，不但头巾不用了连衣服也成了累赘，"或裸处乱荷之中，妻孥觅之不得，或偃卧长松之下，猿鹤过而不知"，在飞泉下洗砚，用旧年的积雪来试新茶，想吃瓜了瓜就在户外，想吃水果了果子就挂在树上，"可谓极人世之奇闲，擅有生之至乐者矣"。

虽然身处乡野，出生并成长于商业气息浓郁的如皋小城的他并没有停止对城市生活的向往。经济的拮据迫使他不得不在三年后放弃隐逸生活，把房子出卖以养家。1649 年秋天，李渔带着他的三个妻子、两个女儿离开了刚建成才两年余的伊山别业，前往省城杭州。

身上流动着商人血液的李渔相信，在那个集中了各种各样的剧团，有着最好的剧场、书店的陌生的城市，他的小说和剧本一定会找到好的买家。路途遥远，他只带了一些随身常用的家什，其他东西全都扔掉了，包括自费出版的一本诗集。"又从今日始，追逐少年场"，这一年他正好四十岁，心还不老。后来成为十七世纪中国最为成功的剧作家和出版家的李渔，他的职业生涯当由兹始。

道德剧

——走出神话的张苍水

一 没有悬念的开场

1662 年，端午节后五日，①南明兵部右侍郎张苍水于戎马倥偬中打开了他的诗箧，重新面对他的朋友们抄录及从记忆深处打捞的诗歌碎片。这一年他四十三岁。回想起一次次的兵燹中像麾下的兵卒一样消失散亡了的诗句，他惊悚地发现，乱世之中，竟然文字也难逃厄运。在五月明亮的天光中，他似乎看到了自己的末日。它正在两年后的某一处关隘张开黑洞洞的大嘴等着他自投网罟。于是他决意把这些残存下来的诗句取名《奇零草》汇编成册。所谓奇零，是取其零落凋亡、已非全豹之意。诚然谁也无法想象一己的肉体生命消失后世界会是何等样子，但他也不愿意看到这些提桨北伐时的慷慨长歌和避虏南征时的寂寥低唱成为广陵绝响。他真诚地希望，这些散乱的诗句能让他在历史中成功地留痕，成为他一生的传记，或者他的年谱。在用蝇头小楷手书的诗集序言中他就是这样坦率地告

---

① "永历十六年，岁在壬寅，端阳后五日"，本文把张苍水手订《奇零草》的时间作为了叙述的开始。见张苍水《奇零草序》，此文原编入《冰槎集·祭山神文》后，见《张苍水全集》，宁波出版社 2002 年版，第 2 页。

诉我们的。^① 只是当时他不可能知道，这些一次次的离乱中保存下来的诗稿，如果不是因为一位连名字都没有留下的洗衣女工的援手，两年后怕是真要化为纸烟在这个世界彻底消失了。

作为一个生长于感时忧国的文人传统下的诗人（张是二十三岁那年中的举人第），张苍水当然知道，国破家亡之际，士人欲以文艺（"有韵之词"）求知于后世是可笑的，但他同样固执地认为，事情也不能一概而论，比如像陶靖节、杜少陵他们写下的有"志"有"情"的文字又当别论。而他，张煌言，无论在道德上还是诗艺上，他都自认为算作陶、杜传人并不是一件太过傲慢的事。就像在境遇上他时常拿自己与宋亡后的文天祥作比，在诗歌写作上他又自觉地把自己列入了陶杜一脉以诗言史的传统谱系中。给人的感觉是，张苍水的背后始终有一个强大的传统支撑着，他自觉地寻找、校正着自己在这个传统中的位置，而一旦坐实了这个位置，他就虽九死而无一悔。接下来我们会知道，他四十五岁的年轻生命就是以这样一种方式进入历史，并成为鲜活的中国传统的一部分。

话题再回到《奇零草》上来。正如我们已经知道的，他平素所敬仰的陶渊明、杜甫是两个生活在乱世，又被乱世成全了的诗人。尤其是后者，在颠簸的下半生饱受胃囊的收缩和政治热望的扑空这双重饥饿之苦，并在困苦中写出了他不朽的诗史。陶生逢晋室之乱，杜又在生命的壮年遭遇了天宝年间的安史之乱，而本文主人公张苍水——出色的《奇零草》（当然还包括同样出色的《冰槎集》和《采

---

① "年来叹天步之未夷，虑河清之难俟，思借声诗，以代年谱。"张苍水《奇零草序》，见《张苍水全集》。民国藏书家张寿镛在 1934 年编纂《四明丛书·张苍水集》时说"先生之诗，诗史也"，可作参证。

薇集》)的作者，生当十七世纪中叶天崩地解的乱世之秋，"叹天步之未夷，虑河清之难俟"①，其境其况，比之陶、杜又若何！这种道德与诗艺上的自信和文化上的傲慢，使他在手订的诗集的末尾固执地题上了"永历十六年"这一虚妄的年号（鲁王失去监国名号后，远在滇中的桂王朱由榔曾在张苍水三十九岁那年遥授他兵部尚书兼大学士一职）。尽管事实上，岁在壬寅的 1662 年，已是八岁冲龄的爱新觉罗·玄烨即位的第一年，亦即康熙元年了。

一个令人绝望的事实是，这依仗半壁江山海天之险的战争从一开始就是徒劳的。从清军入关驱逐了大顺农民军，再到笼络旧臣、安抚民心及至新朝体例上对汉文化的认同和归依，越来越强烈的信号表明，历史的河道已在这里陡然转身向着另一个方向奔流。而此时南明流亡君臣组织的一个个相互磨擦、内讧的小朝廷，就像寓言中的某种昆虫想挡住一辆急驰的大车一样不切实际。先是福王朱由崧在南京建立弘光朝，不到一年因内讧而覆灭。再是明太祖的十世孙朱以海监国于浙江绍兴。接着明太祖第九世孙唐王朱聿键在福州称帝，建号"隆武"，其弟朱聿粤在广州称帝，建号"绍武"。随后明神宗朱翊君之孙、桂王朱由榔在两广总督丁魁楚等人拥立下先于肇庆称监国，后逃至广西梧州称帝，建号"永历"。一个朝代日薄西山之际，真是处处衰败之象，那些朱氏子孙，也是一个比一个不济。朱由崧腐化昏聩，城破后狼狈出逃，复被擒，首蒙包头，油扇掩面，百姓夹路唾骂。唐王以王叔的身份对鲁王下诏，两部干戈相争，元气大伤。朱聿粤部又与朱由榔部兵戎相见，落得个城破身死。永历

---

① 见张苍水《奇零草序》，此文原编入《冰槎集·祭山神文》后，《张苍水全集》，第 2 页，宁波出版社 2002 年版。

是晚明最后一个政权，但朱由榔生性柔弱，终非拨乱之才，顺治的部队打到哪里，他就从哪里逃跑，做了十六年皇帝，也逃了十六年，最后逃到缅甸，还是被抓。而此时江南残军、士子、庶民的一次次抵死相抗，从扬州十日，嘉定三屠，再到浙东沿海近二十年的拉锯式争战，除了给江南大地添上一座座新坟，除了在朝代的转折处留下点点斑驳的血痕，从历史的中长时段来看远远是破坏大于建设。

说来可笑的是，1645年，年轻的张苍水因奉迎鲁王监国有功被赐进士身份加翰林院编修后，他接受的第一个政治任务就是前往福州，去调停唐王和鲁王双方的军事摩擦。这是一次危险的出使，因为隆武皇帝和他的"皇侄"之间的冲突早已公开化。之前，唐王派了一个御使带了许多银两去犒劳驻扎在钱塘江南岸的部队，被不明身份的一伙人杀死；随后，鲁王派到福州的一个使臣也遭唐王的监禁并处死。张苍水的调停是否成功姑且不论，他能够在这纷乱的时势中从福州全身而退，其过人的胆略和才识还是给鲁王朱以海留下了深刻的印象。

终顺治一朝，江南的抵抗运动已渐入尾声，到1661年郑成功率部退入台湾，此时的东南海上，已是"诸军零落，散亡殆尽"，实际仅存的也就张苍水一旅了。[1]但张的部队，始终都是一支偏师，实际上也不可能有大的作为。绵薄的军事力量加上将略上的先天不足，使张的部队在江南抵抗运动中始终只是在侧翼呼应。当1659年郑成功的部队挥师北上抵达南京城外时，张率他的本部人马也由镇江而

---

[1]　黄宗羲《有明兵部左侍郎苍水张公墓志铭》这样叙述当时局势："于时海内承平，滇南统绝，八闽澜安，独公风帆浪迹，傲岸于明、台之间。"《黄宗羲全集》，浙江古籍出版社1993年版。

瓜洲而芜湖一路过关斩将，但即便如此，也只是"虚喝"一阵而不可能对清朝廷构成真正的威胁。而此次"江上之役"由于主谋者郑成功的妇人之仁、缺乏自信和将才导致的流产，更令遗民志士无不痛心（诗人吴伟业在《七夕感事》中讥讽郑成功像三国时赤壁之战中的曹操一样狂妄自大）。几年前的首入长江（那时张的职务是定西侯张名振帐下的一名监军），三军缟素登上金山遥祭明孝陵而哭的所谓壮举更像是一个道德象征，而不是一次有战略意图和实质性意义的军事行动。表面上看起来风光热闹的 1659 年对张来说注定是个凶年，随着主力溃败、郑成功部由长江退入海上，张也难逃一溃千里的厄运了。如果不是忠心的部属拼死掩护和沿途农民出于道义的接济和帮助，他恐怕早就尸骨无存了。也就是在这一年，他在宁波的家被抄没了，家产没入官府，他的妻子和儿子被正式逮捕解送至杭州看押。

对于郑成功在 1661 年弃江南而取台湾一事，张苍水是持反对意见的。他派朋友兼幕客罗子木（他在军中的职务是参军）去说服郑成功，劝说不成，又写了一封措辞严厉的信给郑，大意是说台湾区区一岛，从战略意义上来说与一群生番去争实在没什么意思，舍陷落胡骑铁蹄的中原而不顾，如此进退失据，实在是"生既非智，死亦非忠"。郑取下台湾后，他还写了四首讽刺诗，其中有这样的句子："中原方逐鹿，何暇问虹梁？"[①]"寄语避秦岛上客，衣冠黄绮总堪疑。"[②]据说，郑成功看了他的诗，只是付之一笑。（历史在这里跟

---

① 见《送罗子木往台湾》，《张苍水全集》，第 98 页。

② 见张苍水《得故人书，至自台湾二首》，收入《诗外编》，《张苍水全集》，第 121 页，宁波出版社 2002 年版。

198

张开了一个无情的玩笑，后来的事实证明，被他目为非智非忠的延平王比他更能把握机会。）张苍水之所以不歇手，并不是他对当下的情势还抱有什么幻想，而仅仅是他这一部曾奉为监国的鲁王朱以海还在。君一日不亡，臣也不得亡。这是为臣之道。身为大明孤臣的张决意以身殉道了。然而，终要到来的消息两年后还是传至翁洲（现舟山），失去了监国名号的鲁王已在台湾东宁去世。张闻讯大哭："这么多年我之所以拖累部下屯兵海上，就是为了您啊，您这一去，我还有什么好等待的呢！"①

哭泣之后，张苍水反倒感到轻松了，好像有谁把压在他心里的一块大石头搬开了。因为没有了无望的等待，因为那个终要到来的结局已遥遥可望，多年不再有过的平静笼罩了他。狂涛落日中，他已经隐隐听到了越逼越近的康熙皇帝马队的铁蹄声。

就在张苍水派遣使者去福建祭告鲁王之际，清军已攻克思明岛。随后，金门、临门、牛头门、楚山、玉环山诸岛也相继被攻克。"吹笳悲自壮，击筑和谁亲？"到处都是敌人，他的身边再也找不出一个盟友。张苍水此时的心情当与垓下之围时的西楚霸王庶几近之。②随后福建一战，张的兵马几乎损失殆尽，连他的弟弟张嘉言也被俘杀了头。这年六月，张解散了跟随他多年的军队，带了少数几个随从来到了舟山群岛一个叫悬山的小岛结茅而居。用他自己的说法，是

① 见《清史稿·张煌言列传》："二年，鲁王殂。煌言恸曰：'孤臣栖栖海上，与部曲相依不去者，以吾主尚存也。今更何望？'"
② 张苍水有《经乌江两首》诗，不无以项羽自比之意："楚歌声里霸图空，匹马归来势自雄；四百年余炎火断，谁知隆准一重瞳。"

"入山"了，大隐从兹始了。[①]

悬山者，虚悬海中之山岛也。一份二十世纪八十年代的区域手册上介绍说，此岛地处象山港外，西端紧邻六横岛之台门镇，往东便是东海，面积约七平方公里。岛上地势平坦。南侧港湾可泊船，北侧则峭壁悬崖。张和他最亲密的战友在岛上的日子，风打茅芦，汲水煮石，苦辛倒也罢了，还可以读读陶渊明，想想一场场从海上到长江的大大小小的战事和一个个从眼前消失了的故旧和部从，日子不至于过得太枯燥。只是他的心时时痛着，连鸟唱猿啼，听去也满是故国之恨。本以为，此中有佳趣，好作采薇吟，却原来纵横一生要静下来也那么难。一静下来，满耳都是兵戈铁器相击的寒声，海风吹动大旗的猎猎，和被炮火炸落海里的弟兄的呻吟呼救声。

其时，这个失败的英雄虽已到了绝路，但还是有华容小道可以脱身，至少他还是有这样几种选择：一、像好友朱舜水、冯京第一样东渡日本，"乞师"也好，"避秦"也好，能活命就好。二、听从部下计议去台湾，延平王郑成功虽已死，故人之子还在，此人虽碌碌无为，要去做个寓公当不至于为难。三、效法黄宗羲遁入四明山中龙虎草堂，觅一片青山著书立说。但正如我们前面已经知道的，张的背后始终有一个强大的传统支撑着，这种文化与道德的双重支撑，使败亡之后的他以一介孤危之身做出了"宁以一死以立身"的选择。

一边是已经在等死，一边是急欲捕之而邀功，故事至此已经没有了悬念。

生还是死？对于身处明清易代之际的知识分子来说确是一个不

---

① 张苍水自订诗集《采薇吟》的第一首即为《入山》："大隐从兹始，悠然见古心。地非关胜览，天不碍幽寻。石发溪头长，云衣谷口深。此中有佳趣，好作采薇吟。"

容我们以现世的精明可以轻易谈论的话题。就像有论家所指出的，暴力的血腥、道德的血腥双双恣肆是晚明知识界的一个重要特征。在暴力的血腥中，文人是承受者；而在道德的血腥中，文人则既是承受者更是制造者。钩稽明末文献，可谓触目皆"死"，种种死的名目计有："死社稷""死封疆""死城守"……[1] 和张苍水同一时代的最出色的历史学家黄宗羲在一篇文章中标示了史家记死的种种体例："曰死之，曰战死，曰败殁"，其高下分别是："死之者，节之也；战死者，功罪半也；败殁，则直败之耳。"黄宗羲认为，有些事并不是一死就可以了之的，同样是一死，主动死与被动死，先死与后死，自主的死与非自主的死，时间、地点、动机、方式上差之毫厘，其结果则是天渊之别。作为一个历史学家，就要对这些各种类型的死仔细甄别。[2]

　　——且听听那些赴义者们是怎么说的。陈子龙说：我久欠一死矣。瞿式耜临难时说：吾此心安者死耳。钱肃乐说：不济，以死济之。张苍水的说法则是：有死无贰。死在这里成了忠义者的口头语，我们或许会感到奇怪，一时士风怎么都竞相以死为贵为荣，似乎在那个时代最大的人生问题就是求死了。考究一个士人的节操既已简化为了生死两途，在这种语境中流传助人死的佳话便不足为异了：瞿式耜劝永历帝于偏安之局不可得时速死，刘宗周的弟子劝其"早自决"，都被传颂一时。至于因各种原因没有能马上死的，他就难逃时论的诟病和讥讽。本文主人公张苍水杭州临难前，诗中有句"叠

---

　　① 有关明清之际士人的生死抉择，及有关"死"的话题的谈论，可参见赵园著《明清之际士大夫研究》一书的第一章《易代之际士人经验反省》，北京大学出版社1999年版。

　　② 见《赠刑部侍郎振华郑公神道碑》，《黄宗羲全集》第十册，250页，浙江古籍出版社1993年版。

山迟死文山早，青史他年任是非"，诗的意思是说，元灭宋之日，谢枋得（号叠山）没有即死，尽管他后来不应征召绝食而死，与文天祥比起来是让人叹其死迟了。早死与迟死在当时情境中就是被赋予了这样的严重性。这浓浓的道德血腥让我们感到文人之死如同演戏，他并不是为自己而死，而是死给旁观者看，死给历史看，死给士大夫那套道德价值系统看的。

1663 年起，清政府在宁波特设"水师提督"一职，这是专门为对付张苍水所设立的。一次次的迁移海上居民于内地，都没有扼住张苍水的残喘，新任水师提督张杰和浙江总督赵廷臣做梦都想着把他捉拿归案。"逆渠张煌言，盘踞浙海多年，其下伪官，节次招降，独张煌言抗不就抚。"[①]在一封写给皇帝的密信中，汉军镶黄旗出身的赵总督愤怒而又委屈地报告说，他好几次写信给张晓以祸福，希望归顺新朝，张却毫不客气地拒绝了他一次次的好意，一点也不肯通融，"至死不悔"。更可恶的是他竟然还大言不惭要划海而治。现在他手中已无一兵一卒，却还"借名归隐，徜徉海外"，是可忍孰不可忍？听了赵廷臣的报告，皇帝命令："急购之。"

其实赵总督不知道，六年前，他尚在大学士洪承畴举荐下初任湖南道副使时，张苍水就这样拒绝两江总督郎廷佐的招降：带兵打仗不是我的所长，我所知道的只是读书明义，我所争的是天经地义，所图的是国恤家仇，如果成功了那是先帝神灵保佑，如果失败了我只有尽臣子之节，凭一点点浮词怎么能说动我！[②]

---

① 见《清圣祖实录·赵廷臣奏疏》。

② 《复伪总督郎廷佐书》，见《张苍水全集》。郎廷佐，汉军镶黄旗人，由官学生授内院笔帖式。顺治二年，擢侍读，寻迁秘书院学士，已而出为江西巡抚，晋两江总督。《清史稿》有传。

　　皇帝的玉音自京城一到浙江，赵总督疾赴定海，会同水陆提督，分派将士，配坐船只，从宁、台、温三路出洋搜剿。他有一个直觉，张没有走远，就在这茫茫大海的哪一个岛上。试想想，一个二十年来盘踞海边的反政府武装的头子，他会离开海吗？赵密令部下骁将扮成僧民，携带健丁、火器，日夜潜伏于普陀山、朱家尖、芦花嵒一带，扼守着水陆两路的要道。他还派了一些已经归顺了的张从前的部下，扮成僧人潜伏在普陀一带的寺院里。大网已经张开，他要与张玩一出比拼耐心的角力游戏了。

　　大鱼撞网了！胜利来得如此突然喜坏了浙江的大小官员。在接下来写给皇帝的一道奏疏中，赵不厌其烦地向皇帝汇报了捕张的经过：

　　七月二十日，潜伏的兵丁发现朱家尖的洋面上有一只赶缯船，急忙前往，抓获了张的两个前往桃花岛买米的随从，审问得知张就在六横岛与虾峙岛之间的悬山范岙。于是以所获船只开路，八艘兵船相随，趁着夜色进入悬山脚下的小港，从山后攀援而上，突入帐房，逮住了张及其亲信余党若干。同时还搜出伪师兵银方印一颗，伪关防九颗，枪炮、盔甲、旗帜等物……

　　顺便还不忘拍拍皇帝的马屁：从此奸究绝迹，海宇肃清，共仰天威震叠矣！

　　皇帝大喜。在奏疏上批道：

　　嘉奖，下部议叙。

二 虚假的高潮

海宇肃清，马放南山。大明完了。大明没戏了。可本文主人公张苍水的戏由此才入高潮。这出甲辰年间的戏，大致的情节我们都已经知道了：七月二十日，张在舟山六横悬山岛被俘。二十三日，从舟山经镇海押解到宁波。十余日后，押解至省城。四十八天后的九月初七，张在杭州弼教坊赴死。

张苍水押解至宁波城时，坐在竹舆小轿上，身着方巾葛衣，仪态苒苒，观者如堵。这个已经入了当代传奇的人物甫一出现在故乡人民面前，不能不让人感慨时光的无情。当年那个身材修长喜着紫衫的爱国青年，如今已高颧长髯，脸色疲惫而昏暝。只有他炯炯顾盼着的双目还流露着昔年那种不可一世的顽劣。在去广济桥边的浙江水师提督衙门的路上，张看到昔日沈文恭的宅第已成为胡骑的马厩，真是城廓依然人事全非，不由叹道：这沈相公的宅第，我二十年前曾在这里应试会文，不知他家的子孙还在不在了？到了提督府，兵丁打开角门，催张入内，张站立不动。于是提督张杰开中门迎入，让张东向而坐，置一杯水酒说：

我等了先生那么久，今日才得一见。

张说：国亡不能存，父死不得葬，今日之事，但期速死。

奸细和宵小之辈各各不同，坏有不同的坏法，而烈士却几乎都是一样的模式，连说什么样的话用什么样的表情和语气也似乎是经过预演排练。两人初见面时的这一对话，几乎就是二十年前扬州城破时史可法与豫王多铎的对话重演：

> 多铎：先生，前一封信里我再三恳请你回心转意，都被您骂回了。现在都这样了，城破了，先生的忠义大家也看到了，先生您就为我收拾江南那半壁的江山吧，我肯定不会让你吃亏的。
>
> 史：我是天朝重臣，怎么能够苟且偷生，做万世的罪人？头可断，身不可屈，如果还有选择，我情愿速死，追随先帝于地下。
>
> 多铎：既为忠臣，当杀之以全其名。
>
> （——转述自史德威《史公可法扬州殉难记》）

其实从海上被执的一刻起，张苍水就明白，他接下来将要做的，就是把终要到来的死亡仪式化，使之成为一场严肃的道德剧。在下面的叙述中我们会看到，同时代的敌人和朋友，后世庞大的记述者们，帮助他张罗了这一盛大的死亡仪式。

想我泱泱中华，历朝历代以德治天下，以道德代替法治，以孝道、节义、忠烈教化子民，从中央到地方各级政府，充斥的也多是品德高尚或自以为高尚的文人学士，而不是各类技术型官僚。一个资质平庸毫无建树的官员只要他是个公认的"道德完人"，就足以让他留名青史。传统的精髓，传统的毒素，也尽在这里面了。这传统如此强大，使得对道德完美的追求成为一种集体无意识深入天下庶民之心，尤其是在这朝代更迭的乱世之中，民众脆弱的神经多么希望出现一个人格品行的高尚者做他们的精神引领。而入主中原以后迅速归化于汉文化强大传统中去的新政权，从他们褒扬前朝孤臣遍谥忠烈的举动来看，也需要这样的道德支持。于是，张苍水被选中了，来做这样的一个道德完人。而他自比文天祥的自我道德期许，也使他演起这出戏来入境入情，得心应手。

于是他不能不死。二十年反帜纵横，于今海内升平，盛世在即，历史要有个终结，他就是那个终结的符号，一个旧时代的休止符。"自丙戌至甲辰，盖十九年矣，煌言死而明亡。"① 史家的记述在这一点上并没有夸大其词。提督、总督不能不招，明知这招抚会被拒绝，这招抚也是为了成全他的死。因为这死里彰显的节义和道德，已经覆亡的前朝需要它，以教化治天下的新朝同样需要它，它是超越朝代的。因此这死是隆重的，也是充分尊重赴死者的意愿的，在故事落幕时他将得遂平生最大的心愿。"日月双悬于氏墓，乾坤半壁岳家祠。惭将赤手分三席，敢为丹心借一枝。"——新朝并没有反对他葬在西湖的南屏之阴，与他平素敬仰的岳飞、于谦"三席一枝"。而他先前说的"梦里何逢西子湖，谁知梦醒却模糊。高坟武穆连忠肃，添得新坟一座无"，也并非如黄宗羲所说的"一时发言，皆同谶语"②，而是一直以来他对自己的一个道德期望。

在张苍水最后四十余日的生命末途里，我们会看到种种传说的

---

① 佚名《兵部左侍郎张公传》，见《张苍水全集》。

② 见黄宗羲《有明兵部左侍郎苍水张公墓志铭》。

附丽。这些传说给他走向终结的背影涂上了几许戏剧色彩，其灼灼光华使得同时代人为目睹了一出当代传奇而激动，而不安，而觉得解气。在后面的叙述中，我们会看到一个个有名无名的人物在这场盛大的道德剧中渐次登场，他们有的是现实中的人物，有的来自民间的虚拟和史家的杜撰。总督、提督、兵丁、僧人、百姓、部属，都是在这出戏里，这出戏的主题就是道德。他们之上还有各级大员和皇帝，他们是在一出更大的戏里。

先是一个僧人。张苍水刚被解到宁波，才下竹轿，一个僧人不知怎的突然从人群中掠至他的面前。他投了一张瓦片过来，正好落在张的脚边。浙东乡俗，掷瓦即是送终，士兵们还没有缓过神来，众目睽睽之下，张苍水已经俯捡起来。他发现这张瓦片上包着一张纸，写着一句诗："此行莫作黄冠想，静听先生正气歌。"①

再是一个士兵。他最初出现在历史学家全祖望撰写的《张忠烈公年谱》里。说的是提督张杰把他的老对头关在宁波城广济桥边的浙江水师提督衙门，门外派兵卒看守。夜半时分，有一个千夫长隔窗唱《牧羊记》传奇里的苏武骂李陵词，音调凄凉。张请他进屋落坐，"倚歌而和，泪下数行"②。第二日水师提督闻讯，派部下选取来一批艺人，奏乐唱歌，为他解闷。不过还有一种说法是，这一节并非发生在宁波城内的水师提督府，而是发生在把张从宁波解送到省城杭州的京杭运河南端延伸段的夜航船上。当时夜已深沉，载着张苍水和一干兵丁的船在水面上无声疾驰，张也已在橹声中进入了梦

---

① 《西渡僧掷诗瓦》，见《四明谈助》，徐兆昺著，桂心仪等点注，宁波出版社2000年版。

② 全祖望《张忠烈公年谱》，见《张苍水全集》。

乡，那个坐在篷下值夜的兵卒（在一部叫《南疆绎史》的野史中他的名字叫"丙"）突然轻哼起了苏武牧羊曲。歌声从水面上飞起，张披衣而起，和着"丙"的节拍叩着船舷也唱将起来。他一定是从这歌声里听出了某种暗示。他把那个士兵"丙"召进船舱请他喝了一杯酒，压低了嗓音对他说：你真是有心人，不过你们尽管可以放心，我知道该怎么做的。① 故事在这里出现了两个版本，那个面容模糊的士兵，他到底是在窗外还是在船上唱的苏武牧羊曲，我们也无从确切地知道，不过这又有什么要紧呢？

还有一个姓朱的女裁缝（也有一说是洗衣女工）。张苍水被解送到水师提督府，一大堆战利品中还有一只装满了书札的竹筐，张杰畏惧这些文字留在世上滋祸，怕到时连自己也洗脱不清，就命令手下把这些全都烧了。这个姓朱的洗衣女工因有出入官衙之便，趁人不备私自偷拿了两卷带出。据说张苍水在壬寅年手编的《奇零草》就是这么流传下来的。这一节与关于萨德爵士的电影《鹅毛笔》相去太近了，不能不让人疑心出自近世小说家的杜撰。

接下来这个辞别出城的场景在每一本张苍水的正式或非正式传记中几乎都有提及：张苍水在宁波城内的水师提督衙门度过了十日阶下客座上囚的日子，被提督张杰派四名轿夫抬往西门船埠。从这里，他将乘坐特制的官船经由甬杭运河押往省城杭州。

到了城门，他看到道旁有父老供香案送行，就让轿夫停下。下了轿，北向稽首，说了一句"臣志毕矣"，又向城拜，说某不肖，徒苦故乡父老二十余年，有负你们的厚望了。说了又再一拜，叹息道，

---

① 《南疆绎史·张煌言列传》，见《张苍水全集》，宁波出版社 2002 年版，第 294 页。

从此再也见不到张氏的家庙了！道上数千人，无不流涕。①戒备森严的官船已经挂帆欲行，士兵的催促声中，一个叫周礼的庠生吟出两句诗，算是送行："浩骨虽埋新社稷，沉魂犹见旧衣冠。"张也吟诵了这些日子在提督府写的两首七律《八月辞故里》以表心迹，其中有句："生比鸿毛犹负国，死留碧血欲支天。"将要上船时，士兵们分左右挟着他，怕他投水自尽，张笑着说："别担心，这里不是我要死的地方。"

无数双乡里父老的眼睛在看着张苍水。他似乎感到，这无数双眼睛的后面有一双更为冷峻挑剔的眼睛在时刻盯视着自己的一言一动。这双眼睛就像后世的视听和图像记录工具一样，会把他哪怕是非常细微的一个动作或脸上的一个表情捕捉记录在案，并在日后的口口相传和辗转传抄中一点点放大。这种活着时就要进入历史的沉重感使得此时的张就像舞台上的一个戏子一样，必须时刻注意自身形象乃至一举手一投足是否得体、是否合乎礼仪、是否符合公众对他的期望和要求。累啊。

可是再怎么累，他也要把这条疲惫的赴死之路走到终点。从舟山到宁波再到杭州，他一路吟咏着。生命的紧迫感催生了诗情，在行驶的船上，在中途休息的官亭衙署，在杭州狱中，他共计写下了二十余首诗歌。平均两天一首，有时一天数首。这些诗作在诗艺上较为出色的有《被执归故里》《甲辰九月感怀》《忆西湖》等，而其中更为时人传诵的不是"国破家破欲何之，西子湖头有我师"的两首辞故里诗，而是他作于杭州狱中的一曲《柳梢青》：

① 见赵之谦《张忠烈公年谱》引无名氏《录遗集记言》，《张苍水全集》，宁波出版社2002年版，第239-240页。

无数江山，何人断送？雨暗烟峦。故国莺花，旧家燕子，一样阑珊。

此身原是天顽，梦魂到处也间关。白发镜中，青萍匣里，和泪相看。①

其间流露的伤感与掩饰不住的颓败情绪，倒也符合一晌贪欢的杭人口味。

到了省城，总督赵廷臣待之若上宾做，命令狱中吏卒不得失礼。张苍水的旧时部属，投诚过去后大多作了新朝的幕府僚属，闻听故主到了杭州，此时多来拜会。总督以下各级官吏也多有前来探视的。他们来了，张苍水端坐椅上，只是拱手致意。势利的杭州市民争相贿赂看守来见他，为的却是求他的一纸手书。张苍水也不拒绝，致使案上堆积如山。其受追捧程度几不下于今日的影视或体育明星。

据记载，张苍水到了杭州后就绝食了，每日只是作诗自娱。看守恳请他进食。他说，是啊，既然就是一死，何苦累了你们。于是同意进食。但每日的饮食也只是吃几枚水果。

在狱中三天后，自称大明遗臣的张苍水给浙江总督赵廷臣发出了一封信，这封著名的狱中书简《贻赵廷臣书》②实际上是一封求死书。自从兵败海上，张全部的生活几乎就在冥想他的死亡，这个曾经仗剑海边的诗人从那时起变得越来越像一个哲学家。在这封信中，

---

① 此诗各旧抄本都未列入，收于 1934 年鄞人张寿镛编纂的《四明丛书·张苍水集》之《采薇吟》。

② 见《张苍水全集·文外编》，第 189 页。

他同样没有忘记和赵总督就生死问题进行一番道德讨论。张说，自古以来，一个个朝代起起落落，废兴之际，哪一代没有忠臣呢，哪一代没有贰臣呢，"义当所死，死贤于生；义当所生，生贤于死"，所以，生死一事全不是自己能掌握的，而是取决于一个"义"字。①自己被俘以来，之所以每思慷慨引决，并不是好死而恶生，也全在这一个"义"字。他还重提了去年写给赵的一封拒降书，事已至此，那就让我做个文天祥第二吧。

他告诉总督大人，住在这里心情实在是好不起来。为什么？想死都找不到机会，每时每刻都被您的手下看得紧紧的。这不，才绝食几天，就引得你对属下大光其火，为了你不至于跟狱卒们为难，我才勉强进食几枚水果。但是——张写这封信时，肯定是想象总督大人正坐在他的面前听他慷慨陈词——"大丈夫冰视鼎镬，慷慨从容，原无二义"，他恳请总督大人"立赐处决"，并以略带讥讽的口气说，这也许是您所能施与我的最大的造化了，至于我死之后，乘风驭气，翱翔碧落，到底是成为神仙还是厉鬼，那就不是您总督大人所能预料的了。

九月初七，赵总督来了，皱着眉头说了一句："老先生，刑部批准下达执行死刑的批文到了。"张知道，这一刻终于来了。到了城西弼教坊官巷口，遥看凤凰山一带，张叹了一句："好山色！"随即吟出早就打好了腹稿的绝命诗一首："我年适五九，乃逢九月七。大厦已不支，成仁万事毕。"吟毕，站着受刑。据说刽子手的砍刀在落到张苍水的头颈时，天也突然下起了大雨，天色昏暗得如同夜晚一样。

① 《贻赵廷臣书》，见《张苍水全集·文外编》。

　　在悬山岛上一同被捕的幕客罗纶和一个叫杨冠玉的十五六岁的少年陪同受死。杨冠玉是个孤儿,鄞县人,世家子弟,父母死后一直跟随着张漂浮在海上。此人年少又有姿容,《张公苍水传》说他"谐美谨愿,公绝爱幸之,卧起饮食必与共",张苍水心情不好时,与少年在一起就马上消解了。张苍水自从1646年浮于海,二十年来未尝一近女色,杨冠玉在他生命的最后几年里抚慰了他身体和灵魂双重的孤独。张苍水在散兵之后潜隐在悬山岛的日子里,这个娈童也还一直陪侍左右。张既受刑,旗人中有男风之癖者看中了杨的姿色,想把他要去,少年说了一番话:"司马公死于忠,某义不忍独生。"也把头颈伸到了刀刃之下。

　　这一节因有损张苍水的道德形象,大多史家都有意无意地隐去了,只有一个叫沈冰壶①的历史学家把它记录在一个关于张的非官方的传记里。长久以来,禁欲主义者张苍水过着一种清教徒般近乎自虐的生活。自从二十六岁那年去天台迎接鲁王监国于绍兴,不久兵败,渡过曹娥江抛家别子漂浮海上(他的夫人董氏于1659年抄家后遭正式逮捕拘禁于杭州)。康熙朝的历史学家邵廷采(字念鲁)《东南纪事》一书中的《张煌言列传》记载,十九年来,张苍水的身边都没有女人。有人劝他纳妾,一个叫马信的部将把战死的将领陈木叔的女儿献给他。张苍水说,忠臣之后,怎么可以这般对待她?况且我妻子因为我陷入大牢,我怎么可以再娶?送了一大笔钱给那个姑娘,让她走了。②从二十六岁到他终命的四十五岁,正是一个男人

---

　　①　沈冰壶,山阴(今浙江绍兴)人,岁贡生,曾举博学鸿词科,著有《古调自弹集》。

　　②　此节叙述见康熙朝的历史学家邵廷采(字念鲁)《东南纪事》一书中的《张煌言列传》。《列传》记载张苍水这样对马信说:"忠臣之裔,不可以辱。且室人董为我陷狱,义不再娶。"

生理和情感的旺盛期，如此近乎自戕的修身，正好合乎世人想象中道德英雄的尺度。而咸涩的海风中一个中年鳏居的男人如何棹渡一个个无边无际的长夜，人们并不想知道。

三　不是结局的结局

　　张苍水死之后，他的同乡万斯大和杭州人张文嘉以及一个叫超直的僧人按照他生前的意愿把他安葬在了杭州西湖南屏山的北麓。这一举动得到了当局的默许（起码地方官员没有站出来反对。乾隆四十一年，来自新朝的表彰赐谥张苍水为"忠烈"）。据说张的独孤求死让历来民风孱弱、柔而不刚的浙东在一个短时间内忽地强悍起来，"自煌言仗节，宁波士风振起" [①]。十七世纪最伟大的哲学家黄宗羲（也是那个时代最出色的历史学者之一）在为张苍水写的墓志铭中，表彰他的朋友是和《正气歌》的作者文天祥一样悲壮的失败的英雄，而其经营的地域之广声势之壮又远在文天祥之上，堪比已经进入不朽者行列的岳飞和于谦。"西湖之阳，春香秋雾，北有岳坟，南有于墓。公亦有言，窀穸是附。同德比义，而相旦暮。" [②] 作为对亡者进入历史愿望的安慰，黄宗羲还把他们的两部著作相提并论，"文山之《指南录》，公之《北征录》，虽与日月争光可也"。

---

　　① 　见邵廷采《东南纪事·张煌言列传》："自煌言仗节，宁波士风振起。同时如诸生华夏、杨文瓒等，皆以死殉义，知名当世。"

　　② 　见《有明兵部左侍郎苍水张公墓志铭》，《黄宗羲全集》第十册，第286页，浙江古籍出版社1993年版。

黄宗羲论述道：抵抗运动所依靠的，只是一线不死的人心，可是事至于此，形势昭昭，人心即又莫测，"其昭然者不足制其莫测"，但一次次的磨难并没有让张退却，相反他的意志更加强大了。他把张苍水这十九年来的"三度闽关，四入长江，两遭覆灭"的经历颇为形象而准确地形容为"吹冷焰于灰烬之中"。冷焰。灰烬。如此的冷眼相看，如此的悲观，这庶几也可以用来解释黄宗羲何以早早从江南的抵抗阵营中退出而成为世人眼中一个避世的历史学者。实际的情形也正如我们所知道的，离开了世忠营的黄宗羲正是由此超拔于当时的江南知识界（"士林"），进而也超越了他居留的那个年代。

会稽人赵之谦十三岁那年听长辈说起张苍水，不禁心向往之。多年以后他为张编撰了一部年谱。他骄傲地认为，自己的这部年谱比鄞县人全祖望写得要好得多。但赵本的年谱成于乾隆中叶后，东南一带的禁书已经收缴得差不多了，关于张的身世他不可能找到更多的原始资料，与乡约里老酒酣耳热之际听来的旧闻，到底有多少可信度也是大可怀疑，附会穿凿随处可见。譬如关于一头鹿的传说。说是张苍水初奉鲁王监国时，一次入海，飓风覆舟，到了一个小岛，张和他的部众饥困待毙，这时他做了一个梦，梦见一个金甲神对他说，我送你一头千年鹿，十九年后还给我。第二天一早，果然在山脚下捕得一头黑鹿，他和部众靠了鹿肉充饥，终于获救。还有一本出自于佚名者之手的传记里说，当时出去买米的船迟迟未归，张就有不祥的预感，他占卜了一课，卦象主大凶，徘徊一会儿睡意上来，梦见金甲神对他说，我今天来召你回去。刚把这个奇怪的梦说给随从听，士兵们就从后山破壁突然进来了，连拿剑自杀的机会都没有了。从前度金甲神梦中赠鹿到被俘，正好十九年，终应了那个梦中谶言。

　　这里还有两只猿猴的故事。说的是张苍水在避居地悬山养了两只猿猴，这两只猿猴很通人性，白天里爬在树梢上，一看到远处有船只驶近就会尖叫着示警。因士兵们是在后半夜从后山攀着藤爬上来，这两只警觉的猿猴也没有发现。当张被士兵们簇拥着坐船离开悬山岛时，这两只忠诚的猿猴伤心地哀鸣着，从崖上跃入大海自杀了。

　　英雄崇拜把张苍水塑造得半人半神，道德的滤网把所有不合圣人规范的细节全都剔除了，对此我们不禁会问，这样一个张苍水在多大意义上是真实的？张死去之后的半个多世纪，一份民间流传的记述指出，张苍水在二十岁之前是宁波城内一个有名的赌徒。由于幼失母爱（张的母亲赵氏在他十二岁那年去世了），少年时代的张行事乖蹇顽劣，让他的族中长辈没少操心。十八九岁时，他迷上了气功，走火入魔差点饿死。不久，这个失败了的气功师又和市井里一帮不爱读书的少年整日厮混在一处，拿棒使枪，争强斗胜，"扛鼎击剑，日夜不息"。更让他的家人寒心的是以后他又迷上了赌博，欠了一屁股债，只好偷偷变卖家产去偿还。这事让他父亲得知，闹得都不认他这个儿子了。后来还是一个叫全美樟的街坊（历史学家全祖望的族祖）卖掉了自己的几亩良田为他还清了三百元的赌债，并劝他好好读书才是正途。两年后，张苍水乡试中举证明了全老爷子的确是长着一双慧眼，能识英雄于风尘。这一节有关张苍水少年时代行状的记录来自康乾时代最为著名的历史学家全祖望。全祖望出生的1705年，张去世近半个世纪。张苍水的女儿，后来嫁到全家，是全祖望的族母。全祖望十八岁时，曾听他八十多岁的族母多次讲述晚明逸史和张苍水的事迹，这些倾听启蒙了他，唤醒了他成为一个历史学家的最初的冲动。全祖望《鲒埼亭集外编·张督师画像记》载：他十八岁那年前去拜访了这位族母，向她询问张苍水当年的抗清事迹，并将从万九沙处访得的张苍水遗像请族母鉴定真伪，张孺人"是时年八十矣，牙齿俱脱，悬画像于旁，喃喃然且泣且语，每语又于邑。闻者皆泣下，而督师之须眉亦浮动纸上"。这些记述应该是可信的。

现在应该来说说那个女人了。尽管在那个时代，一个取得功名的读书人的后面离不开家族尤其是妻子的支持，但那些女人往往是寂寂无名的。张苍水的妻子也同样。我们只知道简略为董氏这个符号的她是个贤惠的女子，她的父亲董志宁是当时地方上的一个名士。1644年清军渡江南下，攻克杭州后又挥师东进直逼宁波，和时称"六狂生"的刑部侍郎钱肃乐等人一同兴兵抵抗的，就有她的父亲。作为一个旧式女子，她和张的结合完全是父母之命媒妁之言，尤其是他父亲的意见在其中起了决定性的作用。自1643年他们的第一个女儿出生，张就离开了她。天台、绍兴一圈跑下来，大半年后，满身烟尘味和铁腥味的丈夫回来了，却是来向她辞别的，说是钱塘江的防线已破，抵抗运动走入低潮，他要跟随鲁王朱以海的部队去海上征战了。她的父亲董志宁自是竭力支持女婿的这一爱国行动，她不敢反对，却难掩挹郁之色。张想把辞别的场面弄得轻松些，就开玩笑说，那我们就来赌一把，看看上天的意愿是要我走还是留下。这个二十岁时就是宁波城内有名的赌徒果真取出了一副骨牌骰子掷了一把。结果不消说，自然是天意准许他抛家别子跑到海上去。自此直到十九年后张在悬山岛被俘，这个可怜的女子再也没有见过她的丈夫一面。青灯空闺中，她看着夫君的名声像雪球一样越滚越大，而她的担心也日甚一日。

1659 年，就在张苍水的部队作为偏师协同郑成功部再入长江攻克安徽、江苏两府三州二十四县之际，她和儿子张万祺遭当局逮捕，囚禁在省城杭州。在狱中，她得到了丈夫的死讯，一度曾想自杀殉夫，但苦于看守太紧没有得逞。后来有消息说，死去的并不是张苍水，而是他自愿替死的一个部属，她的丈夫已经从安徽芜湖一带"变服夜行"秘密潜至东阳、义乌经天台重新入海了。按理说听到这个消息她应该快乐些了，但她没有。确实，夫存与夫亡于她的生活来说几乎没什么两样。近二十年夫妻睽隔就像阳世到阴间一样遥远，她都想不起自己的丈夫长的是一张什么样的脸了。自从和丈夫生活在一起，这个可怜的女人几乎每天都是在担惊受怕中度过的，一颗乱世之中时惊时乍的心，只好向万能的佛祖祈求平和与宁静。蒙当局恩准，她得以在狱中削发为尼。

1664 年秋天，妇人董氏经受了丧夫失子的双重打击。九月初七（阳历 10 月 25 日），夫死。此前三日，皇帝签署的死刑命令尚未到达杭州，她的儿子在江苏镇江被杀。

因已在狱中削发为尼，按大清律令，董氏终免于一死。走出狱牢的董氏，像一根随风扬起的枯草吹入杭州城的市井街衢，不知所终。

四 甲辰年间那出戏的回声

两年前初春的一个下午，下着雨，我来到南塘河澄浪堰一个老先生的家里，听他讲张苍水。

说着说着他就愤怒起来，手用力地挥动着，语速加快，嗓门也大了，就好像坐在他对面的听众不止是我一个而有成百上千。他在狭小的书房兼起居室里走来走去。他的脚不时会被地板上乱堆着的书报杂志和大大小小的地图册绊着。我知道他的愤怒，是来自平摊在桌上的那本近五百页的《张苍水全集》整理出版中的种种艰辛。这是一次纯由民间力量独力支撑的出版行为，就那几个热心人呼号张罗着，其间的曲折和资金募集的困难自不待言。书的内芯是六十克的双胶纸，很薄，还亮得刺眼。封面是一种粗糙的土黄色的牛皮纸。因书出版于 2002 年，扉页上还用粗大的魏碑体印着"谨以此书纪念民族英雄张苍水诞辰 382 周年"。除了一个庞大的整理小组顾问名单，书的后记里还罗列了一大串为此捐过资的个人和形形色色的单位和组织：佛教居士林、硬笔书法协会、金银饰品公司、同乡会、博物馆、某实业发展有限公司、镇政府、村民委员会。就在那一次与这位老先生的交谈中，我惊异于张苍水的蒙难被俘地竟然长期以来一直在象山县南田的悬岙（今花岙岛）和舟山群岛六横的悬山岛之间争执不休。象山花岙岛与舟山悬山岛，两地相去不止四百里的海程，怎么就说不清了呢？

当下去图书馆翻书。象山南田悬岙一说，由十八世纪的历史学家全祖望的神道碑铭而起，以后的《海东逸史》《南疆绎史》等野史和新版《象山县志》都沿用这一说法。而在这之前张苍水的朋友黄宗羲写的墓志铭又翔而不实，一句"悬岙在海中，荒瘠无居人，山南多汊港，通舟，其阴巉岩峭壁，公结茅其间"，对悬山地居何处却语焉不明。或许作为张苍水的同时代人，黄觉得这是个常识问题，用不着在这上面浪费笔墨就从简了。他自然不会想到，这一简略却给历史留下揣度臆测的空隙。生活于康乾盛世的全祖望是黄的学生，衣钵相承，尚且说不清，地理上一点小小的差池，就要这么费心去辨析真伪，历史是怎么一回事真是欲说还休。它就像一面四处漏风的墙，大大小小的空隙让时间的罡风穿过，足以引发种种的想象，生长出无数摇曳的小说和神话。忽地想到一个象山县的朋友，前几日和我说起他从石浦码头坐船、南行经东门水道穿过古称酒吸港的瓶颈处，经下湾门和林门水道去花岙岛的事。他说，那一次他是特地去看三百多年前的苍水先生的。"回返的道路水波粼粼，又一次大地泪水蒙蒙。"他站在花岙岛上如是感叹。我知道三个多世纪前张确是到过花岙的，并在小岛上屯兵垦田，上面还有一个不知什么时候建的石头小屋的苍水祠（不知今天还在不在），但于情于理，张都不可能在解散部众后傻坐小岛等着他的敌人来捉拿。如此郑重其事，矫情倒在其次了，由地名错误引发的穿凿附会，却不由得让我失笑于浮泛的情感与历史一样的空茫无依。是的，平静的海水下面埋藏着暗礁、沉船，深潜着巨大的漩涡和巨大的痛，可是这地理上四百里的错误，使得这些漂亮的言说就像一支失去了靶心的箭，飞行着，却又不知所终。

现在我上班的路上，天天要经过一个唐代遗留至今的砖塔，穿过一座明代修建的城楼。我接送女儿上幼儿园总是要经过那座著名的南方藏书楼的西大门。从我居住的小区往东南五六百米，就是三百年前我的同乡黄宗羲来甬讲学的白云庄（那开向环城西路的门口现在总是很热闹，泊满了宝马、奥迪、奥拓、别克、昌河、桑塔纳等各式各样的车辆）。一段时间我从解放桥上天天跨过的姚江，十一世纪的一个诗人兼改革家王安石曾经雇舟漂荡。从我现在的办公室出北大门，就是苍水街，穿过中山公园花坛中间的交叉小径，就是张的故居……这一个个的人名、地名、路名，提示着我们一直生活在传统之中。尽管很多时候，我们为身边这个五色眩目的世界所迷、所忙，很多时候，这些人名地名路名只是静静地躺在历史的典籍中，但传统，它一日日地浸染着你，如影随行，如鬼似魅，不见不散，见亦不散。它会让你惊畏于历史一脸的庄重，但更多的时候，我却糊涂于这千年的流水账，急着想逃离开去。

公园角落这个安静的院子，我几乎天天都要看到它。四年前我初到这个城市，住在孝闻街与广仁街交会处的白衣巷，那一年里，每天上下班都要经过它种满了夹竹桃的后园。我曾经惊异于初夏时那花的艳丽，像一个盛装的妇人，却从来没有进去过一步。有时散步到公园，孩子看了那花想要，我就告诉她这花是有毒的。我知道那是一处老房子。它的青砖，灰瓦，它重楼厢房前宽大的廊檐和镂空雕花的木格子窗，还有它靠近从前的贡院路和宁波府学孔庙（"近圣人居"）的特殊地理位置，使我一开始就认定那是城内一个巨贾或者退休官绅的旧宅。只是我没有想到，门牌号为苍水街 194 号的这个院子就是本文主人公张苍水的出生地。

　　一月干爽的大风，让脆薄的阳光也犹豫着，不敢落到阶前的石板上来。院子里没一个人影，只有几尊形体呆板表情木然的石雕像沿着山墙陈放着（我猜想中间一个形体最高大的就是张了）。在它们的后面，有一扇小门，一个画着箭头的牌子指示说此处通向一个玉石藏品展销会。我在空空的院子里游荡着，跨过一道道门槛，穿过一道道门。宽大的石板上回响着我一个人的脚步声，咣，咣，咣。这声音宏大起来，却也心思恍惚。四百年前的这房子里，那个奔跑着的垂髫小儿，他无邪的诵课声和笑声，他长大后舞动剑器刺破空气的声音，像是要填满现实的空洞似的在意念中出现了。几只麻雀在庭前的空地上走来走去。两个穿着滑冰鞋的少年吹着呼哨飞快地在门前的小路一闪而过。一群前来接受爱国主义教育的小学生的叽叽喳喳声惊醒了那个一直瞌睡着的看门的中年男子。验票。排队。鱼贯入内。然后，从手提喇叭里传出了女讲解员字正腔圆的讲解声。而此刻，越来越急迫地响在耳边的，是甲辰年间的那出戏的锣鼓声。咚锵，咚锵，咚咚锵，咣采，咣采，的儿！咣采。

从雪交亭到续钞堂

——黄宗羲在 1649 年后

一 逃跑

八月的大海如同一面潮湿的镜子，坐在船上的两个人都从对方的眼睛里映照出了自己的落魄。船到离岛二十里外，海风刚猛起来，猎猎作响，像是要把天地间的一切污垢都荡涤干净。小小的舢板船在一个接一个迎头打来的波浪中随时都有覆灭的危险。黄宗羲让吴钟峦不要再送了，这位有名无实的礼部尚书的眼里忽地涌出泪来。[①]

他自己也没有想到会这么快地回转老家。从这年六月得知逃往福建的鲁王回浙的消息，至海上赴行朝，到此番请辞归家，左副都御史黄宗羲在海上居留的日子不过两月，对复兴故国的信心却在这两个月里让人吃惊地从振奋走向了颓败。即便是小小一隅的山水殿堂，也不乏钩心斗角皮里阳秋，此时军旅之中定西侯张名振擅权，就是身为太傅的张肯堂也不敢与之公开冲突，其他一班文臣在张名振眼里更是形同虚设。身处骄将悍帅之间无所作为的苦恼萦绕心头，除了在落日的海边看海鸥翻飞，再就是与好友吴钟峦一起在船上讨

---

① 见黄炳垕《黄梨洲先生年谱》"六年（己丑），公四十岁"条："吴公驾三板船，送之二十里外，呜咽涛中。"清同治十二年刻本。吴钟峦，字峦稚，江苏武进人，崇祯甲午进士，明亡，周延儒劝之出山，曾答曰：公为山巨源，某何独不为稽叔夜？鲁王行朝起为礼部侍郎、晋尚书。舟山陷落后自缢死，年七十六。

论学问推算欧罗巴历法以打发时光。许多年后，黄宗羲在《海外恸哭记》和《行朝录》这两本小书里如是回忆那时候舟楫生涯的窘迫狼狈：一帮泪眼相对的故国遗臣自比安史之乱时的杜甫，"实不及甫，而愁苦过之"。[①] 漂泊海上的日子，每天早上起来洗脸，只一点点的水，睡在逼窄的船上，就像躺在棺材里一样。说是御舟，其实也不过是君臣议事的稍大些的河船。"落日狂涛，君臣相对，乱礁穷岛，衣冠聚谈。是故金鳌橘火，零丁飘絮，未罄其形容也。"[②] 真是说不出的凄惶。

或许是乱云飞渡中的生命如飘之感击中了他心底里柔软的一角，或许是吴钟峦的眼泪让他起了不忍之心，舟如叶，人如芥，两个失意的文人在浩大无边的海上相对大哭了一场，依依作别。

他陈情请辞的理由是为了照顾家中老母。这年夏天，被激怒了的帝国朝廷向地方各级督抚府台发布命令，凡有不肯归顺的明朝遗臣，把他们的家族情况悉数记录上报。黄宗羲听到这一消息，"方寸已乱"，于是向上奏请回家。[③] 谁都看得出这只是一个堂皇的逃跑借口，但请辞既顶着孝道的美名，自无不准之理，于是黄宗羲得以体面地逃跑。

此时的浙东战事还呈胶着状态，大清帝国要把散布在天涯海角的残明势力像挤干海绵里的水一样一点点地挤出去。不久前，黄宗羲就亲身经历了被大队清兵围困孤岛的厄境。那次要不是荡胡伯阮

①　《黄宗羲全集》第二册，第 209 页，浙江古籍出版社 1993 年版。

②　见《行朝录》卷 4，《黄宗羲全集》第二册，第 141 页，浙江古籍出版社 1993 年版。

③　黄炳垕《黄梨洲先生年谱》，同治十二年刻本："中朝以胜国遗臣不顺命者，令有司录家口上闻。公闻而曰：'主上（鲁监国）以忠臣之后仗我，我所以栖栖不忍去也。今方寸已乱，不能为姜伯约矣。'乃陈情监国，得请，间行归家。"

进率百余艘楼船来救，鲁王朱以海和他的臣下们早就死过几回了。

快五年了，从钱塘江边打到四明山上，又从山上打到海里。越打越糟，越打越烂，敌人在一天天好起来，我们在一天天烂下去，这仗还怎么打？黄宗羲突然想明白了：眼下局势，就像一只失去了桨的船放入大海，倾覆是迟早的事了。这是他在行朝的两个月里唯一想明白的一件事。

就像当初参加抵抗运动是情势所迫，眼下趁尚未覆舟早早上岸，也是因势所变。对于从少年时代起就熟习中国历史的黄宗羲来说，世事如棋局，总不脱一个"势"字。理势合一，这才是做人的大境界。

黄宗羲此次返乡，除了两个月后勉强应鲁王之请和冯京第一起去了一趟日本长崎请求派兵支持，以后的几年里，他基本上生活在老家余姚。间或有出行，也是访书问友，无关时局。而且少则三五日，多则半旬，很快就回转。1649 年在黄宗羲的一生中因此成为一道分水岭。从这年起，他对收拾那片残山剩水已没有了多少兴趣，说白了，事已至此，大好河山谁来坐已是爱新觉罗氏与朱氏宗室的事，干卿底事？

从前线秘密潜回的黄宗羲在乡下没过几天太平日子，乱世中蜂起的盗贼使他只好奉着老母搬进余姚城居住。帝国的剃发令早在四年前就已经颁布，不遵命令者就要视同逆寇施加重典，故国衣冠是穿不成了，权益之计，后脑勺凭空多出一条辫子来也是没奈何的事。第二年开春，他又晃荡着那根长辫子走进了郡城宁波。这一回是为了营救他陷身牢狱的二弟。二弟宗炎是一个坚定的抵抗分子，多年来跟随冯京第的部队转战山海，不久前战事失利被捕，关押在宁波。黄宗羲在他的同门兼好友万泰的帮助下，设计救出了二弟。[①] 计从何出？黄宗羲的自传和后来的传记都没有确凿的记录，这里也不好妄猜。但以清初官场陋规，总不外是钱银二字。值得一提的是出狱后的宗炎，并没有就此做一个太平百姓，依旧还是个勃勃欲动的危险分子，时过不久他一打听到打散了的冯京第旧部重新集合的消息，就急忙赶去投奔，老母的眼泪和大哥三弟费尽唾沫的挽留也没有能阻止他。

但他的大哥是打定主意不蹚残明王朝的那浑水了。好友瞿式耜得知黄宗羲秘密潜回老家的消息，在去广西投奔永历皇帝的路上顺道造访了他，邀他同行。瞿式耜还颇为乐观地估计，只要一听到永历在广西登极的消息，各省就会争相呼应，"奋起义师，迎銮接驾"。黄毫不犹豫地拒绝了他，同样是家有高堂这个理由。"余送之于湖头，公欲强余同去，余以母老辞之。"[②] 瞿式耜死后，他在一篇纪念文章里如是回忆当时的情形。

这年三月，天气刚刚回暖，黄宗羲有一次较长时间的出行，北上常熟拜访钱谦益夫妇。钱谦益那年已快七十岁了，刚刚吃了一场官司被他夫人营救出狱，尽管在帝国朝廷他只做了半年礼部侍郎就称病南归，但这个纸扇上的血迹一样触目的污点让这个前东林领袖一想起来就心里发堵。举世滔滔，除了一片苛责，有谁解他以一己之身的屈辱避免江南文化受更大浩劫的心曲？一边是既怨且恨，一边是寂寞岁月中的故国之思，幸亏有美妇在侧，再加绛云楼里多年搜求下来的一大堆藏书，这个为人诟病的半截老人才这么赖活于世。

---

① 黄炳垕《黄梨洲先生年谱》，同治十二年刻本，"七年（庚寅公四十一岁）"条下："公弟晦木公以参冯侍郎军事被获，待死牢户中，公潜至甬，与万履安、高旦中、冯济道诸公以计活之。"

② 见《黄宗羲全集·思旧录·瞿式耜》，浙江古籍出版社 1993 年版。

而他那个有着出色姿容的夫人，据传那时已经卖尽了多年积攒下来的珠宝首饰，秘密资助着一支五百人的秘密武装，这支队伍在钱夫人的闺阁诗里被称作"五百罗汉"。

在拂水山庄绛云楼下，黄宗羲受到了庄主和庄主夫人柳如是的热情款待。据他观察，这一对老夫少妻并没有如外界传言的出现了不可弥补的裂缝，只是两人的年龄似乎颠倒了过来，钱什么都听他夫人的。这一对夫妇在经历了那么大的家国之变后的不离不弃相濡以沫让他感动。可以想象他的造访给垂老的钱谦益带来了多大的惊喜。黄宗羲东林遗孤和抗清义士的双重身份，燃起了钱谦益滔滔不绝说话的愿望。黄住在山庄的那几天，成了这个孤独的老人余生中最为快乐的一段时光。而乱世中的那一脉书香——关于书，他们有多少的话要说啊——则让这两个年龄悬殊的文人（钱谦益大黄宗羲二十八岁）的眼里跳跃着快活的火光。他们约定，来年春暖花开，即请黄来拂水山庄长住，为期三年，和他一起做个读书伴侣，[①] 这个倡议自然得到了颇多男儿气的"女弟"（多年以前，她女扮男装拜访陈子龙时这般自谓）柳如是的支持和热切的呼应。以一个女人特有的细心，她还授意丈夫以一种不至让人难堪的方式资助给了黄宗羲一笔钱，以作他来回路上的盘缠。

归后不久，黄宗羲在写给钱的一首诗里如是回忆盘桓拂水山庄的那几日留给他的美好记忆："红豆俄飘迷月路，美人欲绝指筝弦。"[②]

---

① 《黄宗羲全集·天一阁藏书记》，第 10 册 112 页，浙江古籍出版社 1993 年版。"庚寅（顺治七年）三月，余访钱牧斋，馆于绛云楼下，因得翻其书籍，几余之所欲见者无不在焉。牧斋约余为读书伴侣，闭关三年，余喜过望，方欲践约，而绛云一炬，收归东壁矣。"

② 《钱宗伯牧斋诗》，《黄宗羲全集·南雷诗历·八哀》，第 11 册 261 页，浙江古籍出版社 1993 年版。

而"平生知己谁人是，能不为公一泫然"这样煽情的句子，更是让晚年之际门前冷落车马稀的钱谦益温暖不已。钱写信给他说：在我人生的暮年得到太冲（黄宗羲字太冲）是一件多么让人欣喜的事啊，"德必有邻，法无孤起，寥寥宇宙，从此不至形只影单，自伤孤零，良可喜也"[①]。

可惜的是还没等到黄宗羲践约，这年十月，绛云楼的一场大火把楼内的宋梓元刻悉数化为一缕云烟。书已成烬，美人已杳，盟约落空，让黄宗羲一想起来心里就隐隐作痛。在晚年写作一本叫《思旧录》的小书时，检点往事回首平生，他还对此事不能释怀。

到了第二年九月，从舟山方向传来的消息，那个草台班子一般搭就的山水殿堂已经土崩瓦解，太傅张肯堂死了，好友吴钟峦死了，定西侯张名振和兵部右侍郎张苍水护卫鲁王杀出重围流亡到了福建省的厦门、金门一带。这一消息几乎是预料中的，只是它在两年后的秋天才姗姗而来似乎是挨得太长了一点。夜深更静，孤卧荒村，黄宗羲的眼前还是会浮现出两年前在三门湾海面上的一幕，他和吴钟峦坐在一只木船上，包围着他们的是黑色的海水。临别时吴钟峦那张满是泪痕的脸上的悲伤和不加掩饰的绝望曾那么深地刺痛过他。愧疚之余，他还是觉得当时的决定是对的。

有消息称，清军攻舟山时，张肯堂坐镇留守。城破时，张的全家及仆佣共二十七人全部在官邸的雪交亭下自杀。黄宗羲在海上的那几年，那个有着美丽的名字的亭子曾不止一次经过。他清楚地记得，亭的左边种着梅树，右边植着梨树，每年花开时节，连枝接叶，洁白胜雪。张肯堂把自己和全家的性命献祭给了一个走向穷途末路的王

---

① 见《黄宗羲全集·交游尺牍》，第11册390页，浙江古籍出版社1993年版。

朝，他手植的一梅一梨却安然无恙。黄宗羲接下来要做的一件事，就是把这两棵树移植到了老家黄竹浦，并在寓所旁边筑了个小亭，也称作雪交亭。他以这一富于象征性的举动表示了对死节之士的敬仰。

1654 年，当张名振的部队如同一次虚假的亢奋直抵南京城下，他派出的一名信使在天台被捕，审问中供出的联络名单中有黄宗羲的名字，朝廷指名下令逮捕。[①]在接下来公布的一份通缉名单上，黄的名字列在第一位。这一时期，为了躲避搜捕他不得不四处搬家，先是住在黄竹浦，后移居柳下，再移居化安山的龙虎草堂。后来他回顾这一时期颠沛流离的生活时这样说：

> 自北兵南下，悬书购余者二，名捕者一，守围城者一，以谋反告讦者二三，绝气沙埠者一昼夜，其他连染逻哨之所及，无岁无之，可谓濒于十死者矣。[②]

东躲西藏的日子里，他写了一篇《孤鸽赋》，把自己比作一只离群的鸽子，以寄托遗民心情。"举头而望乎天外"，"若有所期而相待"，[③]可是他等来了什么呢？坏消息一个连着一个。当"待"终无可待，遗民各以其方式，表达了面对无可更改的事实的反应。他的第一个反应就是去叙述，去记录下自己处身的这个时代，和一个个死节者的名字。他相信，只有叙述过了才能够永久存在。这些人里就有他的好友王翊和他非常欣赏的张苍水。当张苍水在杭州引刀成一

① 黄炳垕《黄梨洲先生年谱》，同治十二年刻本，"十一年（甲午）"条下："定西侯间使至，被执于天台，公于是又遭名捕。"

② 《怪说》，《黄梨洲文集》，第 487 页，中华书局 1959 年版。

③ 《孤鸽赋》，《黄梨洲文集》，第 308 页，中华书局 1959 年版。

快，他为之写了让人传诵一时的传状文字和一首叫《哀张司马苍水》的诗，这首诗如果用今天的语气来写是这样：

少年时你就有了百折不挠的志节，谁能这样

得到全节而归的结局，正符合你的心意

残破的寺院，集钱收敛下你的遗骨

老书生黯淡地记下你临刑的壮烈

遥对天空凝想友人的身影，当年性情狂放彼此相投

你的激情就像波涛阵阵冲击礁石，浩气不平

我与你的交情如同冰雪般高洁，不会私心阿谀

只是追随众人赞誉，作出这一闲评①

那时往来的也多是隐世的遗民。老朋友万泰②，是宁波的一个世家子弟，当他获得举人的学位并向更高一级的进士资格努力的时候，明朝就灭亡了。对前朝的眷恋使他对新政权采取了一种不合作态度，这使得他形废神死，生活一度困苦到几乎断炊的地步。他唯一的嗜好就是与人纵谈闽粤滇黔的战事，即便是民间讹传的南明军队取得胜利的虚假消息都会让他奔走相告，咀嚼不已。十多年来，他和黄

---

① 原诗为《哀张司马苍水》，系作者著名的"八哀"诗中的一首："廿年苦节何人似？得此全归亦称情。废寺醵钱收弃骨，老生秃笔记琴声。遥空摩影狂相得，群水穿礁浩未平。两世雪交私不得，只随众口一闲评。"

② 万泰，字履安，晚年号悔庵。浙江宁波人，明末举人。作为一个与新政权坚决的不合作者，江南士人纷纷出仕之时，他"独不行"，隐居不出，"间或出游，则多与失职之人，聚于野店僧寮"。明亡后的十多年里，黄宗羲与他来往十分密切，不断互相往还，倾述失国之念。黄宗羲曾说："十年以来，岁必相过再三，每一会合，破涕收泪，竟不知身在困顿无聊中也。"见《万悔庵先生墓志铭》，《黄梨洲文集》，中华书局1959年版，第132页。

时相过从，每年都要来黄竹浦几次，以至于他从宁波东来的船成了黄竹浦的一景。若干年以后，他把黄宗羲请到宁波城里教导他的八个儿子，这一无意间的举动促成了越文化的东传，成就了一桩流惠数百年的文化事件。

王正中①是甲申之变后从直隶保定南下任余姚县令的，这个崇祯十年的进士已经候了多年的缺，清军的南下使他终于获得实职，远赴千里之外的余姚布置一场终归要以失败告终的抵抗。但命运对他并不仁慈，他这个县令实际当了不到半年，顺治皇帝的马队就进逼江南。当黄宗羲纠合村勇组成的"世忠营"开拔钱塘江前线时，他把自己的兵马和黄合在了一处。战争失败后，或许是因为丢官使他羞于见家乡父老，王正中还是住在余姚，先是靠乡绅的接济和行医，后来在鉴湖边租种了五亩水田来维持最低限度的生活。贫困得几乎天天听着风声的日子里，他唯一的乐趣是研习天文历算。当他每次去黄竹浦村或者化安山的龙虎草堂跟黄宗羲一同辩论、研习回来，世界在他的眼里就会变得和夏夜的星空一样抽象而安静。

有一年秋天，黄宗羲与杭州人汪魏美一起出游，寻访一个道教遗迹葛仙祠。曾经发誓在明亡后再也不踏入城市一步的汪魏美有两大爱好，一是喝酒，一是观天象。传说他的酒量好到能喝一斗而不醉的地步。那天或许是天太晚看不清下山的路了，或许是两人趁着酒兴想从天象的变化中测知天下大势，总之那天晚上他们留在山上

---

① 王正中，直隶保定人，崇祯十年进士，甲申之变后南下，任余姚县令。清军占领浙江，隐居不出。王正中去世后，黄宗羲在他的墓表中写道："交二十余年，与之同事而无成，与之共学而未毕。"《黄梨洲文集》，中华书局1959年版，第116页。"与之同事"，即指两人在钱塘江一起抗清的事迹，"与之共学"，即指事败后隐居乡间一同研习天文历算。

过夜了。到了五更，寒意袭人，他们都被冻醒了。醒来后他们就把背靠在一起相互摩擦取暖。两人都不约而同地在日后的写作中记述了这件事。"两背相摩，得少暖气"[①]，这无论从哪个角度看去都像是一个隐喻。当时这些怀着亡国之痛的人就是这样相互安慰相互取暖的。

[①] 《汪魏美先生墓志铭》，见《黄梨洲文集》，中华书局1959年版，第182页。汪魏美也是当时一个著名的遗民。新安人，后迁钱塘。杭州被清军占领后，他誓不见清朝官员，黄宗羲记载他"不入城市，不设伴侣，始在孤山，寻迁大慈庵，又迁宝石院，匡床布被之外，残书数卷。锁门而出，或返或不返，莫可踪迹。相遇友好，饮酒一斗不醉。气象萧洒，尘事了不关怀。然夜观乾象，昼习壬遁，知其耿耿者犹未下也。"

二 复仇

最初的时候，他以一个孝子的形象出现在世人面前。1626 年的一次对东林党人的大规模清洗中，他的父亲黄尊素被魏忠贤的阉党以一种非人的方法折磨至死。在他之前被清洗掉的已有左光斗、杨涟、魏大中等著名的"六君子"，黄尊素和一同蒙难的高攀龙、周顺昌等七个政治上的反对者后来被称作"七君子"。据说使上两千八百两银子可以让他父亲少受折磨，不知是黄家没有凑到足够的钱，还是凑到了钱没来得及送到，总之他四十三岁的父亲最终还是死于极度痛苦之中。灾难降临的这一年黄宗羲十七岁。廷杖诏狱之辱的后果除了仇恨还是仇恨，父亲的死把他全家笼罩在深深的耻辱之中。

据说祖父黄曰中在他每天出入处的墙壁上写下了一句意味深长的话以提醒他作为一个长子长孙时刻不能忘记复仇：尔忘勾践杀尔父乎。[①]众所周知的这句来自吴越争霸时代的警句使江南在绮靡的民风之下还蕴藏着报仇雪耻的种子，而家门罹祸更使一个十七岁的少年过早地浸泡在了仇恨的黑色汁液里。当一个人执迷于事物的一端，一心只想着如何复仇，他就会像一个闭锁症患者把所有通向外部世

---

① 《移史馆先妣姚太夫人事略》，见《黄梨洲文集》，第 9 页，中华书局 1959 年版。

界的道路都封死了。作为明末党祸最直接的受害者之一，黄宗羲最
能体会那时代尸臭一般飘荡着的暴戾之气。多年之后——当然也只
能是明亡后——他在自己的写作中表达了对强权政治下士人蒙受耻
辱的怨愤。

机会终于在两年后的1628年春天到来。崇祯皇帝朱由检即位
后，出于对天启一朝党争的神经质的恐惧，把一个叫客氏的野心勃
勃的女人（此人曾是天启皇帝的乳母）囚禁后又乱杖打死。他的兄
长朱由校当年特别宠幸的宦官魏忠贤意识到末日来临也在发配途中
畏罪自杀。一批被视为客、魏集团的官员纷纷入狱。消息传来，黄
宗羲写好为父申冤的奏疏，身藏一种叫锥的锋利铁器，"赴京讼冤"[①]。
当他于这年三月到达北京城时，皇帝已经镇压了"客魏"集团，平
反了天启朝的冤案。他觉得自己就像一只迅疾打出的拳头落在了一
摊稀泥上，进退两难。但仇恨的力量鼓动着这个十九岁少年的勇气。
"谢恩"之后，他报告皇帝，对阉党孽种尚存、行凶者逍遥法外的现
状深感不满，他请求皇帝诛杀参与陷害其父的许显纯、崔应元、曹
钦程、李实等人。

刑部举行的公开审理中，许显纯以一张如簧巧舌百般狡辩，于
是在法庭上让人目瞪口呆地出现了"锥刺"一幕，黄趁人不备把秘
密携带的那柄叫作"锥"的锋利铁器刺到了许显纯的身上。一直在
他心里潜伏着的施暴的欲望此时找到了一个合法的渠道得以宣泄。
许显纯还以自己是万历皇后的外甥这个理由，要求法庭减刑。这个
请求因明显不合本朝典制被驳回了。黄宗羲说，皇后的外亲又怎样，

① 黄炳垕《黄梨洲先生年谱》，同治十二年刻本，"崇祯元年（戊辰）"条下："袖长锥、草疏，入京讼冤。"

如果你谋逆的话，就是亲王也照样要诛杀。结果，许、崔两人被判死刑。李实在受审时辩解说，当年诬陷黄尊素等人的公文，是魏忠贤指使别人冒充他的名义在盖有官印的白纸上填写的。他在审讯前给黄宗羲送去三千银两，乞求在法庭对证时不追究他。这一举动更加激怒了黄，在法庭公开辩论中他把这一切全都说了出来："实当今日，犹能贿赂公行，其所辩岂足信！"

据说黄宗羲还把崔应元痛打了一顿，并拔去了他的胡须去祭祀父亲的亡灵。接下去更令人吃惊的是，他还纠合了一大群死难官员的子弟闯进牢狱，当众打死了直接杀害其父的两个牢头。

公堂"刺许"这样的场景在今天看来总是不无戏剧式的夸张。而以私刑代替公法这一以暴制暴的方式在后世的读史人更是绝难想象，但时代是这样一个暴戾之气冲天的时代，那时候的人都见惯不惊了，甚至皇帝也对这班少年的疯狂报复嘉之许之。当审判结束后，黄宗羲与死难诸家子弟在诏狱中门共祭死难者的亡魂，哭声传入宫廷。崇祯帝叹息说："忠臣孤子，甚恻朕怀！"[①] 而天下士子，对这班东林遗孤则是敬仰爱慕有加，无不愿折节相交，当黄宗羲抚榇南归，他的声名早就比他本人更早地到达了江南。"当是时，姚江黄孝子之名震天下。事定还里，四方名士无不停舟黄竹浦，愿交孝子者。"历史学家邵廷采在一篇传记文章中用仰幕的语气如是记载。

接下来的两年，他在乡下潜心过了两年读书生活，接受着将要成为一个历史学者的最基础的训练。从他充满着自豪口气的回忆录来看，他的阅读范围包含了从二十一史到本朝实录的所有历史典籍。此时的江南风气，都以结社为时尚，就是三只猫碰巧走在一起

---

① 黄炳垕《黄梨洲先生年谱》，同治十二年刻本，"崇祯元年（戊辰）"条下。

也要结个社什么的。那些不甘寂寞的读书人更是喜欢聚在一起，像今天的当红评论家编各种文学年选一样编编八股文章选本，揣摩风气，结交朋友。风气所致，概莫能外。1633年秋冬之交黄宗羲来到杭州南屏山下，参加省城规模最大的"读书社"的一次雅集。据他后来回忆，那一年他来到杭州的时候，社里的诸子都过来了，计有杭州的闻启祥、江浩、江道信、顾有斐、卓人月、邹质士、邹叔夏，宁波的陆文虎、万泰，安徽的沈寿民、沈士柱、梅郎三等一众新朋好友。每天傍晚，一起坐着船，船开到哪个小岛，就一起下来步入树林，有时走着走着前面的人就不见了，就大声叫喊。有时在月下，坐在小船上，就某件事争论个没完，最后一笑而罢。

不过他对杭州的这个读书社并不太满意，因为这班人聚在一起谈禅的太多了。他本不是这样一个消极的人，所以对社事也不是太热心。在很多个场合，他也不放过批评他们的机会："经生之学，不过训故，熟烂口角，圣经贤史，古今治乱，邪正之大端，漫不省为何物。"

十七世纪三十年代的南京城，一个士子和百姓梦想着的太平世界似乎降临，但繁华之下已经隐含着一场风暴，清军的铁蹄步步逼近，李自成的农民军也从陕西一路闹到了安徽。但那厚重坚固、令人心安的城墙后面，生活一切如常，似乎没有什么会来打扰特权者们的享乐。这座会集着豪华的公子、落魄的书生、卖笑的歌妓、复社的名士和避难的绅士的六朝古都，日日醉生梦死，就像才子余怀①在《板桥杂记》中所记述的："秦淮灯船之盛，天下所无，两岸河房，

---

① 余怀（1616—1693？），字澹心，莆田（今属福建）人。寓居南京，著作多种，最著名为《板桥杂记》。

雕栏画槛，绮窗丝障，十里珠帘。"自 1630 年后，天启年间被难的杨、左诸君子们的孤儿们陆续成年了，一个个跑到南京来应试，当他们在秦淮河北岸拥挤不堪、散发着潮湿霉烂气息的贡院中挨过神情恍惚的两天三夜后，余下的日子里大可在这座金粉之城诗酒风流放纵声色。当其时也，这座城里，侯方域和李香君的爱情故事、冒辟疆和董小宛的旖旎风光已在上演，孔尚任的《桃花扇》和冒襄的《影梅庵忆语》也将流传，再加沈寿民、吴伟业、沈士柱一班名士和李香君、卞玉京、顾横波一班风华绝代的佳人，此情此景，足以让一班文青们相信一个伟大的文艺复兴时代已经来临。

《燕子笺》的作者阮大铖[①]做梦也没有想到他会在南京被一帮乌合之众围攻并被驱逐出城。这桩让他一想起来就恨恨不已的事发生在崇祯十一年（1638）七月。阮曾是被崇祯皇帝惩治了的客魏集团里的一员，在重新审理天启朝冤狱时被钦定逆案摘去了头上的乌纱。他从北京跑到南京是避难来的。他示好于复社名士的第一步，是动用他戏剧家的天分虚构了一个叫王将军的人物以巨金撮合侯方域与秦淮名妓李香君的爱情（所谓王将军，恐怕就是《桃花扇》中一个叫杨龙友的贵州人）。这节故事经戏剧家孔尚任《桃花扇》的渲染使得当时大江南北的士子百姓无人不晓。此人后来又企图以他新作的缠绵的爱情歌曲博得复社名士的好感。但在一片道德英雄主义的苛责声中，不甘寂寞、好谈兵法的阮对江南士林的折节下交被目为一

---

① 阮大铖（1587—1646），明清之际安庆怀宁（今安徽安庆）人，字集之，号圆海。万历进士，天启中任吏科给事中。崇祯初以阿附魏忠贤，名列逆案，废居南京。南明弘光朝立，经马士英推荐官至兵部尚书。翻逆案，报复东林党人，激起公愤。顺治二年（1645）南京为清兵所破，逃至浙江方国安军中。次年，降清，领清兵破金华，从攻仙霞岭，中风而死。一说为清兵所杀。颇有才名，善诗词，作传奇多种，有《燕子笺》《春灯谜》《牟尼合》《双金榜》等。

个野心勃勃的阴谋家的伎俩。在当下的南京城里，阮被看作一个毒瘤式的臭名昭著的危险人物，这样一个逆案中的祸首，在南京谈兵说剑，招摇过市，时日一久难免遗祸无穷。为了彻底铲除之，南京城里的复社名士们秘密策划了一场驱阮运动。

这年七月，名士们发布了一张名为《留都防乱公揭》的大字报并发动全城书生进行了一场声势浩大的集体签名活动。在一百四十八人签署的名单上，本文主人公黄宗羲被排在第二位（在他的前面是无锡名士顾杲），这其中起作用的当然是他东林遗孤的特殊身份和社盟里日益上升的地位。此帖一出，阮不得不搬出南京城住到南门外的牛首。多年之后他对这件让他蒙羞的事件还愤懑不已：我到底做错了什么，这班穷措大竟然如此对我！胜利了的名士们和一帮来南京应乡试的少年们在南京城外的桃叶渡召开庆功大会，少年好事而最富才华的冒辟疆作了《同人集往昔行跋》记录当时盛况。黄后来回忆，那些日子里，他和昆山张尔公、归德侯朝宗、宛上梅朗三、芜湖沈昆铜、商丘侯方域、宜兴陈贞慧、桐城方以智、如皋冒辟疆等一干朋友，"无日不连舆接席，酒酣耳热，多咀嚼大铖，以为笑乐"。① 他们的社集，自此直到弘光小朝廷抱笏登场，还常在举行。

据吴应箕《复社姓氏录》著录，复社同志有二千零二十五人。② 一般的士子只要进了复社，就有得中的希望；在朝的要人为培植自己的势力也来拉拢他们。当时的复社就有"小东林党"的说法。其实，

---

① 见《南雷文约》卷一，《陈定生先生墓志铭》。

② 这个统计数字见谢国桢著《明清之际党社运动考》，第114页，辽宁教育出版社1998年版。

党是在朝的士大夫结成的政治团体，社是民间知识分子的松散组织。结社本来是书生雅集，但一至势众人杂，操纵科考，一个本来是士子读书会文的地方，也就不免蜕变成了一个熙熙攘攘的名利场。

当此时也，侯朝宗的风流倜傥，佐酒必以红裙，冒辟疆的慷慨好士，弹剑长啸当歌，躬逢桃叶渡大会盛况的书生们，是何等的豪情。那时的黄宗羲，在世人的眼里也不外是和"四公子"同一类型的"风流俊少"。但考察黄的行状，少年老成，不苟言笑，再加不似冒、侯、陈、方四大公子长身玉立，风流蕴藉，而是貌古而口微吃，额角长着所谓日月痣的红黑痣左右各一，想来也不会太讨秦淮粉黛们的喜欢，热闹场中的一个清冷客而已。而他自己后来也反省参加社盟的浮躁，"本领脆薄，学术庞杂，终不能有所成就"[1]。如同被猎人击伤的熊罴更具进攻性，当弘光朝抱笏登场，动荡一时的秦淮河恢复甚至超过了昔日的盛况，重新掌握了权力的阮大铖、马士英的反噬给书生们来了个措手不及。陈贞慧捕入锦衣卫，仅免于死。侯方域几为所擒。沈士柱、吴次尾都偷偷跑了。冒辟疆回到如皋水绘园隐居。沈寿民老死金华山中。1644 年，黄宗羲随老师刘宗周从家乡到杭州，只身往南京，向福王上书，陈述政风，一不小心也落入阮大铖之手。当他被囚在狱中时，弘光朝的一班廷臣们正在一场大雨中商议着迎接清兵入城的种种细节。趁着陷落时城中的混乱，黄宗羲得以逃脱回到他的老家。

三十六岁的黄宗羲就任了兵部职方司主事的一个小官，在家乡拉起了一支数百人的地方武装，和打散了的政府军九江道金事孙嘉绩的部队、余姚县令王正中部合在一起，号称三千人马开赴钱塘江

---

① 《陈夔献墓志铭》，见《黄梨洲文集》，第 232 页，中华书局 1959 年版。

布防。然而这场依托江防天险的防御战一开始就显得颇为滑稽，驻守在钱塘江边的鲁王军队，每天饭后"鸣鼓放船"，到对岸"登陆搏战"，骚扰一番，"又复转舵还戍"，这岂是作战，简直是游戏，只是苟延罢了。[①] 而且出于执事者的私心，这支非正规武装的兵饷还要以一种"义饷"的方式去自筹解决。当时浙江钱粮总计六十余万两，黄宗羲早就看出浙江一隅之地无力豢养十万官兵，"即北师不发一矢，一年之后，恐不能支，何守之为？"[②] 因此建议总兵王之仁沉舟决战，由赫山直趋浙西，或派兵攻击"江海之门户"崇明岛，以成夹击之势。但位卑言轻，他的意见都没有被采纳。

这场防御战以一种可笑的方式结尾。1646 年夏，江南的一场旱灾，致使钱塘江水干涸到可以涉水往返，水位在战马的腹线之下，大队清军在大将贝勒博洛的指挥下渡江。此时的黄宗羲正驻扎在谭山一带准备奔袭海宁，消息传来，他带着数百江东子弟连夜逃入草长林深的四明山。

---

① 见《行朝录·鲁王监国》，《黄宗羲全集》第二册，第 130 页，浙江古籍出版社 1993 年版。

② 见全祖望《梨洲先生神道碑文》。

三　黄竹浦

　　当东海的晚潮顺着姚江河道涌上郡城宁波的腹地，落日给田野和村庄涂抹上了一层釉彩般的金黄，一只东来的木船在黄竹浦村口的港湾徐徐落下帆篷，村里的老妇和垂髫小儿也都知道，这是宁波的万泰先生来访黄氏兄弟了。[①] 黄竹浦是县城东南二十余里处的一个小村，地处于剡水西流、蓝溪南注、姚江东流的三江口，隔江相望蜀山。因是水路要道，官船往来停泊，又称作官船浦或官埭浦。村口有一桥，横跨蓝溪，黄宗羲的学生郑梁在一首诗中曾把桥下的蓝溪比作一条离穴的"白龙"。一本光绪年间的县志上如是记载："姚江东过姜家渡，又东过三江口黄竹浦，俗称官埭浦，亦称官船浦。慈溪三十六岙之水北流至陆家埠名蓝溪，折向西过花门渡白鹤，又北出黄竹浦入江。"[②] 黄宗羲住在黄竹浦，外出或进城常常渡江，友人来访，也是沿着姚江，或者从邑城向东，或者从宁慈方向西来。

　　那些年里来访的除了好友万泰、陆文虎，还有一些来自杭州和

　　① 《黄宗羲全集·祭万悔庵（泰）文》："予所居僻远城市，亦不乏四方之客。""晚潮落日，孤篷入港，虽里媪荛儿亦知其为先生访余兄弟之舟也。"浙江古籍出版社1993年版。

　　② 《光绪余姚县志·山川》。

山阴的朋友。有一次杭州的两位朋友郑元子和冯俨公渡江来访，村路泥滑，几乎不能落脚，他们开玩笑说，上黄竹浦难于登龙门啊。[①]慈溪的刘瑞是黄宗羲朋友，也是三弟宗会的岳父，黄宗会在自己的文集中曾提到岳父冒着大风驾小舟来访的事："中流失其楫，风雨际天，浊浪中载沉载浮，三十里始达，濒死者屡矣。"[②]这些朋友或学生最大规模的一次来访，发生在1665年的春天。那一次，由万氏兄弟斯大、斯同带领的一支近二十人的队伍分坐几只大船浩浩荡荡开到了黄竹浦。黄宗羲在这群恭敬的学子们面前享受了一个声名鹊起的学者所应得到的礼遇。这支访问团在黄竹浦集体住宿了一个晚上就回去了，后来又有人陆续回访。三年后，他们又把黄请到了宁波以便朝夕问学。

现在回头来看，黄宗羲在1650年的出行常熟并不是一次心血来潮之举。早在十七世纪三十年代的最初几个年头，为了访书问学，这个喜好交游的年轻人的足迹就遍布了浙江的杭州、绍兴，江苏的南京、太仓和安徽的宣城等地。他对书的酷好几乎到了痴心的程度。1634年，他到太仓访人称"两张"的复社领袖张溥[③]和张采，听说某家有藏书，连夜和张溥一起提灯去看。在绍兴，他偶遇一个叫周仲的年轻人，看到架上有周仲之父周仲渊编的《述学神道大编》数十册，即想尽抄其有。1638年，他到宣城访梅朗三，即入梅家三层

---

① 黄炳垕《黄梨洲先生年谱》，同治十二年刻本。"武林郑元子与冯俨公渡江来访，村路泥滑，同来沈长生不能插脚，元子笑言：黄竹浦固难于登龙门也。"

② 黄宗会《亡弟司舆黄君权厝志》，见《缩斋文集》，上海古籍出版社1983年版。

③ 张溥（1602—1641），字天如，号西铭，江苏太仓人。崇祯四年进士，后乞假归里，不再出仕，创立"复社"，提倡"兴复古学，务为有用"，主持风雅，抨击朝政，影响深远。著有《七录斋集》。

楼阅书。南京王明立家有千顷堂，藏书极丰。以后每到南京，他总要到王明立家借阅千顷堂藏书，从 1630 年起，如此连续十年，将千顷堂的书几乎都看完。依他这种行动型的性格，在 1650 年的春天他完全有可能跑得更远些。

　　按照通行的道德律令，遗民苟活于这个时代，是天然地蒙着耻辱的，生存空间非常狭小，不可出仕，不可交游应酬，不可讲学，不可为子弟谋科名，还须努力"养晦"，不为名累，自我闭固，自觉地生活在黑暗和耻辱中。但黄宗羲认为，"生此天地之间，不能不与之相干涉，有干涉则有往来"。他甚至引经据典举了陶渊明作例子，陶虽然屈身于异代，但"江州之酒，始安之钱"，是从来不拒绝的。①还说到宋元间的事，说读书人报效国家，应该是各有各的分限，该干什么还是干什么。这可以看作是他对时人讥以为"以故国遗老不应与时人交接，以是为风节之玷"的自辩状。②在黄宗羲的观念中，遗民是指你与作为政治实体的帝国朝廷的关系，至于个人生活中杜门却扫、绝交戒游完全是一种过分的也是没有必要的举动。在他看来，个人关系隶属于一种更广阔的生活领域，所以我们后面会看到，他的交际圈里除了一些老牌遗民，也不乏著名的文士和新朝的显宦，他的文集中更是有许多为当朝官员所撰的碑版文字。周旋于草茅野

_____

　　① 《余若水周唯一两先生墓志铭》，见《黄宗羲全集》第十册，第 276 页，浙江古籍出版社 1993 年版。

　　② 《宪副郑平子先生七十寿序》，见《黄宗羲全集》第十册，第 276 页，浙江古籍出版社 1993 年版。由黄宗羲的"士之报国，各有分限"说，全祖望后来在批评明清之际士人持论过苛时为之辩护说："布衣报国，自有分限，但就其出处之大者论之。必谓当穷饿而死，不交一人，则持论太过，天下无完节矣。"见《鲒埼亭集外编》卷二十五《春酒堂文集序》。

老与大人先生之间的他同样得心应手。

身处这样一个时代，明朝的臣民对自身的历史有着强烈的羞耻感。他们自觉地以 1644 年为界，将自己的生活划分为截然不同的前后两个阶段，这反映出他们对自己以往那段历史的悲剧意识。尽管也有人依旧我行我素，如职业墨客、兰溪人李渔在清军入关后，继续带着他庞大的家庭演出戏班在达官贵人家中演出。但这种行为是为时人所不齿的。更多的人，则是从根本上改变了他们的生活方式，如曾经陶醉于戏剧、音乐、烟火、华服、佳肴、名茶、漂亮的童仆和娇美的侍女的享乐主义者张岱，在清军征服浙江之后，自觉地放弃了山庄别墅和稀世古玩，跑到深山里去编撰他那部记述明朝历史的名著《石匮书》。自称天下第一大苦人的太仓才子吴伟业在崇祯帝吊死煤山的消息后不幸地自杀不成，在短期出任新朝的一个官职后，似乎是为了赎罪，写了许多诗作来纪念殉国的忠臣，并在生命的最后几年里成了一个虔敬的佛教徒。而传奇式的人物顾炎武在四十五岁那年干脆弃家远走北疆，并在二十五年后猝死在山西曲沃。

这些人里，除了张岱稍大些，生于十六世纪的末年，黄宗羲、吴伟业、李渔、顾炎武分别生于 1610 年、1609 年、1611 年、1613 年，这些生活在同一时代的文人在明亡后不约而同地选择不与新政权合作的应对方式，究其动因都是对明朝覆灭的负罪感而引起。这些忠于明朝的人都不再仕进，并相应地改变了他们的生活。不事新朝作为一条道德底线被反复申明。事实正如黄宗羲在一幅自画像上所题写的那样：

初锢之为党人，继指之为游侠，终厕之于儒林，其为人也，盖三变而至今，岂其时为之耶？抑夫之有退心？

黄宗羲指出，明朝忠臣的这一冲动产生于知识精英们的道德和精神英雄主义。但历代中国政治之不幸，也正在于党争中正直的人以道德自命起来抗议，宵小之辈又挟私相争，到最后弄得个两败俱伤。[1]在晚明充满着血腥气的权力争夺中，东林党运动所引发的激烈党争对明朝衰亡所起的作用绝不可小觑。这些纷争在国家解体之后还继续上演着，并最终导致福王的南京朝廷和桂王的追随者的分裂。所谓清议误国，确切地说是忠臣们对遥远的道德目标的追求导致了政治的混乱。那么，作为一个当下的知识分子，他所坚持的最终的善应该是什么呢？是进入新的政权从制度上去终结这种争执，还是作为一个旧政权的守墓者摆出一个拒绝为帝国朝廷效力的空虚无力的姿态？

看来这一切不仅仅是一个道德上的困惑，也是一个"士"的身份的困惑。

以黄宗羲为个案考察明朝遗民的生活，大多数人在明亡后的生活实际上可分为两个阶段：在第一阶段里，充满着狂热的政治活动，到了潮息烟沉的第二个阶段，他们进入了对政事的沉默，并在沉默中进行着一项更为重要的创造性的工作，范围从山川地理、前朝历史到制度典章建设、音韵考订无所不包。这一从追求道德修养向从事学术研究的转变，是汉族知识分子对明朝灭亡所做出的反应中的一个关键转折。在这里，黄宗羲和他同时代的南方文人率先找到了摆脱因明朝灭亡而造成的进退两难境地的办法。

---

[1]　见谢国桢著《明清之际党社运动考》，第 1 页，辽宁教育出版社 1998 年版。

遗民是一种过程，而时间是最伟大的雕刻家，它作用于人，即便是最老牌的遗民，也无法抗拒。在下面我们会看到，正是对现实的承认，赋予了黄宗羲和他的朋友们以较大的行动自由。

在那个时期所写的一篇题为《怪说》的著名短文里，黄宗羲叙述了他流连于雪交亭、续钞堂之间的日子里排遣不去的枯燥与寂寞："梨洲老人坐雪交亭中，不知日之早晚，倦则出门行塍亩间，已复就坐，如是而日而月而岁。"[①] 而他日日枯坐的书案，竟然被他的双肘压出了两条深深的痕迹。

贫穷而听着风声自然是好的，但能够不贫穷又能够听着风声岂不更好？隐世不出，听上去似乎一片闲云孤鹤式的轻逸，但生活毕竟不是作八股就可以应对的，日子还是要细细碎碎地过。他的家庭，据目前所知是一个包括了母、妻、三个兄弟、三个儿子、两个弟媳及侄儿等十余人的大家庭。他贤惠而又富于才华的妻子叶宝林，出身于本邑一个文学气息浓郁的官绅之家，父亲是曾出任省级高官的著名戏剧家叶宪祖。[②] 据说叶小姐受乃父影响，尚待字闺中时就能诗善文。当经济的拮据使得举家食粥了你才会知道在这样一个时代真要做一个隐士也是难的。试想想，当你的妻子抚惯了素金小笺的手指被日子磨洗得如同干皱的老姜，你的品行再高洁又有什么用呢？

于是同情他的读者会看到，在他的文章和书信中，字里行间一

---

① 《怪说》，见《黄梨洲文集》，中华书局 1959 年版，第 487 页。

② 叶宪祖（1566—1641），明代戏曲名家，浙江余姚人。字美度，一字相攸，号六桐、桐柏、檞园居士、紫金道人。万历四十七年进士，任新会知县，后调京任御史，因与东林党骨干黄尊素为儿女亲家，遭阉党排斥，崇祯即位后起用为南京刑部主事，四川顺庆府太守，辰州、沅州兵备副使，四川参政等，后调广西按察使，因病未赴任。一生创作丰富，有传奇七种、杂剧二十四种，现存有《鸾箆记》《金锁记》《骂座记》《寒衣记》《四艳记》《易水寒》等。

再诉说俗累，诉说他本人在生存重负下的种种苦况。锋镝牢囚次第过、依旧不废我弦歌云云，不过是一种英雄主义的口号，虽然嘴里还兀自强撑着说贫亦其能奈我何，却总是掩不住物质世界里棉花破被、松木空锅的凄凉，更不必说还有排遣不了的遗民寂寞像屋前屋后的青草恣意生长。尽管戴名世先生说过要致富就种树这样的名言，但这样的反讽只是发发牢骚于事丝毫无补的。① 当黄宗羲在乡下以一种无奈的口气说着米盐俗事，说着经济的窘迫对士的精神和气质的伤害，这世俗化的末世士人生活，才显出真切的人间味来。谁说一个人的谋生方式不会搅动他的思想的最隐秘之处呢？

没有资料表明黄宗羲是顾炎武②般的长于经营者，当顾炎武运用负世之略在山西雁门之北、五台之东轻轻松松就掘到一桶桶金的时候，黄宗羲可能正在老家守着他的一大家子为下一顿的柴米犯愁。虽然他也表示过从事农业的愿望，但大量的体力与时间的投入与产出的不相称肯定也让他放弃了这一初衷。如何选择治生的基本生存方式，在黄宗羲那个时代能够被道德接受的几种谋生手段不外是耕种、做工、医卜、相地、入幕，或者做富有官员或成功商人的家庭教师，再不济就是赚死人的钱，为富户人家死去的祖先或者妻妾撰写以颂扬为主要基调的碑铭文章。最初的时候他选择了做一个家庭

① 戴名世在写于1696年的《种树说》中说到他这个种树致富的梦想："顷余侨居秦淮之上，而城之西北多有闲旷之地，在民多种树为生。余欲买地十余亩，种树三百六十株，取其易生而多实者，缭之以垣，而构草屋八九间于其中以居焉。当花开之时，且赏且吟于树下。及其实之成也，计一株可得钱百余；若其蕃滋繁多，则可得钱二三百。各贯之以缗，而共置一匦中。"《戴名世散文选集》，石钟扬、蔡昌荣选注，百花文艺出版社2005年版，第146页。

② 顾炎武（1613—1682），号亭林，江苏昆山人。年轻时参加"复社"反宦官斗争。抗清失败后，遍游华北，载书自随，尤致力于边防和西北地理的研究。晚年专志经学研究，著有《日知录》《天下郡国利病书》《肇域志》等数十种。

教师或者说馆师，当他有了足够的声誉他的学生就从四面八方涌了过来，但他交游和讲学的足迹基本不出钱塘江，就在杭州、绍兴、桐乡、海宁、宁波那一带打转。这也与只身北上行程千里万里的顾炎武形成了鲜明的比照。

四 隐与显

早春的一场大火把黄宗羲从化安山的龙虎草堂烧回了黄竹浦老家。

不知道那场火是怎么烧起来的，是灶堂里隔夜的火种引燃了柴草还是饥鼠踢翻了烛台？当他搀扶着一个劲儿咳嗽的太夫人冲到屋外，大火已经从偏房卷向停放黄氏祖宗灵柩的正屋。二月干冷的北风从龙山和虎山之间的小峡谷席地而来，把火焰修剪出妖艳的形状。草堂地处两山之间的谷地，附近没有人烟，这火一烧起来就难以扑救。忙乱中，他和儿子百家只来得及抢救出几本被烧卷了纸页的书。等到他于惊愕中想起桌上还摊着刚开了个头的《明夷待访录》，呛人的浓烟已逼得他不得不在门口止住了脚步。

岁在壬寅的 1662 年在黄宗羲日后的记忆中始终笼罩着一片不祥的火光。

搬回黄竹浦老家住了不到三个月，5 月 3 日，又一场大火借着南风降临。这一次烧得更干净，"庐舍荡然"，连睡的地方都没有了，正在接近尾声的写作也不得不中止了下来。无奈之下，他只好举家迁到故居东南六里的蓝溪暂居了下来。这就是他在日后的一首叙事诗中自我解嘲地说的：

　　　　半生滨十死，两火际一年。①

　　此后的三四年间，伴着祝融之灾到来的还有三次丧葬。先是故居大火之后不久弟媳的死。到了第二年的八月，他一向寄予厚望的三弟黄宗会在老家忧郁而死，年仅四十六岁。那时他刚到浙江桐乡吕留良的梅花阁做了四个月的馆师，得知消息，星夜驰归。两年后的十月，他在桐乡又接到了家乡来的凶讯，说是他两个叔父中的一个死去了。作为长子长孙，又是一个闻名天下的孝子，黄宗羲的生活再是窘迫，也不得不回家奔丧并办妥丧事。再加顺治十一年前后儿媳孙氏、儿子阿寿、孙女阿迎接连病死，十年之内可说是"八口旅人将去半，十年乱世尚无央"了。

　　不祥的消息一个接着一个，这段时期的黄宗羲肯定不止一次想到过死。心境的颓唐使他在 1663 年冬天终于完稿的《明夷待访录》的自序中早早署上了"梨洲老人"这个别号。那一年他才五十三岁。那一刻他肯定想起了晚唐时代在四明山中幽居避世的烟霞之客施肩吾。"半夜寻幽上四明，手攀松桂触云行"②，何等的潇洒出尘。中华传统何其悠远博大，你想成为什么样的人随便在哪一个世代都能找

---

　　① 关于康熙元年龙虎草堂火灾的记述，出自黄炳垕《黄梨洲先生年谱》，同治十二年刻本。"壬寅二月，龙虎山堂火。"又："夏五月，故居火，庐舍荡然。"黄宗羲有《五月复遇火》诗纪其事："局促忆旧居，鸡犬共一轩。缩头床下雨，眯眼灶中燔。南风怪事发，正当子夜前。排墙得生命，再拜告九圜。臣年已五十，否极不终还。发言多冒人，举动辄违天。半生滨十死，两火际一年。莫言茅屋漏，宾客非等闲。"《黄梨洲诗集》，中华书局 1959 年版，第 41 页。

　　② 见施肩吾《夜登四明山》，《全唐诗目》第八函二册卷一。

到模样。许多年后，他的再传弟子全祖望说，当鲁王朱以海和永历皇帝去世的消息传来，复国运动如同大潮平息尘埃落定，黄的心情就跟等死差不多了。也只是因为母亲尚在，他才这样赖活于世。但从现有的资料来看，黄是同时代学人里较早走出时间焦虑的几个人之一。其中的一个信号是，十年前他就把自己所写的书称作一个苟活之人留给后人的《留书》（前面说到的《明夷待访录》是这部计划中的大书的一部分），今天我们看黄宗羲的书，也能感觉到他在写作时就像对着后世数代之隔的读者说话。①

照传记作家全祖望的说法，黄宗羲成为一个职业作家是在1662年，这一年的"海氛嘶灭"让他彻底放弃了无望的等待，"始有潮息烟沉之叹"②，转而开始另一种形式的对世道人心的解救。这种说法在《小腆纪传》之类的野史孤乘上也可以看到。但事实上，十三年前他秘密返回家乡时就开始了半耕半读的生活。耕是为了生计，读是他的身份，也是他的本质。身份是符号，是归类的依据，也是一种暗示，一个人的自我期许或者他所希望的某种身份总是暗示着他的行动。《明夷待访录》完成的次年，发生了著名的庄廷龙明史案。一部私修的《明史纪略》因过多地表现出对明朝的忠诚而致使编者与出版者共七十余人被杀，这一事件使他惮于把自己的文章刻印行世。以后他主要从事讲学，并研究理学、经学和史学。于是在六十年代

---

① 注：黄宗羲于1663年完成该书时，原书名为《待访录》，郑性父子在乾隆年间刊刻此书时，始改称《明夷待访录》。此书虽被清廷所禁，但屡有私家刊刻，晚清以降，标点刊刻本更多，是黄宗羲所有著作中流传最广的一部。

② 见全祖望《鲒埼亭集外编·书〈明夷待访录〉后》，卷三十一，清同治姚江借树山房藏牍。

的最初几个年头我们的主人公频频出行，在浙江桐乡吕留良①的水生阁逗留的时间和在老家的时间几乎对等。当然这里面也不无生计的考虑，数目可观的束脩收入是一个重要因素。当这两个著名的江南文士的友谊日渐升温时，他们肯定不会想到，三年后会因为一件小事撕破脸皮并成为一辈子的敌人。

在此后的日子里，黄宗羲致力于振兴其老师刘宗周的学术，并于1667年在绍兴与同门姜定庵、张奠夫一起恢复其师刘宗周的"证人书院"。他检讨说年轻时拜刘宗周为师的目的，不外是想应付科举制业，如今有了"天移地转""僵卧深山"的亲身体验才发现以往全然是浪费岁月而追悔不及——"近二十年中，胸中窒碍解剥，始知曩日之孤负为不可赎也"②。或许正是因为这一幡然醒悟，他决定另起炉灶，到了第二年，应老友万泰之邀，黄宗羲来到了宁波这座整日海风吹彻的城市。这是他一生中最重要，也是影响最大的一次讲学活动。开始他的工作主要是教授万泰的八个儿子，到后来闻讯而来的学生越来越多。讲学的地址也不得不从城内的广济桥迁至延庆寺，再迁至万氏在城西管村的别业白云山庄。出于延续余脉的考虑，他把老师开创的"证人书院"继续用作了他讲席的名称。这一开讲就是八年，从五十九岁讲到了六十六岁。全祖望后来在《续甬上耆旧诗》中论述黄宗羲在甬上"证人书院"讲学的影响："先生自言生平师友，皆在甬上。及风波稍息，重举证人之席，虽尝一集于会稽，

---

① 吕留良（1629—1683），一名光轮，字海，又字庄生，号晚村，暮年削发为僧，名耐可，字不昧，号何求老人。浙江崇德（今桐乡）人。为学尊朱辟王，推明儒学本旨，精治四书，详辨夷夏之别，其著述由门人辑为《四书语录》《四书讲义》《吕子评语》等。后人曾编有《吕晚村先生文集》《吕晚村诗集》等。死后四十余年，因曾静反清案的牵连，于清雍正十年被剖棺戮尸，著述禁毁，罹难之酷烈，为清代文字狱之首。

② 见《恽仲升文集序》，《黄梨洲文集》，中华书局1959年版，第334页。

再集于海昌，三集于石门（语溪），而总不其先生之意。尝曰：甬上多才，皆光明俊伟之士，足为吾薪火之寄。而吾甬上，当是时，经史之学蔚起，雨聚笠，宵继灯，一振前辈之坠绪者，亦以左提右挈之功为大。"

这八年中他在宁波的学生共计六十六人，其中佼佼者十八人，又称十八高足。黄在颇为自豪地列举他在甬上的学生时，一口气就报出了万斯同的史学，郑寒村的文章，陈夔献、仇沧住的经术，万斯选的名理，等等，而在这些他自以为继承了他某一方面衣钵的得意门生中，被他列在第一位的是"万季野之史学"①。他对万泰的最小一个儿子斯同的揄扬总是不遗余力。

他对宁波这座城市的好感一直保持到了晚年，当他已是八十岁的风烛残年的老人，坐在老家的书房里回望平生，最念念不忘且最为欣慰的还是他在此间的一群学子。在他眼里，这座城里总是集聚着一群最优秀的年轻人，他们天资超拔品行高尚，使他有足够的理由相信他们能很好地传承他的思想和学问。这也可以部分地看作他在这座城市一住就是八年的一个理由。

当1675年除夕到来的时候，黄宗羲完成了一项从事多年的工作：编成二百余卷的明人文章选集《明文案》。② 时间正以一种越来越快

---

① 参见《陈夔献墓志铭》，《黄梨洲文集》，中华书局1959年版，第232页。

② 《明文案》编成后，黄宗羲在康熙二十二年以七十四岁的高龄赴昆山徐乾学家，阅读了徐氏传是楼所藏的明文集，再得《明文案》所未备三百余家，积十年之功，编成《明文海》。黄宗羲的儿子黄百家在《明文授读·序》中追忆当时的情况说："逮后先夫子究以有明明作者如林，欿于未尽，亲至玉峰搜假司健先生传是楼明集，得《文案》以外所未有者，又如我家藏之数……复合《文案》而广之，又有《明文海》之选。为卷凡四百八十，为本百二十，而后明文始备。"《明文授读》是黄宗羲从《明文海》中抽选一部分授读他的儿子黄百家的，共六十二卷。黄宗羲死后，康熙三十八年，由四明门人张锡琨校梓，后收入《四库全书》。

的加速度奔向这一代人生命的终点，在除岁的守夜中他发现这过去的一年竟有那么多的朋友离开了他，沈眉生、沈治先、赵禹功、魏圣水，这些已经在这个世界消失了的朋友昨天还和他一起谈笑风生。他觉得生活的世界越来越像一个墓地。"天意不留知己在，抱琴更欲向何人？冰缠雪压仅遗在，一载那堪去数人。"①除夕夜，为新著写完了序，一种彻骨的悲凉和虚无之感像一阵不知所来的冷风灌进了他的骨头。那么这一辛辛苦苦的工作为的是什么呢？是为了后世垂名吗？他在一首自我问答的诗②里说是为了不让时光在无聊中消磨。工作是他最好的安慰。在这首从除夕怀人开始的诗里他还向我们报告说，这一年下来，《文案》搞完了，《学案》(《明儒学案》) 也差不多啦。悠悠今世，谁鉴心曲？真个是如此江山残照下，奈何心事菊花边！

伟大的康熙皇帝做出的官修《明史》的决定，无疑既显示了帝国的宽宏大量，又有助于建立其续继前朝的"正统"地位。同时这一决定也加快结束了汉族士绅阶级中重要分子的顽固对立态度，为这些因明朝灭亡而心灰意冷的士人提供了一个以公开的方式探讨灭亡原因的机会，并逐步建立起这些人对帝国的信任。对黄宗羲这样的历史学家来说，出于对明朝的感情不接受清朝的官职与以天下事为己任的义务之间的矛盾，确曾让他在接到《明史》纂修邀请书时产生过痛苦和疑虑。如同一个孝顺的儿子有责任为他的亡父撰写一部传记一样，为前朝写作一部完善的正史在黄看来也是一个身为历史学家的忠臣最后能做的一件事，但问题在于这件事怎么来做。再

---

① 见《黄梨洲诗集》，中华书局 1959 年版，第 61 页。

② 《除夕怀亡友》，见《黄梨洲诗集》，中华书局 1959 年版，第 61 页。

三考虑后，这个公认的史学权威做出的回答是拒绝前往京城参加修史的工作，但同意以通信的方式提供帮助。同时，他示意最得意的学生、此时已声名日隆的历史学家万斯同以个人身份接受邀请，前往北京。他相信，通过这种间接的参与编修的方式，他自身的历史存在也会得到历史的确证。

1679 年，当万斯同离开南方的老家前往京城时，黄宗羲在化安山双瀑下以新作的三首诗歌为他送行，并以父亲亲授的《三史钞》等资料相赠。诗中表达了他对这项工作的关心，盛赞了学生的博学，提出了"四方声价归明水，一代贤奸托布衣"①的期望，并警告他应该避免与异族更进一步的合作。所谓更进一步的合作，自然不外是指接受新朝的一官半职。"一代是非，能定于吾辈之手，勿使淆乱，白衣从事，亦所以报故国也。"在他看来，不进入官方体制，能使一个历史学家在最大限度上秉持客观公正的立场。

或许是他的警告起到了作用，或许是深切的故国之思使得万斯同除了明代历史文献的研究之外无心旁骛，居京二十四年，他实际担当了总编纂的职责，却自愿拒绝了官方因修《明史》给予的所有俸禄和职位，始终以一介布衣完成了这项浩大的工程。关于万斯同在北京修纂《明史》时以渊博的学识所赢得的崇高威望，后人全祖望有这样白描式的记述："诸纂修官以稿至，皆送先生复审。先生阅毕，谓侍者曰：取某书某卷某页有某事当补入，取某书某卷某页某事当参校。侍者如言而至无爽者。《明史》稿五百卷皆先生手定，虽

---

① 《送万季野北上》，见《黄梨洲诗集》，中华书局 1959 年版，第 107 页。

其后不尽仍先生之旧，而要其底本足以自为一书者也。"[1] 这个优秀的历史学家以其精湛的专业知识和道德上的无可指摘，在京城留下了无数优美的传说，同时还留下了他有关历史写作的一个别出心裁的比喻。他把历史写作者比喻成一个去断家务事的清官：修史好比一个人到别人的家里去，开始周历熟悉这家的厅堂、寝室、坑厕和浴室，继而了解知道这家的积蓄、产业、礼节和习惯，时间久了这家男女老少性格气质的刚强柔弱、地位高下和智能贤愚，没有不了解和熟悉的，这样以后，才能裁断这家的事务。同时他批评以往的官修史书的弊病，就好像随便招呼一个过路人来与他商量家中的事一样。

许三礼[2]是浙江海宁知县，这个热心文化的官员以喜欢交结名流出名。在他那个充满着浓厚的学术气息的幕僚群体中，集聚着通过各种渠道投奔过来的八股文高手、占星术士、前朝遗老、学术新人和一些著名或不太著名的诗人。一个偶然的机会，他经人介绍认识了黄宗羲。在对先生多年坚持不懈的讲学生涯表示钦佩的同时，许知县还诚挚地邀请先生移席海宁做一次讲学。1676 年初春，许知县把全城的贵绅和士大夫集中到一个寺院恭听黄宗羲先生的学术报告。黄宗羲在这次报告中着重指出，时代变化系于每一个人，如果忽视

---

[1] 见全祖望《鲒埼亭集》卷二十八《万贞文先生传》。又，按《清史纪事》初编记："万斯同，字季野，号石园，鄞人。从黄宗羲游，年最少，得史学之传。康熙十七年，找据博学鸿儒，有欲举之者，力辞。明史之修，徐元文为总裁，欲自荐斯同以布衣参史局；不就，乃延主其家，以刊修委之。张玉书、陈廷敬、王鸿绪，相继为总裁，皆延之，客居京师江南者二十年，辈成一代之史。卒于康熙四十一年，年六十。《明史》之成，本于王鸿绪史稿，实出斯同之手。"

[2] 许三礼（1625—1691），字典三，号西山，河南安阳人，顺治十八年（1661）进士。自幼受业于著名学者孙奇逢门下。康熙十二年（1673）始任海宁知县，在海宁八年，政绩卓著，并主持编修了《海宁县志》十三卷。

了这一点他就称不上是真正的学者，因为说到底，"各人自用得着的，方是学问"。如果穿凿附会经典，就像糊纸灯笼，每添一条骨子，就会阻隔一路光明。① 那次会议连远在昆山的退休尚书徐乾学② 也派出了两个弟子前来参加，确是极一时之盛。或许是许知县的盛情感动了黄宗羲，也可能是这座县城文人们的好学精神感动了他，黄宗羲在海宁一住就是两个月，经常和当地的文人讨论学问。③ 临走还依依不舍写了篇文章《留别海昌同学序》作为纪念。④

在晚年之际，当世大儒黄宗羲最受人非议的也正是他与许三礼之类帝国官员的交往。从传记和往返信件来看，这些与他交往的新朝显宦有徐乾学、徐秉义、徐元文、张玉书、汤斌、叶方蔼、许三礼、朱彝尊等一些中央与地方有影响的官员。在道德苛责者看来，这成了他"晚节有亏"的一个明显证据。⑤

人称昆山三徐的徐乾学、徐秉义、徐元文，是顾炎武的外甥。三兄弟在康熙九年、康熙十二年、顺治十六年先后在帝国最高规格的考试中得中探花，被世人视作科举史上的一个奇迹。黄宗羲同三徐私交十分密切，身为内阁学士、刑部尚书的徐乾学和文华殿大学士、明史总裁徐元文一再向康熙帝推荐黄宗羲，并与黄互致书信，

---

① 《陈叔大四书述序》，黄宗羲在这篇文章中记述了海宁讲学时的这一观点，见《黄梨洲文集》，第 316 页，中华书局 1959 年版。

② 徐乾学（1631—1694），字原一，号健庵，江苏昆山人。康熙进士，授翰林院编修。康熙二十一年任《明史》总裁官，后入值南书房，充《大清会典》《一统志》副总裁。晚年居吴县洞庭东山。与弟秉义、元文皆显贵，号"昆山三徐"。

③ 黄宗羲在上引《陈叔大四书述序》中记述了他在浙江海宁（海昌）讲学时引导学生通过辩论探讨学问："余讲学海昌，每拈四书或五经作讲义，令司讲宣读，读毕，辩难蜂起，大抵场屋之论，与世抹杀。"《黄梨洲文集》，中华书局 1959 年版，第 316 页。

④ 见《黄梨洲文集》，第 477 页，中华书局 1959 年版。

⑤ 钱穆《中国近三百年学术史·自序》，商务印书馆 1997 年版："梨洲晚节多可讥。"

诗歌唱和。三兄弟中的老二徐秉义曾至余姚拜访黄宗羲。黄宗羲也曾几次至昆山回访徐氏兄弟，又请徐乾学为其父黄尊素祠撰写碑铭。

1677年，侍读学士叶方蔼写了一首五古长诗，托人带给黄宗羲，规劝黄宗羲早日结束隐逸出来为帝国效力。黄宗羲在答诗中明确表示了"不仕"。到了第二年，朝廷议修《明史》，特开"博学鸿儒科"，叶方蔼向康熙帝继续推荐黄宗羲。黄当时在北京任职的一个学生陈锡嘏听到这一消息代老师辞掉了。黄宗羲在写给学生的一封信里对此表示了感谢，说如果让他跑到北京去应这一科的考试，无异于"断送老头皮也"。

然而时势既已至此，这也只能是他要求于己身做到的最低一道道德门槛了。在三年后写给刚刚任命为明史馆监修的大学士徐元文的一封信中，他明确要求为他的儿子百家在史馆中谋得一个职位。在稍后的一封写给徐乾学的信中，他把皇帝宠臣徐乾学比作宋代大贤范仲淹，继而托请徐为自己的孙子黄蜀的科考开个后门："又小孙黄蜀，余姚县童生，稍有文笔。王公祖岁总科考，求阁下预留一札致之，希名案末。"

尽管找出各种各样的理由不去北京，但起码可以看出，这时的黄宗羲对帝国朝廷恐怕已不那么反感了。至此或许可以说，他已经走出了狭窄的道德氛围，而进入了更长时段着眼的"大历史"的视野。在写给徐乾学的一封信中，黄宗羲的语气让熟悉他行文风格的人感到了陌生：

　　去岁得侍函文，不异布衣胥肉之欢。公卿不下士久矣，何幸身当其盛也。今圣主特召，入参密勿，古今儒者遭遇之隆，盖未有两。五百年名世，于今见之。朝野相贺，拭目以观太平，非寻常之宣麻不关世运也。①

　　时人以他从使用干支纪年到采用顺治、康熙年号，以他晚年为人撰写的碑铭传状和致友人书中称康熙为"圣天子"、称清朝为"国朝"、清军为"王师"等全然一派清人口吻，与《留书》写作时代的骂满人为"夷狄""虏酋"相比照苛责于他，然而，要知道在当下的语境中，也正是这一变化见出这一代江南知识分子与现实之间关系的演化。在任何一个地方任何一个时代，有什么力量能阻止集体话语如同空气一般地弥散?

---

　　① 见《黄宗羲全集·南雷杂著稿·与徐乾学书》，第十一册。浙江古籍出版社1993年版。

五　为书籍的一生

1660 年，当两个南方书生黄宗羲和吕留良刚开始他们的交往时，风尘之中的英雄惺惺相惜之感使他们的友谊迅速升温。尽管黄要比吕大上近二十岁，但这丝毫不妨碍他们相互把对方当作知己。关于那时候他们之间的关系，黄宗羲曾有句名言：用晦（吕留良字）的朋友就是我的朋友，用晦的砚也就是我的砚。吕留良之所以能让他有如此好感，一是他的绝世才华，二是他是一个坚定的毫不妥协的民族主义者，"其为宋室之南渡耶？如此江山真可耻！"这样沉痛的句子也只有这样一个敢于大爱大恨的三十年华的血性书生才写得出来。

这个死后四十年将要牵涉一起未遂的策反事件中受掘棺戮尸之辱并引得雍正皇帝大为光火的悲剧性人物，在世时却是一个行事极为谨慎的人。明室覆亡，吕留良把可观的家产耗费到了注定是失败的抵抗运动中，一度贫困得只好改名行医为生。到他于 1663 年邀请黄宗羲来他桐乡的梅花阁教授吕家子弟时，他的经济状况应该是已经得到了很大的改善。此后的三年间，黄宗羲往返余姚、桐乡两地，二人常和友人聚于水生草堂，诗文唱和。在此期间他们还合作进行了一项名为《宋诗注》的学术研究工作。那时黄的个人境遇很糟糕，家中不称心的事接二连三发生，每次从余姚传来消息要黄急速回乡，吕留良都尽可能亲自把他送到杭州，并送上一笔可观的资费，才依依作别。

然而裂痕在不久后的 1666 年出现。起因是他们都看得比性命还重的书。

这一年，山阴祁彪佳的藏书楼澹生堂的藏书散出。听到这一消息，两人决定一起前往合资购买。他们在祁家翻阅了三昼夜，捡得了数十捆。据说在经手的过程中，吕留良私下截留了《礼记集说》和《东都事略》两本珍贵的书籍，致使黄大发脾气，终至翻脸绝交。吕留良也指责对方只想着自己，不顾他人，争抢善本好书。两人交恶后，黄宗羲还写了一封措辞严厉的公开信指责吕的不是，此信一度在江浙的文化圈中广为流传。吕留良甚是不悦，在《与太冲书》中反问黄：外面的朋友都在传说你给我写了一封淋漓切直的信，盛赞你不愧是我的良友，为什么这封信我竟没有看到？如果在您的眼中我连对话的资格也没有了，那就不必写这样的信，既然写了，那就是要我闻过则改，可又不让我见着，那无非是想借机做做花样文章，这样叵测的用心，怎么可以称得上是我吕某人的诤友？

事已到此，当黄宗羲请求辞去吕家教职时，吕留良不仅没做挽留，连表面上的客气都懒得做了。不久，他请来一个叫张履祥的理学家来家继续执教，并与他共同编印书籍。"故交疏索尤相惜，旧学孤危转自哀"，他这一时期所写的诗中的"故交"，显然是指黄宗羲。不久，他们共同的朋友高旦中去世。高是黄宗羲在钱塘江作战时的一个战友，兵败后曾以行医收入资助黄氏兄弟衣食，还多次陪同黄宗羲前往桐乡水生阁。吕留良不满意黄宗羲为死去的朋友写的墓志铭，指责其中的"微词丑诋"，两人关系进一步恶化。

到了 1673 年，黄宗羲在范钦的曾孙范光燮①的陪同下，在宁波破例登上著名的"天一阁"时，还对此事念念不忘。他把吕留良称作"书贾"，把他的这一行为称作"窃书"（《天一阁藏书记》）。或许是逝去的时间冲淡了他心头的怨懑，两年后，他听到吕留良在杭州的消息，特地派儿子百家持着他亲笔所写的书信与诗扇呈送，有意恢复往来。吕留良如法炮制了十年前黄写公开信的做法，写诗作答，"惭愧赏音重鼓动，梧桐久已断声闻"。他以"梧桐"自比，拒绝了黄重续旧好的一厢情愿。两人继续互相伤害着。

到了 1681 年，年过七十的黄宗羲在江南文化界的重要地位已经没有人能够撼动。这一年，他自己审定的《南雷文案》正式刊印，吕留良读后，对黄宗羲的反感几乎到了愤慨的程度。因为他吹毛求疵地发现，黄在文集中的一篇文章里，不仅不反思友人的指责，还在为墓志铭的事强词巧辩。而这是有着道德洁癖的他所坚决不能容忍的。他同样不能容忍的是黄与帝国达官权贵之间的频繁往来。看来他们是迷上这种相互伤害的游戏了，并在这种虐待游戏中享受着快感。吕留良更进一步地指出黄是一个心术锲薄、趋火附热的道德小人，"当道朱门，枉词贡谀，纨绔铜臭，极口推崇"，而对于"贫交死友"，却"愤然伸其无稽之直笔"，实在是"议论乖角，心术锲薄"。私事上的过节终于上升到了道德上的公开谴责。黄宗羲也在诗文中对吕极尽妖魔化之能事，竟致连吕的名号也不愿再提及，对其

---

① 范光燮，字友仲，又字鼎臣，万历四十一年生，康熙十五年恩贡，曾任嘉兴府学训导。为天一阁第四代主人。

学问也毫不客气地斥为"纸尾之学"。两人之间这毫无道理的仇恨让人吃惊之余，更多的是对人性的幽暗产生厌恶。

他爱书，辛勤地到处搜罗着，把它们看作他遗失在这个世界的一个个孩子，费尽心力要把它们重新汇集拢来。他近乎一个世纪的一生可以说就是为了书的一生。很早的时候，他就把自己在黄竹浦老家的书房称作了"续钞堂"。这个为纪念先人黄震于宋元遗乱世之际著述《黄氏日钞》（一百卷）而命名的藏书处，是住宅中的一处简陋的旧房略加改造而成，其间藏着他历年搜罗的经、史、子、集、兵、刑、礼、乐、文选、志考、经济、农圃、医卜、数算、地理、历法、小说、杂技、释道、俳优、各类野史等各类书籍六万余卷。他不是商业型的或是鉴赏型的藏书家，只看版本不问书籍内容。作为一个国初的学术大家，他收藏这些书籍，是为了使用，也是出于对书的天然的嗜好，所以后人全祖望才会在《二老阁藏书记》里这么说他："先生之藏书，先生之学术所寄也。"

从续钞堂到雪交亭的小径，草枯了又长，这条相去不过十余步的小路是他在这个世界上走得最久的一条路。六万册书是他的六万个孩子，一年又一年，他熟悉了它们的低语，它们的争吵，可他真的不是一个好的藏家，在他的有生之年，这些书就在不断地离开他。这些掠夺者里有山中的强盗、村里的小偷、洪水、大火和一次又一次搬迁中让人心痛的遗失。黄宗羲的藏书，康熙元年的两场火烧掉一部分后，康熙二十九年的一场大水又毁去不少。在他死后不久，黄竹浦又发生了一场大火，殃及续钞堂藏书。所以历史学家全祖望在《二老阁藏书记》里说："垂老遭大水，卷轴尽坏，身后一火，失去大半。"

关于书的故事在他死后继续上演着。

慈溪人郑梁[①]初次见到他敬仰的老师，是在1668年的仲春五月，这一年黄宗羲五十八岁。到了黄宗羲再去宁波讲学，他也从老家慈溪半浦跟随着到证人书院就学。在老师的眼里，众多的弟子中只有他出色地继承了自己的文章辞藻。美文家郑梁也因此进入了黄的最优秀的学生之列。郑梁三十二岁那年，朋友万管村向他转述了黄宗羲对他的期望。万管村说，先生看了你的文章很是喜欢啊，某次我去黄竹浦看他，上了船，他还站在江边对着我大喊：你一定要告诉郑梁啊，读书自爱，他日不患不为浙东一作者也。可以想象年轻的郑梁听到此话是何等的惊喜。他兴冲冲地拿了自己新作的文章去看望老师，黄又有"斯文绝续，在子一人"的一番勉励。在以后给郑梁的文集写的一篇序言中，黄宗羲不以老师自许，称呼他为"我的朋友郑禹梅（郑梁字）"，比喻他的文章有流水的形态，忽而舒为涟漪，忽而折为波涛，一转一折都有自然之妙。1695年，黄宗羲在浙江余姚去世的消息传来时，郑梁正在赴任高州的途中，出于知遇之恩他千里往返，到黄的墓前扶棺痛哭了一场。

郑梁去世前，嘱托儿子郑性[②]在他死后造一间阁，供奉他的老师黄宗羲和父亲郑溱的两尊神位。孝顺的郑性照办了。黄宗羲死后二十年，续钞堂藏书濒于散失，郑性跑到黄竹浦，将藏书整理后亲自装船督运至半浦。全祖望在《鲒埼亭集·二老阁藏书记》中载："郑

---

① 郑梁（1637—1713），字禹梅，号寒村，浙江慈溪人。从学黄宗羲，酷爱书籍，顺治戊戌进士，改庶吉士，授户部主事，历官高州知府。著有《读书杂论》《寒村诗文集》。

② 郑性，字义门，号南溪，浙江慈溪人。郑梁之子。贡生。著有《南谿偶刊》。

丈南溪理而出之，其散乱者复整，其破损者复完，尚可得三万卷。"可见黄宗羲藏书的丰富。

书的易散难聚与生之奄忽让郑性生出了无常之感，他那种欲说还休的复杂的心情也正如船下动荡的水波：

> 劫后残编四五千，辞黄归郑上江船。
>
> 可怜手泽消逾半，敢道心香绍得全。
>
> 往后今朝从我载，未知异日谁倩传。
>
> 中间做个邮亭卒，一站程跳一站肩。

自从续钞堂藏书归于郑家，以后想得到黄宗羲学问精要的学者，都不去黄竹浦而去半浦郑家了。当他们渡过曹娥江进入宁绍平原的东部，离郑氏世居的半浦还有四五里地，就能看到熟悉的屋檐高耸的二老阁。[①]在此他们可以享受到郑氏后人殷勤的照拂，并在苦读之余到门前的鹳江玩一种叫作曲水流觞的文人游戏。二老阁的黄、郑两家藏书合起来据说有五万余卷，这足够他们啃嚼了。每天一早起来，郑氏子孙就端正衣冠，子孙父子师友聚处一堂，对着先祖先师神位和一大屋子的书行礼如仪。这一仪式几十年如一日地在郑宅上演着，因此进入了当时修纂的县志。县志上对郑性这个"邮亭卒"的表彰词据说是这样的：像对待祖先一样对待他父亲的老师，像对待老师一样对待祖先，事死如事生，事亡如事存。

---

① 全祖望《鲒埼亭集·二老阁藏书记》："……南溪乃于所居之旁筑二老阁以贮之。二老阁者，尊府君高州（郑梁）之命也。高州以平子（郑溱）先生为父，以太冲先生为师，因念当年二老交契厚也，遗言欲为阁以交祀之。"

六 死之仪式

　　尽管有着南雷、梨洲老人、双瀑院主持、古藏室史臣、雪交亭主、荄湖鱼澄洞主等各种各样的名字，我们的主人公毕竟不是传说中神奇的猫能有九条命。对于一个渴望进入历史的人来说，死亡是一个敏感问题。像任何一个中国老人一样，黄宗羲在年过六十以后就开始认真面对这个问题，为此他还多次和儿子认真讨论过。

　　一种普遍流传的说法是他在离去世还有七年之前就提前安排好了自己的墓地。墓地超乎寻常的简单曾让他的家人和学生迷惑不解，他们一致认为，这与他德高望重的身份太不相称。但黄宗羲拒绝了他们想把他来世的住所装修得更为豪华舒适的美意。在一个广为流传的民间传说中，当皇帝的私人代表带着要他接受官俸的旨意来到黄竹浦时，机智的黄装死躲进了这个简单的墓室。这一传说有着多个版本，但故事的结局无一不是他躲进墓室保全了晚年的名节。

　　1692年秋天，八十三岁的黄宗羲生了一场大病。病中的他接到学生仇沧柱的来信，说北方的一个民间出版商已将他用力最多的一部著作《明儒学案》出版，听到消息，他支撑着病体，口授儿子百家作序一篇。据记录者称这是他最后一次从事他喜欢的工作。从这年病后，他的身体一直十分虚弱，缠绵于病榻，并将此后编辑的旧作冠名为《病榻集》。三年后的七月初三日，他病逝于家中。

在稍前的一篇交代终焉之后余事的小文《梨洲末命》中，我们吃惊地看到，这些文字是何等的闲逸，充满着他以前的行文风格中少有的文学气息。在这里，赴死时的从容和优雅倒在其次了，重要的，也是他关心的，是死之为意境的完整性，和是不是有足够的诗意。"圹中须令香气充满"，"其下小田，分作三池，种荷花"，来吊者"能于坟上植梅五株，则稽首谢之"，圹前望柱，"若再得二根，架以木梁，作小亭于其上，尤妙"①。丧葬行为上的这一看似达观的表述，见出了在生命的最后时分，他还保持着诗人式的对意境的耽嗜和形式上的创造欲望。

现在我们当然已经知道，从雪交亭到续钞堂，在空间上仅仅是从一个亭子到一个藏书室（兼工作室）的距离，然而本文主人公黄宗羲却走了近半个世纪。他从一个世代走到另一个世代，从壮夫走成了一个须眉蔼然的老者。他走在这条小路的声音也回响在另一个世界。他走着，渐渐地明白了世间的一切都是过程，泪与笑，廷阶与城头的血迹、种族的冲突，在时间的流逝中终究会淡去，被时间的巨手轻轻抹平，而文明的传承，就像暗夜行路中前方时刻亮着的一盏灯，永远不会熄灭。他越来越明白了自己此生的职责是做一个传说中的燃灯使者。而这一切，像一粒种子的着床萌芽，最初发生在本文开始的1649年夏天。那时，他刚刚决定从这个充满了刀光血途的世界隐退，如同一滴墨隐入一张宣纸的背后。

可是，事实真如他所说的"期于速朽"吗？几乎可以断定，

---

① 见《黄宗羲全集·梨洲末命》，浙江古籍出版社1993年版。

1695 年的盛夏，当死神重重的脚踵将要踩上他的眼睑，他的脑海中闪过的是进入永恒的一念。或者说，当死神像收割走秋天的一束谷禾一样收割走他的生命的瞬间里，他已经确信自己进入了历史，进入了这个世界最优秀的灵魂组成的永恒者的行列。一个写作者可以凭着他的文字进入不朽，并且他的生命中内在的东西会通过这些文字得以永存，这是中国传统中一项特有的承诺。在死亡降临之际，黄宗羲回应了这个中国传统。

双城记

——在路上的全祖望

一　北京

　　1730 年春天，一个叫全祖望的外省青年随身带着两万余卷图书前往北京。此时他的身份是宁波府学的一名诸生，因成绩优异被选作拔贡北上应试。如此庞大、沉重的行囊要从浙江运往北京，放到今天也需一笔不菲的托运费，何况是交通条件低劣的十八世纪初叶。果然到了山东省境，他的盘缠就花得差不多了，雇用的车夫不愿再干，他不得不脱下身上的衣服换了钱来付车资。[①]这样，好歹在暮春的一天，辚辚滚动着的车轮把他和两万余卷图书送进了北京城。

　　居京多年的叔父，早已从老家来信得知了他来京入国子监的消息，但一下子看到侄儿带着这么一大堆书同时出现在眼前，还是吃惊得张大了嘴。这么多书！这么多书你看得过来吗？侄儿不置可否又成竹在胸的淡淡笑容让他似乎看到无边的荣耀已经在向老全家招手了。还没等安顿好远途来客，他已经迫不及待地对着妻子喊叫起来：拿酒来，快拿酒来！

　　全祖望不禁微笑起来。在家的时候他早就听父亲说起过，这个

---

　　① 蒋天枢《全谢山先生年谱》（本年谱据商务印书馆 1932 年版点校），"雍正八年庚戌"条下："行次山东，资斧告尽，以衣付质而行。"鄞州区政协文史委编《越魂史笔——全祖望诞辰三百周年纪念文集》，第 469 页，宁波出版社 2005 年版。

小父亲五岁的叔父，十八岁起就远游京师，虽一向借砚田以糊口，却为人豁达爽直，视金钱如粪土，故里亲旧到了北京找上门去，照顾备至之外，还得让你醉上好几场酒。

几杯浊酒入肠，老人在小他将近四十岁的侄儿面前有点语无伦次起来。他那带了北音的乡音乡调让第一次出远门的青年感到亲切而又陌生："你父亲一次次写信来，让我趁着还有力气走动早日还乡，我也盼着回去啊，可是客居他乡四十多年还一事无成，我回去有什么脸面？现在好了，等你高中进士的一天，我和你一同回去。"[①]话到此处，这个失败的老人眼里已是蒙着一层泪花了。

三年后，老人因长子夭亡一病不起，全祖望在从通州返回北京的途中得知消息，急忙前去探视。老人握着他的手一声叹息：总有一天你会考中进士的，可惜我等不到那一天了。[②]说罢撒手而去。两个儿子都已先他而死，这个蹭蹬一世的老人在北京连一点痕迹都没有留下，就被轻轻抹去了。此是后话，不提。

对一个二十六岁的青年来说，这世界是没有什么障碍的，何况是自负才学从小就有"神童"之誉的全祖望。北京，天子之城，帝国政治和文化的中枢，在这个南方书生的眼里是等待着他去博得不世功名的神秘疆域。这里一碧如洗的蓝天让人沉醉，崔嵬的宫墙和气象万千的皇家园林让他心志高远，更重要的是，这里有那么多谈吐文雅见识不凡的官员和无数从天南地北会集来此的俊彦耆旧。像

---

① 蒋天枢《全谢山先生年谱》，鄞州区政协文史委编《越魂史笔——全祖望诞辰三百周年纪念文集》，宁波出版社 2005 年 10 月版，第 469 页："仲父馥客京师，见先生至，喜甚，呼酒饮曰汝父累书遗吾，吾岂不愿归，顾当日远志为何如！其待汝成进士，吾携子而归耳。"全祖望的叔父名馥，这一年六十四岁，离开故乡已四十余年。

② 全祖望《先仲父权厝志》："甲寅五月，方游潞河（今通州）及归，闻仲父病，遣人迎之，既至，医治小瘥，忽复沈笃，叹曰：汝之成进士必也，而吾不及见矣。"

所有胸中燃烧着激情和理想的年轻人一样，他鄙薄世俗生活，不问经济营生，在他看来，世俗生活只不过是通往理想道路上的一块绊脚石。要等到三年后，为了生计不得不廉价出售辛辛苦苦从老家带来的两万册藏书，他才会领略到长安米贵居大不易。①

　　北京向这个年轻人启露的第一缕笑容是当时有名的学者文章大家方苞②的一封回信。事情的缘起是他读了方苞的一本谈论礼仪问题的著作后，感到不太满足，于是提笔写了一封信提出不同意见。这一大胆的举动让方苞深感惊讶，当然更打动他的是这个年轻人独到的见解。这个南方书生在北京的最初声誉就这么建立了起来。③ 没有更多的资料可以显示全祖望在北京第一年的生活情状，他最看重的学生蒋秉纯及近人蒋天枢先生编撰的《年谱》，浓墨记载的都是他居京第一年如何牵念老家地方郡志的修撰，一次次地和主持其事的万九沙先生（万斯同之子）通信探讨，补遗纠谬，可见他虽然跑那么远却还是牵挂着家里的种种。不过，以常理揣度，一个平生第一次离开家门北游的年轻人，苦恼于那种与南方迥然不同的干燥的气候，及饮食上的种种不惯，在寂寞中不可抑制地生长出思乡之情也在情理之中。到了第二年七月，在短暂地游幕山东后，他就迫不及待地回转老家了。

　　此番回乡，他竟然一住大半个年头。过了来年三月父亲的七十

---

　　① 蒋天枢《全谢山先生年谱》"雍正八年癸丑"条下："长安米贵，以行箧书二万卷质之。"

　　② 方苞（1668—1749），字凤九，一字灵皋，晚年号望溪，生于江苏六合。论文提倡"义法"，倡"道""文"统一，被称为主盟清代文坛的"桐城派"的鼻祖。著有《周官集注》十三卷、《周官析疑》三十六卷、《集外文》十卷、《补遗》十四卷。

　　③ 蒋天枢《全谢山先生年谱》"雍正八年庚戌"条下："初识方灵皋于京师，奉书论殷周祭制，既又上书论《丧礼或问》，灵皋大异之。由是声誉腾起。"

寿辰，似乎再也没有不走的理由了，可是怀孕才数月的妻子忽然病倒了，而且病势汹汹，看样子一时三刻还好不了。看着卧病在床的妻子，他怎么也下不了动身的决断。父亲一再暗示他秋试的日子即将临近，应是赴京的时候了。后来连妻子也劝说他勿以儿女情长受牵绊。一边是辗转病榻需要照料的妻子，一边是越来越近的科试的日子，1732年春天的全祖望感到了前所未有的被撕裂的痛苦。到了四月，待妻子的病情稍有好转，他终于决定整装北上。乍暖还寒时候最难将息，一个病妇经不得风吹，连大门都不能迈出，只能送他转过屏风。看着结发八年的妻子强打精神的样子，这个薄游京洛才一年的青年士子忽觉难舍难分，只想贫贱夫妻终日厮守着，鲜花功名也直似粪土了。妻子一迭声地催他：行矣！无多言。他的心里忽然涌上一种不祥的预感。①

这一年是雍正十年，全祖望参加壬子科的顺天乡试，中了多少青年学者梦寐以求的举人第。当他还沉浸在叩开帝阍之门的喜悦里时，却意外地获悉了他的妻子张氏已在八月间因难产去世的消息。更让他无法接受的是，他那个勉强保全下来的女儿在母亡后不久也夭折了。回想起此前一封封的家书里总是夸妻子如何贤惠身体恢复得如何如何好，女儿又是如何的聪颖懂事，却原来是怕他影响应试情绪而撒的一个弥天大谎！这消息好像一支利箭穿透了他的心，这个秋天，他的身体里某种东西已经随着亡妻和从未谋面的女儿永远地消失了。他后来在《殇女埋铭》中痛心地说："吾家秘吾妇之死，

---

① 全祖望《张孺人神诰文》："壬子之春，孺人卧病，家君以闱期近，促予北行。孺人愀然曰：吾不幸病甚，然君舍朝夕之养以游京师，将以有得为亲荣，讵可以儿女婴情也？行矣！无多言。已而孺人病少瘳，予遂束装北上，孺人送予及屏而返。"

不以告予。但于家信中夸是女之慧。及予归而女死矣。予负吾妻，亦并负是女也。"①

这一科顺天乡试的主考官是吏部侍郎任兰枝和侍读杨炳，而对全祖望的文章尤为倾倒的则是他的房师曹一士。此人也来自江南，赋性鲠直，一生贫寒，在帝国朝廷由翰林而御史，再任工科给事中，在官场上可说是节节下坡路。不知是否巧合，看好、欣赏全祖望的官员似乎总是些政治博弈中的失败者、不合时宜者，这些人身上散发的独特的气息总是让他们在人群中迅速地辨认出对方并引以为同类。

在第二年春天更高一级的进士资格的考试中，全祖望意外地落了榜，心灰意懒之下就想收拾行装离京返乡。此时的他对京城的政治生活已经没有了三年前初来时的热衷。落第，再加丧妻失女之痛，他不仅对这座曾经让他景仰不已的京城已没有了多少幻想，甚至，还暗暗地滋生出了一丝怨恨。他总觉得，如果不来北京上国子监，就不会失去妻子和女儿，在这个世界上他就不会是无根的转蓬。看来上天的意志不会无缘无故偏袒某个人，它让一个人尝到了一点功名的甜头，却掠夺了他的人伦之欢。功名与人伦，孰重孰轻？

1733年春天的全祖望就这样走到了人生的一个隘口。似乎，他已无必要留在京城。似乎，除了回到浙江东部的那个小县城外他别无他途。事实上，于生命的实用性而言，去地方上做一个薄有功名的乡绅，或者通过某种关系进入县衙或者府城谋得一个闲职，也不会比在北京混差到哪里去。

① 见《鲒埼亭集外编》卷八.

此时，一个叫李绂^①的官员出现在我们的视野里。这个将要对全祖望一生发生重要影响的资深翰林院编修，其实十年前他就认识了。只不过身份悬殊，一个是主持浙江全省乡试的正考官，一个是年方十六初试不中的少年。但这个叫全祖望的少年当时肯定给李考官留下过深刻的印象，不然李绂看到他的名字再次出现也不会引起特别的注意。这次春试，李绂并非主考官，但看了这个浙江学子的行卷后，他却深为不平，在各种正式和非正式的场合到处宣称：你们看看，漏下了一个多好的天才！这个博学的青年乃是宋元间的历史学家王应麟、黄震以后的第一人啊。^②他找到全祖望，希望他继续留在北京，准备参加下一届博学鸿词科的考试。

江西临川人李绂已经是个几起几落的政坛老人了。他的为人正直（"性刚毅"），乃至刻峭寡和，在当时的士林是出了名的。雍正六年，这个王阳明知行合一之说的忠实信徒，因得罪皇帝的亲信河南巡抚田文镜，被罗织了二十一款罪状下狱论死，传说他被绑到菜市口的法场问斩时，白刃都搁到脖子上了，主刑官问他：田文镜好否？他还是面不改色作答道：臣愚，虽死不知田文镜的好处。最高当局也只好以他"学问尚好"着革职免死。^③或许是有着崇高威望的李绂的说项打动了他，或许全祖望对北京尚抱幻想，总之，他答应留下了。

---

① 李绂（1675—1750），字巨来，号穆堂，清朝临川县人，清康熙十八年进士，授翰林院编修，历任户部侍郎，内阁学士，广西巡抚，直隶总督，礼、吏、工、兵部侍郎等职。一生勤于治学，雅好史学，奉敕主修《八旗通志》《广西通志》《畿辅通志》《临川县志》，自撰《西江志补》《抚州续志》等。

② 蒋天枢《全谢山先生年谱》："春，试北闱不第。李穆堂见先生行卷，曰：此深宁东发后一人也。"

③ 谢国桢《全祖望集汇校集注序》，转引：李元度《国朝先正事略》卷十四《名臣》。

考虑到全祖望拙于生计，在北京已无亲友可依靠，李绂把自己在宣武门南宅邸里的一间紫藤轩借他暂住。这个热心的官员学者对提携后学向来不遗余力，在全祖望于这年冬天搬进李宅之前，紫藤轩里已经住进了一位来自江西的学子万承苍。在接下来的两年多时间里，三人时常相聚一室，或随兴赋诗，或考据史事，葱汤麦饭，互为宾主，度过了一段让全祖望终生难忘的诗酒生涯。寄食李宅，除了帮助李绂编辑《词科摭言》《公车征士录》两本类似当今各级政府广为印发的"领导干部通讯录"的小册子，大量时间他可以尽情用来阅读、沉思、辩驳，做他内心的功课。那是他在北京最有安全感，也是最感温暖的一段时期。他持续了一生的《水经注》的研究工作，也当是发轫于这个时期。

看他青年丧妻，一人在京生活苦闷，李绂还亲自作伐，促成他娶了康熙时代的政治老人、满洲正黄旗人、翰林院侍读学士春台的女儿为妻。成婚后又帮他在紫藤轩旁街西南另赁新居安家。但这个一不问经济营生、二没有强劲后盾的年轻人实在是太穷了，为了安置新家不得不忍痛抵押了从老家带来的两万册藏书。再婚之后他还动过把浙江乡下的老父亲接来京城的念头，因经济实在太过拮据不得不作罢。①

此时，各省推荐的应博学鸿词科的人选尚未尽集北京。一天，李绂对他说，大江南北的人才，都是你所熟知的，你能不能试着为我列举之。这正投合全祖望爱评论人的习性，他一口气写下了四十余个人名，并一一举其所长，谁精于经，谁通于史，谁谁又善于古文、诗词、骈偶之学。这一番对天下英雄肆无忌惮的褒贬使得李绂

---

① 全祖望《先公墓石盖文》："谋迎吟园公来京就养，不果。"

也大为叹服：如果朝廷能恢复前朝的通榜制度，即便韩愈再世，也不过如此啊。

可能是受这个年轻的举子身上的锐气所吸引，也可能是因为内阁学士李绂对他格外的垂青，一时间，习惯于从风吹草动中嗅出政治气候的人们都竞相来与他交结。但此人一贯心高气傲，负气忤俗，心性投合的一见面即可引为知己，他看不上的你吹破了天也是白眼相看。这一傲慢的个性使他无意之中得罪了不少人。当时推荐他参加词科考试最得力者还有户部侍郎赵殿最，可他尽管与赵殿最的弟弟是好朋友，也从来没有去拜访过赵侍郎。后来他自己也不得不承认——"然予疏慢成性，虽衔知己之感，而过从甚简"①。

更让人不可理解的是，大学士徐本和张廷玉好几次相招他都不上门。这岂止不知趣，简直是狂傲得不知天高地厚了。那可都是权焰炙天的人物啊，官场内外多少人都以"但愿一识韩荆州"为荣，为此削尖脑袋打破头而不可得，他却不知是"疏慢成性"的缘故，还是因为优待自己的李绂与他们是政坛的宿敌，竟然都托故开溜了。今人惯说性格即命运，一个人的命途原来都是他自己的个性写就的，以他这样"博洽有余、沉厚不足"的为人处世方式，在京城这样一个势利场，不失败也真是个神话了。

1736年，时当高宗皇帝即位后的第一年即乾隆元年。旧历除夕，全祖望做了一个梦：多年的挚友杭世骏②和厉鹗来到北京，和他把酒

---

① 全祖望《工部尚书仁和赵公神道碑铭》。

② 杭世骏（1695—1772），清代学者。字大宗，号堇浦，浙江仁和（今杭州）人。雍正朝举人，乾隆时举博学鸿词科，授翰林院编修。晚年主讲广东粤秀、扬州安定等书院。学识淹博，长于史学及小学。曾校勘《十三经》《二十四史》。著有《诸史然疑》《三国志补注》《史记考证》《续方言》《道古堂文集》等。

言欢，喝到尽兴处，三人在雪地上且歌且舞。①似乎是这个梦在现实世界中的回应，到了正月下半旬，钱塘才子杭世骏果然来到了北京。

各省保举的参加博学鸿词考试的士子们，过了春节后陆续麇集京师。作为康乾学术全盛期的一次官方性质的盛会，这些人中不乏学术大家文章高手，但也充斥着通过各种渠道保举来京的不学无术者、夸夸其谈者、末流诗人、假道学和形形色色的官迷。他们中的财大气粗者或借此机会奔走豪门，或日日征歌选胜，其盛况就像一部十八世纪的"儒林外史"。全、杭老友重逢，却张口闭口都是学术。杭世骏不无炫耀地向全出示了刚完成的新著《石经考异》，全祖望则向他介绍自己《水经注》的研究心得。从杭世骏口中得知，此次浙江总督保举了十八人，杭世骏和厉鹗都在这份名单上。全祖望为他的朋友们感到真诚的高兴，希望自己和朋友们都能在这场考试中得偿所愿。

到了二月，抵京赴试的各省保举者已达一百多人，这时上谕颁布：因到京未齐，不便即行考试，先至者未免旅食艰难，着从三月为始，每人月给银四两，资其膏火，在户部按名发给。其未到之人，俱着于九月以前到京。一时四方征士纷纷云集。

就在这个月，乾隆元年丙辰科的会试中，全祖望高中三甲三十六名，通过了进士资格考试。令时人称奇的是，全的娘舅，也是他的开蒙师蒋拭之，在开馆授徒五十多年后时来运转，和外甥成了同科进士。一片贺喜声中，全祖望并没有沾沾自喜，他把这次会试作为了参加博学鸿词科的一次热身运动。世所周知，被举博学鸿

---

① 《厉太鸿年谱》："甲寅秋，先生客扬州，冬归。时鄞县全绍衣祖望留京师，除夕梦杭大宗及先生两人抵京，有诗纪其事。"

词即是才学实力的证明，能有资格参加词科的都是当今之国士，在全祖望的心目中，这当然是一次比会试规格更高的考试。

这年的五六月间，已取得进士资格的全祖望在考官吏部侍郎邵基的保举下进入庶常馆，也即世人所说的翰林院。令人啼笑皆非的是，也是在这个时期，他的恩师李绂因保举新进士过多，又在朝班嘱九卿保举，被检察部门找去谈话。《清史稿》载他因认错态度较好——"绂奏：臣多言滋事，今凛承天语训诲，永绝妄言"——对他的处理是，交部察议，降二级使用。[①] 刚被训诫的李绂只得寄情于文章学术，与全祖望一起在庶常馆共同研读《永乐大典》。日子又好像重回到了全祖望借住李宅紫藤轩的时候，两人融融泄泄，相与析疑，相约每天各看完二十卷，看到精彩处就插入书签雇人抄录。[②]

初入翰林院的全祖望表现出了在他身上难得一见的谦虚。时任礼部尚书兼国子监祭酒的杨名时有一次入馆视事，称赞他读书广博，全真诚地回答：像东莱、止斋这样高深的学问，朱熹都要评议他们，何况我呢。杨尚书说：你能看到这一点，就已经是进步了。

这期间，两人就李绂于雍正十一年刊行的《陆子学谱》一书有过一场争论。全考订出了李著中的两处谬误，李绂在钦佩他读书细心的同时，由衷赞叹：方今诏求鸿博，足下真其选矣。但接下去李绂话锋一转，对全祖望的考据提出根本性的质疑，认为圣人之学，并不重在考据：以你这样高的天分，如果去做一些远大的事业，那么对天下苍生的利益就更大，补亡订误，虽不无小补于世，但作用

---

① 见《清史稿·李绂传》。

② 蒋天枢《全谢山先生年谱》"清高宗乾隆元年丙辰"条下："在词馆与李穆堂共借读《永乐大典》，每日各尽二十卷，以所签分令人钞之。"

也就仅此而已；历史上的人事有未参详处，我们不妨暂且悬搁起来，凡于理无害的，用不着花费那么大精力去考证。俗话说得好，望远者不见形，听远者不闻声，我这么说并不是看轻考据之学，实在是对你有很大的期望啊！[①]这与全祖望对历史的缜密精神可说是有着原则上的分歧，全这样回答他的老师：史以纪实，非其实者非史也。[②]

到了秋天，博学鸿词科开考的日子越来越近，朝廷已经张榜公示钦点大学士鄂尔泰、张廷玉和吏部侍郎邵基阅卷。鄂尔泰、邵基是不久前刚举行的会试的考官，对全祖望这个已入翰林院的庶吉士自然不会陌生，正当全祖望满脑子盘算着如何在词科考试中一展身手时，让他始料未及的是，他在北京的政治生涯刚刚开了个头就要急转直下了。作为对他简慢狂傲的报复，开考前，张廷玉特奏皇帝：凡经保举而已成进士者，不必再与鸿博试。一百多个考生中，唯独全祖望已取得进士身份，这一条明摆着就是冲着他来的。在资格审查中就被拦路一刀砍下马来，这也真是窝囊透顶。于是嗅觉灵敏的人士马上觉察到，这个人在北京待不长了。

如同一盆冷水浇在被激情烧灼的身体上，委屈、愤怒、痛苦、失望像无数只小虫子噬咬着他的心。他无可奈何地看着权力在对着自己施暴，却不知种什么因结什么果，自身太过张扬的个性也合谋

---

① 李绂《穆堂别稿·答全贡士绍衣书》。"读来未二纸，反复援据，足征读书细心，俾卤莽者知警，幸甚羡甚；方今诏求鸿博，足下真其选矣。……足下天资高，倘能务为远大之业，则为益于天下甚大；补亡订误，识其小者，虽不无小补于世，然为益亦仅矣。偶有未祥，不妨阙之，凡于理无害者，固不必为之考究，费日力于此也。要之，望远者不见形，听远者不闻声，考订之事，不能无误，势所必至；而圣贤为学，初不重此。遇非敢轻考难，所望于足下者重甚！虽然，此下足下谋之耳，若纂辑前贤事迹，则正得一事受一事之益：拙书因足下之疑而改正二条，其受益侈矣。"见蒋天枢《全谢山先生年谱》引《穆堂别稿》。

② 见全祖望《帝在房州史法论》。

加入了对自身的扼杀。但这并没有让这个执拗的书生变得聪明起来，反而更加变本加厉地由着性子牵着自己走。

当一百七十余位来自各省的士子在保和殿内参加御试时，场外的全祖望惶惶如丧家之犬，他觉得自己被遗弃了，成了一个零余者。负气使性让他做出了一件在世人眼中更为荒唐的事，为了表明自己的经术和词章不在应试者之下，他照着词科试题也作了一文，呈给有关当事者。[①] 这不是明摆着有对抗不满情绪吗？如此不服从组织程序不把领导放在眼里，岂止讨厌，简直可恶了。

事后看来，这次词科，他试与不试都是一样的结局。身不由己被卷入权力的角力场的小人物，被牺牲掉几乎是理所当然的。经李绂、方苞月旦品评再荐举的那些士子，尽管一个个都学问满腹、品行高尚，但在主持其事的政敌张廷玉的百般刁难"苦绳隘取"下，几乎没有一个得中的。最后公布考中者，除了杭世骏、齐召南几个名流有幸挤了上去，大多数都被淘汰出局了。[②] 对此杭世骏有如此之叹："是科征士中，吾有友三人，皆据天下之最，太鸿之诗、稚威之古文、绍衣之考证，近代罕有伦比，皆不得在词馆，岂非命哉！"[③] 七年后，翰林院编修杭世骏因向朝廷建议用人不分满汉，因言获遣，也被罢官南归。时人讥诮他是"新妇初婚议灶炊"。

---

　　① 蒋天枢《全谢山先生年谱》"三十二岁条""先生负气，为《五六天地之中合赋》，拟进卷，据《唐志》以纠《汉志》，又代《汉志》答《唐志》，出与诸人右，当事者益疾之。"又，《词科余话》："鄞县全祖望，撰词科拟进帖子，援据精核，为召试诸公所不及。时全已官庶常，不与试。"

　　② 关于乾隆元年的博学鸿词科考试结果，郑崇敬《燕下乡脞录跋》记载："……当时二百余人，大半经桐城临川两侍郎月旦，然后登诸荐牍，故其中博学笃行，几居十九。设令碧海遗珠，尽登珊网，岂非一朝盛事。遂假慎重之名，苦绳隘取，以呈御览。两侍郎所举，一士不登，名流获隽者，仅齐召南、杭世骏数人，士林咸失所望。"。

　　③ 见杭世骏《词科掌录》。

　　但在当时，全祖望不这么看，结果已不再重要，他要的是公平，是一个理字。这一打击对他自尊心的伤害太大了，不得与试的屈辱让他多年以后一想起来还隐隐作痛。他以后行事更加乖张、疏瀹狂放，不讨人喜，这一事件可以说是起了助推器的作用。

　　来自杭州的实力派诗人厉鹗^①在这次鸿博试中也铩羽而归。十月的一天，全祖望与已入翰林院授编修一职的杭世骏等几个友人在京城烂面胡同的接叶亭为老友南归饯行。全祖望喝醉了，忽歌忽哭，还吐得一塌糊涂。临别之际他握着厉鹗的手吟咏起了多年以前在扬州厉的赠诗"故人四明客，含香识名字，太学待何蕃，少年推贾谊"，还一个劲地说兄弟先行一步我随后就来。他已经预感到，自己在京城待的时间不会太久了。时隔不久，一个来自湖北省的应鸿博试的孝廉因考场失利，既愧且怒，在旅馆病死了，全祖望和几个留京的考生去料理后事^②。眼看着那人昨日还是意气风发今日已作他乡游魂，同去的朋友作的挽诗"同作公车客，须眉同老苍"怎不让全祖望有兔死狐悲之感，而"腹痛谁浇酒，肠回独转环"这样伤怀的句子更是让去乡多年的游子惊悚于世事幻灭的苦涩。

　　到了来年五月，庶常馆散馆，馆员评定等级按级录用，优异者或进入中央各部委，或主试各省，差一等的则外放州县。全祖望被

---

　　① 厉鹗（1692—1752），字太鸿，号樊榭，浙江钱塘（今杭州）人。清代最有成就的"宋诗派"诗人之一，与查慎行齐名。诗以幽新清逸、刻琢研炼见胜，尤擅五言。在清人词中，厉鹗所作以"幽隽"著称。一生以设馆授徒为业，主要坐馆处为扬州马氏兄弟的"小玲珑馆"。博学多才，著作等身，《四库全书》著录者就有七种，为《辽史拾遗》《东城杂记》《诗纪事》《南宋院画录》《南宋杂事诗》《绝妙好词笺》《樊榭山房集》。

　　②《词科余话》："孝感李春耀，字东谷。康熙丁酉孝廉。以乡前辈大司马涂公荐来京，试后病殁旅邸，鄞县全祖望醵金归其榇。"

评为最下等，归吏部去候补知县。① 尽管这一糟糕的结局几乎在预料之中，但当它真的降临还是令全祖望万念俱灰。更让他心生愧疚的是，好不容易考中进士的娘舅蒋拭之受他牵连，也同时遭黜，终结了短暂的政治生涯。他不欠京城什么，京城再也与他无涉。他已决意辞官归里，永远离开这个让他尝够了人生苦涩的名利场。至于辞官回乡之后下半生的衣食从何而来他还无暇也不屑顾及。在以后的文章中他将一再用"放废湖山""左降出都""左迁"等词语表达北京对他的伤害。

妻子分娩在即，他因此没有即刻动身，时常和流落在京城风尘委顿的赵谷林等几个朋友聚在一起，喝酒酬唱，挨得一日是一日了。这样的行径在欣赏他才华的师友眼里不啻是自暴自弃，时任"三礼"义疏局副总裁的方苞准备荐举他担任纂修之席，也遭到毫不犹豫的拒绝，方苞只得另荐了福建兴化的通判吴廷华顶了上去。② 他还是那么的骄傲，认为自己虽专于经术，文采词章同样也不见得比别人差（"至词章则似不在同年诸公之下"），"今以明试词章被放，岂敢以经术求进乎？"（《奉望溪先生辞荐书》）北京已经伤透了这个南方书生的心，连留在此处再食一份俸禄他也觉得委屈了自己。

到了十月，妻子分娩生下一个女儿，因孩子尚幼不便旅途劳顿，他便把娘儿俩扔在北京迫不及待地一个人上路了。自 1730 年春天初入国子监到此番离开，屈指算来，他已在北京待了七年多。这七年，多么失败。这七年，长过了七个世纪。三十三岁的全祖望，望着寒

---

① 蒋天枢《全谢山先生年谱》"乾隆二年"条下："五月，散馆，竟列下等，外补。蒋蘷崖亦同时被黜。"

② 蒋天枢《全谢山先生年谱》"三十三岁条"："先生以两尊人年高多病，亟欲归。方灵皋欲存先生入三礼局，辞之。而荐吴廷华。"

风中灰色的城墙，真是五味杂陈，既酸且涩。

1737 年冬天，一场纷纷扬扬的大雪中昂首出城的全祖望，于一种近乎自谑的自我放逐中，体验并陶醉于道德胜利的荣光，雪地上的每一步，都是那么吃力，那么决绝和悲壮。

二 扬州

　　乾隆二年，冬天的一场大雪把全祖望南归的脚步阻在了扬州。像以前每次途经扬州一样，他还是借住在大盐商马曰琯、马曰璐兄弟①的小玲珑山馆。适逢马曰璐的一部关于五经研究的新著即将问世，请他写序，他也就索性安心住下了。

　　雪后初霁，在好客的主人的安排下，他和几个朋友去游览城西蜀冈的平山堂。他们是坐船去的。雪后凛冽的北风把秋天刚刚疏浚过的运河吹得结了冰，船行处，河水是深碧的，近岸处的河面，丝丝棱棱的冰上覆着雪。两岸又增添了不少华丽的别墅，粉墙翘檐倒映水中，一派富庶升平气象。船沿着护城河到达法海寺，众人舍舟上岸，拾级登上蜀冈，远山明灭于天际，长江如眉似练，平山堂前万松成阴，松针上的蓬蓬新雪更衬得绿意盎然。六年不来，此处

---

　　① 马曰琯（1687—1755），字秋玉，号嶰谷，由附生授例候选主事。马曰璐（1711—1799），字佩兮，号半槎，由贡生援例候选知州。两兄弟为徽州祁门城里人，侨居扬州，经营盐业，为当地徽商巨富，捐资开扬州沟渠，筑渔亭孔道，设义渡，造救生船，慷慨好义的名声远为传播，人称"扬州二马"。马氏兄弟既是大盐商，又是清代著名的藏书家和诗人，好古博雅，考校文艺，评骘史传，旁及金石书画，分别著有《沙河逸老小稿》和《南斋集》。他们免费接待来往文士的街南书屋、小玲珑山馆是当时扬州城内最著名的文学沙龙之一。

竟也没有什么大变。这不禁让全祖望恍如梦寐了。时间一旦没有了长度，一切便像梦境，空间一旦失去了距离，时间便没有任何意义……在楼上喝着烫热的老酒，和朋友们说些古迹旧事，全祖望很快就有了醉意。酒后，他执意要踏雪去寻访山后的旧城址，只因风色甚寒，山路又为雪所阻，在朋友们的再三劝阻下才不得不作罢。此番重聚，他给朋友们的感觉是脾气越来越拗了。

相对于清峻的北京，十八世纪上半叶富丽温软的扬州无疑是个更人性化、更适合于居住的城市。这里没有北方的官僚气，也没有江南的地主气，在一种新型的商业和经济之上形成的市民气象，是市侩的、实利的，也是活泼的、爽净的。如果说一个青年士子在北京生活的中心词是科考与功名，在扬州则自然而然被转换成了诗酒与宴饮。当然对来到这座城市的更多的人来说，还有须臾不可离的风月场上的征逐。

帝国一统，中枢供给大半仰仗东南。从东南到中央的生命线是运河，居于运河与长江交汇处的扬州，自然成为漕运和盐运的枢纽，两淮盐运使署即设在扬州。江苏、安徽、河南、湖北、江西等省及山东、山西、陕西、四川等部分地区所需的食盐全从扬州"引盐转运"。盐课一向是中华帝国的重要经济来源，明代设有盐官负责其事，两淮、两浙还专门设了巡盐御史。明代晚期的文献记载："天下六运司，惟两淮运司为雄……商灶渊薮，盐利甲东南之富。"在全国的各大盐场中，两淮最为重要，明时全国岁课四百余万，两淮就占一半。[①] 到了本文主人公生活的十八世纪初，扬州盐税还占到全国赋税的四分之一。盐业的兴盛使晚唐诗人杜牧的"腰缠十万贯，骑鹤

---

① 《国朝典汇》载："两淮盐课几两百万，……天下各盐运，两淮课居其半。"

下扬州"不再是个神话，财富堆积起来的精致的园林、茶庄、酒肆和壮观的夜市给这座大运河西岸的城市带来了盛名，这种盛名一直延续到它的繁华落尽之后。城市可以聚集起一个时代的精英，城市也大可以藏污纳垢。在这座类似于后来的殖民城市的繁华之都，以数百家富甲天下的盐商家族为中心，聚集着无数的商贩、走卒、知名或不太知名的学者、画家、说书人、杂技演员、落魄士子、秋风客、文艺青年、歌女。

扬州多的是钱多得烧包的富人，他们有的每吃一顿饭都要备上十数桌，有的用万金遍买金箔，站在金山塔上随风散尽，扬州盐商惊人的财富和他们竞尚奢靡的种种方式在十八世纪扬州旅行指南《扬州画舫录》作者李斗的笔下有详细的记载。像马氏兄弟这样集商人、学者、学术赞助人三重身份于一身者，当也不在少数。

马氏兄弟和江春、黄氏兄弟是十八世纪扬州园林最富有的主人。出生于安徽祁门望族的马氏兄弟，从祖父辈起寓居扬州，人称扬州二马。马曰琯在乾隆年间与汪懋麟、江春并称"盐商三通人"。他们在当时文化学术界的声望甚至盖过了在商界的辉煌。乾隆皇帝的文学侍从沈德潜称赞马曰琯"以古书朋友山水为癖"，"以朋友为性命"，"四方人士，闻名造庐，适馆授餐，经年无倦色"。马曰璐和乃兄一样工于诗文，热心赞助文化，曾被地方学政推荐参加乾隆元年的博学鸿词科，对扬州这座城市的痴迷使他宁愿经商也不肯赴京应试。马氏兄弟在扬州东关街住宅对面所建的"街南书屋"，是一个包括小玲珑山馆、七峰草亭、丛书楼、畲经堂、看山楼、红药街、透风透月两明轩、藤花庵、觅句廊、梅寮的庞大建筑群，这里是免费提供给文士的聚会处和招待所，也是当时扬州城内一个著名的文艺沙龙。[①]当时的学术名流如厉鹗、杭世骏、全祖望、陈章、闵华等曾长期作客此间。全祖望独爱马家的藏书楼丛书楼。在《丛书楼记》里他说，扬州自古以来就是声色歌吹之区，这里的人不爱读书，马氏兄弟却是个另类。他南北往来，时常在此借宿，二马非常好客。在一起的话题，除了书还是书，最近得了什么好书没有？最近听到有什么好书没有？二马得了什么异书就像宝贝一样捧出来，桌上是好茶，好书，水果，说到尽兴处，就相对喝酒。在全祖望看来，有着十几万卷藏书的马氏丛书楼，是百年来海内聚书之最有名者，比昆山徐乾学、新城王士禛、秀水朱彝尊的藏书楼都更为显赫。

当时的扬州，官员或商人罗致文人入幕入馆成为一时风气。这些主流社会的强势人物渴望把文化资本转换成政治和社会资本。在乾隆二年和乾隆十八年两度出任两淮转运使的卢见曾，就以资助来访的文人而闻名。据李斗《扬州画舫录》记载，在他的周围曾聚集着三十多名有名的学者，其中四名是江北土著，更多的则来自浙江、安徽和江苏南部地区。[②]李斗所说的"四方贤大夫无不至此"当没有夸大其词。入幕入馆者都是些学艺两方面的专业人士，因做不了官，生活不能自给才不得不寄人篱下。主人的无偿款待，要求他们的是按照意旨作文作诗作画，以及鉴定文物、接待宾客等。本文主人公全祖望日后乃有"佐王经术归农圃，逐世名声餍顿餐"之叹。在这里我们会看到，扬州盐商巨大的财富不仅震撼了十八世纪经济的脉

---

① 《扬州府志》："街南书屋，在东关内大街南，马曰璐昆季筑。其间有街经堂，小玲珑山馆，七峰草亭，丛书楼，统名曰街南书屋。"

② 《扬州画舫录》卷十："卢见曾，字抱孙，号雅雨山人，山东德州人……工诗文，性度高廓，不拘小节，形貌矮瘦，时人谓之'矮卢'。辛卯举人，历官至两淮转运使。筑苏亭于使署，日与诗人相酬咏，一时文宴盛于江南。"中华书局 1997 年版。

络，也催生了代表一个时代学术主流的"江南学术共同体"的形成（同时还有艺术史上最富有生命力和个性色彩的绘画流派扬州画派），他们的赞助行为对思想学术史的影响将会贯穿整个世纪。

全祖望第一次来到扬州极有可能是在 1730 年的春天，他北上京师应试的途中，并由厉鹗从中举荐，结识了扬州巨商马氏兄弟。他随身带来的两万余册图书肯定让同样雅好书籍的马氏兄弟吓了一跳，当然他给马氏昆仲留下更深刻印象的是博雅的谈吐和缜密的思维方式。厉鹗大他十三岁，算起来与他已有十年的交情，这个声名鹊起的浙派著名诗人在康熙五十九年就已中乡试，但此后没有真正踏入官场一步。多年来，他往返于杭州、扬州这两座帝国东南最繁华的城市，优游岁月并自得其乐于自己的诗歌王国。此番两人再次相会于维扬，一个是声名日隆的诗人，一个是将北上京师入读国子监的青年学者，相惜相敬大起知己之感。四月十八日，厉鹗约了几个同人陪同全祖望泛舟邗沟，经红桥，入平山堂游览，既是踏春，也算是为将要北上的全祖望饯行。厉鄂的游春诗记下了那日他们的行迹："邗沟夏水涨，城阴积深翠。酒舫压草根，经年还一至。西上陟蜀冈，新亭亦佳致。欧公遗构在，清气激松吹。历毛司徒庙，眺谢司空寺。"[1] 在这首流水账式的诗作中，唯一不同异常的是他把小他整整一轮还不止的全祖望比作了汉代的才子贾谊："故人四明客，含香识名字。太学诗何蕃，少年推贾谊。"临别前，他还郑重地托付全祖望为他即将刊印的诗集《游船录》作序。

事后看来，全祖望的负气出京也是逞一时之快，因为回家就

---

[1] 见厉鹗《樊榭山房集六·四月十八日同人泛舟红桥登平山堂送全绍衣入京》。

要过穷日子，甚至饿肚子，这个失了业的进士后来自己也说，有明三百年世宦之贫，没有一个比得上我。以后的二十多年里，贫困像影子一样跟定了他。他将一直为衣食奔走。晚年又连年患病，以至"茶余苦生"，一大把年纪了还要跑到广东去。回乡之后父母接连去世，到了1741年，家里就常常有这顿没那餐了，年谱说他"极贫"，"典琴书，数券齿，日皇皇也"①。冬天了还穿着单衣。梅雨季节家中竟至绝粮。偶尔出游，不是为了著述就是为了乞助，或两者兼有。他那个时期大量的诗中就透露了这样的信息："室中呼菜妇，为我理残箧。微吟乞食诗，再临乞米帖。"（《梅雨弥旬，奴子以绝粮告》）一个脑满肠肥的人肯定写不出这样寒辛的句子。但决绝仕进远离官场蝇营也使他把全副的精力放到了乡邦文献的搜罗钻研上，特别是对明末清初时期这块土地上发生的惊泣鬼神的人与事的关注与表彰耗去了他家居十年大半的精力。就像友人之子董秉纯在为他所作的年谱中所说："先生既归，侍庭闱有间，益广修粉社掌故，并桑海遗闻，著作日富。"著名的《鲒埼亭集》的写作当是从这个时候开始。

有一年秋天，好友李甘谷来访，他无米做"一饭"招待，写了一首诗《甘谷以重三日过我，亭午不能作一饭，内子以糕进，漫赋一律索笑》解嘲："斗酒只鸡良不易，葱汤麦饭亦萧然。"鸡酒不易得，果腹的葱汤麦饭也难寻，只能是空数日影相对苦笑了。

1743年，他四十岁，朋友们共谋庆贺，他拒绝了。又贫又病，有什么好贺的呢。有朋友建议他移居杭州，但家境的窘迫使他放弃了迁居之念。寄希望于将来，有钱了多买些田，至于目前呢，"不妨一岁中，来往三江间"吧。

---

① 见蒋天枢《全谢山先生年谱》"乾隆十四年"条下。

好在还有扬州可去。天下三分明月夜，两分无赖是扬州。去往如此繁华的城市，使盐商的银子，做盐商的座上客，这起码可以让他在饥饿的崖壁上不至于失手掉下摔成粉齑。自1741年开始，全祖望渡江北上的身影开始频繁出现在扬州城内。因为这一年，父丧丁忧三年、母丧丁忧四年的守制期满了，他也早在家里待得嘴里都淡出鸟了。

这年秋天，全祖望在杭州的老朋友、藏书家赵谷林的小山堂短暂盘桓后，北行经吴兴抵达扬州。从他能够在马氏的畬经堂完成《困学纪闻三笺》初稿的写作来看，这段食客时间当不会太短。扬州之后的下一站是南京。因为这一年又逢三年一度的乡试，主试江南省的是他北京时期过从甚密的李绂。出于师生之谊，他无论如何要去南京一趟，当然他可能自己也没觉察到，去南京拜访李绂还有梦想着再获提携的一丝希望。李绂倒是很想让他出来做事，但多年官场消磨再加一场大病，这个昔日精干的官员已是元气大伤形神困悴。[①]看着年纪并不算太老的李绂像个老太婆一样唠唠叨叨，语无伦次，全祖望的一颗心真是冷得像落入了冰窟。既已对仕途上的发展彻底死了心，他那种骨子里的执拗劲和臭脾气就又露了出来。"自分不求五鼎食，何必平揖大将军。"他给李绂留下了五首诗就绝尘而去。这五首诗里的最后一首这样写道："生平坐笑陶彭泽，岂有牵丝百里才。秫未成醪身早去，先几何待督邮来。"这个人的自尊心太强了。当年不得应试与"左迁"两件事对他的打击太大，他都有点自暴自弃了。

---

① 蒋天枢《全谢山先生年谱》"三十七岁条"："李穆堂主试江南，中途得疾，先生渡江访之。穆堂以三年久别，絮语谆谆，而瞀乱无复诠次。"

当然流逝的时间会让他后悔，到了生命的末年，他这样告诫学生：
"莫似老夫中暴弃，桑榆潦倒愧先民。"但那时尘埃落定，整整一代
人都要被历史翻过一页，"愧"也只是个说辞了，何况这么骄傲的一
个人，他说悔你也不能当他悔了。

接下来的几天他成了南京街头一个优哉游哉的观光客，游完大
中桥、朝天宫、夫子庙、明孝陵等各处名胜，还一个人跑到燕子矶
的一处寺院里去寻找张苍水的题字。他需要用事实来激励他的历史
想象。自十六岁那年听白发苍苍的族母张孺人（张苍水之女）坐说
忠烈遗事，只要有机会他从不放过寻访英雄遗迹。他日后写下的《张
尚书神道第二碑》成了研究张苍水的最翔实可信的资料。还真让他
找着了那些百年前的字，遗憾的是由于寺僧没有保护好，有几处已
经字迹漶漫不可辨认。

游罢南京，按理说接下来他的行程应该向南回老家了，但他还
是出人意料地北上扬州。一个堂而皇之的理由是曾经合住李绂家紫
藤轩的老朋友万孺庐带着儿子从江西过来希望和他在扬州相会，但
明眼人一看即知还是为了打秋风吃白食。[1]自乾隆二年离京，他与
万孺庐已近五年没有见面，他乡故旧，既见且喜，关于经史、文章、
师友他们有那么多的话好说，再加扬州城内外那么多精致的园林和
引人入胜的古迹，足使人流连忘返，就像万孺庐的答诗中所说："道
以素心合，交将醇酒醉。"[2]此地甚乐，拖到冬天，旧历的新年都快到
了，全祖望才快快地回转浙东老家。

---

[1] 蒋天枢《全谢山先生年谱》"三十七岁条"："仍回江都，适万孺庐携子祚东过扬，因留待之。"

[2] 《孺庐全集·游平山堂次谢山韵》。

　　来年春天，吏部的一道催令发到了他家中，告诉他既然丧服已除理应上京赴选，但他拒绝了。理由是二丧并及，应该丁忧五十四个月而不是泛泛的三年，时下虽已除服，"心丧"却未尽。[①]他没有明说的是北京对他的伤害还远远没有弥合。昔年词馆的同僚有在外省任职的，写信来向他诉说官场生活的苦闷无聊，尽管那时他家里已经穷得有上顿没下顿了，他还是作诗谑笑他们："若使脂膏良可冀，阿侬捧檄也颜开。"不知是感官的过于迟钝还是精神的力量时时要满溢出来，这个穷困的学者可以一边饿着肚子，一边和地方上的一帮文艺青年结成"真率社"，一举壶觞互相唱和。优游里社唱酬之余，这一年他还四处踏勘乡邦故迹：去钱肃乐的后代家里观瞻画像，[②]去半浦郑性的二老阁搜访阅读他素为敬仰的黄宗羲的遗稿，到了九月初七张苍水的忌辰，还在家中设祭招魂。"去年燕子矶下泊，访求题字渺禅关"（《薤露词》），道尽了他对前贤的无尽追怀，而"九沙忽骑白鹤去，南屏渐恨絮酒艰"这样的句子里流露的黍离之悲，则让人对时间流逝裹挟而去的人与事生出莫名的怅痛。

　　但到了这年十月，我们的主人公又远赴扬州开始了他的索食之行。事情的起因是明遗民、复社社员沈寿民死去近七十年一直没有下葬（全祖望曾有《悼沈寿民未葬诗》为此戚然）。在马秋玉等盐商的襄助下，全的朋友、人称东城狂士的扬州人朱重庆发起了安葬仪式，并来信敦促全祖望即刻前往安徽宣城沈的老家参加落葬仪式，因沈寿民的孙子沈兆符——一个穷画家——此时流落在浙江桐乡一

----

　　① 董秉纯《全谢山先生年谱》"三月，服除。吏部催赴选，有司以为请。先生谓二丧并及，当服五十四月，今虽遵例除服而心丧有未尽，辞之。"

　　② 蒋天枢《全谢山先生年谱》"乾隆七年"条下："观钱忠介画像于其家。"

带教书，朱重庆希望他们两人能够结伴前来。① 但全祖望在抵达扬州后是否再赴宣城，至今已无佐证。我们所知道的是这次在扬州他住到了朱重庆的家里。朱家在城东一个叫浦头的地方，这里原是朱为其母守墓的草堂，后来重置楼阁导水为池作起了别业，名曰栽园。朱重庆和他聪慧的妻子在遍植木槿的栽园里款待了他。不知是旅途奔波还是过于劳心，全祖望在朱家病倒了，而且病情危急，朱家为客人购买人参的钱就花去了一大笔。经朱重庆一家精心调理，全祖望总算渐渐痊愈。

1743 年 9 月，秋风客全祖望清癯的身影再次出现在扬州城内。这次他是为出席他的朋友兼学术资助人马氏兄弟主办的邗上诗社的一次雅集而来。大概就是从这一年起，性好交游的马曰琯发起组织了邗江吟社，定期举行诗会。文人都是喜欢群居的动物，一时凡过扬州的四方名士都以登门造访躬逢其会为荣。诗会之期，"缟纻之投，杯酒之款，殆无虚日"②，因强大财力的支撑，其盛况比之今日某些城市政府部门主办的诗歌节有过之而无不及。诗会的主会场，"设一案，上置笔二，墨一，端砚一，水注一，笺纸四，诗韵一，茶壶一，碗一，果盒茶食各一"。诗人一到，便留下诗作。"诗成即发刻，三日内尚可改易重刻，出日遍送城中矣"③。其出版速度之快让人瞠目结舌。诗成之后，自然还有宴集、赏乐和让人赏心悦目、心律加快的歌舞表演。多年以后，马氏昆仲编印《邗江雅集》十二卷印发天下，

---

① 蒋天枢《全谢山先生年谱》"三十八岁条"："十月，朱重庆以书来速赴宣城葬沈寿民，寿民之孙樗崖时馆桐乡，使人邀之同行。"

② 当时一个叫陈竹町的文士在《沙河逸老小稿序》里这样赞美马曰琯的慷慨好客："嶰谷性好交游，四方名士过邗上者，必造庐相访。缟纻之投，杯酒之款，殆无虚日。"

③ 《扬州画舫录》卷八，见《城西录·诗文之会》，李斗著，中华书局 1997 年版。

参加过这一诗歌活动的学界名流、诗坛中坚、印画名家就有程梦星、胡期恒、汪玉枢、厉鹗、方士庶、陈章、闵华、全祖望、姚薏田、杭世骏、张四科、高翔、金龙、陆锡畴、丁敬、赵一清、刘师恕等四十余人，端的是才彦麇集极一时之盛，这部诗集的作者名单就是一张让人叹为观止的十八世纪的文学地图。值得一提的是，这份名单中来自浙江的四人是邗江诗会的常客，他们分别是来自杭州的厉鹗、杭世骏，来自浙北一个叫长兴的小县城的姚薏田和来自鄞县的本文主人公全祖望。

九月初九时当重阳，下得让人心烦的秋雨终于止歇了，风日清美，天气爽朗，甫抵扬州尚未喘过气来的全祖望即和马氏兄弟、厉鹗、闵华、张四科、程梦星、陈章、王藻等十四人参加在城北天宁寺行庵举行的诗会雅集。这里是马氏兄弟在城外的小筑，地虽不足一亩，环境却清幽闲适，千百年的古藤老树掩映着曲廊高榭，让人一脚踏入此间就像踩在历史柔软的肌体上。这日，会场中间悬挂的是著名画家仇英白描的中国历代非主流文人的精神导师陶渊明的画像，以菊花数枝、白酒几盏为供。按照惯例，这次是用"人世难逢开口笑，菊花须插满头归"分韵赋诗，觞咏竟日不在话下。参加这诗会的还有吴中名画家叶震初，他受主人之嘱托，绘下了这日文宴雅集的盛况。诗坛大家厉鹗作《九日行庵文宴图记》。在叶震初写实主义风格的画笔下，亭台蕉竹之间，与会的十四人神态各异又栩栩如生，或抚琴，或抱菊，或抱膝而坐，或仰首向天，或对坐展卷，或倚着湖石做若有所思状。本文主人公全祖望被画成坐在一把藤椅上，手捻颏下的一丛山羊须，一张瘦脸上双目深凹，像在沉思着什么，神态却是平静甚至可以说是极为怡然的。

对于扬州这个金钱世界，全祖望曾是一个挑剔的批评家。在他还没有一次次地到这个城市打秋风之前，他曾这样毫不客气地抨击这个城市的享乐主义之风："扬州为江北大都会，居民连瓦接楹，笙歌舆从，竟日喧聚，其于清歌雅集，盖罕矣。"但现在因为身兼盐商、藏书家、文化资助人多重身份的马氏兄弟，和一批才华卓越的诗人学者，他对这个城市的看法已经暗暗发生了变化。此时在他看来，这个有好书、好友和园林之乐的城市是多么的好，能够和马氏兄弟及社中那一帮"生逢太平之世，书淫墨癖是处流连，胸次中了无一事"的人做朋友，又是多么的好。天气冷了，小玲珑馆主人为他购置了衣裘，他写了一首诗表示感谢。一场场的欢宴雅集，这个饿惯了肚子的打秋风老手终于颇为满足地喊出了自己乃是"江湖之幸民"，这真让人既喜且悲。

1743 年食客们扬州之会的高潮，乃是十一月间，一场规模颇为可观的婚宴。[①] 新郎是时年五十二岁膝下无子的诗人厉鹗，新娘则是马曰琯出资购买的一户刘姓人家刚成年的女儿（也有种说法是马家一个爱好文艺的女仆）。在一首把所有贺客都放了进去的题为《厉樊榭纳丽》的贺诗中，全祖望等一干朋友没有放过调笑老新郎的机会。自称沙河逸老的陈竹町不无醋意地写道："画取双眉当远岚，隔墙诗老漫相探。幽资的的如琼玉，皓月盈盈正十三。顾氏瑶池工点笔，苏家小袖最宜男。国香一觉征前梦，近事南唐喜剧谈。"诗中的夹注表明那个过来探看的"隔墙诗老"就是全祖望先生。那么，当

---

① 蒋天枢《全谢山先生年谱》"三十九岁条"："冬十一月，厉樊榭纳姬人刘氏于扬，集晚晴轩，为消寒之会，先生诗有句云：圆月正中初应女，盖樊榭新纳姬人。因以戏之。"

他窥探厉大诗人闺中之乐时，是不是想起了自己家中的妻子和未满周岁的幼子？秋色已深，万井①西风下，城高一叶飞，他们有否挨饿受冻？梁园虽好，终非久留之地，于是到了十二月，在小玲珑山馆一次小范围的雅集后，全祖望启程南归了。过了旧历的新年，他就要四十岁了。下一次再至扬州，已是三年之后的春天了。

对扬州这座城市的好感与表彰前朝忠义的道德使命感的双重驱动催生了《梅花岭记》这篇不朽的杰作。梅花岭在扬州城的广储门外，因遍植梅花而得名。全祖望的这篇记游文字的真正用意乃是为一百余年前这座城市的一场大屠杀中的亡灵招魂。而历来被视作中国文人品性之象征的梅花在文中成了一个有着丰富的美学含义的意象。"百年而后，予登岭上，与客述忠烈遗言"——一百年过去了，今天我登上梅花岭，与朋友们说说百年前的忠臣烈士。说的是1645年清兵围扬州，史可法知大势已去，就召集部将跟他们说，城破之日我必须殉难，不能落入敌人之手，到了那一日，谁来帮我完此大节？副将军史德威说：我来。史可法说：好，你我同姓，我上书母亲，把你写到史家族谱里。城破的时候，史可法想拔刀自裁，诸将将他抱住，这时，史大呼"德威"，德威却"流涕不能刃"。诸将拥史可法突围，但清兵太多，眼看部下大都战死，史可法"乃瞋目道：我史阁部也"。清军统帅多铎以"先生"礼敬之，劝他投降，"忠烈大骂而死"。依其遗言，史德威把他葬在了梅花岭上，因尸骨无存只好以衣冠代之。

后来的文学史家评述全祖望的文章，常以"大气"与"芜杂"并举，

---

① "万井"指扬州旧时富贵人家聚居的地方，后引申为千家万户。古代以地方一里为一井。"万井"典故出自《杜佑通典》。杜佑，杜牧的祖父。

意谓他的文字不事雕琢浩浩荡荡如大河奔涌，却又过分放任情感缺少节制。的确，由于喜欢像他的老师黄宗羲一样把笔记和小说的"稗习"带进文章，他的文字比之同时代方苞的纯净和袁枚的性灵显得过于枝蔓，但全祖望对此有自己的理解。《梅花岭记》由起笔写史可法就义，接着笔锋一转述说起种种的传说：有人说，城破之日史可法"青衣乌帽，乘白马出天宁门"投江而死；也有人说他突出重围了；更有一个叫孙兆奎的书生打着史的旗号领导起了一支地方反清武装，兵败后被洪承畴所杀。述说过这些逸事，全祖望发议论道：这都是因为忠臣烈士精神不死啊。至此，招式已老，笔锋轻轻一荡回到了文章开头提到过的墓旁的"丹徒钱烈女之冢"，梅花那个白啊，梅花那个香啊——"梅花如雪，芳香不染"。他用一种修辞学的口吻在文中设问：那些为国捐躯的英雄自然会有人去祭祀他们，而这座城中那些在大屠杀中被掠夺走了身体、贞洁与生命的美丽的女人们呢？然后自己作答道：当另为别室以祀夫人，附以烈女一辈也。

在差不多同一时期完成的一篇傅山①传记中，全祖望对细微、精致、工于雕刻的"江南之文"表示了不屑。在他看来，那种刻意于瘦肥浓淡的南方文风肯定写不出那些忠烈之士的精神。在他眼里，唐宋八大家之后，文坛上"作家多，大家不过一二"，为此他发展出的一套激进的文学理论是，大家"必有牢笼一切之观"，文字要与思

---

① 傅山（1607—1684），山西阳曲县西村人，初名鼎臣，字青竹，后改青主。别号公佗、朱衣道人、石道人、松侨等。康熙中征举博学鸿词，称疾固辞。明末清初的一位重要学者，博通经史佛道，兼工诗文书画，著述颇丰，大多散佚，只存书名和篇名，留存于世的仅《霜红龛集》和《两汉人名韵》两部。

想同样的壮阔、粗犷，甚至不妨泥沙俱下。①对过去时代英雄业绩的书写在他身上不知不觉发展出了一种"自我英雄化的倾向"，他变得更加执拗与孤独，傲视群雄，肆意褒贬，那些谨小慎微的当世学者根本进入不了他的视野。甚至他的锋芒还指向了平生最为服膺的黄宗羲，批评他"玉石并出，真赝杂糅"，特别是晚年的文章因精力不济和过多的诔墓之作显得质量参差不齐，有负盛名，"多应亲朋门旧之请，以诔墓掩真色"（《奉万九沙先生论刻〈南雷全集〉书》）。而同时代人对他文章的评论也是模棱两可充满悖论，"读《鲒埼亭集》，能使人傲，亦能使人壮，得失相半"②。这一酷评倒让全祖望深有感触，认为是对他的文学评论中最到位的一句。时当乾嘉学术的初昌期，这个人身上的棱角还没有被考据、训诂、辑佚磨平，率真的性情还有着很大的生长空间，而大规模的文字狱运动（自乾隆三十九年至四十八年的十年间为最烈）也要在他死后的二十多年后才真正来到。

接下来居家的两年，他几乎没怎么出远门。唯一一次跑得远些的是去余姚，会晤一个出任余姚县令的同年进士。想来是扬州之行使他囊中略丰，而更主要的则是他开始了《甬上耆旧诗集》《甬上

---

① 对全祖望的这一文学观点，可参见陈平原《从文人之文到学者之文：明清散文研究》一书，第七讲《超越"江南之文"——全祖望的为人与为文》。近人张舜徽先生评价道："他的为人，博洽有余，沉厚不足，一生刻峭寡和，而持论偏激，多未可据为典要。"见张舜徽著《清儒学记》，齐鲁书社1991年版，第246页。

② 清人沈彤语，梁启超曾在《中国近三百年学术史》中引用了他的这一评论，见东方出版社1996年版，第113页。是书中，梁启超这般表达他对全祖望文章的喜爱："若问我对于古今人文集最爱读某家，我必举《鲒埼亭集》为第一部了。全谢山性情极腉厚，而品格极方峻，所作文字，随处能表现他的全人格，读起来令人兴奋。"

诸公遗集》两部乡邦文献的编选工作，同时进行的还有《黄宗羲全集》的修订。黄宗羲生前曾想把自己的所有文字删定为文约，可惜这件事尚未做完他就去世了。全祖望发现，郑性的二老阁刻本驳杂不精，多后人冒附之作。1745 年二月黄宗羲的忌辰，他到半浦陪祭，搬回了黄的所有文稿包括未定稿，补亡汰伪——证定，凡发现更窜处都参照黄的晚年手迹——修正，最终删定为《南雷黄子大全集》四十四卷。让他略觉遗憾的是郑性已于两年前去世（郑性死于 1743 年 7 月），墓木且拱，再也不能起他于地下共同讨论文集的修订事宜了。

就在全祖望把黄宗羲的所有文稿搬回去的时候，郑性的儿子问他能不能帮助黄先生完成一桩遗愿，续完他写了一半的《宋元学案》这部学术断代史。[1] 从全祖望日后的答诗"瓣香此日尚依然""千秋兀自绵薪火"来看，他当下就答应了去做这桩薪火传承的事，他多么希望自己生活在黄宗羲时代，和他敬爱的导师酌酒消寒、挑灯讲学，而今百年倏忽，只能于青灯黄卷中去会晤一个个亡灵了。

一个失了业的进士，没有任何进款，不问经济营生，又没有一笔庞大的田资恒产养着他，穷困得揭不开锅也就成常事了。每到岁末，他就像一只被饥饿和孤独包围的困兽，看到食物两眼都会发出光来。老友陈南皋既穷且病，他想帮一把也使不上什么劲。但贫穷没有折弯他，他宁肯嘎嘣一声脆响被折断也不会弯下腰去。一起参加过乾隆元年鸿博试的陈句山劝他务实些，出来找些事做。他这样

① 蒋天枢《全谢山先生年谱》"四十一岁条"："二月仲丁，至半浦陪祭梨洲，时南溪已下世，其子临之属先生续成《宋元学案》。先生诗云：黄竹门墙尺五天，瓣香此日尚依然。千秋兀自绵薪火，在经劳君盼渡船。酌酒消寒欣永日，挑灯讲学忆当年。宋元学案多宗旨，肯令遗书叹失传。"

回答：寸有所短，也有所长，再让我找门路入官场，不是北马南辕吗？昔年同在庶常馆的彭芝庭这样说，我看同馆的诸公，官场中风霜雨箭，哪一个不是憔悴已极，有谁比得上谢山兄这般自在呢。[1]

饥饿的鞭子驱赶着他于1746年的春天又上路了。这一年他已是四十二岁的壮龄，世人看来，这么一大把年纪了还一事无成四处打秋风，可谓失败至极了。但这个拗书生一点也没有觉得自己这样做有什么不妥。时代是如此的圣明，自己又是如此的落拓，难道圣明之时的落拓者一定是可耻的？索食是为学术，学术乃为立命，既然为了实现信念，需要他牺牲一点可怜的自尊去打秋风那就去打吧，这秋风尽可以打得堂而皇之理直气壮。他出发时，闻听老友陈南皋已经病得不能下床，上路后的第一件事就是转道去探望。在床上等死的陈南皋握着他的手激动得流下了泪，他说，我本以为再也见不到您了，我庆幸自己没有早死，不然这一面就见不着了。[2]说得不轻易表露感情的全祖望也陪着流泪了。

三月初三，在参加过杭州太守鄂筠亭发起的一场大规模的西湖修禊事后，全祖望沿着京杭运河北上扬州。漫长的水路中，他唯一在做的一件事就是增订、续写黄宗羲的遗作《宋元学案》。春绿江南时这条著名的水路上的红花弱柳曾引动不少文士雅思，并留下无数绮丽繁华的文字，但在全祖望的眼里这一切似乎都不存在，他的视力好像穿过船下的水波看到了数百年前的宋元时代。"茫茫溯薪火，

---

① 蒋天枢《全谢山先生年谱》"四十二岁条"："先生家居十载，故交多劝复出，独长洲彭芝庭曰：吾观同馆诸公，蕉萃已极，安得如谢山之春容自便。"

② 全祖望《陈南皋墓志铭》："今春南皋病不可支，予适有邗上之役，舟行迂道过之。南皋握手而泣曰：自分不得再相见，然予不死于子里居之日，而死于子客游之日，其命也夫！予为之流涕。"

渺渺见精神"，那一脉香气就这般穿过百年千年如丝如缕地飘着。

五月间抵达扬州，这座城市正被早来的酷热所包围。刚从宋元时代转了一大圈回来的全祖望梦游一般下得船来，不巾不袜地走在了城中的街巷上。三年不至，闻听他到来的消息，朋友们的热情马上像夏日的气候一般把他淹没了。参加邗江诗社的浙中四寓公——全祖望、厉鹗、杭世骏、陆薏田，虽然都多次来扬州，但总是错开时间，很少有聚在一起的时候，喜欢热闹的扬州文人欣喜于全祖望三年后渡江北来，又惋惜其他三人不在一道，言谈唱和之际对来日的重聚更是生出了不少的期待："三子各怀乡，去往每相背。何当借好风，吹以来庭际。"（胡期恒《喜谢山至》）

但全祖望让他们失望了，此番一住半年，他竟很少参加他们风雅而又热闹的沙龙活动。他还是住在马氏兄弟的畲经堂，却像把自己绑在了桌椅上似的很少下楼。后来人们知道他是在写一本大书，就很少有人来打扰他了。这里丰富的典藏为他编纂《宋元学案》提供了极大的便利。或许他就是看中了小玲珑山馆无虞的衣食和随需随取的大量珍本书籍，选择了到这里来完成《宋元学案》的续写工作。到了十一月，这项工作大纲甫张，人也瘦了一大圈，他就辞别主人南归了。"三年一握手，何遽唱骊驹？"扬州的诗友们也只有以"句章风雪里，亦或忆柴扉"来安慰了。伤感倒是谈不上的，这只老候鸟明年秋天还会飞来。

归途中他在苏州小住了五日，客寓陆锡畴的水木明瑟园。陆锡畴，号茶坞，"性嗜客，豪于饮"，是个逢客必饮、见酒必醉的高阳之徒和食不厌精的美食家，也是全祖望在邗江诗社的一个诗友。在这之前，他已多次邀请全祖望在适当的时候造访他的水木明瑟园。

此次《宋元学案》大功将成，全祖望也就顺路去苏州散散心，顺便看看苏州的几个朋友。性情豪爽的陆锡畴陪着他烹鱼沽酒，坐在西风吹拂的古藤架下指点江山褒贬群雄，倒也是浮世一乐。很有可能全祖望于某日酒酣耳热之际向他的朋友谈起了这部即将完成的著作让他分享创造的喜悦，不然陆锡畴也不会有"学案未全窥，宏词已饱饫"①的捧场式的赞叹。五日倏忽将尽，天空也飘起了细小的雪花，全祖望告辞南归。在杭州，地方长官鄂笏亭先生于九曲巷口瓶花斋发起的一场消寒之会正在等着他。他与厉鹗、赵谷林和刚从北京因言获罪放归故里的杭世骏等一干文坛旧友也已多年不见，竟夕相思。船在京杭运河上走，北风吹帆，好像把来时的路程也缩短了许多。

这一年冬天的雪下得分外大，旧雪未融，新雪又至，寒冷的天气使得钱塘江上摆渡为生的船家也歇业不干了。东归一时无望，全祖望便在赵谷林的春草园之西楼住下了。春草园中汇集着赵谷林多年搜累的古籍珍本，住多久也不会寂寞。赵谷林不无炫耀地向老友出示了刚得到的关于《春秋》的一本注疏，全祖望雪夜闭门"拨寒灰读之"②，花了十天十夜把这本书啃完了。奠定了厉鹗诗歌评论家地位的《宋诗纪事》也在这年冬天出版了。但全祖望来不及在春草园中读完它就要鼓棹东归了。如果他未卜先知，能预先得知赵谷林将在明年春天去世，他也不会这么急着回去了。

---

① 陆锡畴《果堂集送别全绍衣吉士》："君从山阴来，复向山阴去。来时暖若蒸，去日雪如絮。迢迢千里程，不得五日住。学案未全窥，宏词已饱饫。鼓棹竟冲寒，别与幽人晤。把笔念狂言，应有伤离赋。"见蒋天枢《全谢山先生年谱》引

② 全祖望《程氏春秋分记序》："时余方自江都归，大雪不克东渡，坐谷林西楼中，拨寒灰读之，彻十日夜而毕。"

人到中年才会深觉时间这把刀子正在一截截地把你删削，师友朋辈的凋零接踵而至。明年五月，全祖望到南京，去湄园拜访年已八十的方苞。已经老得说话久了都要喘息不止的方苞思路尚还清晰，临别之际拉着他的手说：看来我的来日不会多了，多年积攒下来的文稿也没有精力去整理了，我死之后，这件事就请你和犬子一起来做吧①。几个月后，一代文章大家方苞在南京寓所孤独去世。

秋风再起，例行的索食行动也就摆上了日程。九月，全祖望约厉鹗共赴扬州。两人联袂出城，沿运河北上，"朝阳初上睡方醒，船头已见含山迎"②，漫长的旅途中，两个徒抱文字癖的南方书生临水读诗，抵足而眠，听着运河两岸寺院的晨钟暮鼓，江湖客舟中的推心置腹更见人心的温暖。四十五日后，船泊苏州，厉鹗因突然发病不得不折返南归。全祖望惆怅莫名，准备约陆锡畴同去扬州。但陆家中有事一时走不开，最后还是全祖望一个人去的扬州。

1747年秋天的扬州之行，全祖望染上了在生命最后几年为之烦忧不堪的失眠症。开始他还以为是自己的苦行获得了上天的垂怜，越到夜深落笔越有神，欲罢不能竟至通宵不寐，但连着几夜亢奋后，反弹回来的精神萎靡让他到了见到文字要呕吐的地步。有朋友来畲经堂探望，见到满桌子的《学案》文稿后面那张灰暗的脸，说他是用心太过（"虐用其心之过"），此病只要静静将养，自然会不治而

---

① 全祖望《方定思墓志铭》："望溪先生八十，予过白下，定思饮予于湄园，不数日，予遽东归。方予别望溪先生于潭上，先生谓：吾老，未必久人间，箧中文未出者十之九，愿异日与吾儿整顿之。"方定思，即方道章，字用晦，号定思，是方苞长子，长全祖望二岁。生性疏阔，落落寡合，与全祖望却极为投合。方定思的第六子为全祖望婿。亦见全祖望《定思墓志》。

② 见厉鹗《樊榭山房续集·月夜唐栖舟中同谢山》。

愈。[①]他表示同意朋友的分析，却不能按他要求的去做，起码在《学案》完成之前他是不会睡安稳的。他苦笑笑，故作达观地说，我连晚上都不睡，这不是比别人要多活一半的寿命的吗？

到了冬暮，这只老候鸟将按时启程回他的老巢。动身前，马氏兄弟的小玲珑山馆到访一位来自北京的官员，此人姓杜名甲，是新任的浙江绍兴知府。作为一个雅好文艺的新进官员，杜甲在对全先生的学术成就表示了适度的仰幕之情后，向他打听了浙东思想文化界的近状，对于近年来浙东一地由于商品经济的兴起（“市舶日多”）导致的民风竞相奢靡、享乐成习（“风气渐靡”）、不思读书的趋向（“无前此诗书接叶之泽”），宾主双方都深表忧虑。全祖望希望杜知府到任后能切实改进这一现状，还浙东以“邹鲁”之乡的本色。这次会面，双方彼此都留下了良好的印象。第二年秋天，应杜甲之请，全祖望将前往他的辖区绍兴，出任由刘宗周开创的蕺山书院山长一职。

兀兀不辍的纂著工作加重了失眠症，随之而来的还有牙痛、神经痛和舌下莫名其妙的出血，更要命的是记忆力也在严重衰退中。似乎由于平时的不善调理，身体的零部件也都罢起工来了，把才四十余岁的全祖望提前送到衰老者的行列中去了。第二年初春，赵谷林去世的消息传来，他痛切地感受到“当代文章真寂寞，平生师友渐凋残”，为会葬故友，全祖望于二月间来到杭州。有记载表明他在杭州期间得过一场重病。杭州太守鹿田先生问他：先生不出之意

---

① 蒋天枢《全谢山先生年谱》“四十三岁条”：“抵扬，仍寓畲经堂纂学案，得不寐疾，陈竹汀以为虐用其心之过，当静摄以治之，先生是其言而未能从也。”又“四十四岁”条：“自自岁在扬有不寐疾，而纂著兀兀不辍，至是健忘日甚。”

何其决也？他作诗自称"野人"，说在山清水寒的鄞江上住惯了，家居十年读书随心所欲地读些书，这份自在快活哪里是做个小官可比？"也知敌贫如敌寇，其奈爱睡不爱官"①——贫穷固然像敌寇一样可恨，一个失眠症患者能够安然入睡才是人生至乐呢。

　　葬礼过后，一众人风流云散，厉鹗应邀远走天津，将在大盐商查为仁的水西庄里为主人编注一部宋朝周密选的七卷本《绝妙词笺》。全祖望因知府杜甲的邀请，在途经绍兴短暂停留后，不久也回到了老家。几个月后，全祖望应邀来到绍兴担任蕺山书院讲席。乾嘉时代兴盛一时的书院讲学之风当是从十八世纪四十年代的这个时期开始成为风气，全祖望于无意之中投身了这一学术活动的主潮。远在津门的厉鹗得知消息，寄诗为贺。"初寒官舫晚潮催，知是经师入越来"②，他还念念不忘一年前那场半途而废的扬州之行，盼望着有一日能够和老朋友再续旧游。

　　这个严厉的老师一开始在蕺山书院并没有受到欢迎，但他以自己的学问和敬业精神赢得了敬重，那些调皮捣蛋的学生到后来都变得服服帖帖。但多年的衣食奔走使他越来越自尊和敏感，甚至到了脆弱的地步。两个月后，因为杜甲的一次失礼，他就撒手不干了，一个人跑到扬州，埋首在马氏的小玲珑山馆研究他的《水经注》去了。杜甲托人说项，希望全先生能不计前嫌回到书院，全祖望不理不睬。次年一开春，他在书院的学生公推一个叫蔡绍基的生员前往宁波面

① 董秉纯《全谢山先生年谱》："抵杭，太守鹿田先生问曰：先生不出之意何其决也？先生答以诗曰：野人家住鄞江上，但见山清而水寒，一行作吏少佳趣，十年读书多古欢。也知敌贫如敌寇，其奈爱睡不爱官，况复头颅早发白，那堪逐队争金颜。"

② 厉鹗《樊榭山房续集·送全谢山赴蕺山书院山长》："初寒官舫晚潮催，知是经师入越来。石篓云深书库满，墨池风动讲堂开。西山饿后推前辈，东箭收将尽异才。我忆旧游何日再，为寻屐齿尚苍苔。"

请他回书院开讲。蔡说：现在书院已经有五百多人寄食，等先生一到就可以开讲，您如果不想接受知府的钱，我们每人奉上束脩六锚，一千两银子可以轻轻松松得到了，对您的名誉也不会有什么伤害。全祖望听了大怒：这算什么话？我是因知府失礼而辞职，难道师道的尊严就只值一千两银子！① 于是在家一边带几个生徒，一边继续《水经注》的研究。即便经短途旅行去杭州参加诗会，也还是带去手头正在做的一些活儿。一次朋友小酌，厉鹗得知他又失业了，开玩笑说他"诗苦与俗违，文苦致身窭"。他回头细想想，这一生大半已过，甜日子还真没有过几天。

1750 年春天，全祖望大病一场，左目忽眚，右目也病，实为积愤成疾，而舌下常常无故涌出血来，更让家人胆颤心惊。他在《病目集》上自题："从此遂与笔墨缘绝。"有朋友说他："理会古人事不了，又理会今人事，怎能不害病！"② 他们认为，本来你弄史学讥弹前人，也算是本色行当，现在倒好，古人的事你都忙不过来，还要睥睨当世恣意褒贬，难怪你心力交瘁了！以前他的妻子在他有一次牙痛发作的时候也这般嘲笑过：这都是你喜欢雌黄人物落下的病！通常的妇人见识使她们很容易把一个人的疾病与业报联系在一起。尽管

---

① 董秉纯《全谢山先生年谱》："绍守仍请主蕺山，先生固辞，旧冬主人微失礼也。于是萧山余姚诸暨之士争先入学舍者几满，合之山阴会稽，共得三百余人，旅食以待。诸生蔡绍基沈有声姚世冶，率十余辈抵宁面请，杜守亦密恳观察使者候公速驾，终不赴。"蔡绍基等人到宁波面请时，董秉纯也在场，他记下了两人的对话。"请曰：今学舍中满五百人，请先生弗受太守之馈，但一过讲堂，五百人者，以六锚为贽，千金可立致，岂伤先生之廉乎？先生呵之曰：是何言与。蔡生唯唯而退。"董秉纯如是感慨："心服先生之言，而终忧先生之贫。"

② 蒋天枢《全谢山先生年谱》"四十六岁条"："乾隆十五年春，一目忽眚，舌间无故涌血，心气忽忽若欲尽，先是姚薏田谓先生曰：子病在不善持志，理会古人事不了，又理会今人事，焉得不病。"

如此，当第二年的春天全祖望来到杭州，朋友们得知《水经注》的五校本都已经完成了。

岁在辛未的1751年，亦即乾隆十六年，高宗皇帝奉太后之命南巡江、浙，抱着一丝渺茫的希望，病中的全祖望也赴吴迎驾，并写下了两首后来让他引以为耻辱的对弘历极尽歌颂之能事的诗歌。此次迎驾的浙中士大夫，事后多有录用和赏赐，唯独全祖望和杭世骏既不录用，也无赏赐。① 更让人啼笑皆非的是留下了这样一则传说：皇帝问前翰林院编修杭世骏，最近作何生涯？惯于玩弄辞藻的杭世骏因自己居住的大方伯里是一条满是破旧器物的旧街，答道：买卖破铜烂铁。皇帝于是亲笔手书这六个字送他作为赏赐。黯黯然回到杭州，全祖望累得吐了血，他的学生范冲一见了愀然作色，劝他以天下文献学术为重，别太辛劳伤生，要好好将养才是。他唔唔答应了，一转身就又和杭世骏去讨论杭托他审定的新作《汉书疏证》去了。因为这年夏天遭遇的一场百年未遇的旱灾，② 秋粮歉收，全祖望在盘桓杭州数月后再次前往扬州。

没有更多的记载可以透露全祖望此次在扬州的行藏，从一次酒宴后马半槎即席赋诗中的"长途并辔逢朝雨，孤馆分灯话故山"③，可知他是与厉鹗一同来到扬州的。在全祖望看来，这一次可以算作是四年前（1747）他与厉鹗未竟的扬州之行的一个较为圆满的收场。

---

① 董秉纯《全谢山先生年谱》："浙中士大夫俱赴吴馆驾，多有录用及赏赉者，独先生与董浦寂然，说者谓甌臣未尝上达也。"

② 《明州系年录》载："十六年夏，鄞县旱，虫食禾，奉旨赈恤。"见《明州系年录·四明它山水利备览》，第152页，董沛著，俞福海、方平点注，当代中国出版社2001年版。

③ 《南斋集·辛未仲冬樊榭至自钱塘谢山至自甬上雨中招集山馆有怀家兄嶰谷暨于湘北上》。

这一年，全祖望四十七岁，厉鹗也已年满六十。到了他们这样的年纪，朋友相处是在一日少一日了，需要舟马劳顿数百里跋涉方可抵达的扬州，更是很少有机会共游了。潜伏、滋生的疾病和越来越严重的健忘症，使全祖望明智地意识到，这座曾给予他无限的欢乐与温暖的可爱的江北城市，以后怕是只能在梦里相见了。他已经决定，以后如果健康状况允许，他将在家乡附近的绍兴、杭州一带打打秋风，而再也不会像年轻时一样一次次地渡江北上了。

然而饥饿的逼迫引致的胃囊收缩——这滋味肯定不好受——还是让他在来年三月做出了一项让人吃惊的决定，他接受了广东巡抚苏昌的邀请，准备前往五千里外的广东肇庆府（端州）高要县，出任天章书院（又名端溪书院）山长一职。一个齿发日衰的严重营养不良者、失眠症患者和神经官能症患者，一大把年纪了还要远赴五千里外的岭南，时当 1752 年春天的全祖望的心情当然是复杂的。"衰病畏行役，屏营足不前"，疾病已使这个人变得小心翼翼。[①] 所谓巡抚大人的盛情难却，不过是他投荒远游的一句托词，对他有着更大吸引力的乃是出任书院院长后可以获得的丰厚报酬：院长聘仪银二十两，程仪银四十两，每年束脩银五百两，端阳中秋年节银共三十两，每月份蔬薪银十二两，两上米三石，照时价折银约七两零，共计一年有八百两的收入。[②] 而促使他最终下定决心南下的，是得知他"最心知"的两位朋友之一的杭世骏已先他一步应聘粤秀书院山长。于是两人结伴，经南昌、吉安，翻越大庾岭入粤，到各自的新单位

<hr>

① 蒋天枢《全谢山先生年谱》，"乾隆十七年壬申"条下："三月，粤抚以天章书院山长相邀，先生自谓齿发并衰，乃为五千里之行，非素志也。"

② 蒋天枢《全谢山先生年谱》，"乾隆十七年"条下，附《高要县志》。见《越魂史笔——全祖望诞辰三百周年纪念文集》，宁波出版社 2005 年 10 月版，第 544 页。

报到了。然而当他们刚对新环境有所了解，从浙江方向传来了他们共同的朋友、著名诗人厉鹗去世的消息。噩耗传来，全祖望旧病复萌，但他还是忍痛修订完成了《水经注》的第七校。①

闻听老友病倒的消息，杭世骏特地渡江来探望。在南方的春寒天气里，两个异乡客回忆起相识数十年以来经历的种种，自不免感怀唏嘘，"疾病余生几，忧虞所历同"，大同小异的人生挫败感使他们在同病相慰中感受着尘世间残存的一丝温暖。②在这次相会中，因为听说杭世骏买了大批湖笔徽墨赠送当地官吏，全祖望出于对朋友名誉的爱惜提出了规劝。杭世骏对老友的劝告表示了感谢。分手之际，全祖望送给杭世骏四片端石（端溪的砚闻名于世）殷殷话别。

1753 年春日的某一天，全祖望看到窗外一株喜爱的木兰花新岁将要吐露花蕊忽然枯槁而死，他忽然有了种死亡的预感。他决意马上辞职回浙东老家。③因当地官员和诸生的苦苦挽留，他又多待了几个月。待到启程返乡，已是盛夏七月了。此番岭南讲学，满打满算一年零两个月时间。"故乡石窗下，五色正葱蔚"，江南的水土又让他像一株逢到了甘霖的病苗一般活转了过来。

来年暮春，扬州的朋友马曰琯来信让他前往养病，并说找到了

---

①　蒋天枢《全谢山先生年谱》"四十八岁条"："是月，厉樊榭卒。《水经注》经五校后，至是盖已七校矣。"

②　杭世骏《岭南集·问全长祖望疾》："为汝淹迟久，荒江少钓蓬，围棋深雨里，横榻晚春中，疾病余生几，忧虞所历同，叶公频过酒，犹有古人风。闭户经旬过，艰难信此州。旅疴绵百药，家信滞三秋。积雨疏轻策，余寒恋敝裘。殷勤重问事，喜有贾长头。"

③　蒋天枢《全谢山先生年谱》"乾隆十八年癸酉"条下："春，病甚，窗前木兰花一株，所最爱者，将放花忽槁……决计辞归。"

很好的医生。延至秋天，全祖望终于再一次来到扬州。^①昔年口无遮拦锋芒崚嶒的江南书生，至此已憔悴不堪，"已少酒边狂"。在马氏的畚经堂住了近两月，病情丝毫没见起色，于是辞归。马曰琯的身体也大不如前，似乎已经意识到以后再难聚首，他的一首送行诗里满是萧瑟之音：空江闻唤棹，节候正清寒。风雪归新咏，刀圭佐旅餐。君行交旧少，我老别离难。莫厌巡环饮，灯花任剪残。

十一月，全祖望回到家中，旅途劳顿再加心力交瘁，病情反而转重。

1755 年 3 月，刚满十三岁的儿子的突然夭折给了全祖望的余生最后一击。悲痛之下，他一口气写下十首挽诗、一则《韭儿埋铭》，发誓此后再也不碰消磨了他一生的纸笔。到了五月，病势转危，病人出现了高烧和呓语。平时总是埋怨、责骂不停的妻子早已哭得睁不开眼。她想给丈夫吃参，却没有钱购买。老友之子、他最得意的弟子之一董秉纯把《耆旧诗》的稿本拿出去典当，总算换来了半两参。这又让他挣扎着多活了几日。^②但他认为这一切都是白废劲了，反而让他赴死的道路变得漫长而痛苦。弥留之际，他还时时惦记着校注过七遍的《水经注》，忽然想到某处考据的辨误就赶紧叫人记下来补入。一日，他把董秉纯叫到床前，要他把自己所有的著述装好一大篦，像看自己未成年的孩子一样盯看良久，末了说：好藏之。过了几日，在遗作的处理问题上他又有了新的打算，决定把自己的五十卷文稿全部交给扬州的马氏兄弟保管。

---

① 蒋天枢《全谢山先生年谱》"乾隆十八年癸酉"条下："春，病甚，窗前木兰花一株，所最爱者，将放花忽槁……决计辞归。"

② 蒋天枢《全谢山先生年谱》"五十一岁条"："病日甚，曹孺人含泪欲进参而无力，乃以耆旧诗稿本质之有力者（案：此指卢青崖抱经楼）得参半两进之，神气稍振。"

交待完后事的十余日里，他已不能再开口说话，每天里打着很响的鼾声，睡着。

再两日，鼾声小了，消失了，学生和家人近前一看，终于死成了。

这一天，是岁在乙亥的乾隆二十年（1755）七月二日。像是早有约定，之前十日，他一生中最重要的资助人、扬州盐商马曰琯先生去世。

他和扬州的故事并没有因死亡而中止。为了操办后事、偿还欠下的医药费用，他的家人向扬州方面求救。马老二募集寄来了百金，可这些钱仅够偿还购买人参的欠钱及附身附棺之费。他的妻子向卢氏出卖了他一生搜罗的万余卷藏书，得白金二百金，终于让他入土为安。次年五月，全祖望的妻子、满洲正黄旗人索佳氏在贫困中离开了这个世界。

至此，对十八世纪中华帝国两座重要城市的文化地理学式的考察行将结束，在此我们看到了一个南方士人在政治失意后向学术的转换（这种转换是与地理上的转徙紧密联系在一起的），同时更看到了城市——经济生活和人文环境——对士人的心性成长和学术生涯的深远影响。正如我们所看到的，扬州，这座时势造就的大运河西岸的繁华城市，给本文主人公全祖望以及同时代无数贫寒的学者和艺术家提供了人生必需的衣食、宽松的写作环境和友情的温暖，延续、保护了他们的学术研究和文学创造。尽管在他生活的时代，全祖望已经取得了经史、地理、校勘等多个领域的卓著成就，但在世俗生活中他还是以全面失败而告终。①

众所周知，十八世纪是中华帝国晚期最为承平、辉煌的年代，全祖望却在荒江寂寞之滨、在觅食行走中度过了落拓的一生，到底是他负时代，还是时代负他？也真个应了他的扬州文友张四科挽诗中的一句"才名何物遭天忌，神理茫茫欲问难"②，在名与物、才华与运命之间，从来都是世事苍茫，天意难问。

---

① 有关全祖望生平事迹的征引，目前所见，主要出自以下三种传记：董秉纯的《全祖望年谱》与《全氏族谱》（载《鲒埼亭集》卷首）；蒋天枢的《全谢山先生年谱》（上海商务印书馆1932年版）；王永健的《全祖望评传》，为匡亚明主编"中国思想家评传丛书"之一种，南京大学出版社1996年版。其中全祖望的弟子董秉纯撰写的年谱最为可信，并简洁扼要，可谓第一手资料。蒋天枢的《全谢山先生年谱》把全祖望的一生分为四个时期：

辛亥（二十七岁）以前，殚志前修，残明风节，得之耳濡目染，然以表彰为己任，此一时期也。由壬子（二十八岁）至丁巳（三十三岁）家贫亲老，勉徇微禄，旷志忤俗，大科见放，谗邪害能，翻然南归，此一时期也。由戊午（三十四岁）迄丁卯（四十三岁），双亲继殁，椎牛莫逮。碧血秘籍，纷纶间出。芳躅未远，起桑梓敬恭之思。遗献沦亡，感杞宋无征之惧。董理旧闻，炳诸日月。复眷怀于证人之坠绪，顾、黄之大业，补学案、校水经，期竭晚年精力，贡献于学问，而饥来驱人，终岁仆仆于淮阳、武林间，此又一时也。由戊辰（四十四岁）迄乙亥（五十一岁），衰年多病，治学兀兀，憔悴心怀，乃思籍手陶植，广阐素志，掌教于蕺山，掌教于粤东，以去短集长，和同受益相诏语。讲学未久，抱病遽归。病榻沈绵，犹复穷思力索，探讨水经之娱。爱子夭折，遂亦奄忽不起，中年凋谢，所蕴未申。此一时也。

王永健《评传》对全祖望的生平同样划分为四个时期，其说与蒋天枢大同小异：

1. 二十五岁前，读书甬上，怀抱经世大志；2. 二十六岁至三十三岁，薄游京洛，饱尝人世艰辛；3. 三十四岁至四十三岁，家居十载，潜心学术研究；4. 四十五至五十一岁，衣食奔走，二任书院院长。

② 《宝闲堂集·闻全祖望死》。

失败之书

——章学诚与他的时代和敌人

一 心是一张团皱了的宣纸飘过十八世纪的门廊

现在，我们要开始进入一个人的一生。他穿着破旧的外套，圆口布鞋满是灰尘。他的脸像一张薄薄的大理石片。一只眼睛明亮，一只眼睛干枯。群鸦聚集在书院的屋顶，叶子沙沙地响。心是一张团皱了的宣纸飘过十八世纪的门廊……这是一个不合时宜的人，即便是他自己，也常常感到在别人眼里是一个古怪的、不受欢迎的人。他的好斗、古怪是他处身时代的一个笑柄。但我们要知道，他其实并不怪，他迟迟没有得到同时代人的关注，原因是他在许多方面都是"现代性"的。在那个时代的印象里，他像个天才，或者疯子，操持着一口别人难懂的语言喋喋不休，从不放过把自己的观点加之于人的机会（这对与他交游的人来说是多么的头痛啊）——而天才，就像里尔克说的，于他的时代往往是种恐吓。现在，他让我们对他感兴趣是因为他与常人一样面对同样的问题，思常人之所思，却得出了其他人所无法解释或认同的结论。他就是章学诚，一个幕僚，一个书院教师，一个生活和写作于十八世纪后半叶的历史学家和哲学家。

为了进入的方便，在这里对他生活年代的轮廓做一番简明的勾勒不会显得多余：

那个年代没有时下盛行的帝王小说式的血雨腥风，也不是清宫戏式的无厘头，帝国这艘大船此时驶入了一个相对平静的河湾，皇帝令人羡慕地建立起了前所未有的皇权的尊严和权威。满族人不再是纵马驰骋的武士，他们在时间的流逝中忘掉了自己的语言，开始以顺应天命的帝国统治者的面目出现。而征服带给汉族士绅阶级的屈辱和痛苦，已经被有意无意地在记忆中抹去，政治抗议和民族情感像死去的火焰沉入了集体无意识的深海。雍正皇帝的《朋党论》作为钦定教材在官方学校里须定时诵读，明朝的覆亡成为一个经典的反面案例被反复用来说明"朋党主义"（党祸）的蔓延对国家造成的危害。与此同时，朝廷对汉人的艺术和文学的资助之风日盛一日（后来又有以扬州盐商为代表的社会新富阶层的慷慨加盟），以《四库全书》为标志的一系列树立政府形象的编纂工程耗尽了学者们的心智与精气，同时帝国对学术的资助也为全国的学术兴趣指明了要帮忙不要添乱的前进方向。

在这样一个时代，科举仍是一个文人生活中最重要的事件，是他们迈上仕途的必由之路，尽管一些不识时务的年轻人反感这种奇怪的制度（本文主人公章学诚年轻时也是如此），但最后还是不得不屈服于它。

正如一些中国古典小说告诉我们的，科举是一条崎岖的、布满荆棘的道路，那么庞大的人群要挤过一道门就像骆驼要穿过针眼一样不容易。即使你有足够的好运气帮你穿过了这道门，但官场里或显或潜的规则还是使得文官阶级中较贫穷成员的生活过得毫无保障——就像本文主人公和他的直系祖先一样。作为一名小文人、小官僚，他时刻有被不够诚实、更为无耻却更可能成功的竞争者排挤掉的危险。他为自己正人君子形象付出的代价将是：过一种仅够糊口的生活。有三条活路摆在他的面前，最有把握的前程是做一名政府里的幕僚，其次是做一名富有官员或有艺术趣味的商人等社会成功阶层的家庭教师，这两种选择都有可能使他受资助人之邀参加某一项著述活动或研究项目，这种私人学术资助行为事实上就是在模仿十八世纪最大的学术资助者：帝国朝廷。而由此形成的文人圈以及从这些环境中合作产生的学术成果便成了那个时代学术的一个明显特征。艾尔曼教授描述过的那个"十八世纪江南学术共同体"① 就是在这样的情势下产生的。第三条生计，就是为了稿酬或一时生活的补贴写一些特殊文章，比如为雇用者某位死去的长辈或者妻妾撰写传记、碑文、家谱或者文集，据说当时富有而非常成功的诗人袁枚，有一次写了一篇墓志铭得到了一千两银子的好处费。只是做这样的枪手进钱虽快面子上却下不来，而中国的文人又是最要面子的，故而那个时代的文人即便接了这样的活也大多匿名而为。本文主人公章学诚在这三条穷困文人的活路之外又开辟出了第四条道路，那就是撰写历史、编修方志，这在当时是一个非常容易达成合作意向的项目，由地方官员出资并在完稿后署上他的大名。章学诚是从事这一行的行家里手（他一生中主撰和协撰了十二部地方志，大多已经散佚），自认活儿也干得不赖，出手敏捷，质量上乘，而其中深藏的缜密而谨严的思维力量更是为主家在士林中博得了不菲的荣誉。

---

① 见《从理学到朴学——中华帝国晚期思想与社会变化面面观》，[美]艾尔曼（Benjamin Elman）著，赵刚译，江苏人民出版社 1984 年版。

当然除此之外，他还是一个教授八股文的教书先生（书院讲席），把一生中的大半时光抛掷在了中国北方和江南的大大小小的书院里。

这就是章学诚生活和呼吸着的那个世界。他有着现实的拮据和著述的野心，他一生都在奔波中寻求资助，他被人称誉也被人诟病，他的性格有着常人都有的缺陷，而时代在升平的气象下也是沉疴百端。现在我们想知道的是，他是如何融入十八世纪的帝制中国的？

他是个历史学家，我们就以编年史的方式走进他的流水一生，这是向一个历史学家致敬的最好方式。

二 寄读国子监

　　1738 年，章学诚出生于绍兴府会稽县。章氏家族在当时没落的士绅阶层中属中等地位，在绍兴一带已经生活了六百多年。会稽是当时江南人口增长最急剧的地区之一，人稠地稀，族人除了种植水稻，还以种木棉、酿酒（一种叫会稽醇酿的米酒）和做衙门师爷维持生计。关于他的早年生活，我们所知甚少，大部分来自四五十年后他自己写的文章，而这时，记忆中的遥远世界与文学的想象世界的边界已经变得非常模糊了。章学诚是独子，有一个比他年长六岁的姐姐，还有几个妹妹。章学诚回忆说，他两岁刚开始学说话时，姐姐总是整日抱着他，逗他学说话，另一位亲戚经常带幼年的他去隔壁邻居家的酒店玩，结果成年后章学诚就有了喝酒的嗜好。父亲一方没有伯叔，只有一个姑妈，嫁给了会稽一户姓杜的人家。章学诚十一岁那年，姑妈去世了，此前姑妈也偶尔回娘家，帮章的母亲做一些家务事。

　　章学诚五岁那年，他的父亲章镳进士及第，取得了做官的资格。但在其后的十多年里，老章只能靠教书为生，并在课子之余致力于"天道"和"人事"之间关系的研究，对大众道教手册《太上感应篇》

中关于历史和人事都由道德正义指引的论点颇有自己的心得。章学诚最终成了他父亲的学生。不过他最初的启蒙老师是他母亲，她用流行的蒙学教材《百家姓》来教他记诵。① 关于早年生活，他后来写道："幼多病……资质椎鲁，日诵才百余言，辄复病作中止。"②

但还是有人比他更愚鲁。章学诚后来告诉我们，十二三岁时，他在凌风书屋读书，这是由亲戚杜家出钱维持的一所私立学校，和他同学的有一个叫杜秉和的小表弟，是他最要好的朋友。章可能是有些迟钝，可怜的秉和表弟却完全是个班吉式的弱智少年。大热天里，秉和表弟天麻麻亮就起床，点灯补习白天落下的功课。他胆子小，怕鬼，章不得不忍着蚊蚋的叮咬陪他一起受罪。另一重折磨来自私塾的先生。这个固执守旧的学究对用棍棒惩罚记诵错误的童子达到了酷爱的程度，可怜的秉和表弟是理所当然的牺牲品，至于章学诚是如何熬过这段可怕的时光的只能凭想象了。③

十四岁那年，章学诚娶了一个俞姓姑娘。同一年，他的父亲被任命为湖北应城知县，他们把全家搬到了那里。到这时他还没有读完《四书》。两年后，他还是个令教书先生头痛的不上进的角色。尤其让人气恼的是，有时听着课他竟会莫名其妙地发出咯咯的笑声。然而，这个年轻人的身上还是表现出了幼稚与早熟的混合气质。他的理解力在不断增长。他喜欢博览群书，可是他的父亲想让他准备举业，禁止儿子看规定范围以外的书籍，还聘了一位馆师教他如何写应试文章。对此他像所有的童子一样本能地厌恶。他尝试着写诗，

---

① 见胡适《章实斋年谱·齐白石年谱》，安徽教育出版社 1999 年版。

② 《与族孙章汝楠论学书》，《章学诚遗书》，文物出版社 1985 年版。

③ 见《杜燮均（秉和）家传》，《章学诚遗书》卷17，文物出版社 1985 年版。

以此来做逃避和反抗，但他发现自己并没有这方面的天分，不久就放弃了。自二十岁起，这个年轻人有了明显的变化，他成了一个废寝忘食的读书人，他对经书还是没有领会，但却毫无道理地喜欢上了历史。①

他典当了妻子的部分首饰，用了三年时间狂热地编一本上古时代的史书，最终当然是没有完成。馆师发现了他的这个秘密后训斥了他，然后劝他应首先学会写文章。章承认，自己的写作，甚至在语法方面还存在着问题。但他在史学方面的热情不仅没有被遏止，反而前所未有地高涨了，他相信，自己在这方面有着天生的能力。

此时，他的家庭遭遇了突然的变故。1756年，一向政绩不错的章镳在处理一桩刑事案件中，因被指控"失轻"而被革职。他的继任者还指控他有其他不规，结果被课以巨额罚金，穷得连老家会稽也回不了。直至八年后他去世，他一直滞留在湖北，靠在当地书院讲学和编地方志勉力维持一家生计。始于艰难，终于耻辱，这就是老章短暂的为官生涯。这一事件对小章的影响要到他成年以后才显现出来。二十三岁那年，章第一次离家赴京参加乡试，不过他没有成功，两年后，他回过会稽，小住了一阵又上京参加顺天乡试，还是没有通过。不过这一次他有资格进国子监读书了，此后的十年里，他成了一名断断续续寄读国子监的学生。在这里他有一小笔的补贴，除了用于个人生活开支，他把钱都用在了买书上。他特别想拥有那些正史，但一次性买入对他来说太贵了，于是在三年的时间里分次

---

① 章学诚在一封家书中这般叙述对历史的近乎天然的喜好："而史部之书，乍接于目，便似夙所攻习然者；其中利病得失，随口能举，举而辄当。"见《章学诚遗书》卷9，《家书六》。

购买，版本都是不同的。"自少性与史近，史部书帙浩繁，典衣质被，才购班、马而下，欧、宋以前，十六七种。"①此时他还没有家累，他的妻子和两个儿子都留在湖北他父亲家里。出身的低微使他在书院的一大群学生中显得落落寡欢，当他满怀希望地探看张贴出来的试榜时，连那些皂隶也嘲笑他。

　　此时有一位叫沈业富的同考官出于人道主义关怀把他介绍给了著名学者朱筠②。朱筠是武英殿编修，曾任京试助考官，是当时京城文人中的佼佼者，深受皇帝赏识。章学诚投在朱筠门下习文，不久还住进了老师家里。在这里他认识了和朱筠一起搞学术的几个真诚又不乏才华的年轻人。那一年，朱筠丁忧在家（他的父亲在前一年去世了），闲居时日，这位性情温和、以樽中酒不空为赏心乐事的粹然君子常常邀请朋友彻夜相与饮酒聊天。多年以后，章的脑海里还保留着这样的夜宴场合下他和其他弟子陪侍在座的温暖记忆。在朱家的某次宴集中，他见到了年长学者、训诂学领袖戴震③，并给后者

① 《章学诚遗书》，第 224 页，文物出版社 1985 年版。

② 朱筠（1729—1781），清代学者。字竹君，号笥河。北京大兴县人。乾隆进士，授翰林院编修。乾隆三十三年（1768）擢侍读学士，充日讲起居注官。三十六年，提督安徽学政，大力扶植学术。程晋芳、任大椿皆其所取之士，戴震、邵晋涵、章学诚、王念孙、黄景仁等先后受其指导。三十八年，乾隆下诏求遗缺之书，朱筠奏请从《永乐大典》中辑录古书，使得数百种佚书收入《四库全书》，得以保存下来。长于经学，善书法，好金石文字。著有《笥河集》。

③ 戴震（1724—1777），字慎修，又字东原，安徽休宁（今安徽黄山市屯溪）人。清代乾隆年间百科全书式的学者与思想家。一生颠沛奔波于大江南北，讲学著述，五十岁入四库全书馆校理古籍，精于名物训诂，从训诂探讨古书义理，对经学、语言学均有重要贡献，卓然称考据大师。在天文、数学、物理、地志、经籍考析等领域都有很高的学术造诣。主要著作有《原善》《考工记图注》《孟子字义疏证》《声韵考》《声类表》《方言疏证》《水经注》等。

留下了深刻印像。当然，在这个年轻的居京学子身上并非只有朱筠和戴震的影响，与桐城派文学批评家姚鼐的并不太深入的交往，使他恢复了少年时代就有的哲学思辨的爱好，尽管在这样一个士人中间普遍流行辞章技巧的年代里，哲学爱好者已经像大街上的猴子一样让人发笑。建不朽之伟业，做某种具有长时段价值的事情的愿望，在年轻的章学诚的身上从来没有消歇过。那一时期的信件流露了他的焦虑和抱负：

> 而家贫亲老，勉为浅薄时文，妄想干禄，所谓行人甚鄙，求人甚利也。[1]

不知是不是因座师朱筠的影响，这一时期章学诚在国子监的地位稍有上升，国子监新祭酒在学生中首擢章为第一，并帮助章在他主持的《国子监志》的编修工作中谋得了一个无足轻重的职位，当有人流露出嘲讽之意时，祭酒称，章"固非一世士也"。尽管在来年的秋闱中章还是令人伤心地名列副榜，但比之先前的名落孙山好歹也算是个进步，来自江南的优秀青年章学诚已经引起了首都知识界有识之士的注意。其中有一个姓朱的国子监司业，给了章以令人愉快的帮助，他对章的好感，可能是因为章的应试文章给了他宣泄某种遭压抑的人生挫败感的机会。还有一个叫汪辉祖的同乡也找上了他，此人对历史的爱好和慢条斯理的性格都让章十分投缘，后来成了他一生中不多的几个密友之一。

1768年冬天，章学诚父亲去世，家庭负担全都压到了他的身上。

---

[1] 《章学诚遗书》，文物出版社1985年版。

可是他穷得连湖北都去不了。他决定把全家搬到北京。为了省钱，
一家人搭乘一艘从湖北北上的粮船，船中装了全家的家小和父亲的
灵柩，途中，父亲的三千册藏书有三分之一被水浸湿或丢失。父亲
刚死，他留下的书竟也不能保全，章学诚觉得这个世界正一点点地
把他损害。

　　三十四岁那年开始，章学诚离开国子监，开始了长时间辗转国
内的颠簸生活，先是在安徽，后来又到了北方。他一边从事著述，
一边与其他学者和思想家交流（那都是那个时代最杰出的大脑），接
受凡是能得到的资助和幕僚的聘职，或是在当地的书院讲学。在大
多数时间里，他都感到失意，经济问题一直在困扰着他。在这一时
期发生了十八世纪的两大学术事件：《四库全书》的编纂和臭名昭著
的文字狱运动。

　　章学诚是因他的老师朱筠被朝廷任命为安徽学政而陪同前往其
任职的太平书院的，这是1771年冬天的事（这年秋天的乡试，他因
父丧守孝，被取消了考试资格）。此后的两年间，除了偶尔受邀担任
一些编修工作外，他的身份一直是朱筠的幕僚，在经济上直接依赖
朱筠。同时，他还领受着一份来自当年朱家夜宴的常客、已由大理
寺丞转任宁波兵备道的冯廷丞的私人资助。

　　朱筠初到安徽太平的一年，陆续有几个受庇荫者闻风而至投入
他的门下，这里面有诗人黄景仁[①]、文章家兼地理学家洪亮吉[②]、历史

---

　　① 黄景仁（1749—1783），清代诗人。字汉镛，一字仲则，号鹿菲子，江苏武进
人。早岁家贫，奔走四方，以谋生计。后授县丞，未补官而卒。诗学李白，所作多抒发
穷愁不遇、寂寞凄怆之情怀，也有愤世嫉俗的篇章。七言诗极有特色。亦能词。著有《两
当轩全集》。

　　② 洪亮吉（1746—1809），清代经学家、文学家。字君直，一字稚存，号北江，
江苏阳湖（今常州）人。通经史、音韵训诂及地理之学，著有《春秋左传诂》《洪北江全集》。

学家邵晋涵①和有着卓越才华的年轻学者汪中②。时在浙江金华讲学的戴震和后来成为著名训诂专家的王念孙也一度成了朱筠的常客。

这里有必要简述一下章学诚与邵晋涵的相遇，因为自此之后，他们的友谊将一直持续到1796年邵去世为止。邵晋涵是浙江余姚人，余姚——一个古称"句余"的县城——相去章的老家会稽并不太远，因此两人算得上是同土同俗的老乡。邵晋涵是个语言学家，不过那时他还没有来得及写出对古代文字学专书《尔雅》的注疏，但他作为一个八股文专家却是实至名归的，那时他已中举。在安徽太平两人初次见面时，章学诚对邵晋涵说，自己的父亲老章平生深爱邵晋涵的从祖邵廷采③先生之为人为文，由于父亲老章的影响，他对邵先生渊博的学识和高超的文学造诣也十分钦佩，并为自己能与这位上个世纪的杰出之士的后人能够朝夕相与感到十分的荣幸。与邵晋涵的沉默寡言和谨慎（有时还显得笨拙）相比，章是那种脑袋中一有奇思妙想就忍不住倒将出来的直筒子性格，他对邵晋涵的祖先的这一番听上去过分的尊崇，闹得邵晋涵老大的不自在，但在章学诚，当他盛赞邵廷采是史、文、理、学结合的绝佳样板时，倒不是文人

---

① 邵晋涵（1743—1796），清代史学家、经学家。字与桐，又字二云，号南江。浙江余姚人，邵廷采的从孙，乾隆三十六年进士，入四库全书馆主持史部的选录和评论，从《永乐大典》中辑录《旧五代史》等，开清代辑佚之风气，擅长经学、训诂。以郭璞《尔雅》为宗，兼采汉人旧注，撰《尔雅正义》，为研究训诂学的重要著作。另著有《旧五代史考异》《宋史考异》《南都事略》《孟子述义》《南江诗文钞》等。

② 汪中（1745—1794），清代文学家、史学家。字容甫，江苏江都（今扬州）人。著有《广陵通典》、《述学》内外篇、《容甫先生遗诗》等。

③ 邵廷采（1648—1711），浙江余姚人，1664年就学于余姚王学传人韩孔当门下，1667—1668年，前往绍兴加入黄宗羲创办的证人讲会，问学于黄宗羲。学贯于百科，尤长于史学，生平以经世自负。除了记述南明史事的历史著作《明遗民所知录》《东南纪事》《西南纪事》，尚有《思复堂文集》十卷于1795年刊印。近人姚名达撰有《邵念鲁年谱》，收入《民国丛书》第四编第86册。

初见面时的那种客套和虚饰，他是真诚地说这番话的。①

　　由于父亲的影响，邵廷采的《思复堂文集》他的确曾用心阅读过，这本书曾帮助他在人生的早年确立了用功于史学的学术志向，邵廷采的"外期经世，内养性情"一语对他更是有着莫大的启悟。邵廷采是一个南明历史专家，阳明学派的第三或者第四代弟子，是黄宗羲的朋友，章学诚对这位17世纪学者的钦佩入迷实际上也是他对浙东学派传统的一种内心认同，这种认同将在他的晚年使他心甘情愿地归附于这一学术传统并成为这一传统最有力的殿后者。在晚年确认自我学术地位的《浙东学术》一文中，章学诚划分出了浙东之学与浙西之学，认为具有强烈的知识主义倾向的顾炎武与黄宗羲才是朱熹与陆九渊真正的传人。而黄宗羲上承王阳明与刘宗周，下开二万经史实学，在他的周围以甬上证人书院弟子为主力、流风被于浙东乃至全国的浙东学派，堪与顾炎武一脉的浙西学术并重于世。章学诚梳理出这一思想史的脉络，正是从他青年时代熟悉并尊敬的邵廷采开始的。

　　因为邵廷采那时还不太出名，一贯谨慎的邵晋涵对来自章的热情如火的赞誉之词报之以谦虚。这让章学诚很不高兴，他认真地对邵说：认识不到他的价值是你的一个错误，你应该更郑重地看待你

---

　　① 章学诚在与家人论学的信件中也说过同样意思的话："吾实景仰邵氏而愧未能及者也。盖马、班之史，韩、欧之文，程、朱之理，陆、王之学，萃合以成一子之书，自有宋欧、曾以还，未有若是之立言者也。"《文史通义》卷九，《家书三》，《文史通义》，章学诚著，李春伶校点，辽宁教育出版社1998年版。

从祖的价值，他应该成为我们共同的学术资源。①

　　总的来说，在太平使院期间，章学诚与他的资助人朱筠之间那种亦师亦友的关系是令人愉快的。为了使章的文章少一些凌厉多一些优雅，师生俩总是就同一题材各写出一篇文章过从切磋，当题材用完后，邵晋涵总会凭借他惊人详尽的明史知识为他们出其他的作文题目。数十年后，章为邵晋涵所写的一篇悼文中还提到了此事。

----

① 　章学诚的儿子章贻选是邵晋涵的学生，他在章学诚写的《邵与桐别传》之末的一段按语，披露了章学诚对邵廷采的《思复堂文集》的推重："家君于辛卯冬与先师（指邵晋涵）同客太平使院。家君言次，盛推先师从祖念鲁先生所著《思复堂文集》，谓五百年来罕见。先师甚谦挹，疑家君为先师故，不免过誉之也。家君正色曰：班、马、韩、欧、程、朱、陆、王其学其文如五金贡自九牧，各有地产，不相合也。洪炉鼓铸，自成一家，更无金品州界之分，谈何容易！文以集名，而按其旨趣义理乃在子、史之间，五百年来，谁能办此？先师虽诺，未深然也。"转引自余英时著《论戴震与章学诚——清代中期学术思想史研究》，三联书店 2000 年版，第 42 页。

三 两只刺猬

　　此时他的生命已经爬过了三十岁的坡道，闲不住的脑子里总有无数新鲜的念头如鱼儿跳波般冒将上来。他渴望与人交流，渴望着心智碰撞带给他的愉悦，即便这碰撞激不起对方的回应他也同样陶醉于自说自话的快感。1772 年秋天，他去宁波拜访冯廷丞不久，在写给比他大十岁的翰林院侍读学士钱大昕 ①（无论内心如何反感，章都要正视这一点，十八世纪不是他的年代，只有钱这样的考据专家才是主流社会公认的著名历史学家）的一封信中，章提到了他正在写的著作的名称：《文史通义》。诸多迹象表明，他想以此作为他想保留下来的所有文学和史学批评文章的总冠名。在给北京另一个朋友的一封信中，他对能苦苦思索到问题的本意颇有自许之意："日夜倏忽，得过日多，检点前后，识力颇进，而记诵益衰。思敛精神，为校雠之学。上探班、刘，溯源官礼，下该《雕龙》《史通》，甄名别实，品藻流别，为《文史通义》一书。" ② 他以为，自己的学术兴趣

---

　　①　钱大昕（1728—1804），清代史学家，语言学家。字晓徵，一字及之，号辛楣，又号竹汀居士。江苏嘉定（今上海嘉定）人。学问博大精深，与戴震同为乾嘉学派的代表人物。主要著作有《潜研堂文集》《十驾斋养新录》《二十二史考异》。

　　②　《答邵二云书》，《章氏遗书逸篇》，《图书集刊》第二期，第 40 页。转引自余英时著《论戴震与章学诚——清代中期学术思想史研究》，三联书店 2000 年版，第 8 页。

与学术天分与同时代人是不一样的（即使到了晚年，他给儿子们的信中仍然在流露同样的想法），当别人都沉溺于琐屑的研究——考订名物、音韵和文字——这一时代的学术风尚，唯独他在献身于前人从未言及的"史学义例"和"校雠心法"。他是多么的骄傲啊，竟然敢这样大言不惭："郑樵有史识而未有史学，曾巩是史学而不是史法，刘知已得史法而不知史意。"（此语见1774年3月章学诚为《和州志隅》写的一篇序言。在章学诚以后的文章及信件中，"史意"一词多有出现，在他看来，"史意"是历史学家应该具备的对史料的一种直觉，这种直觉对历史学家会起到一种指导作用。）

这年冬天，朝廷首次下令征集天下遗书，作为响应，图书鉴赏家朱筠就遗书的搜集、编目提出了历史性的建议，当然这些建议很可能就来自章学诚、邵晋涵等朱筠圈子里的几个核心人物。这一建议直接导致了1773年春四库馆的建成，皇帝下令编修大型类书《四库全书》以作皇家之用。戴震、邵晋涵和章的另一位朋友周永年被任命为四库馆撰官，章此时连举人资格都未取得，自然没被选上，但不久他就被任命为史部撰官。作为十八世纪最著名的学术资助人之一，朱筠奏请撰修《四库全书》的动机之一，可能就是为他这些术业有专攻的门徒和朋友提供一个就业机会，但他不会想到，政治的需要又会使朝廷没过多久就把这一文化工程演变成了一场文字狱的前奏。

1773年，章学诚与戴震有过两次重要的会面。在叙述这两次会面之前，有必要重述一下章与戴震的初识。那是乾隆三十一年亦即1766年的春夏之交，年轻的学者章学诚，在一个叫郑虎文的朋友的介绍下前往北京休宁会馆拜访了入都会试不第的戴震[①]。这一年章学

---

① 章学诚在给邵晋涵的信《答邵二云书》中提到的这次拜访，也与段玉裁的《戴东原先生年谱》记载相合。见《戴震文集》227页，赵玉新点校，中华书局1980年版

诚二十九岁，正对浓厚的考证学风下如何走自己的道路陷入前所未有的迷茫。他明白自己做不来考据家，兴趣也不在此，可又如何超越当下的风气有所建树呢？章学诚不是那种慕名拜客、广通人气的长袖善舞者，以他内向近乎怪僻的个性，这肯定不是一次客套式的拜会，我们几乎可以断定，他是为问学求道之念所驱动、带着许多疑问去拜访这个考证学派的大师的。从事后不久章学诚写下的回忆文字来看，这次会面带给他的巨大的精神振荡无论怎么形容都不过分。以他们各自的思想背景，他们这次会面讨论的中心话题当不脱考证和义理这两个方面。当时戴震的哲学著作《原善》刚刚脱稿不久，他肯定以得意和炫耀的语气向前来问学的年轻学者提起了自己的这部新著。这让章学诚感到眼前的这个经学大师并不只是局限于一名一物之微的详究细察，他在义理方面同样取得了令人羡慕的成就。同时，这次会面也让章学诚感到了来自时代学术主流的考证空气的严厉的挑战，使他深切地认识到不能空谈理论，而应该去走"先求征实，再议扩充"的途径。因为戴震是这样跟他说的，古典语言学（朴学）使我们得以理解经典之言，进而理解经典之命道，最后理解"道"。而戴震宏博的辩论和锐利的词锋，更使他无力辩驳乃至感到"惭惕""寒心"，甚至觉得自己于《四书》一经，乃正未尝开卷"①。他这么骄傲的一个人说出这样的话来，内心的震动程度实不难想见。

关于章学诚与戴震1773年的两次会面，第一次是在这一年的夏天，地点是宁波冯廷丞的道署，章和戴都是座上客。戴震那年刚过五十，是浙江金华一家书院的主讲，他花了多年心血对著名地理古籍《水经注》的研究著作即将付梓，而因得到纪昀等人的推荐、刚被

---

① 《与族孙章汝楠论学书》，《章学诚遗书》，文物出版社1985年版。

皇帝擢选为《四库全书》新增加的五人修纂小组成员的巨大荣誉，更
使他在这次宴集中显得牛气十足。（其他四人为邵晋涵、周永年、余
集和杨昌霖。五人中，戴震和杨昌霖当时的功名仅为举人。）同时代
人记述中的戴震，身材修长，气宇轩伟，每逢争论的场合，强识锋
辩，声如洪钟，目光炯炯射四座。然而此时的章学诚，已非七年前在
京城与戴震初遇时的那个朱门弟子，他在著述方面的起步已经开始，
他对史学、文学和哲学的看法正一天天地趋向明朗，因此，当戴震以
其惯有的华丽辞藻和渊博的学识倾倒兵备道大人的一众宾客时，座
中唯有章学诚不为所动，孤傲得像一块黑石头。在学术思想上已经
完全找到了自信心的章学诚，对来自戴震的考证的挑战已不再感到
"惭惕"和"寒心"，相反地，他开始反驳戴震的意见了。给章学诚的
印象是，戴震虽然"经术淹贯，名久著于公卿间"，却"不解史学"。①

　　一谈到历史学方面的话题，"辄盛气凌之"。据后来公开的好事
者的会议纪要，这次宁波会面，章学诚与戴震还就国史与方志、体
例与文献等共同感兴趣的问题相互交换了意见，但激烈的争论使两

---

① 章学诚在《记与戴东原论修志》中，记述了因为学术分歧他在宁波与戴震的第
一次冲突："乾隆三十八年癸巳夏，与戴东原相遇于宁波道署……戴君学术淹贯，名久著
于公卿间，而不解史学。闻余言史事，辄盛气凌之。"当时章学诚正在修纂《和州志》，
戴震早几年也有《汾州府志》《汾阳县志》两部志书问世。很可能戴震读了章学诚为计划
中的《和州志》写的《和州志例》，他们的争论围绕着纂修方志的体例等问题展开了，章
学诚记述道：

　　见余《和州志》例，乃曰："此于体例则甚古雅，然修志不贵古雅。……夫志以考地
理，但悉心于地理沿革，则志事已竟，侈言文献，岂所谓急务哉！"余曰："余于体例求
其是尔，非有心于求古雅也。……方志为古国史，本非地理专门。如云但重沿革，非文
献非其所急，则但作沿革考一篇足矣。……考沿革者，取资载籍；载籍具在，人人得而考
之。虽我今日有失，后人犹得而更正也。若夫一方文献，及时不与搜罗，编次不得其法，
去取或失其宜，则他日将有放失难稽，湮灭无闻者矣。……然则如余所见，考古固宜详
慎，不得已而势不两全，无宁重文献而轻沿革耳！"《章学诚遗书》，第128页，文物出版
社1985年版。

人怎么也达不成共识。戴震对章学诚在历史修纂中注重体例不以为然，并把自己研究《水经注》的方法移用到方志编写上，狭隘地认为方志的重心是在地理沿革上。但章学诚认为史学并不限于考古，"方志为古国志，本非地理专门"。从根本上说，他们所关注的核心问题应该是同一个，那就是如何对人类的价值世界给出一个理性的解释，但对此不同角度的解答恰恰成了他们学术上的分野，在戴震看来，求道的路只有一条，那就是言辞训诂，章学诚却坚持认为，通向道的路有很多，文史校雠同样是通向道的一条路径。

第二次会面是在几个月后的杭州，或许是在灵隐的禅寺或许是在孤山脚下的一家茶肆，章学诚参与了戴震和吴颖芳等其他几个朋友之间的一场谈话，交谈的核心依然是史学。[①] 章对议论的过程和结果都极为不悦，因为戴震等人竟然批评宋人郑樵的《通史》是非学术性的，水平明显低于十三世纪马端临的一部政治百科全书《文献通考》。而恰恰《通史》是章学诚最为服膺的一部历史著作，正是通过郑樵的这部著作，章学诚发现了史家的最高境界，乃在于"独取三千年来遗文故册，运以别识心裁，盖承通史家风，而自为经纬，成一家言者也"[②]。章学诚指责戴震等人仅仅抓住考据上的一些漏洞纷纷攻击，而忽略其中的"绝识旷论"，实在是"少见多怪"。这次会面不欢而散后，章学诚专门为此写了一篇文章表达自己的看法，文中虽没有提到戴震，但明眼人一眼就能看出来是针对戴震的。

---

① 关于这一年与戴震在杭州的再次会面，章学诚回忆说："癸巳在杭州，闻戴徵君震与吴处士颖芳谈次，痛诋郑君《通志》。其言绝可怪笑，以谓不足深辨，置弗论也。其后学者，颇有訾謷。因假某君叙说，辨明著述源流。自谓习俗浮议，颇有摧陷廓清之功。"《答客问上》，《文史通义》内篇四，辽宁教育出版社1998年版，第124页。吴颖芳是杭州一个家境殷实的绅士，无意于举业宦途，平生致力于诗歌、音乐和考古。

② 《申郑》，见《章学诚遗书》，第16页，文物出版社1985年版。

其实戴震不知道，此时的章学诚已非 1766 年登门拜访他时的那个摇摆不定的青年学者了，可以肯定的是，这七年里，章学诚深潜于史学而运其深思，已经有些东西在他的内心暗暗生成。和信念一同生成的还有《文史通义》这部系统阐述他的历史学观点的著作的雏形。这一逐步恢复的自信使他克服了曾经有过的动摇，从考证这一时代显学的阴影笼罩下走了出来，并以文史校雠与戴震的音韵训诂相抗衡。但 1773 年两次与戴震的相遇并争论肯定是极大地刺伤了章的学术自尊，随后的五六年间，章学诚写了许多文章，均涉及与戴震之间的分歧。1777 年，戴震去世，章学诚写了《朱陆》一篇，隐寓他对这个论敌的评价，在《书朱陆篇后》中，他更是把这一指责上升到了道德层面，"其于史学义例、古文法度，实无所解，而久在江湖，耻其有所不知，往往强为解事，应人之求，又不安于习故，妄矜独断。"[①]其中一些分歧的种子，应该说最早就是在宁波和杭州的两次谈话中种下的。

用以赛亚·伯林的"刺猬与狐狸"两分法，章学诚就是一只刺猬，这样的人可能一辈子只是不断地重写一本书（章就是这样写作和修改他的《文史通义》的）。他的个性深处不可避免地有了这一动物具象背后的固执、偏狭、坚韧与深深的孤独。古希腊诗人阿奇洛克思（Archilochhus）说："狐狸多知，而刺猬有一大知。"现代思想家以赛亚·伯林借用这句话把思想家与作家分为两类：刺猬型和狐狸型。前者求一，后者求多，前者喜欢把所有东西都贯穿在一个思想系统内，后者追逐许多目的，思想向多个方面发展。余英时以"一个孤

---

① 《章学诚遗书》，第 16 页，文物出版社 1985 年版。

独的刺猬而生在狐狸的鼎盛之世"论章学诚，[1] 很不幸地，他的朋友兼论敌戴震也是这样的人。两只刺猬走到了一起，注定了他们只能远距离地致敬或相互攻伐。钱大昕在为戴震写的一篇传记中，说戴震"性介特，多与物忤，落落不自得"[2]，这样的评介放到章学诚身上也同样合适。在这篇传记中，钱大昕还披露了他与戴震相识的经过，那是 1754 年的春天，徽州一个小布商的儿子（同时也是安徽休宁县学的学生）戴震因避仇入京，日子窘迫到了连饭都吃不饱的地步，潦倒中的他挟着自己的作品拜访了已是新科进士的钱大昕，钱没有因其衣着破敝而怠慢他，与他谈论了整整一天，叹为"天下奇才"，以后又尽其所能为戴震在京城的学术圈中做起了义务宣传。看青年时代的戴震这般狂傲，实在也与章学诚如出一辙。

戴震去世若干年后，章学诚在与邵晋涵的一次通信中，还专门讨论了戴震的学术和心术问题。"惟仆知戴最深，故勘戴隐情亦最微中，其学问心术，实有瑕瑜不容掩者。"[3] 在这封信里，章学诚还以一种少有的崇敬的语调提到了 1766 年他与戴震初晤——那时他是多么崇拜这个名满天下的经学大师啊，在他眼中，戴震就是"乾隆学者第一人"——的经过：

> 丙戌春夏之交，仆因郑诚斋太史之言，往见戴氏休宁馆舍，询其所学，戴为粗言崖略，仆即疑郑太史言不足以尽戴君。时

---

① 见《论戴震与章学诚：清代中期学术思想史研究》，85 页，三联书店 2000 年版。

② 钱大昕《戴先生震传》，见赵玉新点校《戴震文集·附录》，265 页，中华书局 1980 年版

③ 《答邵二云书》，《章氏遗书逸篇》，《图书集刊》第二期，第 40 页。转引自余英时著《论戴震与章学诚——清代中期学术思想史研究》，三联书店 2000 年版，第 8 页。

在朱先生门，得见一时通人，虽大扩生平闻见，而求能深识古人大体，进窥天地之纯，惟戴可与几此。[①]

敌乎？友乎？时代是如此的晦暗不明，学人之交，又岂是道德人伦所能涵盖！

[①] 《答邵二云书》，《章氏遗书逸篇》，《图书集刊》第二期，第40页。

四　书院讲席

　　1773 年九月，朱筠从安徽任上左迁至四库馆行走，章学诚这才发现自己失去了在安徽的经济依靠。再待下去也是无益，秋天他到了杭州，参加乡试再次落榜，后来就去宁波冯廷丞的道署衙门消磨了一整个冬天。来年春，冯廷丞奉调去台湾，他那个像滚雪球一样越滚越大的文人圈子随之星散。章学诚回到老家去住了段时间，于1775 年秋天北上京城。这一次他把在北京的家安到了一个非常僻远的地方，因为家境越来越窘迫了，这样可以少付些房租。但对有些事情来说，贫穷是毫无紧要的——比如说购书欲——他还是无法克服一个学者的嗜好，不断地购进书籍。这段时间，他在北京的谋生手段是偶尔写一些人物传记、诔墓之词或者搞到一份非正式的文字编辑工作，从而获得微薄的报酬。

　　当此时也，皇家钦定的文化工程《四库全书》的编修工作正进行到中途，京城里会聚着四面八方赶来的俊彦才杰之士，他们中不乏有真学问的，但也肯定充斥着沽名钓誉之辈，这些人的争名逐利一点也不逊于对学问的追逐。章在一篇文章里不无刻薄地说到京城里的乌烟瘴气，他这样说：四方才略之士挟策来京师者，莫不斐然有天禄石渠、句坟抉索之思，而投卷于公卿间者，多易其诗赋举子艺业，而为名物考订，与夫声音文字之标，盖骎乎移风俗矣。[①]

而京城学术界以考据为时尚的风气，也让他感到说不出的憋闷。

1776年，章学诚被授为国子监典籍。这一虚衔于他局促的经济生活丝毫无补，为了寻求新的资助，在朱筠和他的朋友引荐下，章学诚与一个即将出任永清知县的直隶小官周震荣有了接触。见面之前，章学诚曾把自己的文章寄给他，但对方显然没有看过，直到章学诚的其他几篇文章在酒席上传阅时，周震荣才注意到了这个来自皇家最高学院国子监的学者。尽管一开始有些尴尬，但两人还是很快成了密友。在他的安排下，章得到了定州定武书院讲席的职位，并受托为他编一本当地的方志。对章来说，这是他十多年讲席生涯的开始。我们会注意到这些书院大多是在直隶，直隶相去北京不远，他还能经常去京城。

1777年秋，章学诚在北京参加乡试，终于中了让人难以捉摸的举人第，来年春，再中进士。他去国子监向他的老师们表示敬意，一位老皂隶热情地向他道贺。这时，他肯定是带着冷峻回想起了那些困苦的岁月，作为一个监生，他屡次名落孙山，独自品尝失意的苦酒。那一年他四十一岁，他的母亲有幸能在生前分享到儿子的成功。[②]

和其史学才能一样，章学诚的固执己见和爱争论的本性从这时起也变得一样有名。在当时一个同榜进士李威（他是章后半生的重要朋友）的回忆文章中，可以大致猜测到章学诚当时给朱筠圈子里

---

① 《章学诚遗书》卷18。

② 1796年章学诚曾经写信给汪辉祖说，"登第在四十外，则命使然。中间七应科场。"（《章学诚遗书》卷29）这七次应试分别是1760年、1762年、1765年、1768年、1774年、1777年和1778年。在接下来的1778年的京试中，章学诚名列副榜51名。

的朋友是一种怎样的印象："及门章学诚议论如泉涌，先生乐与之语，学诚姗笑无弟子礼，见者愕然，先生反为之破颜，不以为异。"①

朱筠五十岁生日时发生的一件事可以更清楚地说明章的不拘礼节。那天，章为贺喜写下了一篇文章，朱筠看后点头表示赞同。章接着说："先生辱许小子，若得终事百年，小子尚可勒铭幽室矣乎。"勒铭幽室，给死者写碑文的意思，此言一出，众人皆愕，独有朱筠大笑："行啊！人事固不可知，如果哪一天你比我死得早，我同样也能写个文章让你不朽。"三年后，章为老师作的碑文中把上面这段对话原封不动地写了进去。

章学诚的其他朋友常为他性格的这一不恭的一面而遭罪。1788年春，章到北京参加会试，经常去看望他以前的资助者冯廷丞（据胡适《章实斋年谱》，此前，冯廷丞曾在江西的一起煽动性案件中被控失察而被收监于北京，此时已获赦免）。在冯的家里，他偶然见到他的新朋友罗有高，一个儒者兼狂热的佛教徒，章恶作剧地拿他的宗教信仰与素食习惯开玩笑："佛氏言人死为羊，羊死为人，信乎君所食者，来生则反报乎？"罗有高瞠目结舌，只好承认他相信。章学诚追问："然则贪欲求富，但当杀掠豪贾，贱欲求贵，但须劫刺尊官，来生反报，必得富贵身矣。"②每当罗有高与其他朋友沉浸于宗教讨论时，章总会插诨打科，把谈话变成一场大笑。章身上这种小说家式的戏谑精神是最让他的朋友们难以忍受的。

给人的印象是，章到了中年以后，从一个失意无措和前途不定的学子变成了一个对自己的思想有很强烈的自信和有着确定未来的

---

① 李威《从游记》，见朱筠《笥河文集》，第32页，中华书局1985年版。

② 见《章学诚遗书》，第16页，文物出版社1985年版。

人：他将写出具有长远价值的东西来。同时他变得越来越爱争论，越来越喜欢对人们的成见提出质疑，用傲慢、激动、快速而又才华横溢的言语说出他的思想。在很多场合，朋友们都说他情绪过激。这只好斗的公鸡似乎很早就在实践艾略特提出的那个著名的论断了——与自己争论产生诗，与别人争论产生思想。

1779 年，章学诚生了一场大病，但还是完成了《校雠通义》，这是一部理论性的著作，或者说，这是一部关于书籍的著作，如如何对书籍进行分析和分类，如何通过比较文本以确定其真实性的著作，这本书表达了章对历史哲学、文学批评的基本观点。从他和朋友的来往信件中，有迹象表明这部书在他的脑海中酝酿了十二年之久。在这部书里，章学诚勾勒了一个关于古典时代的独特观念，他的古典是一个不可分割的整体，完全是国家集权的，他说，一旦著述不再与国家相联系，就会变得支离破碎和杂乱无章。

章虽已进士及第，但官职的任命却遥遥无期。以前他的父亲等了十年才等来一纸任命，看样子他也要和父亲一样，靠一面写文章一面教书谋生了。这种生活方式意味着没有持续的经济保障，因为一个人能否谋得讲席，还要看他与掌握这个位置的官员的私交如何。从 1777 年到 1778 年，章先后五次任书院讲席。其中四次在直隶，第五次是在河南。1780 年，章丢掉了他在北京的工作，次年他从京城到河南，大概也是为了谋得新的职位，当然没有成功，在返京的途中，他遭遇了盗贼的袭击，所有东西被掳，包括身上的衣服和所有的手稿。遭遇劫匪后，章寄居在一个任直隶肥乡县（今河北省肥乡县）知县的同年进士家里，谋到了当地一个书院的讲席，但这并没有扭转他的命运，而且他发现，与学生们的相处无法替代他在京城的学术生活。为了得到新的资助，这个孤独的人不断向外面的朋友写信。得来的坏消息是他的资助人和导师朱筠已在北京去世，得此消息，章不由得悲泣不已。

1781 年冬天，他得到了直隶永平县（今河北卢龙）敬胜书院的讲席职位，他把全家搬到了那儿，二十二岁的儿子章贻选则留在北京师从他的朋友邵晋涵。这次旅途是章长期颠沛流离生活的开始，而这将把他全家带到祖籍浙江。旅行者中包括了生者和殁者，因为章要把他死去的父母带回到会稽故园以最合适的仪式安葬。他在永平的学生让他头痛，既胆怯又缺乏想象力，他写信给朋友说他们是智力贫乏的一帮人——"此间生徒，难与深言"。

尽管永平注定不会有京师的学术气氛，章学诚在此间还是找到了情投意合的朋友。此人姓蔡名薰，是邻境滦州的一个知州。蔡知州的一个亲戚与章死去的父亲是同年进士，这八竿子远的关系使他们之间一下子有了故旧交情。蔡知州历尽宦海沉浮，"一身所历，亦备极升沉平险之变矣"（他的一生也将在黑色的悲剧中收场），诚如章所描述的，他是一个善良而诚实的人，气豪一世，不设城府，脾性率直，这样的性格足以使章乐于与之结交。他们很快成了朋友。章有好几篇文章都是代他写的，或者是关于他的。其中一篇是他以蔡的名义为他的妻子新出版的诗文集写的序。章在这篇序言里表达了对妇女在以男人为世界轴心的世界中的地位的保守看法。他谨慎地，甚至有些煞风景地指出，这位尊敬的夫人的特长根本不在文学方面，而在于她一直是孝顺的、贤良的、有德性的，在结尾处，他几乎是在对蔡知州暗示了，刊印她的诗集是一种溺爱和放纵。对于他的好心，知州大人报之以放声大笑。

蔡知州因任期内表现出的忠诚与才干得到了上级表扬，为了庆贺这一喜事，他让画家为自己画了一幅肖像。画中的知州大人手执一株象征长寿的瑶草，凝神注视着远方。章学诚受邀为朋友的肖像画作了题识。在这篇应酬文字中，章说，画就像梦和镜子，它们都是"幻"，都是既像真实又不是真的东西，而在某种意义上，人生不也如此？知州大人本身在官场上的几起几落就是最好的证明。他认为这幅画的好，就在于变动中抓住了一个人内在的本质，那种"奇伟之气"和"精悍之色"。他没有说出的是，面对画他还有一种"忽罹兹网"的悲哀，不幸的是这一预感马上就会应验。

1783 年春，章学诚回了一趟北京，在京时意外地生了一场重病。邵晋涵把他接到了自己家里，延请了医生给他看病，日日端汤端药嘘寒问暖。此时的邵，已经从《永乐大典》中辑录出了失传已久的《旧五代史》，并正在写作他计划中的《宋史》。章的意外染病，给了这对分别多年的性情知交以难得的聚谈机会，两人常常秉烛而谈不知东方之既白。邵晋涵告诉他的朋友，他将从撰写关于南宋史的《南都事略》开始，再扩充到整个宋史研究。就在章与邵在北京谈学论史之际，永平县正在发生着一些事情。章的朋友蔡薰因为他的直率得罪了周围许多人，而被罢免知州之职。不久，邻县的一个知县被查出挪用税款，这个奸诈的知县为了掩盖事实，落井下石地诬称这件事是受蔡的唆使。一个负责官员监察的庞大的中央调查团开到了永平，在那儿，蔡的敌人幸灾乐祸地制造出了一个个致命的指控。这件案子引起了对吏治腐败至为敏感的皇帝的亲自关注，于是在一道愤怒而又不耐烦的圣旨中，皇帝指责蔡故意怂恿犯罪，判处他死刑。

关于章学诚此前的北京之行，也许部分原因是出于谨慎对官场倾轧的规避，更有一种可能是为好友去寻求政治上的援助。如果真这样的话，章是失败了。他的朋友最终被判斩监候。四年后，结束监禁生活的蔡成了一个口角流涎半身不遂丧失了语言功能的老人，不久就孤独地去世了。

病愈后，章学诚继续回到永平敬胜书院讲学。学生还是那样智力贫乏，面目可憎，不过好在到了秋天，他们中的大部分都陆续离开书院应试去了。章学诚陡然间得到了一大块完全属于自己的时间，从 7 月到 9 月间，他一口气为《文史通义》撰写了七篇文稿。在接下来的修改过程中，他还发明出了一种特别的方法来增进乐趣，用五色墨迹显示文章的段落和结构，用粉黄色的来校正，每完成一章，就在后面郑重地记下修改的日期和这一日的天气情况，以便日后再次打开时能重新抓住那些灵光闪现的时刻。干爽、明净的秋天是他丰收的季节，多年以后他回忆道：

> 作文之勤，多在秋尽冬初，灯火可亲，节序又易生感也。[1]

也是在这年冬天，章学诚离开了永平敬胜书院讲席的位置，接下来他带领将近二十人的庞大家庭迁往保定（今河北保定）。在这里他被聘为莲池书院的主讲，待了三年。保定是直隶的首府，位置十分重要，离京城不远，通往北京的一条主干道经过这里，是四方旅客的停留之地，章不时可以进京访友。保定也是羁押罪犯之地，他的朋友蔡薰就是关押在此地，他已改判终监禁（这是对他改判斩监

---

[1] 《跋戊申秋课》，《章学诚遗书》卷 29。

候后的减刑处理）。直至此时，章还坚持认为他的朋友是无辜的，是官场利益共同体争斗中的一个牺牲品。他经常去探监，却惊奇地发现，他的朋友虽身陷囹圄，却远比自己开心。

这段时间里他有不错的收入，生活也还安定，但他并不快乐，甚至还有些消沉，他说是因为这些年里他没有写出有重要意义的东西来。但在保定的生活也不是全无快乐，附近的朋友偶尔会过来看他，陪他共度良宵。1787年元月，他记录了与他们一起在月夜下散步的情景：大风雪过后，天气清朗，暗下来的天穹上散布着淡淡的星光，月色皎洁，在这样的情致下看同往的年轻人在桥上、岩洞里攀爬玩耍，他觉得自己也年轻起来了①。其实他那年才四十八岁，正当壮龄。这个人似乎永远不会变得老成世故，不会失去他至为偏爱的口味——那一场场针尖对着麦芒的争论。他在永清的朋友周震荣过来看他，两人一见着面，马上就八股制义的问题争论开了。周认为，应该用唐宋文章作为制义的范本，章则以为不然。两人唇枪舌剑，意绪高昂，当第三个或者第四个朋友进来时，他们也没有工夫停下来打招呼。新来者也加入了混战。战至口干舌躁，他们才听到仆人们站在一旁掩嘴窃笑，于是畅饮达旦，不醉不休。②

然而，1787年对章学诚和他庞大的家庭来说注定是不幸的一年，就在那次美好的月夜散步之后不久，他在保定的资助者死了。章不得不离开书院讲席的位置，把全家从书院寓所搬到一个小客栈。年底，家里又死了两个人，包括他的第五个儿子。

第二年春，当听说进士开选，章学诚去了北京，然而就当他快

① 《月夜访莲花池记》见《章学诚遗书》，文物出版社1985年版

② 周震荣《庚辛之间亡友传》，见《章学诚遗书》，文物出版社1985年版

要谋得知县一职时，他却突然改变了主意。他这样解释这样做的原因：自己的天分在学术方面，而不在行政方面，还说自己实际上非常惶恐，怕真的被授予官职。他一定是怀着巨大的忧虑想起了当时的文官制度下低层官吏的窘境，他的父亲和他的朋友为官生涯的不幸结局。或许是对政治生涯的恐惧使他离开了北京和保定，还有一个原因是他希望自己的著述和学术能得到私人资助。以后的十年里，他被吸引到了毕沅①的门下，这个十八世纪最重要的学术资助人之一、帝国能干的行政官员当时在河南巡抚任上，为他谋得了河南归德文成书院的主讲之席。

章学诚以他编撰的几部史学著作和一封不无自我吹嘘的长信作了晋见之礼，在信中他一点也不谦虚地介绍了自己，并吹捧他未来的恩主在吸纳天才人物方面已经前无古人，实在不应错过负有绝世之学的章某人了，"当此之际，而不使鄙人一得置身其侧，并口吐其胸中之奇，他日论遇合者，以为爱才如阁下，而不得鄙人过从之踪，负异如鄙人，而不入阁下裁成之度"。②十年后，他还在一首诗中提到自己那时的无畏和无耻：戟门长揖不知惭，奋书自荐无谦让。在毕沅这里他开始了编修《史籍考》这一浩大的工程。1788 年秋天，华中地区的一场大洪水后，迫使朝廷把水涝饥馑治理专家毕沅转调为湖广总督，随着毕沅的离开，章学诚在归德也就失去了靠山。这年冬天他来到安徽亳州，在这里他受到一个做着知县的早年朋友的礼遇，先是住在朋友

---

① 毕沅（1730—1797），江苏镇洋（今太仓）人，字缠蘅，一字秋帆，自号灵岩山人。乾隆进士，官至湖广总督。治学范围较广，由经史旁及小学、金石、地理。能诗文。有《灵岩山人文集》及《诗集》。又组织编纂《传经表》《续资治通鉴》等书，成于众人之手。其他撰述，多收入《经训堂丛书》。

② 《上毕制府书》，见《章学诚遗书》，文物出版社 1985 年版

的官署里，后来又移到一处私人宅第。好在不久后他又得到了毕沅的荫庇。

章学诚曾经这样写道，这些年的讲学和漂泊非常艰难，好几次他被逼入了绝境：1781 年在肥乡附近遭劫，1787 年在保定解聘后于北京再遇盗贼。在给朋友们的信件中，他毫不吝啬地使用着"贫困"两个字。但在一首作于 1797 年的诗里，他说道，1782 年前往永平以后的十年里，他的收入"约两万"（银两），平均每年有两千两的收入。按保守的估计，这大约是 19 世纪一位知府的官俸收入，几乎是当时一位书院主讲的六倍了。按理说，这可以让章生活得很舒服了，甚至还可以为将来留些积蓄。但事实上并非如此。

章学诚维持着的一个大家庭，远远超过了他的承受能力。据胡适著《章实斋先生年谱》记载，章有一妻二妾六子，女儿若干。妻俞氏生子贻选、华绂，妾曾氏生子华练、华纪。1782 年迁往永平时，全家大约十口人。后来娶了第二个小妾倪氏，又添了华绶和另一个儿子（后来华绶过继给了族兄章恒业）。再加他的几个儿子虽然很早成家，但他们又有自己的孩子，尚不能自立，这样，章学诚负担的这个大家庭人丁就多达二十余口。章对自己在世上角色的过度敏感反映在了超过他这样地位的人所能承担的生活方式中。1787—1790 的四年间，他至少搬了五次家。诗句记述的搬迁就像一场出逃："疾病殇亡又相属，鸡犬图书行李间。"章学诚带着他的大家庭，从一个书院赶往另一个书院，虽然寓所大多是别人提供的（或直接住在书院里），但如此高频率地搬迁，路上的花费肯定也不是一个小数目。旅途劳奔，再加穷苦的干扰，这些年间，他家中陆续有六人过世，其中四个显然还未成年。

五 漫游与著述

　　1789 年春夏之交，章学诚回到早年生活过的安徽的几个地方。在太平，应朱筠以前的学生徐立纲（时任安徽学政）的邀请他承担了一项编选徐氏族谱的工作。对章来说这是一个重要的反思时期，特别是在太平的三个月，寻求自我表达的渴望使他转向了纯粹的哲学思考，新作如洪水暴发般不可阻挡地问世，那里面展示了一幅相当完整清晰的十八世纪文人的学术生活与天下图景。在那里，他为越来越成为一部大书的《文史通义》写了二十三篇文章，内容囊括了对传统知识的梳理，对现世的各种问题的看法，道德判断和对道德的逻辑分析，对现状不满的杂录，对玄学、史学和文学理论的看法，对自己著述的疑难，同时还有一篇讨论在有限的生命中如何应对越来越多的书籍的小品文，及一个对声名、地位持淡泊态度的声明。其中的《原道》《原学》《经解》《博约》《史释》诸篇，已经成为他一生中史学著述的精萃。这些文章的文字之雅致、思路之明晰，任何一个熟悉中国古典散文的人，都是会产生崇拜之情的。在安徽太平的这段时间，成了章学诚的"波尔金诺的秋天"，章学诚对自己这一时期的写作很满意，他自得地说："生平为文，未有捷于此者。"①

事实上，作为对他被政治世界疏远而带来的精神痛苦的补偿（1787年进士开选时章的临阵脱逃，使他以后再也没有机会列身政治的殿堂），这一时期的章学诚已经转向了对知识探求的关心，成了一个近代意义上的"学者"的典型个案。用马克斯·韦伯的话来说，他那种纯粹的知识探求（"明道"），就是从价值判断获得自由的知。在一封写给弟子披沥自己的学术观的信中，我们可以看到像章学诚这样的知识分子在乾隆时期被政治疏远的环境中，不得不从事智识活动的姿态："盖学问之事，非以为名，经经史纬，出入百家，途辙不同，同期于明道也……学术无有大小，皆期于道。若区学术于道外，而别以道学为名，始谓之道，则是有道而无器。学术当然，皆下学之器也。中有所以然者，皆上达之道也。"②

这里有必要再提一下安徽桐城学派对章的影响。这一学派在理论上的旁征博引，表达上的自我张扬，还有它在八股文世界里对"古文"体的狂热追捧，这一切对当时躁动不安的年轻学子来说深具影响力。章在国子监学习的十八世纪六十年代，桐城派开始蔓延，到他这时候回到安徽从事著述，桐城文章已风行天下。众所周知，章是一个道德保守主义者，但他一直在寻求一种哲学和学术的自我表达，这或许就是他对桐城文章有好感的原因。尽管他的思想有好多和桐城派相似，但他从来没有向这一流派的作家表达过感激之情。

---

① 这段时间，章学诚把新近完成的文章与以前的旧文合编为《姑孰夏课甲乙编》，他在《乙编》小引中说："起四月十一迄五月初八，得《通义》内外二十三篇，约二万余言；生平为文，未有捷于此者。"《章氏遗书》，卷29，转引自余英时著《论戴震与章学诚——清代中期学术思想史研究》，三联书店2000年版，第47页。

② 《与朱沧楣中翰论学书》，《文史通义》外篇三，第275—278页，李春伶校点，辽宁教育出版社1998年版。

有名的文体大家方苞，在他眼里不过是一个略微出色一点的八股文作家。他以同样的傲慢对待世人所敬重的《项脊轩志》和《寒花葬志》的作者归有光[1]认为他过于肤浅流于浮华，又少刚直奇崛之气，仅仅学到了司马迁的皮毛。他认识并尊重著名的文学批评家姚鼐（1731—1815，安徽桐城人，古文名家，桐城开派的关键人物），但也不过是一般的交情。在文学趣味上，他一直受不了的是桐城文章的花哨。事实上章学诚就是他自己，他把自己看作是不可归类、不可描述的人物。他害怕被归类，成为某一流派的作家或者思想家，这也是世人诋龉他的主要原因。而对于那些博览群涉、胸怀像大海一样宽广并且达到融铸一炉境界的优秀智慧的人物，他的赞誉从来是不吝啬的。

1789年夏，章离开太平县，开始《亳州志》的编纂。此时毕沅在湖北武昌任湖广总督，在那里继续慷慨地资助学术活动，章给他写信说自己境况窘迫。到了第二年三月，《亳州志》编成，他就携一妾去了武昌，把其余家眷都留在亳州。在那里毕沅为他提供了住处。以后的四年里，章一直留在武昌。直到1793年，他带着他的书、已故家人的灵柩和孙子们再次踏上旅途，前往祖籍浙江绍兴。

在武昌的几年，成为他一生中不间断地从事历史著述和研究的一段较长时期。

1790年，章学诚年逾五十，写作已达三十年之久。但是他所写的大部分文章一直未能刊印。在十八世纪的中国，出版书籍并不总

---

① 归有光（1507-1571），字熙甫，号震川，江苏昆山人。一生讲学授徒，有《震川先生集》传世。文章多叙家庭及朋友间琐细事，以细节显风韵，情景逼真，黄宗羲曾盛赞其文："予读震川文之为女妇者，一往情深，每以一二细事见之，使人欲涕。"见《张节母叶孺人墓志铭》

是一种商业冒险，一个人可以写小说或者编辑八股文刻印出版来获得利润。但没有一个人认为他写的这类东西会有畅销的可能。章的文字如果要问世，要么是私人刻印，要么是找到资助者出资。这期间，他的朋友邵晋涵出版了倾注十余年心血的《尔雅正义》，章在写信祝贺的同时又责问他：难道你就永远不去写表达自己思想和灵魂的真正有实质性的东西了吗？他甚至引用了邵廷采先生的一句名言"文章有关世道，不可不作"来责备他的朋友，认为他的朋友在"学"与"勤"之间尚把握不准。这个人，对朋友一惯是如此的咄咄逼人。

这一年，当章学诚在湖北毕沅的总督府第一次见到段玉裁[①]时，段告诉他，早就知道他的名声了。段玉裁是邵晋涵的朋友兼崇拜者，是个训诂学家，尤以研究汉代辞书《说文》最为著名，他还是当时已经谢世的戴震的弟子（段玉裁成为戴的弟子是在 1766 年），编印出版过他深为敬仰的老师戴震的著作。他看了章的史学文章，给予了真诚的赞叹，但在对章的精奥思想表示钦佩的同时，他也委婉地指出，这些文章里有过多诸如排比句等八股文矫揉造作的影子。这让章十分恼火。他暴发道："夫文求是耳，岂有古有时哉！即曰时文多排比，排比又岂作时文所创为哉！"[②]

话这样说有些牵强了。唯一能解释的，就是段玉裁尖锐的批评触痛了他。如果我们有兴趣翻看他的全集就会发现，他的散文大多确是冗长乏味的，一个长句子后面影子一样又紧跟一个长句子，后句是对前句的巧妙而严格的模仿。尽管他也做过反叛传统的愤怒青

---

　　① 段玉裁（1735—1815），字若膺，号茂堂，江苏金坛人。清代乾嘉学派的中坚人物之一，最具代表性的著作是《说文解字注》。

　　② 出自李慈铭（1830—1894）的日记《旬学斋日记》。见《越缦堂日记补编》，台北文光图书公司 1965 年版。

年，讨厌过八股制义，但七次应试——想想看，七次！——并最后
通过科举考试这一过程本身就是缓慢的妥协过程。他口头上不会承
认，但内心里还是不得不接受了这样一个事实：学写八股文会毁掉
一个人。它会窒息你的自由表达，并使你内心中可能有价值的东西
形诸笔端成为不可能之事，它是一个魔鬼，诱导你为适合文体的表
面要求而不知不觉地歪曲了自己的思想。问题在于，舍此他又如何
言说？

　　被惹恼的章写下了三篇《答客问》[①]，尽管他没有明言，但外人一
看就知道这个"客"就是指段玉裁。除了发泄他的怒气，这篇文章
更重要的意义在于重申了他的一个观点——"六经皆史"。尽管同样
意思的话在同时代人的著作中也不难找到（比如在他憎恶的诗人袁
枚的《随园诗话》里），但章学诚这样说，好像更是为了赋予史以一
种近乎神圣的经书特征。

　　1794年，因为被参对白莲教动乱的情报参奏不力，毕沅被议，
降补山东巡抚。失去了资助，章学诚被迫离开湖北回到老家会稽。
自此直至他生命的终点，他被迫辗转于浙江、江苏、安徽等地寻求
资助，都没有成功。一年后，毕沅官复湖广总督之职，章没有再去
武昌。而事实上那时候的毕沅，忙于应付爆发于湘黔山地间的一次
次兵乱和民乱，也无暇顾及学术资助这样的雅事了。

　　在会稽老家，章学诚收拾整理自己的藏书，为家人肖像题记，
享受着一个在这世界上已有所成就并归到故乡的文人的声名和荣耀。
自从孩子时代起，他就在中国其他好多地方待过，可是他的朋友大
多来自浙江。这使得他对家乡一直有一种强烈的认同感。在这之前

---

　　① 《文史通义》内篇四，第124—128页，李春伶校点，辽宁教育出版社1998年版。

他并没有注意到他的学术之根与家乡那块地域有多大关系，比如说，以前他几乎没有注意到宁波的全祖望。1795 年，他找到并阅读了全祖望的文集《鲒埼亭集》，全祖望对南明史料之熟悉让他深感震惊。他既欣赏其"于东南文献及胜国遗事尤加意焉，生承诸老之后，渊涛既深，通籍馆阁，闻见更广"，又对他粗疏、冗长的文风颇有微辞，觉得全祖望还没有真正学会写文章——"而其文辞，不免冗蔓，语亦不甚选择，又不免于复沓，不解文章互相详略之法。"①

对黄宗羲，他一直有着很深的敬意，毋庸讳言，这敬意一部分来自他喜爱的邵廷采。尽管黄宗羲在二十世纪前的中国是对皇权政治最雄辩的批评家，而章自己，则比大多数儒者更赞同建立强有力的国家威权，但这并不妨碍他读《明儒学案》读得津津有味。就在阅读了黄宗羲的这部著作后，在一次与友人的谈话中他把黄宗羲、孙奇逢和李颙并称为了"康熙三大儒"。在绍兴，他结识了黄宗羲的后裔，在那里他看到了《宋元学案》的一部分（这部书直到 1846 年才出版），在写给友人胡虔的信中他提到了此事："有黄黎洲者，人虽知之，遗书尚多未刻，曾于其裔孙前嘉善训导黄璋家，见所辑《元儒学案》数十巨册，搜罗元代掌故，未有如是之富者也。"②他很兴奋，因为至此他才充分认识到浙东学术实际上是多么重要。在生命的晚境，他开始把自己认同于这一学术传统，③而在这之前，他一生

---

① 《乙卯札记》，见《章学诚遗书》，文物出版社 1985 年版。

② 见《章学诚遗书》，文物出版社 1985 年版。

③ 《浙东学术》,《文史通义》卷二，内篇二，辽宁教育出版社 1998 年版，第 48 页。

中主要的著作实际上都已完成了。①

也许是出门漫游的时间太长了，他的心一时还安顿不下来。到了冬天，他北上扬州，拜访居家退养的老师沈业富——如果我们没有记错，就是沈业富把当年的国子监学生介绍给了朱筠。或许就在借寓沈宅时，他给已经名满天下的经学大师、时任浙江学政的阮元写了一封信，就搜求民间遗书提了一番可供操作的建议。章在信中说，以前，浙江有许多藏书楼，有很盛的史学传统，许多研究元、明史的学者都来自这一地区，但"近俱都失尽矣"！海外的日本、琉球还花费重金在江、浙间购书，阮学政作为全省教育行政主管部门的首脑，对此应该引起足够的重视。1796 年春天，游荡得身无分文的章学诚又回到老家，这一次，他为渴望流芳后世的族人写了好多传记，并为老朋友汪辉祖的一套历史参考书写了序。汪辉祖自 1792 年在湖南宁远县任上被劾，回到萧山附近的家中退养，此时已半身不遂卧床不起。但他仍坚持写作。他的自传《梦痕录余》提供了他和章学诚的交往和关于章生命最后几年的一些细节。这节文字写于 1801 年秋天，汪辉祖听到朋友死讯后不久：

> 闻章实斋十一月卒。余交实斋三十二年，踪迹疏阔。甲寅
> 归自湖北，就馆近省，往来吾邑，必过余叙谈，见余撰述，辄

---

① 唐时置浙东、浙西两道，至宋代称浙东路、浙西路。章学诚那个时代所说的浙东，即现在的宁波、绍兴、台州、金华、温州一带地区，浙西除杭、嘉、湖外，还包括苏、松、太，即今苏州、无锡、常熟一带。学术史上的"浙东"、"浙西"，不同于今日的行政区划。张舜徽的《清儒学记》论及"浙东学派"的学术传承，上溯至南宋叶适、陈亮的永嘉学派、金华学派，至清代，以黄宗羲为开山，其下为万斯大、万斯同，再下为邵廷采、全祖望，再接下来为章学诚、邵晋涵，最后以黄式三、黄以周作结。见该书第 200—287 页，第六章《浙东学记》，齐鲁书社 1991 年版。

作序言、书后以赠。去春病瘵，犹事论著，倩写官录草。今夏属志"归庐"，实斋易名"豫室"，中有数字未安，邮筒往返，商榷再三。稿甫定而疾作。昔二云（邵晋涵）言，实斋古文根深实茂，重自爱惜，从无徇人牵率之作，文稿盈箧，数月前属谷塍（王宗炎）编次，异日当有传人也。（汪辉祖《梦痕录余》，嘉庆六年）

这一年，章学诚选编了自己的少量文章和书信（共计二十四篇），以《文史通义》为名结集刻印，他在写给汪辉祖的信中说，自己的文章足以"为千古史学辟其榛芜"，但他担心太过惊世骇俗，为时人诟病，所以只是选择了其中较为温和的二十几篇刊刻，印数也不大。（注释：《文史通义》在章学诚生前的 1796 年已有选刻，但流传最早的刻本是道光年间章的次子华绂刻于河南的大梁（开封）本，世称"通行本"。章学诚去世前曾将遗稿托萧山王宗炎编校，这就是吴兴刘氏嘉业堂所刊的《章氏遗书》，世称"遗书本"。两个版本的内篇与外篇多有不同。作者手头的《文史通义》，系辽宁教育出版社"新世纪万有文库·传统文化书系"之一种，由中国社会科学院研究生院李春伶校点整理，1998 年出版。此书以嘉业堂刘氏刻本为底本点校，并参考了商务印书馆 1926 年出版的章锡琛选注本、上海大东书局 1932 年出版的沈熔标点本。）当章学诚在老家会稽忙着刻印文集时，传来了他五十四岁的老朋友邵晋涵在北京去世的消息，章伤心欲绝。在写给朋友的信中，章说这不仅是一个人的损失，也是一种学术传统的断裂，"而今长已矣"。邵晋涵的家里收藏着许多宋元时代的书籍，他从博学的祖先那里继承下来的口耳相传的学术传统也曾让章获益匪浅。他的死去，使他们合作写一部《绍兴志》的计划成为了泡影。

1796 年末，章学诚的先师朱筠的弟弟朱珪被任命为安徽巡抚。他是遭到了当时权势如日中天的和珅的谮害，才从两广总督的位置贬谪的。一得知朱珪被任命，章学诚就写信给他，谈了在完成《史籍考》中的艰难："今则借贷俱竭，典质皆空，只得沿途托钵……"他请求朱珪把他举荐到河南的大梁书院或直隶的莲池书院，以资助他完成这本书的写作。为此，这年冬天他还专门跑到安徽去拜访了朱珪。

我们从章学诚此时的活动中可以看到，一个虽难与人相处却具天赋的贫困的年迈学者，是如何辗转奔波的。朱珪在安庆和桐城为他找了一个阅卷的临时性工作，同时把他推荐给了一个叫陈奉滋的布政使。章在陈奉滋的手下并不快活，因为总有应付不完的文事差遣，一会儿要为主人即将刊刻的诗集写序，一会儿又要为他校勘一部风水学著作。布政使大人使用完了他，又把他推荐给了一个叫曾燠的人。此君时在江苏扬州任两淮盐运使，乐于资助文事，拟留章学诚编一部《扬州志》。章写给曾燠一首很长的自传诗，《丁巳岁暮书怀投赠宾谷转运因为志别》，曾燠回赠的诗很像是对这个长着一个红鼻子并患头痛病和耳聋多年的学者的一幅简笔素描，并在诗的末尾，言不由衷地赞扬了章的学术造诣：

> 章公得天秉，赢绌迥珠众。
>
> 岂乏美好人，此人或空洞。
>
> 君貌颇不扬，往往遭俗弄。

乃知貌取人，山鸡误为凤。

1798 年夏天，得到浙江巡抚谢启昆的资助，章学诚放弃了《扬州志》并离开了曾燠，重新去主修《史籍考》。前一年毕沅在湖北军旅中去世（毕沅死于 1797 年 7 月），打破了章向其寻求庇护的幻想，他前往江苏毕沅的老家，收集了《史籍考》的部分文稿来到了新的资助者那里。这一次他的合作者包括胡虔、钱大昭（钱大昕之弟）和其他几个学者。但这位看不起别人而且不肯屈服的历史学家的秉性依旧不改。当他觉得别人的方法太拘泥训诂学时，他与周围人难以相处的老毛病又不可避免地犯了。而资助者是倾向另外几个合作者的，章感到被孤立了，甚至发现他主修的位置也只是名义上的了。谢启昆对他也越来越不耐烦。

更有一种说法，说他为了取悦新的资助者，从毕沅的家中骗走了所有文稿，在这种充满恶意的空气里，最牢固的友谊也会像盐溶解于水一样消失掉。在为邵晋涵写传文时，他请邵的次子提供一些书稿，邵二公子躲躲闪闪的，章坚持要他提供，他就再也不回信了。后来他听人说，邵二公子是担心他"窃取"先父遗稿，用它们来向巡抚大人邀功献媚。他十分震惊。资助者一天比一天浓厚的敌意让他的处境变得难以忍受，再待下去一张老脸都不知道搁哪儿了。当他意识到再也无法完成这一著作后，他放弃了，随着冬天的来临又开始了新的漫游生活。

这时的章学诚已经六十岁了，身体佝偻，鬓毛尽衰，看这情形是活不到高寿了。但在生命的最后几年里，他并没有如你料想的渐渐黯淡下去，相反，他的生命是在烟火般灿烂的爆发中走向终点。

360

六　一个道德保守主义者的愤怒

　　他一生中爱争论的脾性在生命的最后几年冲破了所有的藩篱。最让人吃惊的他倾泻在袁枚[①]头上的愤怒。袁枚是当时最为成功的一个文人，一个富有而爱寻欢作乐的老者，一个对历史有着认真兴趣的学者。他作为一个诗论家更是为时人所知。同时他还是一本趣味横生的烹饪书和一本鬼怪故事集的作者。他比章学诚要整整年长一代，两人算是浙江同乡。袁枚是一个科场的幸运儿（他写的八股文在当时的市面上十分畅销并为他带来了不菲的版税收入），并且很早退回到了舒适的生活中去，喜欢躲在严格的理学教条的后面享受尘世的快乐。他奉行这样的信条，即诗的一个重要功能是愉悦性灵，诗人应该自由地表达他的情感。他教人写诗，特别是教年轻的女弟子写诗。他的学生中有相当多的江浙一带有才情的女子。1798 年，袁枚在南京去世，章在一篇札记中对他的"余毒"做了如下刻薄的描绘：

---

　　① 袁枚（1716—1798），字子才，号简斋、随园老人，浙江钱塘（今杭州）人。乾隆进士，曾任江宁等地知县，辞官后侨居江宁，筑园林于小仓山，号随园。论诗主张抒写性情，创"性灵"说。所著有《小仓山房集》《随园诗话》《子不语》等。乾嘉之学盛时，绝大部分学者醉心考据忽略辞章，袁枚对庸弱不振的文学风气多有抨击。

近有无耻妄人，以风流自命，蛊惑士女，大率以优伶杂剧所演才子佳人惑人。大江以南，名门大家闺阁多为所诱，征诗刻稿，标榜声名：无复男女之嫌，殆忘其自之雌矣。①

章反复宣称袁枚是一个自夸者、骗子和寻花问柳者。袁枚是一个喜欢自我吹嘘的家伙，像一个小说家一样喜欢添枝加叶，这是没错，但章对他的指责已经堕入了一种保守而过时的生活观念之中。在写给朋友的信中他提到，有一次，他偶然捡起一本正在出售的袁枚的书信集，里面的内容令人作呕，"颂娇姿于金屋，陪公子于青楼，媚以烹庖口味"。在一篇题为《诗话》的批评文章中，章学诚说，小说、歌曲、传奇、演义之流，一写到男女，男必纤佻轻薄，而美其名曰才子风流，女必冶荡多情，而美其名曰佳人绝世，那都是些"有小慧而无学识"之人杜撰的，今日风行天下的某某诗话，就是这样有小慧而无学识之人写出来的。他恶毒地诅咒道：人可戮而书可焚矣！②

在章学诚看来，袁枚鼓励妇女写作和刊刻诗稿也是别有居心的。他写了一篇名为《妇学》的回击文章，主张女子的教育应该重在关心其端庄的行为、外表和性格的陶冶，而不应该鼓励她们去写什么劳什子诗歌。阴差阳错地，这个一向不为主流社会承认的作家，倒是这一篇流露着陈腐的社会偏见的火气十足的文字被世人轻易接受

---

① 《丙辰劄记》，见《章学诚遗书》，文物出版社1985年版。

② 《诗话》，见《文史通义》卷五，内篇五，第144—145页，辽宁教育出版社1998年版。

了，成了一个妇学专家，对此章不知是该哭还是该笑。[①]

在他看来，袁枚只是宣泄他庸俗情感的一个渠道。没有考据天分的袁枚在一篇文章中说，辞章与"道"是同一的，而考据只是"事"。章学诚反驳说，两者都是"事"，"道"是一个人去运用它们的理由。他认为袁枚没有真正的艺术思想，艺术怎么可以是道呢，每一个辞章写作者都在"明道"，这多可怕呀，结果是每个人都在"道其所道"，却永远也不能抵达真理。

在世人看来，袁枚无疑是他生活的时代的一个成功者，在世时就博得了巨大的声名，官员、士人、商贾、妇女争着和他交往。相比之下，章的人生则显得失败，一位传记作家曾这样写道，章学诚"少患算痛，中年两耳复聩，老苦头风，右目偏盲。其殁也，以背疡。晚景贫病交加，极文人之不幸"[②]。两人的生活境况，不啻天堂与地狱之别。自从他的父亲被罢官以后，他家的经济状况一直没有得到改善，他本人虽中过进士，却也没做官，他几乎认识十九世纪后半叶所有的杰出文人，但因他出了名的难与人相处，他与他们的关系也从冷淡的友谊变成了公开的敌意。他笨拙、愚梗，没有辞章家的文采风流，不擅写诗，对之既感到尴尬又怀有一种戒备心理。在某种程度上，章对袁枚的愤怒是一种吃不到葡萄说葡萄酸的心理。但章学诚的态度又不只是微不足道的嫉妒心理引起的，他觉得袁枚是个无耻的马屁精，道德低下，"权贵显要，无不逢也，声望巨公，无不媚也"。袁枚的确与帝国的一些将帅和高官关系密切，而且他们

---

① "《妇学》之篇，所以救颓风，维世教，饬伦纪，别人禽，盖有所不得已而为之，非好辨也。"《〈妇学〉篇书后》，《文史通义》卷五，内篇五，辽宁教育出版社1998年版，第160页。

② 沈元泰《碑传集补》，见胡适《章实斋先生年谱》，安徽教育出版社1999年版。

也不是一帮品德高尚之人（这些人包括臭名昭著的和珅，和珅的弟弟和琳，和这一政治集团中的福康安、孙士毅、惠龄）。道德优越感使章学诚在面对自己失败的一生时多少挽回了一点尊严。

1799 年 1 月，老迈的高宗皇帝死了，一直伺机而动的仁宗一即位就逮捕了先帝的宠臣和珅，逼其自裁，藉没了他的巨额家产，并采取了一系列措施抑止腐败。蛰居家乡的章学诚，他的愤怒找到了一个更合适的目标，这个时期他向高官们寄出了大量信件，在这些信中他分析了从康熙末年发展起来的腐败状况，和雍正皇帝整肃吏治所采取的措施，就国家大事做出了长篇宏论的建议。"今之要务，寇匪一也，亏空二也，吏治三也……盖事虽三分，寻原本一，亏空之与教匪，皆缘史治不修而起。"[1] 他的建议建立在这样一个基础上：即国家中存在的邪恶根本上是一个道德问题，官员的道德问题解决了，国库也就充盈了。愤怒还刺激着他在其他问题上表达了颇具原创性的建议：建议御史负责研究国家财政和经济形势，改革科举制度以鼓励实学，改革考试制度，等等。但我们和章学诚一样失望地看到，他的平戎策和他那些史学、哲学论著一样受到官方冷遇。十八世纪不是章学诚的年代，作为一个失败的历史学家，他没有引起同时代学术主流的注意，他对他处身的时代也没有产生影响。他耗尽一生心力写下的注定是一部失败之书。而他到了晚年时的政治热望，则像一只扑空的拳头，连落在帝国柔软肥大的肚子上的机会都没有。

贫寒，拮据，身体健康状况的衰退，让他已经看到了生命的终

---

[1] 章学诚《上执政论时务书》。这些信章学诚是写给他于 1778 年应试时的一位考官王杰的。此时，王杰是内阁大学士。

点。1800 年，在他为邵晋涵所写的传文中说道："今目废不能书，疾病日侵，恐不久居斯也。"① 这年秋天，他以口授的方式写下了一生中最后一篇文章《浙东学术》，并把它收入了生平最重要的著作《文史通义》中。在这篇文章里，他讨论了浙东学术在清代学术版图中的地位，把黄宗羲开创的浙东学术与顾炎武开创的浙西之学并重于当世，并经由王阳明把它的源头追溯到了宋代的陆九渊：

> 浙东之学，虽出婺源，然自三袁之流，多宗陆氏，而通经服古，绝不空言德性，故不悖于朱子之教。至阳明王子，揭孟子之良知……梨洲黄氏，出蕺山刘氏之门，而开万氏弟兄经史之学；以至全氏祖望辈尚存其意……世推顾亭林氏为开国儒宗，然自是浙西之学。不知同时有黄梨洲氏，出于浙东，虽与顾氏并峙，而上宗王、刘，下开二万，较之顾氏，源远而流长矣。顾氏宗朱，而黄氏宗陆。盖非讲学专家，各持门户之见者，故互相推服，而不相诽诋。学者不可无宗主，而必不可有门户，故浙东、浙西，道并行而不悖也。浙东贵专家，浙西尚博雅，各因其习而习也。②

此时，他认为自己正处于这一久远的传统之中：关注的是人及其世界，而不是概念的空谈——"浙东之学，言性命者必究于史，此其所以卓也。"他把自己的文章托给了同乡友人王宗炎编校，于第二年的秋天离开了人世。至此，我们对一个人一生的追溯也到了该

---

① 《章学诚遗书》卷十八，文物出版社 1985 年版。

② 《浙东学术》，《文史通义》卷二，内篇二，辽宁教育出版社 1998 年版，第 48 页。

结束的时候，他在我们的眼前消失了，就像一滴水消失于河流。但成败、毁誉之间，他就像一棵老树，孤独地，倔强地，立在人们的视野尽头。

江湖寥落尔安归

——汪辉祖的游幕生涯

春心荡啊，春愁乱啊

走县过府，白了头啊

现实主义的功名，多像一只狗

你追它也跑

——《南风》

一　夜航船

　　在汪辉祖成年后的记忆中，眼前总是交织着这样一幅画面：那年他十一岁，或者更小些，和父亲一起坐船去绍兴。时当中秋之夜，如丝的密雨却把天空遮得没有一丝光亮，唯有船尾的一盏灯笼，在江风中摇晃，昏黄的灯晕似乎成了天地间唯一的光亮。

　　此行只是绕道绍兴，父亲的目的地是广州。男孩算是随船送行，陪父亲到绍兴向岳父告别。男孩两岁那年，做生意挣下了一笔钱的父亲捐资入官，远走河南淇县做一个小吏，一晃八载，去年才回萧山老家。可在家只待一年，迫于生计父亲又要远走他乡，再想到去年秋天去世的祖父，泪珠子已在男孩的眼里打着转。但他没有让父亲看到，在船上简易的床铺上侧过身去，不出声地抽噎着，慢慢地睡着了。

　　父亲后来也挤睡到了床上。睡梦中，男孩听到了父亲的叹息。

　　男孩不知道自己这一觉睡了多久。父亲叫醒他，说船行了有二十里地了，绍兴快到了。男孩探头向舱外，天色如墨，细密的雨水一下子打进了他眼里。雨脚打在船篷上，发出蚕吃桑叶一般的沙沙声。

父亲说："儿子，你知道我这次到广州去做什么吗？是的，是想托你舅舅帮我在总督府找个差使。我都那么一大把年纪了，还要求靠人，实在是迫不得已啊，可是我若不出去找点事做，儿子啊，我们一家又怎么过日子呢。"他的声音低了下去，说到后来几乎是在自言自语了。此行前途叵测，尽管出了门，心里还是迟疑着，他好像是尽力要说服自己。

男孩幼小的心灵，还承受不起世界的虚无。他只觉得这一场场的生离死散，像刀子一样割着他。他感到痛。他憋屈了许久的泪水终于畅快地流了下来。

父亲拂去他的泪，让他背功课来听。听着男孩稚气而流利的背诵，父亲的脸上露出了冬阳般惨淡的一丝笑意。

"儿子，你读了书长大了想做什么？"

"求做官。"

"儿子你错了，做官当然也是读书人的一条出路，可那不是你想当就能当的。求做官，未必能做人，求做人，即便不做官，也不失为一个好人。以后你如果运气好做了官，一定要做好官，一定不要遭百姓的诟骂，不要贻毒子孙后代，你记住了吗？"①

男孩点头说，记住了。

汪辉祖日后想起来，这夜航船上的一个晚上，实际上是他最后一次聆听父亲的教诲了。

两个月后，父亲汪楷到了广东，他的妻弟已不在两广总督幕中，汪楷一时找不到工作，又因水土不惯患上了腹疾。原定十一月坐船

---

① 汪辉祖《学治臆说》，卷下，《勿贻毒子孙》。丛书集成初编本，中华书局 1985 年版。

北归，可一想家中母老子幼亟待接济，归去也无以为生，就踯躅着不想回了。这样拖延着，病势转重，又没有得到好好调理，终于腹胀不治，在一个无名的小旅店，默默地死去了。①

　　时当乾隆五年，1740 年 12 月 15 日。

---

　　①　汪辉祖《病榻梦痕录》，卷上，乾隆五年。台湾商务印书馆 1980 年版。

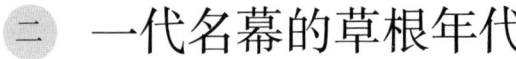 二　一代名幕的草根年代

　　当汪辉祖做出供职幕府生涯的决定，他肯定感到了对世界屈从的无奈和悲哀。但家境的窘迫又使他不能像当时的青年士子一般顺利地走完科考之路，经商没有本钱，教馆生涯又太清苦，舍此又能何为？当汪辉祖说出他的这一决定，他的两位母亲——一位继母，一位生母——一定在悲伤中想起了他早逝的父亲。

　　像所有那个年代的读书人一样，他的父亲汪楷最初为自己选择的也是走科举仕宦之路，据钱大昕的传记文章①，他的老师是历史学家全祖望的舅父、因牵连左迁回家的蒋拭之先生。但命运似乎并没有垂青这个年轻人，多次场屋不利，他只得像那时候绍兴府的许多落第士人一样，改习幕学，去当一名刑名师爷。可是他又不喜欢这一工作，总觉得佐官断狱，有损阴德，不到两年就结束游幕转而从商。看来他天生是做商人的料，短短几年就发了笔小财，在老家置起了百余亩的田产。但所谓痼疾难改，读书人的通病吧，他还是不

---

　　①　钱大昕《潜研堂集》，卷四十，《汪南有传》。"君少从蒋季眉先生学举子业，试不利，弃去，习法家言。既而曰：'刻深者不详，惧损吾福。'又弃去，为贾，以羡置薄田百亩，属弟收租入以养父母，而纳赀为官，选区得河南淇县典史。"上海古籍出版社1989 年版。

死心，似乎不踏入官场一脚人生就不圆满，于是托门路找关系捐资入官，结果选授河南省淇县的一名典史。

清代官制，知县正七品，县丞正八品，主簿正九品，巡检从九品，掌管缉捕、监狱的典史品秩为未入流，尽管如此，汪楷还是兴高采烈地上任了，且一任八年，因为不管怎么说，这也勉强可算踏入仕途了，它对心灵的抚慰作用当然要远远大过挣银子的快意。

这里似乎有必要对消磨了本文主人公大半辈子的幕府制度做一简要介绍，《说文》这样介绍："帷在上曰幕"，府为"文字所藏之处"，幕府是指活跃于中国历史上各个时期的地方官员私人聘请参谋人员的制度，而以清代最为盛行。清代的幕友体制，是清代科举体制下的延伸体。幕府的成员被称作幕友、幕宾、西宾、西席、幕客、幕僚，这些称呼似乎意谓着官员与其参谋人员之间的关系是一种平等关系。他们为官员献策谋事，官员供养他们，为之谋出路。对浙江绍兴府的人来说，供职幕府是一个世代相传的职业。一个绍兴人供职幕府，就像一个山西人开钱庄一样，好像都是顺理成章的事情。①地理学家王士性在《广志绎》里说的"自九卿至闲曹细局，无非越人"，这"闲曹细局"指的就是这些混迹于各级衙门的幕后之宾。对这些身居幕僚阶层的特殊群体而言，他们的专门知识是谋生的唯一手段，这些专业知识包括：撰写信件的形式，计算的诀窍，以及贿赂清单诸方面的秘密。在地方各级政府，他们形成一股如此强大的力量，以致一个仅有中等处事能力的官员若无他们的指导便没有什

---

① 据余姚《邵氏宗谱》记：邵氏家族有师爷七八人。《会稽陶氏族谱》中明确记载有作幕经历者达三十九人。《绍兴县志资料》第一辑记有名师爷一百五十余人。故绍兴府县县出师爷，而以山阴、会稽最多。据不完全统计，两县出师爷两千余名。

么希望能开展工作。

神仙、老虎、狗，各有各法路，对一个科场失意的年轻人来说，学书不成去而学幕，也不失为一条出路。这一方面是因为，习幕一途，对一个读书人来说还是不失体面的；再者，不像从事商贸需要一笔不菲的银子作本钱，年轻人进了学有了诸生这样的初级功名做一个师爷也差堪应付了；而最重要的乃在于，从事幕业（尤其是刑名、钱谷这样的专业性工作）的收入要远远高于做一个塾师、商贩、不自由撰稿人或一个低级的文官。[①] 打个比方，如果你是一个塾师，一年到头可能不过数十两银子的收入，而一个供职于州县衙的普通师爷的收入却数倍，甚至十数倍于你，你的心理能平衡吗？

丈夫死后辛苦守节的两个女人，把光大门楣的希望全寄托在了儿子的功名上，他们担心儿子一入幕府，仰人鼻息，再也没有精力走科考之路，汪辉祖告诉她们，他一方面是要以游幕资赡养家，另一方面则要游幕养学。考虑到汪氏一族自南宋年间从宁波迁居浙江萧山后，六百年间、传世二十代，从无一人蟾宫折桂的记录，两个女人担心希望实在是过于渺茫了。汪辉祖这样向她们保证：逢场必到，死而后已！

正如我们已经知道的，此后三十四年，汪辉祖一直在吃师爷这碗饭，先后任职于十六位县令手下。几乎和游幕生涯同时，汪开始了在科举征途上屡败屡战的经历。自乾隆十二年至三十三年，共应乡试九次，中间除了生母去世那一年未能应试，可说是每试必到了。

[①] 汪辉祖《病榻梦痕录》载，乾隆初年，刑、钱师爷年薪已达银二百二十两至二百六十两。乾隆二十七年（1762）以后，幕脩愈高，至乾隆四十九年、五十年时，岁脩有达八百两者。而当时七品官之年脩亦不过四十五两而已。

中举后又四次参加礼部会试，于四十六岁那年得中进士。当他进士及第回到家中，他的母亲对他说的第一句话是：现在你总算对得起死去的父亲了。而汪也不免沾沾自喜，称自己是"衰龄入仕"。[①]

一代名幕的幕游生涯是以这样一种方式悄悄开场的：乾隆十七年（1752），汪辉祖的岳父王宗闵任江苏松江府金山县令，汪入幕职掌书记，年脩三十六两。应该说明的是，这一年汪辉祖才二十三岁，却已三应乡试不中，饱尝科场失意的痛苦。

两年后，王宗闵丁忧，把女婿推荐给了扬州的一个盐商，议定年脩一百六十两。汪辉祖开始答应了，后来听说这个盐商十分烧包，常常对人颐指气使，就不想去了，转投到常州知府胡文伯的幕下，年脩二十四两。辞去商人的重金延聘而就知府的低薪，常人看来这太不可理喻了，汪这样解释：知府给的薪金虽然少，但他会以宾师之礼待我呀。看来这个年轻人把自身的尊严看得远重于金钱。

1754年2月，汪辉祖单身一人，从杭州坐夜航船前往常州府。晚上出浒墅关，三更到了常州府的武进县。此时，天突然下起了大雨，船无法前行，船家促其上岸，宿过一晚再行不迟，但势利的旅馆伙计因为看他衣着寒酸竟然拒绝了他投宿。汪只好缩着身子坐在运河边的凉亭里，在凄风冷雨中度过了不堪回首的一晚。那一晚，他肯定想起了十四年前，和父亲坐夜航船去绍兴的那个夜晚，也是那样大的雨，天地也是那样的漆黑一片。

汪辉祖在常州知府幕中做的"职掌书记"，又叫书启师爷，他的

---

① 汪辉祖《病榻梦痕录》，卷下，嘉庆元年。"我汪氏始祖迁萧以来，传世二十，历六百余年未有甲第。余以肤学开先，衰龄入仕，获免大戾。"台湾商务印书馆1980年版。

日常工作是负责衙门里的公文写作和文案处理，同时也替知府大人代撰一些官场应酬文字。这个年轻人的才干很快得到了知府的赏识，每遇大事，也常招其一同商议，所持意见也多采纳。当胡文伯升任江苏督粮道前往常熟赴任时，他坚决挽留意欲辞职的汪，并承诺月薪从每月二两增加到八两。胡文伯是个心细如发的官员，他解释这样做的原因：汪君是一个明爽人，我要从细致处去打磨他。汪后来在回忆录中这样说，佐幕数十年，能够避免粗枝大叶带来的麻烦，离不开胡那几年的调教之功。①

乾隆初年，州县幕府中掌管刑名者收入最高，年薪约二百六十两，次之钱谷师爷，为二百二十两，正是纯粹出于经济方面的考虑，职掌书记汪辉祖开始在刑名方面训练自己。但是尽管他早已有意于这一丰厚收入的职业，在胡文伯幕下并没有多少机会，只是一边在闲瑕时攻读律令，一边接受一些诉讼方面的咨询。有清一代，从县令到地方各级政府官员虽负有执行法律之责任，但是出仕前却被禁止获得任何法律知识。因为他们是以文学和儒家典籍为主要内容的科举制度的产物，却并不熟谙律例，是文学侍从型的官僚而不是技术型的官僚。所学尽为无用，而所用皆非所学，这一县令的"第二十二条军规"，也为汪辉祖们提供了广阔的就业机会。

当汪辉祖在常州府开始攻读历代律令时，同在知府衙门供职的骆彪已经是个刑名老手了。骆彪这一年七十三岁，他是浙江诸暨人，和汪辉祖有同乡之谊，这也是他对汪倾心相授的重要原因。事实上，他也是汪辉祖生平学幕唯一的老师。当汪第一次向他请教时，他这

---

① 汪辉祖《病榻梦痕录》，卷上，乾隆二十年。"得免粗疏之绌，皆公之教也。"台湾商务印书馆1980年版。

样说：以你的才干和见地，为人佐治，我担心的不是你做不了，而是你太过能干了。汪连忙请教，骆告诫说："衙门中事，可结便结，情节之无大关系者，不必深求。往往恃其明察，一丝不肯放过，则枝节横生，累人无已……"[1] 汪辉祖后来承认，这一席话对他一生的幕业生涯起到了重要的影响。

① 汪辉祖《佐治药言·戒已甚》。丛书集成初编本，中华书局 1985 年版。

三 走县过府白了头

这期间，汪辉祖也没有放弃角逐于科场获得更高的功名的期望，但他虽具才干，括帖制艺这一类敲门砖功夫却极为生疏，自然次次都是铩羽而归。二十三岁那年去省城应乡试，策问到小学，他竟一无所知，这件事让他一想起来就引为平生奇耻。乾隆二十四年三月，山东昌邑人孙尔周至署探亲，胡文伯嘱咐汪把以前写的举业文章向孙请教，也好有所长进。汪挑选了三十篇得意之作面呈给孙，孙看了后，对汪的评价是：才可以入毂，而文不及格。他把汪的文字一一评改，看到不中意处就删改，汪辉祖在一旁看得冷汗涔涔，衣衫尽湿。孙尔周是乾隆十年的进士，作为一个久经沙场的过来人，他一一为汪讲授场屋律度，从八股文章的相题、炼局到运气、遣词，每晚都要讲授到四更方歇。将近两个月时间的闭门苦练，汪辉祖自觉闱艺大进，在这之前已经五应乡试不中的他又跃跃欲试了。

到了七月，孙尔周将北上谒选，汪辉祖从常熟送他到了苏州。孙进士希望他在下个月的秋闱中能得遂所愿，同时承诺，如果此行谒选后能够在南方地区任职，他将延聘汪为幕宾。汪答应了，但没怎么往心里去，在他看来，这更像是对他应试不第的一个提前到来的安慰。

　　和汪辉祖一生中参加的第六场乡试一齐到来的是一场铺天盖地的暴雨。雨从他入考棚起就一直在下，逼窄的号房里抬头看出去就是连绵的檐水，让人无端地心生烦躁。这似乎预示着他这场秋闱还将无功而返。省城的校士馆里没有很好的排水系统，暴涨的雨水漫进号房浸湿了坐板，连带进去的食物都发了霉，几天几夜下来，汪辉祖觉得自己的身体都要发霉长出绿毛了。急火攻心，又加劳心累神，汪在试场里病倒了。回到萧山老家，病情加剧，时时处于昏迷状态，几乎到了要立遗嘱的地步。幸得友人徐梦龄诊治，两个月后身体才慢慢复了原，回到常熟继续做他的书启师爷。

　　这一年汪辉祖三十岁了，六应乡试不第的他，觉得自己就像考试的长鞭驱使下的一头无助的羔羊，功名却还像天边的马车一样遥远。经济状况也好不到哪里去，游幕八载，在胡文伯幕下也近六年，年薪收入还不满一百两银子。[①] 到了年底，他坚决谢绝了胡文伯的挽留，决定转受江苏长洲县令郑毓贤的延聘，做一名刑名师爷。如同当初他选择幕业时那样，他的继母王氏和生母徐氏再一次以他死去的父亲为例来告诫他：汝父尝试为之，惧其不祥，今吾家三世单传，何堪业此？汪告诉他们，自己身无所长，也只能以此谋生了，他发誓不会"负心使孽"。[②] 看来父亲的言行一直影响着他，使他在藏污纳垢的幕道中坚守着道德的底线并成为这个复杂的人群中的一个异

---

①　汪辉祖《双节堂庸训》卷一，《显妣王太宜人轶事》。"自年十五六，以假货资生，至二十二习幕事，子钱累七百余金。至年三十，岁修尚不满百金，吾母口食不给，而责家之息，付必给时。"乾隆五十九年双节堂刊本。

②　在记录一生幕学心得的《佐治药言》的序中，汪辉祖回忆了他的两位母亲对他从事刑名师爷这一职业的忧虑和教诲。

数。当有人称赞他的操守时，他却很不开心，说这样不着边际的话就像赞美一个少女不淫荡一样可笑（《佐治药言·自处宜洁》）。此后直至乾隆五十年，二十余年里他一直从事着这一行当，并为自己博得了一代名幕的名声。中间，他于1775年四十六岁时中了进士，但在此后长达十一年的候补实缺期间仍操持旧业。

完稿于乾隆五十年秋天的《佐治药言》，在关于"选择幕府宜谨慎"的一节中，汪辉祖以一种编年史式的方式简约谈到了自己的游幕生涯：

从壬申年春天到乙巳年秋天，我在幕中供职的时间，通共三十四年。因为开头两年辅佐的王坦人先生是我岳父，不在宾主之数，其余的一共辅佐了十六个主人，其中在无锡和慈溪的两处幕府，只能算是短暂的过渡，所以实际的幕主为十四人。这十四人，性情才略不尽可同，但无一不磊落光明，我与他们推诚相与，终始契合，结下了深厚的友谊，我也通过他们的施政实现了我的一部分人生理想。

乾隆十九年甲戌二月，我供职于常州府知府胡公的幕中。胡公名文伯，字偶韩，山东海阳人。那一年冬天，胡文伯升任苏州府松常镇太粮储道，我也随他赴任。第二年，胡文伯又到临清监督运粮。我因病重没能同往，暂时在无锡县魏君幕府中供职。魏君名廷夔，直隶柏乡人。到了六月份，我仍然回到胡文伯幕府。算起来，总共在胡文伯幕中待了六年。

在我们这一行，从事法律工作的刑名师爷和从事财政工作的钱谷师爷的收入要高得多，完全是出于经济方面的考虑，我决定改习刑名，专门从事法律工作。乾隆二十四年十二月，我接受了长洲县的聘请，辞别了胡文伯幕府。次年正月，我到了长洲县郑君的幕府，郑君叫毓贤，山东济宁人。

这年十二月，因为我的老师、刚刚赴任秀水县的孙景溪先生的召请，我辞退了长洲县的职务，于乾隆二十六年三月间，到了孙先生所在的秀水县工作。孙先生字尔周，山东昌邑人，是我受业的恩师。两年前他赴京谒选前就与我相约，如果他在南方地区任职就会来请我入他幕下，他在嘉兴府秀水县刚履新职，来信相召，我怎能不从？

到了第二年八月，孙先生升任河南开封府同知，等他一离职赴任，我就接受平湖县令刘君的聘请，当月赶到平湖。刘君字国烜，号冰斋，奉天人。

乾隆三十二年正月，刘君又离平湖县，升职为江西九江府吴城同知。我就接受仁和县李君的延聘，二月里到了仁和县。李君字学李，陕西三原人。

同年十月，仁和李君因事离职。我又被乌程县蒋君延聘入幕，当月到了乌程县。蒋君字志铎，号振庵，奉天人。

到第二年五月，蒋君因事离任。接替他的战君，名效曾，号鲁村，直隶宁津人，挽留我继续留在乌程县工作。堪可告慰祖宗的是，这一年我第九次参加乡试终于得以高中。九月，有关部门通知我参加明年春在京城的会试，因此到了十二月，为参加会试我就向战君递交了辞职报告。

岁在已丑的乾隆三十四年我已经四十岁了，这是我第一次入京参加国家级的考试。虽然春闱落第，但令人欣慰的是在硕学鸿儒极一时之盛的北京我感受到了浓郁的学术气氛，结识了章学诚、罗有高等一批著名学者，稍稍窥见了治学的门径，并在京城购得一部《汉书》得以时时诵读。这年五月，我回到浙江，就职于钱塘芮公幕府。芮公名泰元，号亨斋，云南泰和人。

到了乾隆三十五年十二月，为了参加下一年的会试我离开了钱塘芮公幕府。如同你们所预料的，第二年五月我再次入宝山而空手。海宁县令刘君想聘请我，但因为以前聘过我的战君就在不远的嘉善县任职，他坚决要我去，于是我只好回绝了海宁县的聘任，到了嘉善。这年七月，战君调任富阳县，我也随同赴任。

也就在这年九月，孙含中先生（号西林）赴任宁绍台兵备道，想邀我入幕。他是我恩师孙景溪先生的儿子，于情于义而言都不能推辞。于是我离开富阳，来到宁波，在宁绍台道的幕府中任了四个月幕宾。十二月，为了准备明年入京会试我又辞职归家。

乾隆三十七年的春闱我又一次失望而归。五月归家，前年就想邀我入幕的海宁刘君再次来书聘请，于是七月间我到了海宁。在海宁一待就是两年。刘君名雁题，号仙圃，河南光山人。

到了乾隆三十九年八月，海宁县升为州，刘君解职，我也只好回家乡。乾隆四十年，我通过了会试成为进士（在此之前我已经受了三次失败）。后来因为母亲去世而归家守丧。九月又到慈溪黄君幕中任职，黄君名元伟。不到一个月我又辞职回家。

当时，战君已由归安知县升任海宁知州，因为他的聘请，我又一次到了海宁。十二月，由于平湖刘君要我践以前的约定，我辞别了海宁。刘君是先前的海宁县令，调任到了平湖县。乾隆四十一年正月，我到了平湖，在那里一共待了四年多。

乾隆四十五年，刘君升职杭州东海防同知。于是我接受了乌程县兴君的聘请，于这年五月赶到乌程县。兴君名德，号勉庵，满州人。

到了乾隆四十六年四月，前任县令徐君回任乌程，继续聘用了我。徐君名朝亮，山东莱阳人。不久，徐君丁忧去官，我也回到故里。

就在这年九月，我又接受了龙游县令王君的聘请，于十月到了龙游县。王君名士昕，号晴川，奉天义州人。

我在龙游工作了一年多，乾隆四十七年七月，王君调到归安任职，我随他同去赴任。在归安我又待了三年多。乾隆五十年八月，王君以母亲年老需要侍奉为由辞官，我也就回到了家乡。①

从这篇自叙状的文字中，我们看到汪辉祖就像一片无根的转蓬走县过府，东飘西荡，从江苏省的金山、常熟、无锡、常州、长洲到浙江省的秀水、平湖、仁和、龙游、嘉善、海宁、归安、乌程、慈溪、宁波，他一直在路上，一直没有停下过他的步履。往往是这边刚刚卸任或辞职，那边的聘书又到了。他的"江南名幕"的名声就在这接二连三的转任中伴随着头上的数茎白发像个雪球越滚越大了。而现实主义的功名就像一只狗，他总也撵不上它。同时我们看到，为了照顾家庭，我们的主人公没有远游，他选择了江浙一带就近入幕。考察他三十四年的游幕生涯，九年在江苏，二十五年在浙江。

在《大清会典事例》里，朝廷一再提请官员们注意，任何官员不得聘用亲戚朋友作幕友；官员任职之省份，或邻省五百里之内之

---

① 汪辉祖《佐治药言·就馆宜慎》，这一节据此改写。

人，不得聘为幕友；幕主迁转新职，幕友不得相从；幕满五年须更换；不得续聘前任之幕友。但到了乾隆四十一年（1776），朝廷不得不公开承认这样一个事实，禁止从本省聘用幕友及幕友任期五年的限制已是"有名无实"。[①]汪辉祖能够辗转江浙各州县觅得一条生路，也正是处于这一渐渐松动的幕府制度下。

我们真要埋怨他生错了年代了。他赖以成名的幕业，在十八世纪下半叶还只是谋生的手段而不是一种政治资本，若让汪辉祖生活在大半个世纪后道、咸年间幕业的黄金时代，以他的才具，焉知不是又一个左宗棠？少年子弟江湖老！看他年齿徒增，为了生计还要磕磕碰碰奔走于途，真个是：天末彤云黯四垂，失行孤雁逆风飞，江湖寥落尔安归！[②]

---

① 《朋友·客人·同事——晚清的幕府制度研究》，[美]K. E. 福尔索姆著，刘悦斌、刘兰芝译，刘存宽校，中国社会科学出版社 2002 年版。

② 语出王国维《浣溪沙》全词为："天末彤云黯四垂，失行孤雁逆风飞，江湖寥落尔安归！陌上金丸看落羽，闺中素手试调醯，今宵欢宴胜平时。"

四 "莽知县"

　　乾隆五十年中秋前后，当回到萧山老家的汪辉祖在苕溪寓斋写作《佐治药言》和《续佐治药言》时，最初的动机只是为了给孙甥兰启提供一份类似就业指南性质的文字，让他入幕后少走一些弯路。他写下了幕游三十余年的心得——用他自己的话说是"皆馆（幕府）中所躬行而习言者"——写下了对幕友的忠告与激励，不知不觉中，他把它写成了一份游幕人生的总结，把自己塑造成了一个在道德规范和为幕之道方面值得仿效的典范（事实上，这两部由六十六篇文章组成的书稿，一直到清朝末年都被视为地方行政长官必不可少的政务指南）。他决定以写作这本就业指南终止大半生的佐治生涯，明年就入京谒选。

　　这一年他已五十有六，自乾隆四十年取得进士资格，已忽忽十年，奉吏部截取①也已两年，再不出仕，怕是时不我待了。毕竟三十余年做幕客都是为他人作嫁衣裳，没有真正"牧民"，他做梦都想着能从幕后走到前台。当然，他这么匆忙要出仕，除了实现抱负这一

---

① 清代的选官制度规定，具有做官资格的举人、进士等，赴吏部候选，由吏部根据他的科分、名次、食俸年限，核定截止的日期，予以选用。

堂而皇之的理由，还有一个光宗耀祖的动机在驱使着他，按清代封赠制度，一旦他正式就任正七品的县令，他的祖父、父亲就可以封为文林郎，祖母、母亲就可以封为孺人。[①] 诚然死者长已矣，再也不会从地下起来接受这些荣誉称号，但对一个迁居六百多年来从来没有出过一个正式官员的寒微的门庭来说，这已经是莫大的福分了。

1786年3月，汪辉祖离开家乡来到省城杭州。为了协助最后一任幕主王士昕处理在任时的账簿，他又转往湖州府。随后，京杭运河的大木船一路载着他经江苏常州、无锡、扬州、淮安、宿迁抵台儿庄，复从陆路雇车，取道山东滕县、东阿、德州，经直隶雄县，将近两个月后抵达京师。

像任何一个候补官员一样，汪辉祖到京后不免四处走动联络，一一拜访乡试、会试的同年、知交和各位座师。生怕开销过大日后负债出京，他连礼金都舍不得送。这个来自南方的候补官员的吝啬劲儿肯定给当时的京城大佬们留下了深刻印象。到了八月，签掣湖南永州府宁远县知县。

时在翰林院供职的好友邵晋涵——他们相识于乾隆三十二年——知道他以名幕起家，动身前告诫他要调整好由幕而官的心态，不要过于炫耀在刑名、钱谷、书启方面的技能，不要过于自负，因为在错综复杂的官场中，这些都是忌讳的。"如果你自恃有本事，对待上级必定会傲，对待同僚必定会骄，对待下属必定会刚愎自用，如果你傲了、骄了、愎了，你就办不成什么事。"邵给他开出的药方是两个字：敬，静。[②]

---

① 《清史稿》卷一一〇，《志八十五·选举五·封荫推选》。

② 邵晋涵《南江文钞》，卷六，《送汪焕曾之官宁远序》。"能敬以静，则不敢自恃，而可以免于傲与骄与愎，养民之道庶几有济乎！"

同僚饯行、拜别座师、回乡祭扫祖墓……等到忙完了这些，携带家眷赴任湖南，已是来年开春了。

1787 年 3 月的一天，当白面、微须、中等个子的汪辉祖出现在破烂不堪的宁远县城时，大街上观者骈集，诺声雷动，吏役们夹道迎跪他们的新上司。但汪知县并未因隆重的礼仪而得意忘形。距省城一千二百公里的宁远县，地处湖南南部万山之中，地瘠民贫，在湖南官场，这是一个众所皆知的积疲难治、吏治最坏之地。汪知县知道，他以后在这地方的日子不会太轻松。

宁远县历来多讼事，当事人在县里告不赢官司动不动就上控，上级官府来这里派差提犯可说是岁无虚月。汪知县上任后清理积案，共计有四百余件。他向上级保证，三日审结一案，逾期甘受处分。民间更有恶讼师以教唆词讼为业，挑拨煽动，从中渔利，在汪看来，这些不安定分子就像地棍、盗贼一样臭名昭著，他把他们的姓名、面貌一一登记在册，以备办案时稽察。传说有一次他路遇一个老讼师，恶其揽讼为业，二话不说就狠狠地打了此人一个耳光。

遇到审理大案、要案，宁远县署常常彻夜灯火。熬到后半夜，左右衙役都呵欠连连了，独有汪知县危坐高堂，一脸苦大仇深肃穆庄严，忽而和风细雨好言开导，忽而定睛暴喝摄人心魂。疑犯开始总是百般狡辩，到后来都不得不词屈招供。汪是个近视眼，但每逢审理案犯，却常常定气凝神睁大眼睛瞪视对方，看得对方浑身的不自在，因心虚而眉动、目眨，两颊肉颤不已，他就出其不意大喝一声，致其心理防线迅速崩溃。[1] 他这一手屡试不爽，以致手下人都误以为他们的上司精于麻衣相法，是奸是良一眼就可看出来。有时，

---

[1]　汪辉祖《学治臆说·治狱以色听为先》。丛书集成初编本，中华书局 1985 年版。

汪知县还独出心裁地把审案现场放到城隍庙去，按照他的逻辑，你不怕官法可以，怕不怕神诛？

清代官制，处于帝国文官大厦最下层的州、县官是真正的临民而治，再上一级，而知府而道台而巡抚总督，那都是临官而治，是讲政治、站路线，治官而不治民。汪辉祖在宁远这块贫瘠之地，从处理讼案、催征钱粮、力行保甲到广种植、修城墙、兴学校、移风俗，事事必亲躬之，几年下来政声远播，以致当地人有"我们官"之誉，上级道员甚至称他"勤民治匪，为湖南第一好官"。而他率直的个性和直言不讳的行事作风又使他多了一个"莽知县"的绰号。当省城的臬司、巡抚札调他赴省办事时，这个实心人却一次次地谢绝了。还有一次，上级欲调他到较为富庶的攸县做知县，这个肥缺别人求之不得，他却坚辞不去，甚至弄到了屈膝跪请的地步。别人想升迁都想疯了，恨不得顺着竿子上，他倒好，给他机会都不要，这不是有病吗？他幕中的师爷们看不懂了，一一借故辞别。他也不恼，天要下雨娘要嫁人，你们爱留不留，反正本县乃江南名幕出身，区区刑名钱谷小事能难倒本县不成？索性不骋幕僚，不任跟班长随，孤家寡人到底了。

以汪知县这样禀直的个性和几乎过了头的道德洁癖，自然不宜久居藏污纳垢的官场。可能有人欣赏你，但更多的人会嫉恨你、暗中诋毁你。乾隆五十五年（1790），汪因政声"卓异"任道州知州，上任没多久，上级臬司就命令他赴桂阳调查一桩命案，恰巧不久前他在检验另一桩案件时，于赶往案发现场的途中因雪天路滑跌落山崖，扭伤了左脚，左膝痛缩不能步行，再加痢疾与风寒，汪接到委派命令后一直卧病在家，两个月过去了也未赶至桂阳县。早就看他不顺眼的臬司勃然大怒，一个小小的知州，竟然把上级的命令置若罔闻，这还了得？要办他个规避办案之罪。一些嫉妒他的同僚也纷纷跳出来打小报告弹劾。上级也不听他什么解释，竟然按律处置，给了他个革职处分。汪辉祖心意阑珊，就此返乡，绝了仕宦之念。

一个毕生行事谨慎又有着三十余年佐幕经验的老江湖，怎么会说翻船就翻船了呢？说到底还是他亢直的性格所致。在致仕还乡后所写的回忆录中，他对被劾一事做了解释，而更深层的心理则是"上官私人更不可为"。[①]上级看不惯他，只看重他的理讼断狱方面的才能，为自己的前程着想任意驱使，丝毫不顾及下属的困难，这样的上级他更看不惯呢。他明知只要柔顺徇私就可成为上级的红人，但他不愿，也不屑这样做，即使丢官也在所不惜。所以乾隆五十五年他滞在道州以养病为由拒往桂阳县，既是实情，也不无故意的延宕和轻慢。他这么做，倒也合乎他为幕时说过的"不合则去"的行事准绳。其实早在他出仕前，知根知底的朋友刘仙圃就这样告诫过他：你这样的人，一遇到知交，终日相谈面无倦色，遇到不相合的呢，对坐半天也没有一句话，这样的性情，实在是适合做幕不适合做官，要知道官是官，幕是幕，日后做了官，你要设法学得圆滑婉转些才好。[②]离开了官场回想起这番忠告，汪辉祖想自己这一辈子怕只是做师爷的命了。

---

① 汪辉祖《病榻梦痕录》，卷下，乾隆五十六年。"余幕游三十年，稔知仕途要人不可为，上官私人更不可为，不敢稍稍有偏倚。"台湾商务印书馆 1980 年版。

② 汪辉祖《病榻梦痕录》，卷下，乾隆五十年。台湾商务印书馆 1980 年版。

五　叙述意味着生命

当汪辉祖离开官场回到浙江萧山老家，重金延聘他入幕的官员开始一个接一个地登门拜访，其中不乏督抚一级的地方大员。汪辉祖以苦于短视、灯下不能辨字为由一一谢绝了。他之所以决定不再游幕，一是大半生佐幕，又做过州县官，虽然去了职，但重操旧业无异于与初入此道的寒士争升斗之粮，也有失颜面身份。二来呢，去辅佐地方大员，身份地位悬殊，又势必很难按自己的意愿行事。①把不菲的薪金与尊严放在一个天平上掂量，似乎还是后者更重些。

以名幕起家的他也不愿子孙继续为幕，长子汪继坊七次参加会试不中，也想走佐幕养学的老路，征求他的意见，他认为幕道日非，恐不能造就人才，反而会荒疏学业，倒不如去做个乡村教师，也好教学相长，如果实在因势所迫走上了此道，那就多研习研习他在乾隆五十年写下的《佐治药言》。这倒不是他鄙视幕客，而是长年游幕使他深知从事这一职业的心理负荷实在太重了，稍一不慎就会铸下

---

① 汪辉祖《梦痕录余》，嘉庆元年。台湾商务印书馆 1980 年版。

无心之过。[①]

以历年为官所得的俸禄，汪辉祖在萧山城南购置了一处房屋，名之为"树滋堂"，隐含追思慈母之意。屋后竹园，建一藏书处，安放他历年收罗的数万册藏书。他在这里教儿子们读书，也自己读，妻子劝他不要时常读至深夜，他说：我与书相信为命，哪一天我若抛书不读了，你们也差不多可以为我办理后事了。[②] 到了晚年，他好像重新恢复了少年时代对历史的激情。当然像他这样一个半路出家的历史学爱好者，不可能像他的朋友章学诚和邵晋涵那样以学术为职业，深研史学体例并讥评历代史家得失，他只是从法律（"刑名"）的角度进入历史，就像近人邓云乡先生所说"以治律的缜密精神来读史，研究乙部诸书，又以同样的精神从事史部著述"[③]，并由此形成他的实用主义史学观。

一场突然到来的中风使他突然意识到死亡离他并不遥远，说不定哪天就会来造访。那是乾隆六十年（1795）秋天的一个早晨，他醒来后，发现身体陌生得不像是自己的了，右手右足麻木，费了好大劲儿也无法从床上坐起。待到身体稍稍复原，他决定做此生最后一件事，为自己写一部回忆录。作为一个以俗称的"刀笔吏"起家的文人，他深知文字的力量，深知让一件事一个人永远存在的最好的办法就是去叙述他。因为叙述意味着意志的力量，甚至就是生命

---

① 汪辉祖《双节堂庸训》卷五，《幕道不可轻学》："幕之为道，负荷甚重，必心术正，才识敏，周于虑，勤于力，廉于守，安于分者，方可之……幕中无心之过，所在多有。甚不愿吾子孙更习此副，势或不得已而为之，则《佐治药言》具在，不可不潜心玩味。"

② 汪辉祖《梦痕录余》，嘉庆十二年。

③ 邓云乡《水流云在杂稿·汪辉祖及其著述》，北岳文艺出版社1992年版，第186页。

本身。他向儿辈们口述生平经历，让他们记录下来，不久就完成了《病榻梦痕录》一书的写作。但死神只是在他头顶上打了个旋又飞走了，书刊刻后，他又能慢慢地起行，甚至可以写字了。尽管一边慨叹"灯下蝇头辨已难"，他还是加紧了回忆录的续编《梦痕录余》的写作。时间的催迫使他几乎奔跑一般从事着这项写作，手不能写了，就口授记录，直到口齿不清得儿辈们都听不明白老头子在嘀咕些什么了，才不得不停下来。但他还是不会歇着，夜深了，梦里在大脑里飞驰而过的还是一个个地名和一张张过去岁月里遭逢过的脸容。

一个半世纪后的 1953 年，胡适在台湾"省立师范学院"所作的一次演讲中，称他多年搜求中得到了"两部古代了不得、值得提倡的传记"，一部是《罗壮勇公年谱》，一部即是汪辉祖的《病榻梦痕录》和续篇《梦痕录余》。他这样谈道汪的这部回忆录的价值："不但可以晓得司法制度在当时是怎样实行的，法律在当时是怎样用的，还可以从这部自传中，了解当时的宗教信仰和经济生活……"有一个朋友要写中国经济史，苦于找不到材料，胡适就把汪辉祖的这本书告诉了他。

至此，死亡之神似乎还不想过早地收割走他。中风之后，汪辉祖屡有撒手尘寰之念，名为"归庐"的坟墓早已安排妥当，后事也不知道向家人们交代过多少次了。但死神好像要有意遗忘这具老得快要走不动步的衰病之躯，每次走到濒危的边缘，他又走了回来。一般认为像他这样曾经游历生死两界的人会有通灵的体验，但他从没有对家人和朋友说起过，回忆录中也找不到这方面只言片语的记载。

就这样时好时坏的，挨到嘉庆十年的冬天，老友鲍廷博来访了。

时年七十八岁的鲍老先生开始还兴致颇高，与他说东道西，坐了一会突感头晕，急忙辞去。那一刻，汪辉祖如秋后的惊蝉一般在落木萧萧中也感到了自危。几日后他写下了最后一段《梦痕录余》作为此生的绝笔，内容是有关丧葬礼仪方面的。书后附录的几首七律，以一种貌似达观的语气表示他已做好了去往另一个世界的准备，其中有这样的句子：

　　　　去早去迟心总惬，名存或没事何常。

　　但死神还是没有破门而入。

　　再过两年，嘉庆十二年（1807）的二月，它来了。但它带给本文主人公的似乎不是濒死的痛苦，反而是往生极乐的无限感恩。汪在病榻上向赶来为他送终的亲朋好友拱手表示感谢，并说自己中风后苟延十年最终得以老死牖下，此生已无遗憾。当气息微弱下去时，家人给他更衣，这一过程中——他的儿子们观察到——他始终面带微笑，甚至还抬手理了理自己并不太长的胡须，这一不为人注意的动作里流露出的自得和从容，就好像他是要去出席一个重要的会见，或去大堂审理一桩刑事案件。

　　当西斜的日光把树木、人和牲畜的影子拉长了数倍投向大地，空气中浮起了淡蓝色的雾幔，他咽了气。临终前一刻，他告诉伤心欲绝的亲友们，他看到了天边的一朵莲花正在绽放，这让他的心里感到说不出的平和与宁静。

扬州一梦

——张潮自述

一　从徽州到扬州

　　在我的老家徽州，男人长到十六岁就必须出门学做生意，外出经商一般有两个优先选择的去处，一是杭州，一是扬州。在我童年的时候，我的堂兄张浤①就毫不犹豫地定居杭州了，他一次次地向我发出邀请。但最后我还是来到扬州，做起了盐业生意。

　　我选择扬州并不是我对这城市有多喜爱，而只是这座城市里做生意的歙县老乡比较多。尽管这座大运河西岸的繁华城市在四十年前满族人入关时经历过一场惨绝人寰的屠城，但这时候也已渐渐恢复了元气，它已经成了国内最大的盐业中心。朝廷专管盐业的两位大员巡盐御史和盐运使都驻节在这座城市。

　　我投资盐业是因为我有办法从官府搞到一种叫"引"的准销证。有了这张政府批文，我就可以向划定的区域贩运一定数量的盐。我购入一"引"的价格是一两三钱银子，据此可以贩运二百二十五斤盐。我的生意主要是在武昌、汉阳一带。但我一次也没去过武昌。跑脚头的都是一些运商，他们赚大头，我作为一个投资人，一直都住在

---

　　①　张浤，又名张士骏，字波恬，生于崇祯乙亥年（1635），张潮堂兄，为浙江钱塘县庠生，《檀几丛书》初编收有他一篇谈风水学的《地理骊珠》。

扬州城里，过着悠然自得的日子。

我赚了一点小钱后，到处都盛传我富甲一方腰缠万贯，登门或写信请求我捐赠的亲朋好友不计其数。这些人大多是靠别人馈赠勉强度日的落魄文人，一些有数面之交，大多数我都不认识。他们在信中一再称颂我"有加无已""雅爱""高情""照拂"。体弱者向我讨钱治病，体健者借钱求助远行。有一位朋友离开扬州前往京城时，问我衣箱内是否有旧皮袍可赠他御寒。大名鼎鼎的孔尚任来扬州，我的一位侄子负责接待，因囊中羞涩，向我索白银数两，说是要购买鹿茸等礼品送给这位偶像，我拿出几十两银子都没皱一下眉头。

对这些找上门来的求助，我基本上都一一予以满足。我一直牢记着父亲的教导，一夜暴富，其祸非浅。虽然我不算什么暴富之人，和我住在同一街区的无一不是巨商大贾，他们才是真正的暴发户，但父亲说得好，尚礼义者，必不妄取，其道近贫。资本天生就是带着血腥的，我这么做也是减少一些身为商贾的原罪吧。①

诸君可能好奇的是，从商大半辈子，我到底积累下了多少身家？对此我也不想有什么保留。生意做得最顺遂的几年，我在扬州新城东南角买下了一井宅院，此地在马王庙东，离通向大运河的通济门不远。听我一说新城，诸君可能会惊哦一声，因为世所其知扬州城由一堵自北向南的城墙隔成两部分，从前，官府和权贵的家宅通常在西边的旧城，东边新城则是做盐业生意发达了的商户们的居

---

① 陈鼎所作的张潮传文中如是记述："居士性沉静，寡嗜欲，不爱浓鲜轻肥，惟爱客，客尝满座。淮南富商大贾，惟尚豪华，骄纵自处，贤士大夫至，皆傲然拒不见，惟居士开门延客。四方士至者，必留饮酒赋诗，经年累月无倦色。贫乏者，多资之以往，或囊匮，则宛转以济，盖居士未尝富有也，以好客故，竭蹶为之耳。"陈鼎《心斋居士传》，见《留溪外传》卷六。

住区。这座城从战乱中恢复的几年间，东部新城突然膨胀了开来，涌入了大量新主人，出现了许多鳞次栉比带着精致花园的豪宅名园，这些新主人大多是帝国经济复苏中掘到第一桶金的徽州富商，他们挟着资本的威势，购置大片田产，广置山石楼阁，生活奢靡无比。说来惭愧，我虽然住在这片富人区，但我家宅院实在平凡无奇，跟那些财大气粗的邻居们比起来，简直就像一只鸭子挤入神气活现的鹅的队伍一样。虽然扬州城中所有名园都与我全无干系，但我还是很得意于宅院里的两处建筑，一处是我的书房"心斋"，一处是我编刻书籍的"诒清堂"。它们散发出的清修的气息，使我区别于那些脑满肠肥的富商们。这两处建筑落成，朋友们前来祝贺时，我还在屋前亲手种下了一排垂柳，恭迎来宾。

除此之外，我在扬州城郊还有一片地产，收取田租。在距扬州城约二百里的如皋小城，还有一处别业。在老家徽州北乡凤凰村，有田一顷余，是我一个远房亲戚在替我打点。在南乡的柔岭，还有一处置于我名下的房产，是先父留给我的，但在 1694 年的一场大火中，这片房产连同祖上遗物已全部焚毁了，片瓦无存。

家父曾经金榜题名，任职刑部，外放山东督学，虽然后来因祖母去世丁忧三年，他再未踏入仕途，成了一个隐退乡间的老学究，但他从未放弃过对他的儿子们读书以博出人头地的企望。我唯一的一个哥哥一向体质孱弱，经常吐血，是个俗称的痨病鬼，他去世后，父亲更是把全部的希望都放在了我身上。但成败未卜的科举之路上，除了十五岁那年中了个秀才对他堪可安慰，以后的十几年里我一直名落孙山。

是我圣贤书读得不够多吗，还是八股文做得不够漂亮？父亲认为是考运未到，在他的竭力主张下，二十岁那年我来到京城，入读国子监。国子监生俱可参加顺天乡试，而顺天府乡试中额的比例较他省为多早就不是秘密。父亲满心以为这么做是在成功之途添加了重重的砝码，但因我取得学籍的时间稍晚，并没有取得参加那一科考试的资格。再在京城待三年，费用委实太大，于是不久我就带着一个州同的虚衔回到了扬州。

我当然明白，像我一样虚衔待任者为数众多，即便我等上一辈子，也不可能成为真正的州同。要获得实授，还是要参加考试。但不久传来的一个消息让我彻底蒙了，南直隶的督学大人做出了一项保护地方考生的新规定，鉴于国子监生均已获得任职候补资格，一律不得参加南京乡试。我幡然转向投身商贾，就是始于这接二连三的打击之下。①

对一个心仪仕途日久的人来说，功名之心早成了附骨之疽，怎么能轻易根绝呢？在扬州做了几年寓公后，当我听说朝廷为筹资征剿厄鲁特部噶尔丹而公开捐官时，我当即以白银一千两为自己捐得翰林院孔目，以五百两为弟弟张渐捐得教谕。我的一个远房叔父在老家听说我捐得官衔后，写信询问，"贤侄捐纳经衔，是何衙门？"他不知道，我捐的只是一个虚衔，还以为我真的要风尘仆仆跑到京城去任职哩。还是一个熟稔医道的朋友洞悉我此举的真实用心，他

---

① 在1684年自刻的《心斋聊复集》一篇序文中，张潮记述了科考中遭受的这一打击："予十有三年始为八股，越二年甲辰，受知于温陵孙清溪夫子，得补博子弟子员。其时国家方以策论取士，未几仍复八股之旧。八股、策论，予俱业之而未善也。癸卯、丙午数科，南国诸君子多以国学获隽，于是邯郸之步，舍子襟而就明经。而簿书期会，时日愆违，南则校无是人，北则雍无是士，而乙酉一科已矣。又三年壬子，江左督学使者，以国子诸生业已需次天官，于格不得与南闱之试，而壬子一科又已矣……人生几何，谁堪屡误？"

说我花出一大把银子去捐得一个翰林院的末席，实际上不过是医治内热的一把清凉散而已。我在回信中坦言，重要的是名列其中，名次先后何必计较，我自幼怀抱之志虽然屡受挫折，但热切向往翰苑之心却从未泯灭，纵然不能跻身其中，或许尚能成为"扫花弟子"？信后我调侃说，但不知此一把清凉散，较之您老的一味逍遥汤，哪一个喝起来更可口些？

二 在语词的密林里

　　自小我就体质孱弱，胃口不好，菜中就是有一粒芥子大的肉末我也畏若毒药，必须吐出来。如果吃到了油腻食物，我就会连日腹泻，若不巧有客来访，那真是苦也，腹中蛙鸣一般，坐不了多久我就得往厕所跑。不只如此，我还有重听之疾，与客对谈，十句之中能听清三五句算是好的了。我之所以是这样一个弱柳体质，原因在于先天不良，家母怀我时曾患疟疾，一连几个月都遵医嘱只喝梨汁。

　　但我与朋友们欢聚时就像换了个人一般，议论风生，妙语连珠。平时那种病恹恹的神态一扫而光，只觉得全身充满着力量，思路也如接通了电一般分外活跃。孔尚任先生任河道督修官时，在扬州住过三年，他发起的每次雅集，我都是常客。其间规格最高的当数 1686 年深秋那一次。那天傍晚下着雨，十六位应邀的文士齐聚孔先生官邸，赋酒联诗，他们中有年逾古稀的著名诗人邓汉仪，有在诗坛上风头正健的淮北何五云、苏州吴锴等人，就连著名遗民冒襄也带着儿子冒丹书从如皋赶来了，我虽不才，也叨陪末席。那天与会诸君听着潇潇夜雨，喝酒、饮诗到天明方始散去，孔先生在自家门口放了一个诗筒，让那些因故未能与会者将自己的诗作投入筒中，后来他把那次雅集的诗篇汇成《广陵听雨诗》刊刻，公认我的诗为第一，此有孔先生写给我的信为证：听雨之会，得足下为领袖，遂觉觥筹生色，吟啸可传，是日发辞吐论，惟足下为雄。

孔尚任先生把我评为雨夜诗会的领袖人物或许言过其实，但那一晚相聚的十六人，大多都是我极熟的朋友，这样的场合，我自然没有理由感到拘束。孔先生对我表示好感的另一个原因，是因为聚会时我带去了许多书籍送给他，包括我自己刚出版的两部诗文集。在我们的时代，出版文集还是一桩非常严肃的事情，话说一个读书人的最大梦想就是刻一部稿、讨一房小，出书是与娶女人一样重要的事情，不论是国宝级巨匠还是地方上默默无闻的文士，都梦想着有朝一日把自己的大作付之刻版，刊印天下。但这并不是件容易的事儿，一个人既要有出众的才华，更要有超群的财力，才能把自己的著作刊刻成书。苏州有个老作家，公认的诗文双绝，他七十多岁了还没有自己的一部集子，最后是他的门人们实在看不下去了，才在他死前一年集资为他刻了一部稿。我这样一个既无资历又无声望的文艺爱好者，凭着手上几个钱，年纪不大就出版了两本集子，肯定有许多人对我不服气。

我那个私家书坊名叫"诒清堂"。对，那是我们张家在徽州府的宅院名，到了扬州我把它移用作了书坊名。我家书坊的刻本，通常会在每页的版口下脚印上诒清堂三字，包括我自己的所有著作在内。1684年春天我出版了第一本文集，这是一本大杂烩式的集子，里面收罗了几十篇小品文和华丽的长赋，基本上都是游戏笔墨，还有一篇为皇帝南巡而作的颂扬圣德的文章。一位长我三十岁还不止的老名士在序文中盛赞我年轻有为、才华横溢，说这些文章与两千年前的滑稽之雄庄子寓言一脉相承，都是以小观大的佳作。这篇序文我足足排队三个月，花了十两银子才到手。

饶是如此，这本书在坊间还是大受欢迎，它漂亮的版式和精美的刻工让各家刻坊争相模仿。尽管这本书形式大于内容，但它的刊刻问世对我还是有着非凡的意义，它表明，我已经完成了从一个盐商到文化人的成功转型，从今往后，我就是扬州文人大家庭中的一员了。

接下来几年，我的写作方向突然转入了一个幽秘的领域，我热衷于汉字的排列组合之妙，走上了一条摆弄文字以娱世的崎岖小径。我走在语词的密林中，这里采撷几片，那里摆弄几下，寻章摘句，翻新花样，皆能收到化腐朽为神奇之功效。这都缘于汉诗运韵和遣字的奇特，它有着拼音文字所有的丰富和多变，简直有着炼制丹药一般的神妙，比如说我最爱玩的"回文"，它既可以从上往下、从左向右读，也可以从下往上、从右向左读，用不同的读法读出的诗虽有相似，但语义却绝非一样，上下颠倒或左右移位之后，字和词在句子中的功能发生了变化，主语变成了宾语，动词变成了名词，思念变成了怨恨，湖泊变成了大海。其实我并不是第一个走在这语词密林里的人，在我之前一千余年前的公元四世纪，南北朝时的女诗人苏惠就在一幅织锦上绣出了变幻无穷的《璇玑图》。这个女诗人是我的前驱。

我为此投入了无限的热情和心力，但在正人君子们看来，我走上了文学的下坡道，离严峻的学问正途越来越远了。前面说到过的我的一个远房叔父，此时已官拜御使，他在京城收到我寄赠的几本著作后，特意写信来，规劝我留意实学，尤以经史为要，他说，贤佺的文字虽然琳琅珠玑、粲然夺日，毕竟是雕虫小技，名不副实，还是要出经入史，图其大者，到时必定"实至而名自彰"。御使大人的话在我只是耳边风，此后我再也不给他寄书了。

此时，我在语词密林中探索的兴趣已经到了无以复加的地步。那些字、词、韵，在我睡梦中都吵吵嚷嚷，我必须给它们一个秩序，回文或者拆解，重新安顿它们，我才得以安生。我开始设想一部叫《奚囊寸锦》的秘密之书，这本书总计由一百首诗组成，用数量不等的汉字拼成各种图形，如三角形、圆形、树叶形等，所以这本书也是一本由一百幅图形组成的书。但后来我的盐业生意破产了，这本书就一直没有刊刻出来。

三 共同写作的书

真正带给我无上荣光的，是我将近五十岁那年出版的一本叫《幽梦影》的小书。一般人只是听书名，想当然地以为这本书谈论的是梦境，读过它的人会知道，这本小书谈论的是犹如电光石火般易逝的生命本身。我的朋友江之兰说，多病者多梦，一个人辗转病榻时就会梦被绑架，梦见牛尾，梦见蕉鹿，梦木撑天，梦河无水，林林总总，不一而足，但《幽梦影》这本书与病无关，与梦无关，它的核心乃在一个"影"字。这个影是什么呢，就是火石之一敲、电光之一瞥，就是那些让我们的灵魂愉悦、奔放乃至颤栗的一瞬间。①

是啊，生命中有那么多美妙的瞬间，都无可奈何地逝去了，一个真正懂生活的人应该凭借娴熟的技巧抓住它，就像鸟儿抓住脚趾下的枝丫一样。这正是我在这本书里首先要阐发的问题。

侍弄文字大半辈子，我明白，所有的文字语言，总是带着我们灵魂的印记，是心的影子。虽说梅花之影妙于梅花，然则，没有花之妙，又何来影之妙？生命是本源，它如莲花之一瓣，伸展得愈是

---

① 江之兰《幽梦影·跋》：心斋之《幽梦影》，非病也，非梦也，影也。影者维何？石火之一敲，电光之一瞥也……昔人云芥子具须弥，心斋则于倏忽备古今也。此因其心闲手闲，故弄墨如此之闲适也。心斋岂长于勘梦者，然而未可向痴人说也。

阔大，其上承载的一滴水珠才会更加圆润。也正因为此，我认为人活于世的一个重要功课就是磨砺我们的情感，锻打我们的感官，使之更加灵敏、更加锐利。这首先要做的就是把自己与自然万物协调起来，自然所固有的声音、颜色、形状、情趣和氛围，不仅仅寄寓在绘画、戏曲和文章里，更应该渗入我们整个的生命里。譬如说插花的艺术，我的一个发现是，插花的瓶胆之高低大小，须与花相称，而色治理之浅深，则应与花色相反；鉴玩古物时，器皿上的冰裂纹是极雅致的，但这纹路宜细不宜过分肥大，如果用作窗栏杆，那就太不经看了。"窗内人于窗纸上作字，吾于窗外观之极佳"，当我这样说的时候，一种于虚空的美感中发现观看与距离之关系的喜悦如清风一般罩住了我，谁说我发现的不是世界的秘密呢？

在扬州的几十年里，我已成功打入了一个充溢着情趣和愉悦的精英文化圈，这个圈子里的日常生活，就是读书、赋诗、饮酒、造园、观赏花石鸟鱼和郊游、宴集等社交活动，就是去发生一场又一场的友谊与爱情。如果拿书作比方，我的朋友们中有如一册异书的渊博友，有诗歌般奔放的风雅友，也有如传奇小说般的滑稽友。如果拿书法作比，有人品行端正如楷书，也有人放荡不羁如草书，更有两者结合得很好的行书一般朋友。我们经常聚在一起喝酒听曲、追慕前贤、品评天下人物，我时常说：我不知道我的前生在春秋时代，曾经认识过美女西施否？在晋朝时，是否看见过姿容姣好的名士卫玠，在东晋义熙年间，曾经与陶渊明同醉过一场否？在唐朝天宝年间，曾经看到过杨贵妃否？在宋朝元丰年间，是否与苏东坡见过一面？我还不知道在前朝隆庆、万历年间，曾在当时的旧院中交了多少名妓，陈继儒、唐寅、汤显祖、屠隆这些名士曾经和我谈笑过几回，茫茫宇宙，我现在应当向谁去问这些事儿呢？

当我用警句、格言的形式说出这些发现、这些诘问的时候，圈内的朋友们对此表现出了无比热情。他们说，我别出心裁的写作是一次发现。他们说，我说出的是人人心中所有、人人眼前所无的那种东西，即所谓的共同经验。他们接着我谈论《水浒传》《红楼梦》《金瓶梅》的一段话说，如果说《水浒传》是一部怒书、《西游记》是一部悟忆书、《金瓶梅》是一部哀书，那么张潮的《幽梦影》就是一部趣书、一部快书。当康熙三十六年（1697）春天这部格言集刻成、送到朋友们手上后，他们寄来了各种各样的跋语、小序和题词，跟我讨论他们阅读后的感想，还有些甚至把评语和批注直接写在了书的空白处。其实在这部书稿正式刻成前，我的手头已经收集了一些朋友们的评语，并把这些评语用小字刻成双行，零散地穿插在正文之间，考虑到朋友们会出于礼节性地予以批注，我已经在那些评注的后面留了一些无字的空白处，以便将来补入（这些预留的无字空白因在木版上未经刻刀触及，在书页上显示为一片黑色）。这部书初版问世后的数月间，数不清的批注和评语突然如潮水一般向我涌来。苏北青年才子、曾经评点《金瓶梅》的张道深①在扬州小住时，一口气写下八十余则小评亲自送来；江宁织造曹寅的一个族人送来了二十六条评语。好友顾彩在把写满了评注的《幽梦影》寄回给我的同时还说，如果以为太多，就移几条出来放到别的朋友名下好了。甚至八十余岁的老诗人尤侗也在第一时间从苏州寄来了几条小评，好事多磨的是，这封函件半途遗失

---

① 张道深（1670—1698），字自德，号竹坡，祖籍浙江绍兴，后迁居彭城，多次参加科考落第，在扬州与张潮结识后，称为叔侄。曾评点《金瓶梅词话》，称之为一部世情小说，"凡人谓《金瓶梅》是淫书者，想必其止知看其淫处也。若我看是书，纯是一部史公文字。"

了，害得老先生不得不再补寄一次。

如果把初版上的评语比作第一层沉积物，那么，这些新增加的批注是又一层沉积物，它们一层层地叠加上去，每一层都有着独特的风格，有着绝不重样的故事。我突然意识到，我的一项个人写作，已经成为一桩公共文化事件，成了一项集体性写作，这些批注的写作者们，借此表达他们的情感和审美趣味，寻找同道，甚至标榜身份。而我的这本小书也已然走在了成为经典的大道上。熟识或不熟识的朋友们寄来的批注已经多得难以招架，书页上预留的空白也已经不敷所需，为了不辱没朋友们那些才华闪烁的评语，我只有两个选择，要么重新刻版，要么利用书眉等空白处补刻，最后我采用的是既省钱又省时的办法，无须花多少银子，就把这些评语全都刻进了新版的《幽梦影》中，因为能够不断加印，即使那些姗姗来迟的批语，也不至于失去发表的机会。

如果从这本小书初版的 1697 年算起，这项补刻、加印工程一直到 1707 年才基本结束。初版时只有七十页，到这时也没增加页码，但原先疏朗、简洁的页面，已被挤得满满当当。我原创的格言不过二百余条，收入书中的评语则多达近七百条，平均每一条格言都有三四条评论与之构成对话，评论的字数已经远远超过了原文。它现在就像一个众声喧哗的声音仓库，里面封存着一百余位朋友们的声音。书中最初的评语和新近补入的一批评语已经时隔十年，在这十年中，有些朋友已经去世了，但在这本书里，时间仿佛停止了流逝，他们虽死犹生，继续与年轻的一代进行着热烈的对话和辩论，他们的智慧不时在书页中闪烁。我想，这是《幽梦影》的最大魅力之所在，不是我张潮一个人写下了它，而是一个时代的文人们共同写下了这本书。

四 撒向京城的网

一些朋友打趣说，一个旅行者来到扬州有三件事必做：登平山堂，吃蟹粉狮子头，看张潮。某次，杭州的朋友陆次云来扬州，酒宴中对我说，还在途中未抵扬州时，有朋友说，君此去，当往晤张山来（山来是我的字）先生矣。既到达扬州，多位文友询问：君曾晤山来先生否？我听了一笑置之。这么些年来，虽然我薄享文名，但我的声名事实上从未越出维扬这片帝国最富庶的地区，我无时不刻不梦想着名扬四海，《幽梦影》这本小书的成功，使我把目光瞄向了遥远的京城，我已经在跃跃欲试，准备把大网撒向能够带给我更多名和利的京城。至于能否成功，说实在的，我心中并无把握。

我的目标是年轻的王爷岳端。此人是本朝开国元勋努尔哈赤的曾孙，他的祖父就是让人谈之色变的名将阿巴泰。小王爷对汉族文化充满了无比热爱，学诗、学画、读典籍，在他身边围绕着一群来自南方的文人学士，有两位就是我的朋友，一位是浙江人周之枢，一位是扬州人张鸣珂。凭借着这两位的关系，我给王爷殿下发出了第一封信，表达了敬仰之情，亟盼得到殿下的顾盼，随信还附赠了先父的著作全集和我的一些作品。信寄出了好久都没有回音，我沉不住气了，向王爷身边的两位朋友打听。张鸣珂说，文字之交，说深颇深，说浅也颇浅，改日你再修一书就是。

康熙三十五年（1696），突然时来运转，一个叫朱襄的朋友转来了岳端小王爷的来信。信中赞扬了我的才华，盛邀我赴京前去一会，信中还附了一组七言绝句。小王爷的古文功底不甚好，只能说粗通音韵平仄，但"十年彼此旧知名，隔绝千山万水程"这样的句子还是让我喜不自禁。我即刻回信说，"即欲趋叩红兰殿邸，躬谢高深"。但扬州与京城相距甚远，我病怏怏的身子怎受得了舟车劳顿之苦，此事延搁了许久，我还是没能动身，只得托朱襄向王爷转达我的歉意了。

其实见不见王爷倒不打紧，只要他愿意替我作序推荐，为我扬名京城文坛助一臂力，我愿足矣。京城毕竟不同地方，京城文坛即便放一个屁，满天下也都能听闻，何况一句来自王爷的褒奖呢。几个月后，我收到了朋友们寄来的岳端王爷的新著《蓼汀集》。他赠我的那组七言绝句，赫然出现在这部刻工精致的著作中。此时适逢我的《幽梦影》刻成，我不敢怠慢，第一时间把还散发着墨香的新书打了两包寄往京城，一包六册寄给朱襄，一包四册寄给刚被岳端王爷罗致到身边的我的徽州同乡，一个叫广莲的僧人。在信中，我托他们帮忙，恳请王爷读后赐评。到了年底，广莲传来了好消息，说王爷读到这部格言集十分喜欢，已经答应写一篇序文予以推介。但我望穿秋水，也没有等来那篇序文，我写信催问，广莲说，可能王爷前阵子太忙，没顾得过来写吧，他向我透露，王爷雅好字画，特别喜欢徐渭的真迹，如果你能搞到几幅来，讨得王爷欢心，这序文的事就有着落了。

　　市面上徐渭的真迹已很少，且索价奇高，我用了九牛二虎之力，花去一大笔银子，才搞到了他的两幅真迹，一幅小品，一幅水墨芭蕉，另加一轴查士标的书法。1698 年秋天，我把这些价值不菲的礼品寄往京城，不久传来消息说，岳端王爷愿意"屈尊"收我为弟子了。一个年纪轻轻的满人王爷，粗通文墨而已，居然做了我的"夫子"，真是悲乎。

　　尽管为了编织京城这张网耗去了我无数精力和钱财，但我想要在京城文艺圈里崭露头角的意愿还是没能实现。王爷始终没有交出他承诺的那篇序文，也没有为我的新作《幽梦影》写下哪怕一条评语。不只如此，广莲、朱襄答应我的向京都名家索求评语一事也毫无进展，王士祯侍郎、高士奇学士和诗人曹贞吉等这些执掌京城文艺界牛耳的大佬们可能把我的书拿去垫了桌脚。我费尽心力把网撒向京城宽阔的水面，不仅没钓起一条大鱼，连小鱼小虾也一无所获。

五　我的出版生涯

　　每次从扬州回徽州老家，我走的都是从运河转入新安江的水路，中途必在杭州盘桓几日，访亲拜友。有时，在软侬越语清晰可闻的小巷客栈里醒来，我忍不住会想，设或我选择了住在杭州，展开的命运或许会是全然不同吧。

　　1694 年夏天的回乡之旅，我在老家住不多久就出来了。因为有一场约会在杭州等着我。我要见的是杭州秀才王晫，一个我闻名已久的出版人。在这之前，我们已有数番信函相通，我寄赠了他诒清堂新刻数种，他也把自印文集《文津》回赠了我。出生于明王朝覆灭前八年的王晫，长我十四岁，阅历比我要丰富得多，我早就听杭州的朋友陆次云等人说起过，说此人工于诗文，娴于应酬，只是不喜外出挣钱和做官，唯以"刻书好客"为第一要务，他家的霞举堂、墙东草堂和敦好斋收藏了好多海内罕见的珍本秘籍。①

　　王晫家在杭州城北一条叫松溪的小河近旁，距运河上的北新关

---

　　①　王晫（1636—？），浙江仁和人，字丹麓，号木庵，又号松溪子。家富藏书，性喜交游，霞举堂家藏数万种，著有《今世说》《霞举堂集》等多种。张潮在《檀几丛书·初集》序文中记叙了他们于 1694 年的初次会面："甲戌初夏，于湖上晤王君丹麓，廿载神交，不期而会，固已大乐，而丹麓复此编，相示披览……"

不远。他把会面地点选在了霞举堂。其时正值王晫的新著《今世说》杀青，这部文风脱胎于南朝刘义庆的当代逸闻录成了我们谈话的中心。交谈间隙，我打量着这座对我来说已颇不陌生的宅堂，间架甚为高敞，但数处檩条朽烂，明显是需要修葺了。看起来王晫的刻书生涯也没为他挣下多少钱，只是依仗着老底子厚实，维持风雅于不堕罢了。

果然他跟我叹开了苦经，说写作和出版计划皆受挫于财力不逮。《文津》的第二集已经编好，但碍于资金匮乏无法刻印，另一部早就编好的国朝古文大全，仅刻版就需银三百两，也无法付梓。对他的这些苦衷，我自然颇有同感，做出版，不管哪个时代，都是一项烧钱的活计，我要不是仗着做盐业生意挣下的几个钱，只怕早就喝西北风去了。我邀请他参与我主持的几部文选的选编，他未置可否，相反的，他热烈鼓动我参与到他已经着手在编的一套丛书中来。这套丛书所选文章题材多样，文风庄重与诙谐并出，他已经给这套书定名为"檀几丛书"，据说这个书名来自一张著名的"七宝灵檀几"，那张檀几有着特异的功能，几案上有文字，随意所及，文字辄现，且随着光线明亮的变化，那语义也会随之变化。

最后商定，由我负责出资刊刻，王晫主要负责选编。我回到扬州未几，王晫就已寄来了一大包他前期选编的文章。以后大概有三四年时间，我们的通信主要围绕着这部丛书的选编和出版工作。尽管时有龃龉，但反复辩驳，我们总能形成共识。共同做一件喜欢的事是多么难得啊，我们有必要为一些小分歧分道扬镳吗？在正式开印前商议署名时，我建议王晫的大名出现在封面著者一栏，而我的名字，只须在凡例中有所提及就行。王晫以为不可，他说虽然自己是这套丛书的始作俑者，只因财力不逮不能刊刻，如今你出钱把这套书付梓刊印，愿望已经达成，他无意掠人之美，坚持让我一人署名。最后商定王晫为"辑者"，我为"校者"，在王晫六十大寿前赶印出了二十部。

这部书的初刻本，花去了我六十两银子，六十两银子不算多，但如果我说这笔钱相当于一个六品官一年的俸银，大概也没人会以为我出得少了。事实上这部书刊印没多久，我们就已在计划推出续编。就在此时，我接到了朋友孔尚任的来信，信中说，他的一个诗人朋友，也是政坛新星王士禛在京城读到此书，大为激赏，主动提出把自己"小品十三种"中的文章供我选用。接读此信，我欣喜欲狂，众所周知，几十年前王士禛初涉仕途，担任的第一个官职就是负责本城司法监督的扬州推官一职，他白昼办理讼案，夜里常和文朋诗友们欢饮达旦，本城红桥一带还保留着他和朋友们雅集、修禊的旧址。一个名声显赫的大人物主动要求加盟，这个机会我怎能轻易放弃。我迫不及待地给回信说，王大人能屈尊将文章交我出版，实在是倍感荣幸。我从王士禛的十三种集子里选用了三篇，一待清样出来就寄往京城，同时我附了一函给孔尚任，托他向王先生讨一序文。但奇怪的是，就像当初岳端王爷为《幽梦影》答应作序没了下文一样，王尚书的序文也一直没到。我不死心，又将另一部分清样寄信给王士禛，并于年底再度去信汇报刻书进展情况，全是石沉大海。我决意不等了，1698年春天，这套书初集和二集印毕，我拣出两部寄往京城，一部呈送王士禛，一部赠给从中牵线的孔尚任。大人物们都忙得很，他要真没空回信，也只有随他去了。

其实我的出版生涯在这部书问世前的十年就开始了。刚踏入出版界的我气冲斗牛，什么样的选题都想做。我曾要想刻一部《古世说》，要比南朝的《世说新语》更好看；我的出版计划中没来得及实施就夭折的还包括一部讽刺寓言集、一部游记、一部语音学著作和一部兼具道德、经济和百科全书性质的《布栗集》。有时我想，当我死后，这些未曾问世的书会在另一个世界和我相遇吗？

为我在入行之初博得巨大声誉的是八卷本的《虞初新志》（后来扩展到二十卷）。虞初是汉武帝时的一个小吏，时常穿着黄衫，坐着牛车，满天下跑来跑去采访异闻。我把他入了书名，是想表达我承续的是唐人传奇，甚至《搜神记》以来伟大的叙事传统，而不是一味以搜古、猎奇为尚。今日坊间把我这部书与乡间蒲松龄的《聊斋志异》同列"小说"，真是岂有此理！须知道，我这部书的选编有三条标准，一是文章所记人和事必须是当今或前不久发生的，二是须有较高的文学含量，三是所记事实，奇特古怪固然好，但须不失真实。这一来就把那些飞仙侠盗、牛鬼蛇神全都拒之门外了，也就是说，我所选编的，乃是一部完完全全的非虚构作品。这样的一部作品集，又岂是蒲松龄之流及后起的仿造者的那些稗官小说能同日而语？①

和那些神怪故事、传奇小说大异其趣的是，我这部书中的人物都是历史上实有其人，有些还刚故去不久，是我们的师长、前辈和同时代人，诸如著名画家八大山人，伟大的旅行家徐霞客，造园名家张涟，秦淮女子柳如是、董小宛等，在这部书中重睹他们的音容

① 张潮在《虞初新志》的自序和凡例中说书中所述奇闻逸事桩桩皆非凭空虚构："任诞矜奇，率皆实事，搜神拈异，绝不雷同"，"夫岂强笑不欢、强哭不戚、豆丁补缀之稗官小说可同日语哉？"

笑貌，相信读者们都有宛若再生之感。再如那些卖酒者、卖花翁、髯樵客等市井小民，本来无人知晓，也是因为意外地为某位作家赏识并为之作传，才得以在书中占有一席之地，所以这部书实际上是我和文坛诸公如钱谦益、吴伟业、侯方域、周亮工、李渔、魏禧、余怀、杜濬等人的共同创作，而我得以因编纂此书成为一个公众人物，也是沾了他们的光。

当然，要从浩如烟海的时文中找来这些名家之作，近乎在黑暗中摸索道路，是脑力活，更是一桩重体力活。吴伟业、朱一是诸公与我家有世交，曾为家父文集作序，我家藏书中有不少他们的著作，选编起来尚不太难；尤侗先生的文章，我少年时代起就十分喜欢，很早就买了他的《西堂杂俎》，集中收录的那篇《瑶宫花史小记》，就是采自那本集子。名姬董小宛的那篇传记，是冒辟疆先生亲自寄来的。但好多作家新出的集子，家中所无，我只能给朋友们写信，托他们代为寻觅、推荐，我自己更是四方搜求，市场上买不到的就从朋友处借来抄录。

为了编好这本书，我披沙砾金，潜海采珠，不知燃去了多少松油，也不知抄钝了多少管毛笔。但发现一篇好文章的欣喜，足以抵过所有的劳累。一个叫徐芳的前朝翰林，隐居不出，专事写作，时人都把他看作一个鬼怪故事作家，但我读了他的几篇写实风格的作品后，觉得鬼怪故事不过是山岩上滚下的几块石头，他这座山岩下的矿脉，还是现实主义的，所以毫不犹豫地从这个作家的两个集子中选用了八篇。余怀记叙秦淮河往事的《板桥杂记》，后来为他带来巨大的声名，我收入此书时还只是刚写成不久的稿本。但我最大的困难不是搜来的文章不够多，而是朋友们推荐的大多很难达到我前述的三条要求，不是文笔老套，就是故事了无新意。直到我遇到陈鼎，一个从云南旅行回来经过扬州的传记作家，读了他那部有着百科全书般野心的《留溪外传》，我才感慨天下好文章的种子还是没有死绝，他那部稿本实在是个宝库，我只是从里面选用了一篇八大山人传记和几篇动物故事，写狐、写牛、写狗，他也如写人一般生动，我一直还记得他写那只烈狐的几句话，"如海棠一枝，轻盈欲语"①。另一个让我刮目相看的新作家，是前面说到的那个从杭州跑到扬州来看我的陆次云，他早年在江西做过县令，辞官后专事写作维生，此人性情诙谐，一肚子好故事，我选了他的两篇传记和一则谈西湖寺院的文章，在我看来，写西湖山水的文章多矣，当以陆兄为第一。

我最应该感谢的是周亮工和钮琇两位作家。有一天，有人送来一套临野堂刻本《觚賸》，说写这本书的钮琇真是锦心绣口。我挑剔地打量着记刻工，这个古意盎然的书名一下吸引了我。有人说，"觚"是上古时代用来书写的木简，也有人说，觚是一种国家典礼时使用的铜制酒具，既不圆，又不方，故名为觚，后来成了政事的代称。木简也好酒具也好，我揣想钮琇之所以取了这个怪怪的书名，是在意指他写的不是大历史，而是有着体温、蒸腾着烟火气的边边角角的小历史。这样的历史观实在深得我心。我打听到钮琇刻下正在广东某地做县令，且此前曾在河南项城、陕西白水等地做小官，怪不得他的笔下如打开了一扇扇奇异的窗口，《吴觚》《燕觚》《豫觚》《秦

---

① 陈鼎（1650—？），字定九，又字谨村，号铁肩道人，浙江诸暨人，经常漫游各地，收集明遗民事迹与逸闻，著有《留溪外传》《东林列传》等。1696 年，陈鼎到扬州，与张潮初次相会，《留溪外传》记载："岁丙子予客邗上者几一载，为文多求证先生，先生亦以为孺子可教，不吝评阅。"日后陈鼎曾为张潮写了一篇传记，说他为人端方质直，举止不苟，为文则风流潇洒，如广平之赋梅花，读者无不爱焉。

觚》《粤觚》，全是各地珍异故事，《人觚》《事觚》《物觚》又有着超自然的魔幻色调。我记得其中有一篇写女侠"云娘"，一帮男人在她面前直如污泥相仿，真是有着六朝志怪的文风；一篇写熊廷弼的传文，说熊大人督学江南阅卷时，边上置酒一坛、剑一把，读到好文就浮一大白，读到烂文就舞剑一回，以吐胸中郁气。印象至为深刻的还有他写北京妇人去摸城门门钉的习俗，能摸到的姑娘可以找到如意郎君，结过婚的则可保一家平安，这种博物式的写作读来真是令人忍俊不禁。我选了他的一篇吴六奇将军传文，又从吴、燕、豫、秦等选了八篇，想着有一天能与这个我喜欢的作家把酒论文，却总是没能遇上他。

周亮工先生曾为家父文集作序，我编此书时，他已去世三十多年，我家所藏只有一部他早年的《赖古堂集》，他后来新刻的集子都没有。适逢亮工先生的五公子周在都擢升扬州同知，我找到他索求其父著作，在都兄竟然还记得亮工先生与家父交往的事，慨然相赠周亮工大作《读画录》《印人传》《因树屋书影》等数种，后来收入集子的十余篇艺术家传记《盛此公传》《刘酒传》《书钿阁女子图章前》等，就是从这些他赠我的集子中采编的。

与王晫的合作告一段落后，我单枪匹马开始了另一部丛书的编辑出版工作。我之所以决定撇开合作者王晫单独来做，是因为我决定把合编的《檀几丛书》的续编更名为更容易讨上面喜欢的《昭代丛书》，遭到了他的反对，认为这将会影响新书在书坊的销售。我认为，以"昭代"作书名正体现了我作为一个出版家和文选家的与时俱进，本朝开国五十余年，平三藩、收台湾、征讨厄鲁特部噶尔丹，不特武功之盛为前朝所无，文教之隆也超越了以前任何一个时代，我们眼下就生活在一个前所未有的盛世，所以让我们的出版工作得到官方主流意识形态的认可，甚至得到最高当局的关注，不是更有意义吗？王晫借口怕影响销量反对我改名，实际上是鄙视我的颂圣行为，认作是一种向权贵的主动趋附，唉，他老了，有此陈腐之见也随他去吧，我就一人单干好了。说实在的，这几年合作中时常发生的争论，也已经让我们的友谊生出了裂痕。

此书既然是颂扬当今的文治之功，入选诸家必须是群星荟萃，足够彪炳千古。所以皇帝宠臣和当代巨公们的"高山仰止"之作必予以优先考虑。其他我约稿的对象诸如毛奇龄、阎若璩、毛先舒、吴肃公、孔尚任、魏禧等虽非朝廷权臣，也都是文坛巨星。为了让此书有足够强大的阵容，我还约请了五十位文坛前辈挂名"编校"，这些人有的身踞高位，有的已经老得行将就木，当然不可能真的来帮我选文、校样。另一个非常重要的编选原则，不好明说，但我必须心里有把尺度，那就是不能把那些谈论明清交替的作品收进来，以免与颂扬盛世的主旋律相悖。戴名世先生曾交与我一文《孑遗录》希望我编入，文笔苍劲有力，堪称大家力作，但因所叙是满人入关前他在家乡所见民不聊生的乱象，我只得回信告诉他，"缘拙选名《昭代丛书》，故不便以明季流寇之惨录入，是以未获借光耳。"[1] 遭到退稿的戴先生老大的不开心，此后再也没有搭理我。后来戴先生因《南山集》案发下狱被处死，证明我还是有先见之明。

我的前一本书《幽梦影》已经进入了一位亲王的书斋，焉知此书不会上达龙廷？我的计划是以一年一集五十种的速度推出，就像长江之浪一波接一波地向帝国高层冲击。当务之急，一是要收到讴

---

① 见《尺牍偶存》卷六《复戴田有》。

歌当今王朝昌明盛景的好文章，一是要争取拿到有力人物最好是当朝大佬的推荐序文。我打听到不久前皇帝宠臣高士奇告老还乡回到了杭州，此老曾多次陪伴圣驾巡游各地，写有四篇扈驾游记，能把他的四篇游记收入丛书岂不正好？我去信向高士奇请求赐文，不久，此老回信了，让我失望的是他不同意刊出这四篇扈驾游记，只同意我刊用他的一篇《草堂诗纪》。我约来的孔尚任的一篇《出山异数记》，记述皇帝驾临阙里时，他本人备受青睐的情景，我建议他把题目改为《幸鲁承恩私记》，直接点明皇明浩荡，但孔尚任不知基于何种考虑，坚决不同意改名。

向当朝大佬求序一事也是屡遭碰壁。书稿编成后，我致信主政江苏四年的巡抚宋荦，请他赐一序文。几年前宋巡抚驻节扬州主持赈灾，我曾与之有过一面之缘，向他赠送了数种著作，交谈时他语气蔼然，对我印象不错，为了增加成功率，寄出信后我又求助于一位经常出入巡抚衙门的一位姓姜的苏州朋友，托他有机会在巡抚大人面前替我多多美言。姜朋友告诉我，宋巡抚对我初编的书稿交口称赞，但什么时候写序没说，他答应合适的时候会再去催问。不久，传来了宋巡抚夫人去世的消息，我即刻赶往苏州吊唁，想着当面向巡抚大人请求赐序。但我的殷勤和姜朋友的协助都没能打动巡抚大人的心。书的版子已经刻好，冬天到来之前如果再不开印的话就需待来年开春了，无奈之下，我突然想到一人，此人即年过八旬的文坛前辈尤侗，我向他发出求援，老爷子一点也没有官场中人的那种臭架子，接到我的信后不久就欣然命笔，写就序文一篇，总算替我救了场。

期待中的有力序文一篇也没有来，这书还要不要出下去？我还是不死心，这套书出到第三集的时候，我再次致信刚从左都御史升任刑部尚书的王士禛。之所以厚着脸皮向王尚书再次开口，是因为之前我已经选编过他的许多文章，这部书里又准备选用他的一篇关于汉水地理的文章。但王尚书的回信只是修订了他自己的那篇文章，并推荐了他的一个已故兄长和两位亲戚的文章，写序的事提也不提。我再次致信，重申我投身出版的决心，"顾潮暗陋无似，只以性之所好妄事丹铅，苟非有大人先生为弁冕而表章之，恐未足以重于当世，窃不自揣，欲拜恳大序以冠其前，庶观者震于鸿文，并拙选可借以生光。""老先生大人以嘉与后学为心，量有所不惜也。"① 但他却装聋作哑，对我的请求一直未予以回应。唉，那些权贵们的心，真是坚逾铁石。

在我的有生之年，怕是再也看不到荣耀降临了。书还在一本接一本地出，但对那些当朝大佬和权贵们，我已心灰意冷。他们当他们的官，我做我的书，本就两不相涉，可笑我一次次地乞求他们给予承认。于今想来我的出版生涯真是写满了屈辱，说来还是名心太重，自取其辱啊。

---

① 见《尺牍偶存》卷八《与王阮亭先生》。

六　树犹如此

　　1699年夏天，我落入了一个被人设计好的陷阱，生意接连败北，所有积蓄血本无存，只剩下田地、房子等一些不动产。更凶险的是，我还被构陷入狱，虽然不久就放了出来，但上下打点，我的家当已差不多全败光了。

　　接听噩耗，王晫从杭州来信安慰说他"不胜骇异"："以先生之为人，生平极谨慎自爱而犹不免意外之变，世事之不可测度如此！幸而先生好客，喜刻书，早已书传海内，名满人间，若舍此不事，一意经营，倘并此亦耗失焉，岂不更可惜耶。设想至此，先生所得尚多，不必以此介怀也。"①

　　在我人生陷入最底谷的时候，我曾请求平素肺腑相待的一些同行予以帮助，哪知道他们不仅不施援手，反而落井下石。人心的势利和险恶，在我是亲见的了，但这一觉醒还是迟了些，为了躲避债主的催逼和这些中山狼们的构陷，我不得不搬到乡下去住。我刚离开扬州城，就传来消息说，债主们找不到我，把我的书房翻了个底

---

①　见《尺牍友声·新集》卷一。

儿朝天，还把诒清堂前我亲手种下的一棵柳树给砍倒了。[①]

树犹如此，人何以堪？这柳树的颓然倒下，兆示着我的扬州一梦至此已断。几十年间，听着柳枝间的清风，我在诒清堂里做着著书、刻书、印书的梦，如今梦随风逝，只有那走入千家万户的版刻书页，或许还会在寒夜的摩娑下瑟瑟作响，这也算是几十年幽梦留下的一个影子吧。

---

① 关于发生在康熙三十八年的那场变故，张潮一直三缄其口，没有透露更多细节，在给孔尚任的一封信中他曾说到这一晚年变故："弟自前岁误堕坑阱中，先人所遗尽为乌有，因自号为三在道人，仅存田、宅与此身，余者俱不可复问。"见《尺牍偶存》卷八《与孔东塘》。

本书部分人物事件系年

  本书故事时间，从王阳明出生的明成化八年（1472）至章学诚去世的 1801 年，凡三百余年，经历了明中叶—明末清初—清中叶这三个阶段的社会历史时期。如此之长的时间跨度，自不可能在一本书中事无巨细——罗列。本书选择了王阳明、黄宗羲、张苍水、全祖望、章学诚、汪辉祖、张潮等人物为个案，试图从时代和生活的铺陈中，呈现出十六至十八世纪江南文人思想、学术的嬗变轨迹和各自的精神肖像。虽以人物为经、事件为纬组织全书，但运思落笔毕竟不同于传记写作或专题研究，顾及到读者因对书中所叙人物的陌生可能导致的阅读时的茫然无绪，故笔者不赘重复，按编年列出书中部分人物和事件系年。

  在这三百余年人物、事件的衍生中，读者会看到一代代江南文人之间精神、思想的传承，他们相互间的认同、质疑、批判、辩驳，他们如何用毕生的热情乃至牺牲世俗意义上的成功与幸福来建立、维护这一精神传统的生长。而另一方面，我们也会看到，他们或以身殉道，或在书籍与学术中消磨终生，或在现实世界中失败后寄情于感官世界的声色，或在人生的中途低徊于内心世界的成长与衰败，无一不在道德与人性的冲突与纠缠中扮演各自的角色。

明·正德四年（1509）

这年十一月，王阳明（1472—1529）在贵州修文县龙场驿埋葬三个来自中原的流放人员。在这之前，王阳明也是作为一个犯臣流放到此地。相同的生活际遇与身世飘零之感使王阳明不免兔死狐悲，写下一篇入选《古文观止》的祭文《瘗旅文》。随后一年的龙场悟道，他的思想从朱熹转向陆九渊，按儒家的圣贤观念去改造外在环境，追求"内圣外王"之道，以"致良知"为核心逐渐自成体系。这使他找回了一个思想家的自信，并以一种顽强的信念支持起了下半生的事功与学术。此后讲学二十余年，他致力于思想传播。王阳明"致良知""知行合一"思想的形成，是儒学内部的一次改良，或者说修正，王阳明没有，也不可能跳出"理"的大前题独立建构一种新哲学，他在其中所起的作用，就像马丁·路德之于基督教义。把"天理"移入人心，这是王阳明的一大发明，这一发明突出了人的主体精神，把道德他律转变为道德自律，这在明代中叶称之为"人的解放"怕也不为过。所以梁启超在《中国近三百年学术史》中称他"能做五百年道学结束，吐很大光芒"。王阳明与传统的冲突既开，经后代思想家承续推进，方有晚清民主思潮的狂飙出现，并进而影响到近世中国。王阳明在理学内部的这一变革，也印证了中国文化生生不息的自我更新能力。

明·正德七年（1512）

年底，王阳明从北京升任南京太仆寺少卿，在返乡途中与由祁州知府任上调南京工部员外郎的弟子徐爱（1487—1517）论学于舟中。不久王阳明由滁州也到了南京，任鸿胪寺卿。此后的三年间，这个沉浸在无限的内心体验中的年轻人成了王阳明讲学最得力的助手，一些入门的基本学说都是他代为传授。徐爱是王阳明妹婿，也是他最早的几个学生之一。在徐爱身上有一种悉心传道的使徒精神。黄宗羲在《明儒学案·师说》中把王阳明的弟子按地域分为七派：浙中、江右、南中、楚中、北方、粤闽、泰州。众多的学生中，王阳明对徐爱等三人（另两人是蔡宗兖、朱节）情有独钟，认为他们最得自己学说的真传。1517 年，王阳明因兵部尚书王琼的荐举任都察院佥都御史，前往赣南平息民众暴动，徐爱因健康原因辞去了他在政府的职务，准备过一种半耕半读的生活。徐爱在三十二岁那年英年早逝，他的死让王阳明痛感失去了一个最好的学生与朋友，以致在军中几次昏厥，悲叹"安得起曰仁于地下"。考量王阳明的弟子，徐爱"温恭"，蔡宗兖"深潜"，朱节"明敏"，和徐爱一同列入门墙的钱德洪，"只于事物上实心磨炼"，悟性却有不及。对王阳明学说真正起到开创作用的是王艮和王畿。两人都非师说所能束缚，甚至凌驾于师说之上，因此黄宗羲这样评说："阳明先生之学，有泰州（王艮）、龙溪（王畿）而风行天下，亦因泰州、龙溪而渐失真传。"

明·嘉靖二十年（1541）

冬天，王艮（1483—1541）在淮南去世。这个出生于扬子江北岸泰州的盐工，生前在一个莫须有的梦的激励下，决心去实现真正的自己。他的第一步是拜当时名动天下的王阳明为师，第二步是自制了一辆蒲轮车，一路招摇着走到京师去代师讲学。虽然结果给他的老师带来了麻烦，使得阳明"心学"遭受京中大佬"痛加裁抑"，他自己却大大地露了一把脸。王阳明去世后，王艮正式开门授徒，在淮南乡村主持讲会，对"格物致知"做出了新的解释，

428

并用一句"百姓日用即道"撑起了他全部学说的基本框架。王艮所采取的民间立场，使他有可能对儒学在底层的价值做出新的探索，同时世俗化了的儒学也为他这个底层圣人赢得了广泛的社会声誉。王阳明的学说，经王艮和王畿（1498—1583）分为两派，王艮开创的泰州学派，走的是激进一途，扩大了王阳明学说中的个性解放和激进主义成分，日后经颜山家、罗近溪、何心隐、李贽等推陈出新，至万历年间已蔚为大观。但因其过分凌空蹈虚，亦被后人讥为"狂禅"。

明·万历三十七年（1609）

这年三月十七日，37 岁的袁小修（1575—1630）从湖北出发开始吴越之行。五月至南京，七月过镇江。两个月后旅程半途而止，袁小修北上京师，找了一处安静的寺院精心准备制艺，用他的话说是"为入试资粮"，准备参加明年春天的会试。几乎是在意料之中，这次考试他又落第了。他还得再等上六七个年头，在万历四十四年才能够正式步入仕途。考虑到袁小修多年来在出仕与隐居之间的摇摆不定，他这一可笑的未竟之旅呈现出了明中叶被考试怪兽驱赶下的士人一种病态的人格，呈现出了这一代江南文人更为完整的内心图景，即一边在世俗生活的经营中耽于世俗的享乐，一边又时刻等待着来自权力中心的召唤。

明·崇祯十一年（1638）

南京的一部分书生发起驱逐阮大铖（约 1587—1646）的活动，这次活动的结果是所谓《留都防乱公揭》的出笼。在这篇檄文中，东林党人的遗孤们对阮大铖的行贿受贿、敲诈勒索、寻花问柳、操纵官府等行径进行了猛烈抨击。以《燕子笺》闻名于世的阮大铖是安徽怀宁一个官僚世家的后裔，1624年经左光斗提名任吏科给事中，但这遭到了赵南星、高攀龙、杨涟等东林党人的反对。他们显然是出于鄙薄此人为人轻浮而阻其升迁。阮不甘被拒于吏科大门之外，于是向权势日盛的魏忠贤等宦官寻求庇护，并如愿以偿得以擢授礼部侍郎。1629年阮因列入逆案革职还乡，后因家乡响马横行逃至南京。到了南京的阮招纳游侠，谈兵说剑，希望以边才得到起用。一面又通过筹建文社等形式极力挽回他在士人中的声誉。许多游学南京的青年士子都接受了这个阔绰的戏剧家的邀请，并得到了他的款待。阮在南京的成功引起了复社名士的警觉，尤觉不能容忍的是陈贞惠、顾杲、黄宗羲等东林被难遗孤。一百三十八人集体签名并送至皇帝面前的这份公揭，使阮的隐私广为天下人所知，也让他极为恼火。在欲出钱买下南京街头所有的"公揭"而不得之后，阮满为怨恨地离开了南京（也正是这一年的最后几个月间，清军突破长城，直入中原，并洗劫了天津、山东的许多城镇）。而六年后（1644年）阮大铖在南明政权中出任要职，将对他的政敌们展开疯狂的报复和打击，特别是在"防乱公揭"上签名的人和公开反对他复出的人。戏剧家孔尚任在《桃花扇》中如是描绘那个时期的白色恐怖："凶凶的缧绁在手，忙忙的捉人飞走；小复社没个东林救，新马阮接着崔田后，堪忧! 昏君乱相，为别人公报私仇。"道德主义者习惯于把这一事件看作善与恶的较量，其实质却是十七世纪二三十年代朝廷党争向着知识界的渗透与蔓延，并显示出官场角逐与社会生活相联系的一种新的政治格局的发展，这一斗争种下的恶果及留下的血腥，使整个时代弥漫着冲天的戾气。从后来的事实我们会看到，他们的党争从万历到崇祯闹了五六十年还不够，一直到北都沦陷，偏安一地的弘光和永历朝还在不知轻重地闹个不休，直至一部分顽固分子把这一积习带进了新朝。

明·崇祯十二年（1639）

这一年的南京乡试，冒襄（1611—1693）与后来成为其爱妾的董小宛（1624—1652）初次相遇。董小宛是秦淮河畔最具才艺的名妓之一，七岁便随其母学习音乐戏曲、女红烹饪和诗词书法，也是当时公认的绝代佳人之一。很有可能是方以智把冒襄介绍给了董小宛，而小宛也厌倦了风月场渴望委身于一位名士。这次会面后不久他们就分手了，因为冒襄迷上了另一位绝色美人陈圆圆。三年后（1642）在苏州虎丘举行的一次复社年会上，刚失去美人陈圆圆的冒襄在一次偶然的机会里重逢了同样可爱并一心委身于他的董小宛。但此时的董小宛因父丧债台高筑，冒襄唯一的希望是能在这年的乡试中举。但令人沮丧的是冒襄在这一年的南京乡试中再次落第。这一对在债主的包围中即将陷入法律纠纷的情人，把他们的窘况告知了当时的文坛领袖钱谦益（1582—1664）。钱谦益喜欢冒襄的才华也同样喜爱董小宛的聪慧，更让他觉得气味相投的是他们的爱情有着强烈的浪漫色彩。因为不久前他自己也陷入了与名妓柳如是的情网。钱谦益伸出了援助之手，他赶到苏州帮助董小宛还清了债务，并雇船把她送往冒襄的老家如皋。自此以后，冒襄日日厮守着被他称作"最温谨"的董小宛，一同抄写诗文、赏玩字画、焚香品茗，和钱、柳那对神仙伉俪一样，他们都成了那个日薄西山的时代的文艺明星，成了被王士禛称作"神韵"的那种时代精神的体现。直至顺治八年董小宛因过劳瘁死。冒襄在《影梅庵忆语》中回忆了他们的闺中之乐，其中以怅惘的笔调记述的感官享乐，更显出了士人生活在颓败时代中的沉郁与痛切。

清·顺治二年（1645）

在南京和杭州相继失守后，著名哲学家刘宗周（1578—1645）于六月七日绝食而死。关于他的傲岸不屈的故事，被那些希望找到一些南京沦亡后知识分子气节证明的历史学家仔细地保存了下来。从年谱、正史及刘的弟子有关刘宗周之死的记述来看，其自戕过程之长、之艰难，别有一番残忍意味，几让人不能卒读。照刘宗周的学生黄宗羲的说法，在那样一个历史的隘口，时代对知识分子的考量，简约成了生与死的选择，即便是死，还有先死后死、主动死与被动死之区别，"同一死也，差之毫厘，相去若天渊矣"。刘宗周是这个行将没落的国家的富有激情的浪漫主义者，当个人名节与政治妥协发生冲突时，他毫不犹豫地选择了前者，因为他认为，自己作为士大夫阶层中的精英，面对着诱惑理应对更高的道德要求负起义务，并以死捍卫自古以来的崇高的道德和文化准则。刘宗周的死被公认为最为典型的明儒态度和方式，即以死维持一种精神于不坠，体现了以死"凤仪天下"的道德自觉。他的自杀也因此成了一个学者最后的修炼，最后的"传道"与"传学"。一个世纪后，全祖望出任刘宗周开创的蕺山书院的山长，对这位故国忠义十分敬仰，在他看来，刘宗周正是他理想中的"经师"与"人师"的楷模。

清·顺治三年（1646）

三月，被官方传记称作"为文博赡，谙悉朝典"的钱谦益（1582—1664）应召赴京，出任新职礼部侍郎，充明史馆副总裁。前一年，南京陷落时，时任弘光政权礼部尚书的钱谦益和赵之龙等率一百四十八名南明官员在城门外列队迎接豫王多铎入城的部队。从那时起他在知识界中就成了一个有争议的人物。据说其妾柳如是（1618—1664）强烈反对他为新政权效力，建议他以自杀保全名节。但钱拒绝听取她的意见。或许在钱谦益看来，只有自己这样的大臣不顾名节之累与敌人合作，他那些被怀疑具有危险倾向的文友们的性命才能确保无虞,江南的文化才能保全下来。他也似乎确实这样做过,譬如应黄宗羲之请,开释了在四明山地区展开抵抗斗争时被俘的王翊将军。还在顾炎武(1613—1682)因杀仆一事被判苦役后积极为之奔走。尽管他受到了同时代不少以节操自诩的忠明分子的道德非难和公开诽谤,他仍然这样安慰自己:正因为自己的忍辱负重,江南地区才避免了更大规模的流血和冲突。一种耻辱与骄傲混杂着的矛盾心态,使他在 1646 年底就以患病为由辞官南归。

清·顺治五年(1648)

自称像蜉蝣一般卑微的"乱世民"李渔(1611—1680),剃发不久后在老家浙江兰溪建起了伊山别业。这是李渔自己设计的居宅,地处夏李村东北。别业内有燕又堂、停舸、宛转桥、宛在亭、踏响廊、打果轩、迂径、蟾影口、来泉灶等景观。造亭一座,名"且停亭";撰联:"名乎利乎,道路奔波休碌碌;来者往者,溪山清净且停停。"从中可见这个商人之子的长于生活经营。别业既成,李渔告诸友人:"南轩向暖北轩凉,宜夏宜冬此一方。栽遍竹梅风冷淡,浇肥蔬蕨饭家常。窗临水曲琴书润,人读花间字句香。诗债十年酬未始,拟从今日备奚囊。"两年后,李渔出售别业,移家杭州,开始其卖赋糊口生涯。此时的空气并不适合写作,清廷颁布《书坊禁例》禁刻琐语淫词:"坊间书贾,止许刊行理学政治有益文业诸书,其他琐语淫词,及一切滥刻窗艺社稿,通行严禁,违者从重究治。"有人问李渔,古人著书都以经史传当世,子何屑屑此事为?他微笑不答。朋友读了他的几种传奇,为他对世道人情的描摹和对人性复杂性的探索所折服,叹道:李笠翁真是当世有心人啊。多年后,钱谦益为他的传奇全集作序,称他"大有远见,不独以文辞见好"。

清·顺治六年（1649）

这年秋天，黄宗羲（1610—1695）从舟山鲁王行在回到余姚老家。他这么做显然是出于对鲁王政权内部党争和军人执政的厌烦与愤懑，出于对前途越来越渺茫的复国运动的失望。当然作为一个儒家传统下长大的青年官员，他请辞的理由是合乎道德标准的奉母尽孝。事态的发展证明黄宗羲的判断是正确的。事隔一年，清军攻陷舟山，脆弱的鲁王政权覆亡。几年后，云南的永历政权也在清军的围追下彻底覆灭。当潮息烟沉的消息传来，黄宗羲已决意以学术为性命寄寓之所在。1649 年因此成为黄宗羲一生中由烈士遗孤、游侠、复仇者、抵抗运动战士向着哲学家和历史学家转变的一道分水岭。也就是说，选择了学术，使他比同时代的南方文人更早地找到了摆脱因明朝灭亡而造成的进退维谷处境的途径。出于对晚明江南风行一时的享乐主义风气和士人徘徊聚讼、蹈空谈玄倾向的警惕，他的学术从一开始就显示出朴实、健朗、有体有用的风格。自此直至他去世的 1695 年，经近半个世纪的研究、著述、讲学，以经世、致用为精神的浙东学术，终得以与顾炎武开创的重在考据的浙西之学并重天下。

清·顺治十六年（1659）

这年夏天，郑成功（1624—1662）会同张苍水的浙东武装，自海入江，下镇江，直抵南京城下，这一为恢复明朝的最后一次努力，因战略战术的错误，以致功败垂成。此为顺治朝的一件大事，清人笔记中多称之为"江上之役"。而与闻此役者，多以"通海"的罪名被当局逮捕和杀害。诗人吴伟业在《七夕感事》一诗中，隐晦地借用三国时赤壁之战的历史纪实讯评抒感。当时郑成功的水师加上张苍水所部，与清军的兵力为十七比一，与曹操征吴相似，结果却大败出海。起句"南飞乌鹊夜"至结句"眼见孙曹事，他年著异闻"，以孙曹的故事为比照，写出了郑成功失败的真相，复又写出了亟盼光复中原失地的江南士子欲哭无泪的心情。

清·康熙二年（1663）

《明夷待访录》完稿。是年黄宗羲五十三岁，却在书中自署"梨洲老人识"，这不能不说是某种消极思想的流露。这部有着浓厚的民主主义色彩的政治学专著，历时两年完稿，问世之后就以手本形式传抄海内，"梨洲先生"之称也因此驰名于当世。

清·康熙三年（1664）

这年九月七日，张苍水（1620—1664）在杭州赴难。这个已经成为忠贞、不屈服的符号的人物的死去传达出一个信号，那就是历时二十年以江南知识分子为主体的抵抗运动的最终失败。张的好友、历史学家万斯同，是年二十二岁，在杭州亲眼目睹了张苍水之死，日后他在一篇"阙名"假托的关于张苍水的传记文章中如此断语：张煌言死，明朝始亡。当满洲铁骑如同一场洪水席卷十七世纪中叶的中国时，在各地遭到了大大小小的抵抗，大致来说，北方的抵抗主体是响马、盗贼和各地的军阀，一群群为各自利益而争夺的乌合之众，所以平息较快；而江南的抵抗运动，因为大量中下层知识分子的参与，有信念的支撑，故能历时二十年并以不死之信念获得敌手之尊敬。中国的知识分子，向以临难不苟免为人格考量的基本要求，张苍水的赴死，即真正实现了"慷慨成仁易，从容就义难"的儒家精英的道德标准，他在西湖的坟冢和他的名字一起成了正义和无畏的象征。尽管事后梳理当事人的见证和有关史料，当局者和民间为了树立这一道德上的完美形象，都不无穿凿、夸张甚至捕风捉影的杜撰。

清·康熙七年（1668）

应同门兼好友万泰的邀请，黄宗羲到宁波讲学。这是黄宗羲一生中历时最长，也是最重要的一次讲学活动。其意义不仅在于扶掖了一批青年学者，更在于促进了越文化向着这个海边小城的东传。自此直到 1675 年，八年中他在甬上白云山庄证人书院的学生共计六十六人，其中佼佼者十八人，人称"十八高足"。这些学生在史学、文章、经术、名理等多个方面继承并光大了他的学说，其中尤以万斯同在史学上的成就最为卓著。讲学期间，黄宗羲在范钦后人的陪同下破例（因为外人不得入阁）登上了这个城市著名的藏书楼"天一阁"，并作《天一阁藏书记》以记其事。这也可以看作是这座城市对一个思想家和历史学家表达的由衷敬仰。

清·康熙十一年（1672）

"江左三大家"之一的著名诗人吴伟业（1609—1672）于这年十二月在江苏太仓家中去世。这个前复社名士以此生不能归隐、保全名节为莫大恨事，在生命的最后几年，一直在愧疚中受着良心的煎熬。1644 年，官居詹事府左庶子的吴伟业在江苏太仓家中得知甲申之变的消息时，悬梁自尽，却被家人发现救了下来。顺治十年，吴伟业被征北上，受职国子监祭酒，一年后，以母丧丁忧回籍。但在世人眼里这已经是白璧有瑕了。吴伟业伤时感世俯仰身世，自叹："误尽平生是一官，弃家容易变名难。"自顺治十四年起，吴伟业把全副精力投入到了梅村别墅的营置中，"莳花药，治亭圃，营垂老里巷之娱"，读书、著述、游山、赏花、写诗、逃禅成了他那个时期生活的主要内容。后又因受"奏销""通海"两案的株累濒于破产的边缘。据同时代顾湄的传记记载，吴伟业病中弥留之际遗言，称自己"实为天下大苦人"，胸中当有无尽的沉痛与悲哀。在那则可视作一个变节士人的忏悔录的遗嘱中，他嘱咐家人葬他时为他穿上僧衣，死后不建祠堂，不乞铭于人，唯一的要求，是在墓前立一圆石，上书"诗人吴梅村之墓"。

清·康熙十八年（1679）

历史学家万斯同（1638—1702）离开老家前往北京参与《明史》的修撰。他能得到这一机会显然是出于老师黄宗羲的推荐。在这之前，黄宗羲已数次拒绝了北京方面要他北上参与《明史》纂修的邀请，但出于一个历史学家的责任感，他又不可能对此事置之不理。磋商的结果是他同意以通信的方式提供帮助，而他最心爱的学生万斯同则以个人身份接受邀请。临行前他对学生的告诫是避免与新政府进行更深一步的合作，即不要出任新朝的任何官职。这一事件传达出的一个信号是南方士人与北京政府谨慎合作的开始。此后黄宗羲的著述中，越来越多地出现"圣天子""今天子""王师""岛贼""兴王之师"等合乎主流意识形态规范的表述方式，这一随着政治和社会环境的变化而发生的语境的位移，显示出遗民们正逐渐走出狭隘的道德氛围和时间焦虑。他终于说服了自己——因为一个人必得先说服了自己，才能继续生存下去。尽管出于遗民社会的舆论环境，黄宗羲和顾炎武、李颙、孙奇逢等人一样不可能靦颜事新朝，但自视续承大统的清朝政府已经默许了他们以遗民的身份隐居乡野而名满天下，且在死后备极哀荣。

清·康熙五十九年（1720）

张苍水的女儿张孺人（其夫是全美樟之子）从避居地黄岩回到鄞县，是年十六岁的全祖望（1705—1755）出于对传说中的故臣忠烈张苍水的敬仰，前去拜访了这位族母，向她询问张苍水当年的抗清事迹，并将从万九沙（万斯同之子）处访得的张苍水遗像请族母鉴定真伪，张孺人"是年八十矣，牙齿俱脱，悬像于旁，喃喃然且泣且语，每语又于邑。闻者皆泣下，而督师之须眉亦浮动纸上"（《鲒奇亭集外编·张督师画像记》）。全祖望持续了一生的搜求乡邦文献和有关"故国遗事"的著述工作，当是从这个时候埋下了最初的种子。后来全祖望根据张苍水的遗稿并族母的追忆，写出了完整的张苍水传记。1720 年对全祖望来说还有一件重要的事，是到杭州参加浙江乡试，虽未中试，却结识了著名诗人查慎行和对他日后的为人和治学产生重大影响的李绂（1673—1750）。是年李绂任浙江乡试正考官。

清·雍正七年（1729）

一个叫曾静的湖南人因受吕留良（1629—1683）著作的影响，派遣他的学生张熙诡名投书时任川陕总督的岳钟琪，策动他起兵反抗清廷。岳把曾静、张熙解京审问。雍正皇帝知道他们是受了吕留良的学说影响，以帝王之尊与一个乡村学究做学术上的的辩论，辨证华夷之说，并颁刊《大义觉迷录》发布天下。曾静、张熙免罪开释（后于乾隆朝被杀），而已于康熙二十二年去世的吕留良，则惨遭开棺戮尸，并祸及家人和学生。吕留良在世时就曾散尽家财资助地方抗清武装。在他看来，"华夷之辨"乃是历史的第一主题，他甚至不承认元朝承接了中国历史。对清政府的多次征荐，他干脆以扮作和尚来拒绝。极端的思想使他在同时代人中显得落落寡合，他则用一句"此曹岂复堪为人"，骂尽了一切降臣和投入新政府效力的文人士子。

清·雍正八年（1730）

春天，全祖望在母亲"有得又有闻"的期望下离家北上。途经扬州时，经好友厉鹗（1692—1752）的介绍，结识了雅好文史又广有钱财的大盐商马曰琯（1688—1755）、马曰璐（1701—1760）兄弟，并在日后的交往中结下深厚友谊。在他仕途失意后，马氏兄弟一次次地在经济上慷慨相助，使他的大部分著作得以在扬州完成。同年十二月，汪辉祖在浙江省绍兴府萧山县大义村出生。

清·乾隆三年（1738）

因与李绂（1675—1750）等人的交往导致其政敌张廷玉的忌恨，也因个性上的疏放与固执，全祖望"左降出馆"，从北京郁郁返回南方老家，开始他穷居乡野十年著述的生涯。此后，这位失业的进士经济日渐困顿，甚至到了饔飧不继的地步。远离"长安声利之场"，使得他把兴趣和精力更多地集中到了学术研究上。从周围的世界开始，他认识并研究历史，并在一种英雄崇拜情结的感召下，以那个时代允许的表墓作传的方式，追叙家乡英雄们的业绩，并汇聚起日后文起一代的《鲒埼亭集》。同一年，章学诚（在某种意义上，他是这一脉学术的继承人）出生于浙江绍兴。

清·乾隆八年（1743）

这年九月，扬州盐商马曰琯、马曰璐兄弟发起的邗上诗社第一次雅集举行，参加者计有厉鹗、全祖望、闵华、张四科、程梦星、陈章、王藻等十四人。马氏兄弟热衷于这一活动，是因为他们除了商人的身份，同时还是著名的藏书家和学者。诗会定期举行，网罗了当时知名的学者、诗人、艺术家共计四十余人，极一时文采之盛。一时过扬州的士子、官员都以得到小玲珑山馆的邀请为幸。从客观上说，十八世纪扬州盐商的学术赞助活动，加快了乾嘉时期"江南学术共同体"的形成。富庶的扬州也因此成为贫寒的学者和艺术家们的寄食之地，在十八世纪的中国文化版图上确立了自己的举足轻重的地位。马氏之后，扬州类似的文艺沙龙尚有流风余绪，到十八世纪末随着城市经济地位的旁落终于渐渐消歇，就像时人诗中所言：从今名士舟，不向扬州泊。

清·乾隆十七年（1752）

汪辉祖（1730—1807）在江苏松江府金山县入幕。在这之前他已三应乡试不第，饱尝科场失意的痛苦。其后的三十四年，汪辉祖辅佐过十六位州县官，游幕的地域从江苏省的金山、常熟、无锡、常州、长洲到浙江省的秀水、平湖、仁和、龙游、嘉善、海宁、归安、乌程、慈溪、宁波等地，成就了一代名幕的名声。从汪辉祖和他父亲汪楷的身上，我们得以看到十八世纪的寒门子弟科考失利后的另一种生活形态。

清·乾隆二十二年（1757）

冬天，在纪昀的举荐下，三十五岁的戴震（1724—1777）从京师南下扬州，入两淮盐运使卢见曾（字抱孙，号雅雨山人）幕。在卢见曾的官署中，戴震与经学大师惠栋相识。这一年惠栋六十岁，会见后的第二年就去世了。此前戴震曾听钱大昕谈论过惠栋的学术，尽管他对惠栋的"好古太过"颇有微词，但这次会面后，惠栋尊崇汉学鄙视宋学的学术态度对他产生了重要影响，作为皖派中心人物的戴震开始重视吴派的一些学术观点与方法。吴派的特点在于重视汉人的"故训"之学，认为汉人去古未远，所以能得圣人之真传。惠栋对戴震的启示在于：戴震此前还承认汉儒长于传注与宋儒长于义理的二分法，自此以后则抛弃了这一观点，认为义理也必须依靠汉儒传注和古代的典章制度进行研究。对此，钱穆在《中国近三百年学术史》中总结道："其先以康成、程朱分说，谓于义理制数互有得失者；今则并归一途，所得尽在汉，所失尽在宋。义理统于故训典制，不啻曰即故训即典制而义理矣，是东原论学一转而近于吴学惠派之证也。"（《中国近三百年学术史》，第323页，商务印书馆1987年版）

清·乾隆三十四年（1769）

两个浙江同乡章学诚（1738—1801）与汪辉祖，于这年春天参加礼部会试，在翰林学士朱筠（1729—1781）家中结交，其后他们的友谊一直延续到三十二年后章去世。尽管汪辉祖从少年时代开始就对历史研究有着浓厚的兴趣，但严格意义上说他不是一个历史学家，长年佐幕使他不可能像他的朋友章学诚那样以学术为职业，深研史学体例并讥评历代史家得失，他只是从法律（"刑名"）的角度进入历史，就像近人邓云乡先生所说"以治律的缜密精神来读史，研究乙部诸书，又以同样的精神从事史部著述"，并由此形成他的实用主义史学观。

清·乾隆三十六年（1771）

这年冬天，因朱筠调任安徽学政，作为庇荫者的章学诚前往安徽太平。在这里他结识了黄景仁、汪中、洪亮吉等一批青年学者和诗人，他与语言学家、历史学家邵晋涵的友谊当起始于这个时期，并持续到1796年邵去世。邵晋涵（1743—1796）是浙江余姚人，著有语言学专著《尔雅正义》。他的从祖邵廷采是王阳明的再传弟子、黄宗羲的朋友，也是一个南明历史专家。

章学诚丝毫没有掩饰他对邵晋涵的这位从祖的钦佩之情，这实质上是他对早期浙东学派的一种内心认同，这种传统使他在晚年心甘情愿地归附于这一传统，并成为这一学术流派有力的殿后者。邵晋涵家藏的许多宋元时代的书籍，和他从博学的祖先那里继承下来的口耳相传的学术传统也让章获益匪浅。邵去世后，章学诚认为，这不仅是一个人的损失，更意味着一种学术传统的断裂。

清·乾隆三十八年（1773）

十八世纪重大文化事件之一的《四库全书》的修纂工程于这一年启动。这项工作建立在前一年广泛搜罗天下遗书的基础上，在具体实施时很可能采用了朱筠的建议。负责此项工作的四库馆建成后，首次被任命为四库馆撰官的戴震和邵晋涵、周永年等都是朱筠文人集团里的人，是他的朋友或门人。这一年，在宁波和杭州，戴震和章学诚有过两次并不太愉快的交往。训诂学大师戴震此前是浙江金华的一个书院主讲，不久前刚参与到皇家钦定的《四库全书》修纂工作小组中（章学诚因此时尚未取得进士资格，未被选上），他认为文字学及有关古字、古音的考辨，是这个时代学术的重心所在，因为词语是道的承载天体，"轻语言文字，犹渡江河而废舟楫"。但章学诚对这样"闻道"颇不以为然。在有关历史学的讨论中，这两个生活在同一时代的学术大师产生了严重分歧。戴震反对章学诚在历史写作中对体例和结构的过分重视，他甚至认为章学诚对文献的的意义过分强调了，在他看来，一部地方性的志书——就目前看来，章的大部分著作都是这一类——只要对人文、地理的沿革有一定的关注就足够了。章学诚为此所做的捍卫则显示出，他一方面缺乏耐心去追随当时成为显学的考据之学，另一方面，在他的身上有一种罕见的、几乎称得上是现代历史学家的思辨特征。这种特质，使章学诚在他自己的时代被忽视的声音，出人意料地在近现代中国获得了深远的回响。

清·乾隆四十一年（1776）

在学术资助人朱筠的引荐下，章学诚开始书院讲学生涯。十余年中，章学诚主讲过的有直隶永清县的定武书院、永平县的敬胜书院、保定的莲池书院和河南、安徽的一些书院。他一次次地在这些书院间迁徙并为此抛掷生命中最重要的一段时光，完全是因为拮据的经济生活的逼迫——他需要不断地赚钱来养活他那个越来越庞大的家族。因此，当他后来找到一种更好的方式——接受富有的官员的资助编修方志——来解决生计问题，就开始把主要精力放到历史学的研究上。他认为自己在这方面有着不为常人所及的天赋，在一封写给家人的书信里曾有这样充满着骄傲和自得的表述："吾于史学，盖有天授，自信发凡起例，多为后世开山。"这种兴趣和天赋随着《文史通义》《史籍考》等著作的问世得到了印证和发展。

清·乾隆五十二年（1787）

或许是出于对政治生涯的先天性恐惧，也可能是对于历史和哲学的兴趣压倒了其他世俗性的欲望，这年底，戊戌进士开选前，章学诚丢下据说是即将到手的知县职务，离开了北京和任教三年的保定莲池书院，投身于时任河南巡抚毕沅（1730—1797）的门下寻求庇护和学术资助。毕沅是帝国政坛上一位成功的行政官员，也是当时最重要的学术资助人之一。在镇压十八世纪后半叶国内的数次叛乱中的出色表现，使他在军事谋略，特别是筹办军饷方面显露了才华。章学诚到开封拜谒毕沅，希望在他的支持下开始《史籍考》的研究和写作，毕沅支持了他的这一想法，并为他谋得了河南归德文成书院主讲的席位。他对章学诚的资助，一直持续到十年后他在镇压白莲教的湖北军旅中去世。

清·嘉庆三年（1798）

诗歌评论家、十八世纪最成功的文人之一袁枚（1716—1798）于年初在南京去世。在世时就为他博得广泛声誉的《随园诗话》里，他坚持了这样一个诗歌观点：诗歌的一个重要功能是愉悦性灵，诗人应该自由地表达他的情感。

清·嘉庆六年（1801）

章学诚去世。在生命的最后几年，章学诚以一个历史学家的预见意识到，向来只知在故纸堆里盘旋的学术，以经义训诂遮蔽了现实的人生关怀，风气弥漫，只会越来越琐屑支离，只见荡舟不见渡河。这种文化上的积弊不去，所谓的"明道救世"就只能是一句空话。这个被同时代人目为怪人的历史学家，不像那些在世时就博得巨大声名的学者，他既无口授的门生，也没有继承者，世人眼里可谓失败之至了。当章学诚在杭州和绍兴度过他一生中的最后几年时，杭州的龚自珍（1792—1841）还是一个孩子。但显然章学诚的思想对这个年轻人产生了影响。1814年，二十三岁的龚自珍参加安徽《徽州志》的编修工作，他治学的一些思路和做法已经显示了章的影响。但章学诚对他的影响更多地体现在刺激这个年轻人进行有意识的政治思考。在龚自珍生活的年代，经十八世纪几个强势的皇帝后，帝国的专制统治正在无可奈何地走向没落，学者们政治批评的传统正在复活。龚自珍越来越痛苦地意识到了他那个时代的邪恶——官场的黑暗、国力的衰弱以及鸦片贸易——希望以自己的学术和思想来救世，但他在政府中获得一个职位来改变这种现状的设想，却一再遭受现实的打压。

　　作为思想家的章学诚的地位得到公开而普遍的承认，已经是 1920 年后的事了。胡适从他那里找到了历史与哲学方面激动人心的启发。顾颉刚说自己在年轻时读到的一篇章学诚的文章深深影响了他的思想；冯友兰则从章学诚的著作中寻找到他对中国哲学史的洞见。可以说，作为一个有着高度创造性的历史学家，章学诚在帮助现代中国史学顺应新的史学方向上发挥了重要作用。

参考征引文献

《中国近三百年学术史》，梁启超著，东方出版社 1996 年版

《中国近三百年学术史》，钱穆著，商务印书馆 1997 年版

《明史》，中华书局 1974 年版

《清史稿》，赵尔巽撰，中华书局 1976 年版

《明史考证》，黄云眉著，中华书局 1984 年版

《王阳明全集》，上海古籍出版社 1992 年版

《黄宗羲全集》，浙江古籍出版社 1993 年版

《黄梨洲先生年谱》，黄炳垕著，清同治十二年刻本

《黄梨洲文集》，中华书局 1959 年版

《黄梨洲诗集》，中华书局 1959 年版

《明儒学案》，黄宗羲著，中华书局 1985 年版

《朱舜水全集》，中国书店 1991 年版

《张苍水全集》，宁波出版社 2002 年版

《思复堂文集》，邵廷采著，浙江古籍出版社 1987 年版

《袁宏道集笺校》，袁宏道著，钱伯城笺校，上海古籍出版社 1981 年版

《珂雪斋集》，袁中道著，钱伯城点校，上海古籍出版社 1989 年

版

《游居杮录》，袁中道著，刘如溪、谢蔚点评，青岛出版社2005年版

《夜航船》，张岱著，浙江古籍出版社1987年版

《陶庵梦忆·西湖梦寻》，张岱著，张新科注，陕西人民出版社1998年版

《长物志图说》，文震亨著，山东画报出版社2005年版

《祁彪佳集》，上海古籍出版社1960年版

《扬州画舫录》，李斗著，中华书局1997年版

《戴震文集》，赵玉新点校，中华书局1980年版

《戴名世集》，王树民编校，中华书局1986年版

《戴名世散文选集》，石钟扬、蔡昌荣选注，百花文艺出版社2005年版

《溉堂文集》，孙枝蔚著，上海古籍出版社1979年版

《潜研堂集》，钱大昕著，上海古籍出版社1989年版

《缩斋文集》，黄宗会著，上海古籍出版社1983年版

《越魂史笔——全祖望诞辰三百周年纪念文集》，宁波出版社2005年版

《鲒埼亭集选注》，黄云眉著，齐鲁书社1982年版

《全谢山先生年谱》，蒋天枢著，商务印书馆1932年版

《全祖望评传》，王永健，南京大学出版社1996年版

《全谢山先生年谱》，董秉纯著，台湾商务印书馆

《文史通义》，章学诚著，李春伶校点，辽宁教育出版社1998年版

《章实斋年谱·齐白石年谱》，胡适著，安徽教育出版社1999年版

《章学诚遗书》，文物出版社 1985 年版

《论戴震与章学诚：清代中期学术思想史研究》，余英时著，三联书店 2005 年版

《笥河文集》，朱筠著，中华书局 1985 年版

《三垣笔记》，李清著，中华书局 1982 年版

《学治臆说》，汪辉祖著，丛书集成初编本，中华书局 1985 年版

《朋友·客人·同事——晚清的幕府制度研究》，[美] K. E. 福尔索姆著，刘悦斌、刘兰芝译，刘存宽校，中国社会科学出版社 2002 年版

《病榻梦痕录》，汪辉祖著，台湾商务印书馆 1980 年版

《明清之际党社运动考》，谢国桢著，辽宁教育出版社 1998 年版

《明末清初的学风》，谢国桢著，上海书店出版社 2006 年版

《明清史谈丛》，谢国桢著，辽宁教育出版社 2000 年版

《明清笔记谈丛》，谢国桢著，上海书店出版社 2004 年版

《清儒学记》，张舜徽著，齐鲁书社 1991 年版

《从理学到朴学——中华帝国晚期思想与社会变化面面观》，[美] 艾尔曼（Benjamin Elman）著，赵刚译，江苏人民出版社 1984 年版

《中国社会史》，[法] 谢和耐著，江苏人民出版社 1995 年版

《洪业——清朝开国史》，[美] 魏斐德著，江苏人民出版社 2005 年版

《晚明思想史论》，嵇文甫著，东方出版社 1996 年版

《清代学术概论》，梁启超著，上海古籍出版社 2005 年版

《万历十五年》，黄仁宇著，中华书局 1982 年版

《士与中国文化》，余英时著，上海人民出版社 2003 年版

《明清之际士大夫研究》，赵园著，北京大学出版社 1999 年版

《中国的现代性与城市知识分子》，高瑞泉、［日］山口久和主编，上海古籍出版社 2004 年版

《追忆：中国古典文学中的往事再现》，［美］斯蒂芬·欧文著，郑学勤译，上海古籍出版社 1990 年版

《从文人之文到学者之文：明清散文研究》，陈平原著，三联书店 2004 年版

《心史丛刊》，孟森著，辽宁教育出版社 1998 年版

《高阳说诗》，高阳著，辽宁教育出版社 1998 年版

《明清浙东学术文化研究》，陈祖武主编，中国社会科学出版社 2004 年版

《水流云在杂稿》，邓云乡著，北岳文艺出版社 1992 年版

《中国近代思维的挫折》，［日］岛田虔次著，甘万萍译，江苏人民出版社 2005 年版

《儒教中国及其现代命运》，［美］列文森著，郑大华、任菁译，中国社会科学出版社 2000 年版

《中国前近代思想的演变》，［日］沟口雄三著，索介然、龚颖译，中华书局 1997 年版

《中华帝国晚期的城市》，［美］施坚雅主编，叶光庭等译，中华书局 2000 年版

《帝国晚期的江南城市》［美］林达·约翰逊主编，成一农译，上海人民出版社 2005 年版

《清诗的春夏》，周黎庵著，江苏古籍出版社、中华书局（香港）1991 年版

《中国散文史》，郭预蘅著，上海古籍出版社 1999 年版

《扬州画派：生存与创造》，王菡薇著，辽宁美术出版社 2003 年版

《晚明小品精粹》，马美信编选，复旦大学出版社 1997 年版

《一本万殊：黄宗羲的哲学与哲学史观》，李明友著，人民出版社 1994 年版

《明州系年录·四明它山水利备览》，董沛著，俞福海、方平点注，当代中国出版社 2001 年版

《四明谈助》，徐兆昺著，桂心仪等点注，宁波出版社 2000 年版

《余姚六仓志》，杨积芳著，民国九年排行本

《光绪余姚县志》，光绪二十五年刻本

跋

　　每天早晨，我经过天一阁西大门时，阳光正从青灰的院墙后面蔓延开来，透过头顶密云般的樟树叶，落在范钦先生石像的肩头，并顺着衣服上的皱褶，落在他膝前的青砖地上。天一街两边旧街区的房子里，老妇人生起了炉子，呛人的烟缭绕着总不肯散去。再过去，汽车修理厂打开了锈蚀的铁门，穿蓝色工装的修理工开始用钢钎敲打汽车轮胎。梆梆梆，梆梆梆。乐曲声中，幼儿园的孩子们开始用他们拙笨的动作跳一支《嘻唰唰》或者《今天是个好日子》。

　　当年画栋横朱楼，今日尘埃在荆棘。那是 1930 年夏天一个叫陈登原的历史学家访天一阁时的心情。从叙述来看，他是从西大门进入这个园子的。陈登原以一个历史学者的忠实记下了他之所见：怒生的杂草，苔藓与爬山虎，见人乱窜的飞燕，酱紫的木头楼梯（已从原位置抽去），全祖望的字，屋宇纵深处几乎不见底的黑。让我高兴的是，陈登原和我一样注意到了这屋子深处的黑。从某种含义上说，正是这黑，一次次地吸引着我进入这个园子并努力想去看个究竟，它对我的诱引，或可说远甚于可触可感的碑林、石像、古籍珍本或一张明代的印版。

"其处甚昏黑，几无以辨人"——黑暗中，浮上陈登原先生记忆的是这个园子的第一个正式的造访者黄宗羲。他断定，就是那架抽去了的楼梯，把 1673 年秋天的黄宗羲送入了这个园子的秘密心脏：藏书楼。前修可念，为之默尔，他这样对我们说。1930 年的陈登原想象着 1673 年的黄宗羲，而我则在 2007 年最寒冷季节里的一个晚上注视着 1930 年陈登原的一张照片，想象着若干年后他一个人在西北孤独的死，想象着 1673 年的黄宗羲。

在这种穿越时空的想象和对视中，会有一种从心到心火花一样的东西闪现，突然间让人如遭电击，怔怔地立在街心，不知今夕何夕。而一部思想史也不再是几个干巴巴的人名、概念、流派纠成一团，用心体察，一纸一页，全是生命的湿润与情意了。

原来传统并没有离我们远去，它一直沉潜在生活的表层下，就如同天一街两侧灰暗墙门的老房子，呼童街上的石榴树，南塘河里荡漾的水波。它融入了一代又一代人的日常生活，就像盐溶解于水，水消失于大海。

这本书，正是对那些消失了的人与事、对传统的一次遥遥的致敬。

自明代中叶以下，经晚明、清初，至清代中叶的三百年（十六世纪初—十八世纪末），中国思想史上这一段引人注目、异彩纷呈而又云谲波诡的时期，是本书展开的背景。王阳明、徐爱、王艮、张岱、袁中道、戴名世、黄宗羲、吕留良、张苍水、全祖望、章学诚、邵晋涵、戴震、汪辉祖……一个个曾经鲜活的面容在书中走动、说话、思考、写作、辩驳、愤怒、悲伤、喜悦。他们有的在世时就已受到他生活的那个时代的抨击，有的则在将来被视作异端而受到排斥，更多的，则在近代社会以降的历史潮流中被迅速推远，化简为方志或词典里的一个人名或一处遗迹。但无可置疑的是，他们曾经那么诚挚地生活过，在他们的时代，他们互相依赖，互为生活和思想的证明，并与传统中国的某些方面相关联。

长达十年的潜玩与体察，我既着迷于一代代学人思想的传承，更感动于逝水落花间生命的情意。现在，我终于写下了他们，或者说，他们通过我，通过我握笔的手和血流的节奏，回到了生者之中。

冬日的江南一直都阴沉着，傍晚四五点钟，街上的路灯就全亮了。天空中落下的不是雪，是雨，死去的雪的精魂。在一年中最寒冷的季节做着自己喜爱的工作，内心宁静而澄明。

就在我最后校阅书稿的这些天里，外部世界无时不刻不在行进中：特大暴风雨袭击欧洲。北京流感。在我生活的城市里，渴望年前赶回老家的民工兄弟天天在火车站候车大厅排着长队……一想到翻动这本书的读者的手，我就明白，写作从来不是一桩孤立的事情。

《岩中花树：十六至十八世纪的江南文人》初版本，曾由中华书局于 2007 年出版，此次由万卷出版公司重订出版，修正了初版本年代、人名讹误，新补入一篇《扬州一梦》，特此说明。

是为跋。

作者 识